Arthur Benz · Nicolai Dose (Hrsg.)

Governance – Regieren in komplexen Regelsystemen

Governance
Band 1

Herausgegeben von

Arthur Benz
Susanne Lütz
Uwe Schimank
Georg Simonis

Arthur Benz · Nicolai Dose (Hrsg.)

Governance – Regieren in komplexen Regelsystemen

Eine Einführung

2., aktualisierte und veränderte Auflage

VS VERLAG

Bibliografische Information der Deutschen Nationalbibliothek
Die Deutsche Nationalbibliothek verzeichnet diese Publikation in der
Deutschen Nationalbibliografie; detaillierte bibliografische Daten sind im Internet über
<http://dnb.d-nb.de> abrufbar.

1. Auflage 2004
2., aktualisierte und veränderte Auflage 2010

Alle Rechte vorbehalten
© VS Verlag für Sozialwissenschaften | Springer Fachmedien Wiesbaden GmbH 2010

Lektorat: Frank Schindler

VS Verlag für Sozialwissenschaften ist eine Marke von Springer Fachmedien.
Springer Fachmedien ist Teil der Fachverlagsgruppe Springer Science+Business Media.
www.vs-verlag.de

Umschlaggestaltung: KünkelLopka Medienentwicklung, Heidelberg
Druck und buchbinderische Verarbeitung: Ten Brink, Meppel
Gedruckt auf säurefreiem und chlorfrei gebleichtem Papier
Printed in the Netherlands

ISBN 978-3-531-17332-0

Inhaltsverzeichnis

Kapitel 6:
Multilevel Governance – Governance in Mehrebensystemen
Arthur Benz

Kapitel 7:
Governance in der politischen Ökonomie I: Makro- und Mesoperspektiven
Susanne Lütz

Kapitel 8:
Governance in der politischen Ökonomie II: Corporate Governance
Dagmar Eberle

Kapitel 12:
Von der Governance-Analyse zur Policytheorie   251
Arthur Benz / Nicolai Dose

Vorwort

Mit dem vorliegenden Buch halten Sie den ersten Band in unserer neuen Schriftenreihe in den Händen. Der Begriff „Governance" steht für das Programm dieser Reihe. Thema dieses und der folgenden Bände sind neue Formen gesellschaftlicher, ökonomischer und politischer Koordination und Steuerung in komplexen institutionellen Strukturen, in denen meistens staatliche und private Akteure zusammenwirken. Entsprechende Strukturen und Prozesse finden sich innerhalb der Regierungssysteme moderner Staaten, in der öffentlichen Verwaltung, in Bereichen des Dritten Sektors (Verbände, Universitäten) und in privaten Unternehmen. Sie finden sich auf lokaler, regionaler, nationaler und europäischer Ebene ebenso wie in der internationalen Politik. Die institutionelle Struktur von Governance kann Elemente von Markt, Hierarchie, Netzwerken und Gemeinschaften enthalten. Koordinations- und Steuerungsmechanismen verbinden Wettbewerb, Tausch, einseitige Machtausübung, Verhandlungen, Vertrauen, einseitige bzw. wechselseitige Anpassung u.a. in unterschiedlichen Kombinationen. Mit ihnen verbindet sich der Anspruch effektiver Problembearbeitung, aber auch eines demokratisch legitimierten kollektiven Entscheidens.

Der Governance-Begriff beschreibt die Realität des komplexen Regierens und kollektiven Handelns in Gesellschaften, in denen sich die Grenzen des Staates sowohl gegenüber der Gesellschaft als auch gegenüber der internationalen Umwelt längst aufgelöst haben. Der Begriff verweist aber auch auf eine theoretische Diskussion und auf empirische Forschung über neue Modi gesellschaftlicher bzw. politischer Steuerung und Koordination in komplexen Akteurskonstellationen und Interorganisationsgefügen. Diese Diskussion und die entsprechenden Forschungsbeiträge entstehen quer zu den Grenzen sozialwissenschaftlicher Disziplinen und zu den Untergliederungen der Fächer. Es ist das Ziel unserer Schriftenreihe, Orientierung zu geben und den Ertrag der wissenschaftlichen Forschung für die Lehre zu bilanzieren und aufzubereiten.

Die neue Schriftenreihe tritt neben die Reihe „Grundwissen Politik", in der Lehrbücher zu allen wichtigen Bereichen der Politikwissenschaft zu finden sind. Die Beiträge zur Governance-Reihe sind im Kern der Politikwissenschaft und der Soziologie zuzurechnen; andere Disziplinen, die für das Thema wichtig sind, sollen damit aber nicht ausgeschlossen werden. Bei den Bänden handelt es sich um überarbeitete Fassungen von ausgewählten Lehrtexten, die für den Master-Studiengang „Governance" an der FernUniversität in Hagen verfasst wurden.

Der vorliegende erste Band hat Grundlagen- und Einführungscharakter. Er soll deutlich machen, dass mit Governance weder ein Theoriekonzept noch ein spezifischer Forschungsansatz, vielmehr eine Sichtweise auf die Realität verbunden ist. Diese variiert je nach Themenfeld, auf das der Begriff angewandt wird. Dies wird in den Beiträgen der Autorinnen und Autoren dargestellt. Sie skizzieren das spezifische Begriffsverständnis in dem jeweiligen Forschungsfeld und geben einen kurzen Überblick zum Forschungsstand, zu den Fragestellungen und Problemen sowie den Perspektiven der Forschung bzw. Praxis. Dabei dominiert die politik-wissenschaftliche Sicht, die dann im zweiten Band der Reihe durch soziologische Beiträge ergänzt wird.

Wir danken den Autorinnen und Autoren für die gute Zusammenarbeit bei der Erstellung dieses Buches. Die Koordination funktionierte ohne Hierarchie, (fast) ohne Anreize und gelang auf der Basis wechselseitigen Vertrauens und unproblematischen Verhandelns. Nicht immer ist „Governance" so einfach.

Hagen, im Dezember 2003

Arthur Benz
Susanne Lütz
Uwe Schimank
Georg Simonis

Vorwort zur zweiten Auflage

Der vorliegende Band wurde für die zweite Auflage grundlegend überarbeitet. Einige Artikel sind weggefallen, andere wurden neu aufgenommen. Dadurch wurde der Schwerpunkt des Bands stärker auf die politikwissenschaftliche Governance-Perspektive ausgerichtet, nachdem der zweite Band in dieser Reihe eher die soziologische Sicht auf den Beitrag von Governance zur gesellschaftlichen Integration lenkt. Alle bereits im ersten Band enthaltenen Artikel wurden revidiert und aktualisiert. Wir hoffen, dass dadurch die Konturen des sozialwissenschaftlichen Governance-Konzepts und dessen Bedeutung für die Forschung und Praxis deutlicher erkennbar sind.

Wir danken den Autorinnen und Autoren für die gute Zusammenarbeit bei der Erstellung dieses Bandes. Besonders dankbar sind wir Nicolai Dose, der in dem Jahr, als er die Professur „Politikwissenschaft I: Staat und Regieren" in Hagen vertrat, sich an der vorliegenden Neufassung des Buches beteiligte und sich auch nach dieser Zeit als Mitherausgeber und Koautor engagierte, trotz der Belastungen mit dem Neuaufbau seiner jetzigen Professur an der Universität Siegen. Dieser Band dokumentiert wenigstens teilweise die exzellente Arbeit, die Nicolai Dose für das Institut für Politikwissenschaft leistete.

Hagen, im Juli 2009

Arthur Benz
Helmut Breitmeier
Uwe Schimank
Georg Simonis

Kapitel 1:
Governance – Modebegriff oder nützliches sozialwissenschaftliches Konzept?

Arthur Benz / Nicolai Dose

1.1 Zur Beziehung von Begriff und Realität

Governance – ist das wieder ein Anglizismus, mit dem Sozialwissenschaftler ihr Sprachrepertoire unnötig verkomplizieren? Liegt nicht wie bei allen aus dem angelsächsischen Sprachraum stammenden Begriffen auch bei diesem der Verdacht nahe, dass es sich hierbei um einen Modeausdruck handelt, der Altes lediglich in ein neues Gewand kleidet? Gibt es nicht geeignete deutsche Wörter, um das zu bezeichnen, was eigentlich gemeint ist? Diese Fragen liegen auf der Hand und sie haben ihre Berechtigung. Neuen Bezeichnungen sollte man mit Skepsis begegnen, vor allem dann, wenn sie plötzlich in aller Munde sind und in vielen Bereichen Verwendung finden, keiner aber so genau definieren kann, was eigentlich damit gemeint ist. Und all dies trifft für den Governance-Begriff zu. *→ notorisch rutschig*

Ein unnötiger Modeausdruck?

Vorweg sei eingeräumt, dass das Konzept „notoriously slippery" (Pierre/ Peters 2000: 7) ist, es keine anerkannte Lehrbuchdefinition von Governance gibt und sich in der Literatur unterschiedliche Begriffsverständnisse finden (vgl. Kooiman 2002; Pierre 2000; Rhodes 1997: 46-60). Aber das ist kein Grund, einen Begriff abzulehnen. Ähnliche Probleme haben wir mit Begriffen wie Politik, Staat, Verwaltung, Gesellschaft und vielen anderen Kernbegriffen der Sozialwissenschaften, die komplexe Phänomene erfassen sollen. Der Grund dafür liegt nicht in Ungenauigkeiten der Wissenschaft, sondern in der Vielschichtigkeit der Gegenstände, mit denen wir es hier zu tun haben. Diese zeichnen sich durch eine hohe Komplexität aus, sie lassen sich zudem nicht unmittelbar, sondern nur indirekt, d.h. durch Beobachtung von einzelnen Merkmalen erkennen. Die Realität dieser Gegenstände besteht eigentlich darin, dass sie von den Beobachtern in einem Begriff erfasst wird, der das Ganze bezeichnet, das sich hinter den Einzelbeobachtungen verbirgt und sich aus deren Zusammenhängen ergibt.

Begriff mit variablem Gehalt

Nun kann man Einzelbeobachtungen unterschiedlich ordnen, und man kann sich für verschiedene Zusammenhänge interessieren. Sie können dann unterschiedlichen Begriffen zugeordnet werden. Die Zusammenarbeit zwischen Regierung und Verbänden im Bündnis für Arbeit kann beispielsweise als Staatstätigkeit bezeichnet werden, wenn der Blick auf die Aspekte der Herrschaftsausübung durch die Regierung und der Legitimität der Politik gelenkt werden soll. Aber genauso kann man dafür den Begriff Korporatismus verwenden, womit eine spezifische Form der Zusammenarbeit zwischen Regierung und organisierten Interessen betont wird. Bei komplexen Zusammenhängen von Einzelbeobachtungen kann aber auch eine Bezeichnung für unterschiedliche Ausprägungen

Ordnung von Einzelbeobachtungen durch Begriff

eines Begriffs stehen. Das kann aus zwei Gründen zweckmäßig sein. Zum einen kann ein Begriff auf unterschiedliche Phänomene, also beispielsweise unterschiedliche Bereiche von Politik und Gesellschaft angewandt werden. Dann ist damit zu rechnen, dass sein Gehalt nicht immer völlig gleich ist. Im Kern sollte er das sein, aber in seiner Ausdehnung kann er durchaus variieren, weil die Realitäten, auf die er sich bezieht, variieren. So wird in den USA der Staatsbegriff anders verwendet als in kontinentaleuropäischen Ländern, und auch der Gehalt des Begriffs Demokratie hängt davon ab, ob man ihn auf eine Staatsform oder auf gesellschaftliche Entscheidungsprozesse bezieht. Dennoch gibt es gute Gründe, den gleichen Begriff zu verwenden, um auf Gemeinsamkeiten zwischen diesen unterschiedlichen Realitäten hinzuweisen. Zum anderen ist zu beachten, dass wissenschaftliche Begriffe mit Theorien zusammenhängen, sie also oft Teil eines umfassenderen Gedankenkonstrukts sind, das verschiedene Sichtweisen der Realität impliziert. Der Staatsbegriff der Marxisten ist nicht identisch mit dem Staatsbegriff der Vertreter der Systemtheorie, weil die Vorstellungen über Gesellschaft, über die Organisation von Macht und Herrschaft und über die Bedeutung von Ideen, letztlich aber auch die Erkenntnisinteressen divergieren. Politikwissenschaftler und Soziologen müssen aus beiden Gründen mit der Tatsache leben, dass ihre Begriffe oft nicht eindeutig definiert sind und es unterschiedliche Definitionen gibt. Das Erarbeiten eines Begriffs stellt daher einen der wichtigsten ersten Schritte des wissenschaftlichen Lernens und Forschens dar.

Begriff und Realität

Worin aber liegt der Sinn eines neuen Begriffs Governance? Können wir nicht die Realität, auf die sich dieser bezieht, ebenso gut mit bekannten und gängigen Begriffen wie Staat, Regieren, Verwalten, Politik oder anderen erfassen? In der Tat könnten wir beispielsweise die beobachtbare Tatsache, dass die Bundesregierung ein wirtschaftspolitisches Programm beschließt und es in enger Zusammenarbeit mit Verbänden umsetzt, als Staatstätigkeit oder als Regieren einordnen. Wenn hierfür der Begriff Governance verwendet wird, so kann dies zweierlei bedeuten: Zum einen kann dies eine neue Sicht der unveränderten Realität implizieren, womit andere Aspekte betont werden als mit den alten Begriffen. Zum anderen kann der neue Begriff aber auch auf wirkliche Veränderungen hinweisen. Dass wir die Realität anders begreifen, resultiert in der Regel daraus, dass sie sich verändert hat. Allerdings hängen Begriff und Wirklichkeit eng miteinander zusammen. Allein die Veränderung der Begrifflichkeit kann bereits wesentlicher Ausdruck von Realitätsveränderungen sein, nämlich dann, wenn die handelnden Akteure mit einem neuen Begriff das, was sie tun, anders als früher darstellen und rechtfertigen. Dies zwingt andere Akteure dazu, ihr Handeln diesen neuen Realitätsbeschreibungen anzupassen: Wenn z.B. eine Regierung begreiflich machen kann, dass das souveräne Handeln des Nationalstaates nicht mehr die Sicherheit der Bürgerinnen und Bürger gewährleisten kann, sondern dafür internationale Kooperation erforderlich ist, so wird die Wählerschaft in Zukunft andere sicherheitspolitische Strategien honorieren. Und wenn dies geschieht, hat sich die Realität dauerhaft dem neuen Verständnis angepasst.

Die zunehmende Verbreitung des Governance-Begriffs in den Sozialwissenschaften (Schuppert 2008: 17-18), insbesondere in der Politikwissenschaft, ist vor dem Hintergrund eines solchen doppelten Prozesses der Veränderung der

Realität und der Wahrnehmungen bzw. Interpretationen dieser Realität zu sehen. Mit ihm werden keine vollkommen neuen Phänomene beschrieben, sondern bereits seit längerem abgelaufene oder noch ablaufende Veränderungen „auf den Begriff gebracht". Die Tatsache, dass nicht nur in der Wissenschaft, sondern auch in der Praxis der Governance-Begriff inzwischen vielfach verwendet wird, ist aber wiederum selbst Ausdruck und Motor von Veränderungen in Politik, Staat und Gesellschaft. Die Auseinandersetzung mit dem Konzept stellt also nicht nur eine theoretische Spielerei der Wissenschaft dar, sondern ist erforderlich, um diese Veränderungen zu begreifen.

Die realen Veränderungen im Einzelnen zu beschreiben, kann angesichts ihrer Komplexität nur unzureichend gelingen. Sie betreffen nicht nur den Staat, sondern auch die Wirtschaft und Gesellschaft, sie spielen sich auf lokaler, nationaler und internationaler Ebene ab, betreffen Institutionen ebenso wie Verfahren, Modalitäten und Ergebnisse der Erfüllung öffentlicher Aufgaben und sie fallen in verschiedenen Aufgabenfeldern sehr unterschiedlich aus. Es lässt sich aber durchaus auch ein übergreifender analytischer Zugang finden, ohne dass damit ein Anspruch auf Vollständigkeit erhoben werden könnte. Es lassen sich nämlich verstärkt drei Entwicklungen ausmachen, die darauf hinweisen, dass alte Konzepte nicht mehr völlig überzeugen. Gemeint sind hier die zunehmende Denationalisierung, die Mehrebenenverflechtung und die zunehmende Aufhebung der Trennung von Staat und Gesellschaft. *(Randnotiz: Veränderungen in Staat, Wirtschaft und Gesellschaft)*

Unter *Denationalisierung* wird dabei der Umstand verstanden, dass sich soziale, wirtschaftliche und ökologische Probleme nicht mehr innerhalb der Grenzen des Nationalstaat lösen lassen (Beck 1998: 115). Michael Zürn (1998: 17-20), der den Begriff Denationalisierung anstelle des Begriffs Globalisierung empfohlen hat, hebt dabei zwei Aspekte hervor: erstens den der Kongruenz und zweitens den des Wettbewerbs. Die Kongruenzbedingung für effektives Regieren ist dann verletzt, wenn der Raum, in dem Probleme entstehen, sich nicht deckt mit dem Raum, auf den sich Kompetenzen zur Problemlösung erstrecken. Man kann auch formulieren, dass externe Effekte vorliegen. Verdeutlichen lässt sich dieser Zusammenhang am Beispiel der schädlichen Folgen von FCKW. Dieses Gas wurde und wird zum Teil noch weltweit frei gesetzt. Hätten nur die Länder Australien und Neuseeland, die besonders unter dem von FCKW verursachten Ozonloch leiden, gehandelt und den FCKW-Einsatz verboten, wäre dies wenig effektiv gewesen. Die Problemlösung wäre auf diese beiden Länder beschränkt gewesen, obwohl alle Länder das Problem verursachten, indem auf ihrem Gebiet FCKW freigesetzt wurde. Ganz ähnlich lassen sich die Zusammenhänge, die zu der weltweiten Finanzkrise der Jahre 2008/2009 führten, analytisch erfassen. Bei der Suche nach gemeinsamen Lösungen aller betroffenen Nationalstaaten, die bei einer Verletzung der Kongruenzbedingung geboten ist, kann sich nun der Wettbewerb zwischen den Nationalstaaten negativ auswirken, womit der zweite oben genannte Aspekt in die Analyse einbezogen wird. Denn das Verbot von Umweltbelastungen verursachenden Stoffen oder eine restriktive Bankenregulierung können die Wettbewerbsposition eines Staates verschlechtern, wenn nicht alle gleichzeitig die gleichen Regeln verabschieden und auch zuverlässig vollziehen. Dieser Umstand kann das Auffinden von gemeinsamen Lösungen erschweren, *(Randnotiz: Denationalisierung; handschriftlich: übereinstimmend? muss geach sein)* weil es sehr häufig einen Akteur gibt, der versucht, als „Trittbrettfahrer" zu profitieren.

Insgesamt wird deutlich, dass der einzelne Nationalstaat bei verletzter Kongruenzbedingung an Steuerungsfähigkeit verliert. Das Problem verschärft sich zusätzlich, wenn Nationalstaaten im Wettbewerb miteinander stehen. Eine ernsthafte Steuerungswissenschaft sollte sich dem Denationalisierungsproblem stellen. Die beiden Kategorien Kongruenz und Wettbewerb entfalten ihre analytische Kraft jedoch nicht nur im Denationalisierungszusammenhang. Territorial können externe Effekte auch auf kommunaler Ebene vorliegen und die betroffenen Gemeinden können im Wettbewerb stehen. Die Analyse lässt sich zusätzlich im Hinblick auf externe Effekte erweitern, die funktionale oder sektorale Grenzen überschreiten. So können Sicherheitsgesetze, die vor Terrorismus schützen sollen, die Bürgerrechte massiv beeinträchtigen.

Mehrebenen-
verflechtung

Die Steuerungsfähigkeit von Nationalstaaten ist jedoch durch zwei weitere Entwicklungen gestört. Erstens durch die Verflechtung von Entscheidungsfähigkeit, wenn mehrere Entscheidungsebenen miteinander verknüpft sind (*Mehrebenenverflechtung*). Wenn eine Ebene ohne eine andere nicht mehr handlungsfähig ist, kann es zu Blockaden kommen (siehe den Beitrag von *Arthur Benz*). Zwei weitere Aspekte sind in die Analyse einzubeziehen. Sie haben dazu beigetragen, dass sich der Staat ein Stück weit als von Verhandlungen geprägter „Kooperativer Staat" präsentiert (Voigt 1995). Denn erstens trifft Regierungshandeln auf gesellschaftliche Widerstände, wenn die Interessen von gesellschaftlichen Gruppen negativ berührt sind. Es müssen jedoch zweitens nicht immer gesellschaftliche Widerstände sein, die den Staat zu einem kooperativen Verhalten veranlassen. Dieses hat auch Vorteile, wenn die Ressourcen und das Wissen Privater für die staatliche Aufgabenerfüllung herangezogen werden können (siehe dazu Kapitel 3.3 des Beitrags von *Renate Mayntz*). Übergreifend lassen sich die beiden letztgenannten Aspekte als Aufhebung der Trennung von Staat und Gesellschaft fassen. Auch diese beiden Herausforderungen (Mehrebenenverflechtung und die Aufhebung der Trennung von Staat und Gesellschaft) sind begrifflich und analytisch abzubilden.

Aufhebung der
Trennung von Staat
und Gesellschaft

Begreifen der Realität
durch Erschließen des
Begriffs

Diese Veränderungsprozesse, auf die sich der Begriff Governance bezieht, sind in der wissenschaftlichen Literatur hinlänglich beschrieben und auch außerhalb des Kreises von Experten bekannt. Etwas Neues wird damit also nicht festgestellt, allenfalls kann man von anhaltenden Veränderungstendenzen sprechen. Der Begriff Governance beschreibt wie der Staatsbegriff Hegels „eine Gestalt, die alt geworden ist" (Hegel 1970: 28). Aber deswegen ist er weder überholt noch überflüssig. Wenn die Sozialwissenschaft die Realität „auf den Begriff gebracht hat", dann befindet sich der Prozess der Erkenntnisgewinnung nicht erst am Anfang, sondern bereits in einem fortgeschrittenen Stadium. Denn es geht dabei nicht einfach darum, für eine neue Realität eine Bezeichnung zu erfinden, sondern um das intellektuelle Durchdringen, das Verstehen und Interpretieren dieser Realität mit dem Ziel, sie erklären zu können. Einen Begriff zu haben, heißt etwas zu begreifen, heißt die Fähigkeit zu besitzen, einen Gegenstand der Erkenntnis wissenschaftlich verstehen und bearbeiten zu können. Genau dieses soll der Governance-Begriff leisten. Da die mit ihm erfasste Wirklichkeit sich aber als sehr vielfältig und differenziert erweist, ist es nicht einfach, den vorhandenen Wissenschaftsbe-griff zu verstehen. Denn hinter einem einfachen Wort verbergen sich komplizierte Überlegungen von Wissenschaftlern, die sich bemühen, eine noch viel kompliziertere Realität mit einem Konzept „einzufangen". Studierende der Sozialwissenschaften müssen sich die Implikationen des Begriffs erst mühsam erschließen. Das ist umso schwieriger, je komplexer ein Begriff ist. Und ähnlich wie Staat oder Demokratie gehört Governance zu den komplexesten Begriffen der Sozialwissenschaften.

1.2 Annäherungen an den Governance-Begriff

In englischen Wörterbüchern findet sich der Begriff Governance[1] mit folgender Erläuterung: Er bezeichnet „the act or manner of governing", „the office or function of governing" oder „sway, control" (The Concise Oxford Dictionary 1991: 511). Diese Erläuterungen helfen uns zunächst insofern weiter, als sie erkennen lassen, dass Governance nicht bloß die Tätigkeit des Regierens, Lenkens bzw. Steuerns und Koordinierens meint, sondern auf die Art und Weise dieser Tätigkeit verweist, die verschieden ausfallen kann. Darüber hinaus erfasst der Begriff neben prozessualen auch auf strukturelle, funktionale und instrumentelle Aspekte des Regierens, Steuerns und Koordinierens.

Wortbedeutung

Angesichts dessen ist es nicht erstaunlich, dass der Begriff Governance je nach Erkenntnisinteresse verschiedene Bedeutungen erhält. Bei einem Versuch, Ordnung in die verschieden Auffassungen von Governance zu bringen, können sieben verschiedene Begriffe unterschieden werden. Sie machen zweierlei deutlich: erstens die erstaunliche Breite und zweitens die zum Teil schon recht traditionsreiche Geschichte der Governance-Debatte. Sie begann mit der Entwicklung der Institutionenökonomie und setzte sich in der Gesellschaftsforschung und Politikwissenschaft fort.

1.2.1 Der Governance-Begriff in der Institutionenökonomie

Als wissenschaftlicher Begriff wurde Governance zunächst nicht in der Politikwissenschaft, sondern in der Ökonomie geprägt. 1937 wies Ronald Coase darauf hin, dass neben dem Markt auch die Unternehmensorganisation zur Verwirklichung effizienter Transaktionen in der Wirtschaft beiträgt (Coase 1937). Unternehmensorganisationen können nämlich im Vergleich zum Markt die Transaktionskosten senken. Nicht nur der Markt, sondern auch Institutionen wurden damit in den Blick dieses Zweiges der Ökonomie genommen; beide sollten als Koordinationsmechanismen vergleichend untersucht werden. Die zentrale Frage lautete: „Should a firm make or buy?" (Williamson 1998: 75). Diese Überlegungen wurden von Oliver Williamson (1985) zu einem Forschungsprogramm ausgebaut. In der von ihm mit gegründeten *Transaktionskosten-Ökonomie* als Teil der Neuen Institutionenökonomie werden verschiedene Modi der Handlungskoordination

Governance in der Institutionen- ökonomie

---

[1]   Das Wort *gouvernance* tauchte bereits im 13. Jahrhundert in Frankreich und im darauf folgenden Jahrhundert in England auf und bezeichnete damals, als Synonym von *government*, die Art und Weise des Regierens (Cassen 2002).

unterschieden: Märkte, Firmen, Hybridformen und Bürokratie. Dabei liegt der Transaktionskosten-Ökonomie eine spezifische Definition von Governance[2] zugrunde:

> "Governance is also an exercise in assessing the efficacy of *alternative* modes (means) of organization. The object is to effect good order through mechanisms of governance. A governance structure is thus usefully thought as an institutional framework in which the integrity of a transaction, or related set of transactions, is decided" (Williamson 1996: 11).

Opportunistisches Verhalten

Wichtiges Kriterium zur Auswahl des angemessenen Governance-Modus ist bei dieser Betrachtung naheliegenderweise die Höhe der Transaktionskosten. Sie gilt es zu reduzieren und dabei gleichzeitig ausreichende Vorkehrungen gegen opportunistisches Verhalten zu treffen. Mit Letzterem ist ein Verhalten gemeint, bei dem Akteure ihre Eigeninteressen auch durch arglistige Täuschung durchsetzen.

Transaktionskosten

Hiergegen müssen Vorkehrungen getroffen werden, was Transaktionskosten verursacht. Allerdings umfasst der Begriff der Transaktionskosten noch mehr: Transaktionskosten beinhalten nicht nur diejenigen Kosten, die entstehen, wenn Verträge und Abkommen vorbereitet und verhandelt werden, sondern auch wenn deren Einhaltung sicherzustellen ist. Hinzu kommen Kosten für die Nachbesserung von Abkommen, wenn diese unvollständig oder fehlerhaft sind. Dies geht meist nicht ohne zeitaufwändige Auseinandersetzungen und/oder die Einschaltung von Dritten (Williamson 1985: 20 ff.).

1.2.2 Governance als sozialer Ordnung

In der weiteren wissenschaftlichen Debatte wurde die wirtschaftswissenschaftliche Betrachtung modifiziert: Es wurde sowohl eine andere Untersuchungsperspektive eingenommen als auch der Analysefokus auf andere Governance-Typen gelegt. Es interessierten nun insbesondere Verbände und Netzwerke, und es wurden die spezifischen Vor- und Nachteile der unterschiedlichen Governance-Typen analysiert. Streeck und Schmitter beispielsweise grenzen, im Anschluss an Theorien des Neokorporatismus, Verbände als Modelle oder auch Quelle sozialer

Verbände als zusätzliches Modell sozialer Ordnung

Ordnung von den bekannteren Ordnungsmodellen der Gemeinschaft, des Marktes und des Staates ab (Streeck/Schmitter 1985: 1-2). Dabei schreiben sie der Gemeinschaft als Leitprinzip für Koordination und Allokation die spontane Solidarität, dem Markt das Prinzip Wettbewerb und dem Staat das Prinzip hierarchische Kontrolle zu. Als Leitprinzip für das von ihnen insbesondere thematisierte Modell sozialer Ordnung, das der Verbände, benennen sie die inter- und intraorganisatorische Konzertierung (Streeck/Schmitter 1985: 1-2, 5, 9). Es geht also um das Zusammenführen von verschiedenen Interessen. Neben diesem Leitprinzip stellen die Autoren auf elf weitere Unterscheidungskriterien ab, um die be-

---

2   In der deutschen Ausgabe von „The Economic Institutions of Capitalism" wurde der Begriff Governance etwas unglücklich mit „Beherrschungs- und Überwachungssystemen" oder mit „Beherrschung" oder „Kontrolle" übersetzt (Williamson 1990: 2, Anm. der Übersetzerin). Tatsächlich bezieht sich der Governance-Begriff in der Institutionenökonomie aber nicht nur auf hierarchische Organisationen, sondern generell auf Steuerungs- und Koordinationsstrukturen.

sonderen Eigenschaften der vier unterschiedlichen Modelle sozialer Ordnung abzubilden. Anliegen Streecks und Schmitters ist dabei nicht so sehr die Frage nach dem der jeweiligen Situation angemessenen Koordinationsmechanismus, wie dies für den institutionenökonomischen Ansatz Williamsons festgehalten werden kann. Vielmehr geht es darum, nach einer deskriptiv-analytischen Erfassung der besonderen Eigenschaften der verschiedenen Modelle sozialer Ordnung auf die Bedeutung von „private interest government" aufmerksam zu machen (Streeck/Schmitter 1985: 28). Diese Überlegungen stehen nicht in der Tradition des transaktionskostenökonomischen Ansatzes und sollten deshalb auch nur sehr zurückhaltend mit ihm in Verbindung gebracht werden.

So macht es beispielsweise einen gravierenden Unterschied, ob wir es mit Hierarchie im innerorganisatorischen Verhältnis einer Firma oder mit Hierarchie im Sinne von Staat im Verhältnis zu den Bürgern zu tun haben. Innerhalb einer Firma – wir verwenden hier bewusst die Terminologie von Coase – kann durchaus erfolgreich mit Weisungen agiert werden. Dies kann beim Umgang des Staates mit den Bürgern völlig anders aussehen. Denn anders als die Mitarbeiter einer Firma können sich die Bürger unter den Bedingungen eines modernen Rechtsstaats gegen staatliche Entscheidungen durch Rechtsmittel wehren, und Regierungen sind im demokratische Staat auf die Zustimmung der Bürgerschaft angewiesen. Auch ist Vorsicht bei dem Versuch geboten, Erkenntnisse, die für die Steuerung einer Organisation richtig sein mögen, auf die Steuerung der Umwelt von Organisationen zu übertragen.

In einer weiteren Untersuchung von Hollingsworth und Lindberg (1985) geht es gerade um dieses Verhältnis von Firmen zu ihrer Umwelt. Die Autoren definieren unter Bezug auf Lawrence und Dyer (1983): „The objectives of economic governance are efficiently and adaptively to co-ordinate the activities of firms and their 'relevant environments', that is, customers, suppliers, competitors, labour, technology generators, government agencies etc." (Hollingsworth/ Lindberg 1985: 221). Hiermit entfernen sich Hollingsworth und Lindberg ein Stück weit von der ursprünglichen Vorstellung von Coase und Williamson, wonach es vor allem um die Frage: „Make or buy?", also um das Verhältnis zu Geschäftspartnern einschließlich von Zulieferern geht. Hollingsworth und Lindberg weiten hingegen mit ihrer Definition den Bereich der relevanten Akteure deutlich aus. Angesichts ihrer Fragestellung ist das vernünftig und nachvollziehbar. Sie erhöhen – wie Streeck und Schmitter – die Zahl der Governance-Mechanismen auf vier. Sie nennen neben Markt und Hierarchie (mit den Submechanismen „state" und „modern corporation") auch Clans und Verbandsbeziehungen. Unabhängig von der exakten Spezifizierung dieser Mechanismen der „economic governance" (Hollingsworth/ Lindberg 1985: 221) geht es ihnen um die Darlegung der spezifischen Bedeutung dieser Mechanismen in unterschiedlichen Sektoren der amerikanischen Ökonomie. Dieser Ansatz lässt sich dann auch für eine vergleichend angelegte Betrachtung der Ökonomien verschiedener Nationalstaaten verwenden. Mit der auf relativ abstrakten Kategorien aufbauenden Analyse, die auf mikropolitische Prozesse nicht eingehen kann, lässt sich dann festmachen, welchen relativen Einfluss der Staat etwa auf die Herausbildung der Luftfahrt-, Halbleiter- oder Nuklearindustrie hatte oder dass in Japan Clans eine größere Bedeutung zukommen als in den USA, wobei es in den USA deutliche Unter-

Verhältnis von Firmen zur Umwelt: Varianten des Kapitalismus

schiede im Vergleich der verschiedenen Sektoren gebe (Hollingsworth/Lindberg 1985: 247-249). Dies sind ausgesprochen wichtige Ergebnisse, die helfen, verschiedene nationalstaatliche Ökonomien in ihrer Differenziertheit zu verstehen, und die darauf aufmerksam machen, dass die verschiedenen Governance-Mechanismen in Kombination wirken (vgl. den Beitrag von *Susanne Lütz*).

1.2.3   Good Governance

Good Governance | Ab Mitte der 1980er Jahre wurde der Governance-Begriff vermehrt auch in der politischen Praxis aufgegriffen und dabei mit normativen Gehalten versehen. In der Entwicklungspolitik bezeichnet Good Governance ein Programm zur Verbesserung des Regierens in nationalen und internationalen politischen Systemen (siehe dazu den Beitrag von *Roland Czada*). Die Weltbank definierte damit Kriterien einer effizienten, rechtsstaatlichen und bürgernahen Staats- und Verwaltungspraxis und machte diese zur Voraussetzung einer Kreditvergabe an Entwicklungs- und Transformationsländer. Anlass dafür waren die ernüchternden Erfahrungen, welche die Weltbank mit ihren bisherigen Ansätzen gemacht hatte. Kredite waren zu großzügigen Bedingungen vergeben worden, sie setzten insbesondere auf Armutsbekämpfung. Sehr häufig stellten sich die erhofften Erfolge jedoch wegen eines unvorteilhaften politischen und institutionellen Umfelds nicht ein. Deshalb forcierte die Weltbank Strukturanpassungsprogramme, an deren Durchführung eine weitere Kreditgewährung gebunden war. Diese Programme setzten vor allem auf der makroökonomischen Ebene und teilweise auch sektoral an. Aber auch diese Strukturanpassungsprogramme, die von der jeweiligen Geldpolitik über die Fiskalpolitik bis hin zur Währungspolitik reichten, sowie Deregulierungsmaßnahmen und den Abbau von Handelsbeschränkungen forcierten, erwiesen sich als wenig erfolgreich. So setzte sich die Erkenntnis durch, dass es insbesondere an den grundlegenden Staatsfunktionen mangele. In diesem Zusammenhang erlangte der Ausdruck Good Governance das erste Mal Erwähnung. Bereits im Vorwort zu einer Studie über die krisenhafte Situation im Süden der Sahara schreibt der damalige Präsident der Weltbank Barber B. Conable „A root cause of weak economic performance in the past has been the failure of public institutions. Private sector initiative and market mechanisms are important, but they must go hand-in-hand with good governance – a public service that is efficient, a judicial system that is reliable, and an administration that is accountable to its public" (World Bank 1989: xii). Damit war bereits skizziert, was der Inhalt von Good Governance zu sein hat. Es ging neben den traditionellen Strategien vor allem um „capacity building": Institutionelle Reformen sollten den Staat auf allen Ebenen in die Lage versetzen, seine Funktionen wirksam zu erfüllen (World Bank 1989: 15).

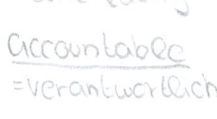

1.2.4   Der Governance-Begriff der Policy-Forschung

Netzwerkartiges Regieren | Beiträge zur Policy-Forschung, insbesondere Untersuchungen von Programmentwicklungs- und Implementationsprozessen (Mayntz 1998; Mayntz/Scharpf 1995a) zeigten, dass man bei der Erfüllung komplexer gesellschaftlicher Aufgaben immer weniger auf die Durchsetzungsmacht des vermeintlich souveränen

Staates vertrauen kann. Man erkannte, dass Regierungen und Verwaltungen ihre Aufgaben meistens nicht autonom, sondern nur im Zusammenwirken mit anderen Akteuren erfüllen können. Dies können Akteure aus dem öffentlichen oder dem privaten Sektor sein. Auch wurde offenbar, dass zahlreiche kollektiv verbindliche Regeln auch ohne den Staat gesetzt und durchgesetzt werden. In modernen Gesellschaften, die ohne ein Steuerungszentrum funktionieren, muss Politik generell als Management von Interdependenzen verstanden werden. Steuerung und Kontrolle sind nicht einseitige Tätigkeiten einer zuständigen Institution (etwa des Staates), sondern Prozesse der Interaktion zwischen kollektiven Akteuren, wobei zwischen Steuerungssubjekt und Steuerungsobjekt nicht mehr eindeutig unterschieden werden kann. Auf diesen neuen Ansatz der Steuerungstheorie (Mayntz 1998: 10) passte der von Jan Kooiman vorgeschlagene Begriff *„socio-political governance"*, mit dem er ein sich selbst regelndes System von Interaktionen jenseits von Markt und Staat bezeichnete:

> „Instead of relying on the state or the market, socio-political governance is directed to the creation of patterns of interaction in which political and traditional hierarchical governing and social self-organization are complementary, in which responsibility and accountability for interventions is spread over public and private actors" (Kooiman 1993: 252).

Aber auch andere, wie beispielsweise Rhodes (1997: 53) stellen Aspekte der Selbstorganisation und interorganisatorische Netzwerke in den Mittelpunkt ihres Verständnisses von Governance. Diesem der hierarchischen Steuerung deutlich kritisch gegenüberstehenden Verständnis von Governance ist in der deutschen Governance-Landschaft im weitesten Sinne das Münchener Centrum für Governance-Forschung zuzurechnen. Es hat sich insbesondere Verhandlungen und Informalisierungsprozessen zugewendet. Betrachtet werden „neue Kombinationen von rechtsförmigen, marktförmigen und verhandlungsbasierten Formen der Koordination" (Grande 2008: 20). Es wird nach neuen Konzepten für das Regieren gesucht. Allerdings orientiert sich das Münchener Centrum gleichzeitig an dem weiten Governance-Begriff von Renate Mayntz (siehe auch ihren Beitrag in diesem Band). Es würden alle „Formen, Institutionen und Mechanismen der Handlungskoordination zur kollektiven Regelung gesellschaftlicher Sachverhalte" in den Blick genommen (Grande 2009: 78). In einer weiteren Variante wird insbesondere die Beteiligung privater Akteure betont:

Münchener Centrum für Governance-Forschung

> „... governance implies that private actors are involved in decision-making in order to provide common goods and that nonhierarchical means of guidance are employed ... Where there is governance, private actors may be independently engaged in self-regulation, or a regulatory task may have been delegated to them by a public authority, or they may be regulating jointly with a public actor. This interaction may occur across levels (vertically) or across arenas (horizontally)" (Héritier 2002: 3).

Im europäischen und insbesondere im deutschen Kontext hat man es in der Regel mit einem der vorstehenden Governance-Begriffe zu tun. Im amerikanischen Kontext und teils auch im europäischen ist dies häufig anders (Lafferty 2004: 5-7). Dort wird der Governance-Begriff sehr stark aus dem Blickwinkel seiner

Governance in den USA

„original steering conception" (Pierre/Peters 2000: 7; vgl. auch Braithwaite u.a. 2007: 3) wahrgenommen. So formulieren Pierre und Peters (2000: 1) unter der Überschrift „What is Governance?": „ …, our focus is on the capacity of government to make and implement policy – in other words, to steer society". Auch Salamon (2002) bezieht sich in seinem schwergewichtigen Sammelband „The Tools of Government. A guide to the New Governance" sehr stark auf die ursprüngliche Steuerungstradition, was bereits an seiner Ausrichtung an den verschiedenen Instrumenten sehr deutlich wird. Auch in der deutschen Debatte gab es Versuche, die Governance-Debatte durch einen Ansatz zu befruchten, der auf der älteren Steuerungstradition basiert, jedoch viele der früheren Verkürzungen und auch die Veränderungsprozesse, von denen einleitend die Rede war, verarbeitet hat (Dose 2008a). Er war darauf gerichtet, in einem mehrdimensionalen Auswahlprozess dasjenige Instrument(enbündel), das problemangemessen ist, für das die Implementationsvoraussetzungen gegeben sind und das sich politisch durchsetzen lässt, herauszufiltern. Da die Verortung im deutschen Governance-Kontext jedoch zu Irritationen führte, wurde bereits wenig später der Bezug auf eine staatliche Steuerung gestärkt (Dose 2008b). Der Ansatz ist sowohl analytisch als auch präskriptiv angelegt. Denn er enthält eine Anleitung zur Analyse, aus der anschließend präskriptive Hinweise für eine jeweils angemessene Instrumentierung folgen.

1.2.5 Der Governance-Begriff der Regierungslehre und Verwaltungswissenschaft

Seit einiger Zeit wird der Governance-Begriff auch in der Regierungslehre und Verwaltungswissenschaft aufgegriffen. Das liegt angesichts der engen Verwandtschaft der Begriffe Regieren, Steuern und Koordinieren auf der Hand. „Regieren, gubernare, heißt lenken, steuern, Richtung geben, heute nicht zuletzt zusammenordnen, die Fäden bündeln, koordinieren" (Hennis 1965: 433). Steuerung und Koordinierung sind also die zentralen Funktionen des Regierens und, so ist zu ergänzen, auch der Tätigkeit der Verwaltung. Regieren und Verwalten im Sinne von Governance unterliegt allerdings spezifischen Bedingungen und findet in anderen Strukturen und Verfahren statt als jenen, die in der traditionellen Regierungslehre und Verwaltungswissenschaft im Mittelpunkt standen. Sie überschreiten heute mehr und mehr die territorial und funktional definierten Kompetenzbereiche des Staates, weshalb ihre Ziele ohne dessen Anordnungs- und Durchsetzungsmacht verwirklicht werden müssen. Wie die entsprechenden Kapitel zu Staat, Regionen und Verwaltung zeigen (siehe die Beiträge von *Dietrich Fürst*, *Renate Mayntz* und *Werner Jann/Kai Wegrich*), wird mit dem Governance-Konzept darauf aufmerksam gemacht, dass Steuern und Koordinieren (oder Regieren und Verwalten) über-wiegend (d.h. nicht nur, aber immer häufiger) in horizontalen, netzwerkartigen Beziehungen zwischen öffentlichen und privaten Akteuren geschieht, wenngleich im Schatten der Hierarchie des Staates.

Governance und Verwaltungs-modernisierung   Eine spezifische Ausprägung findet sich in der Debatte um die Verwaltungsmodernisierung (siehe den Beitrag von *Jann* und *Wegrich*). Hier geht es nicht nur um die Erneuerung der öffentlichen Verwaltung, sondern auch um die Restriktionen und Voraussetzungen staatlicher Steuerung. Governance gilt damit als ein „neuartiges Konzept des Regierens". Dabei soll insgesamt die zentrale Stellung der öffentlichen Verwaltung für die Vorbereitung und Durchsetzung materieller Politik in Frage gestellt werden. Gesellschaftliche Probleme seien nicht mehr allein Sache des Staates, sondern vielmehr Angelegenheit der Zivilgesellschaft. Wie bereits an den Formulierungen deutlich wird, soll eine entsprechende Entwicklung jedoch nicht schlicht beschrieben und analysiert werden. Vielmehr geht es neben der Analyse darum, diese auch normativ einzufordern. Governance wird also als Reformkonzept verstanden. Als verwaltungspolitisches Reformkonzept werde das New Public Management durch Governance abgelöst. Dabei machen Jann und Wegrich diese verwaltungspolitische Governance an dem sozialdemokratischen Leitbild des Aktivierenden bzw. des Gewährleistungs-staates fest. Es sei gekoppelt mit Vorstellungen einer Bürgergesellschaft, einer Verantwortungsteilung zwischen Staat und Privaten, und schließlich einem Staat, der zwar die Gewährleistung für die Erfüllung öffentlicher Aufgaben übernehme, aber nicht mehr davon ausgehe, dass er diese Aufgaben zwingend selbst zu erfüllen habe. Es geht zwar immer auch noch darum, Verwaltungshandeln effizienter zu machen. Dies ist aber nicht mehr ausschließliches Ziel. Vielmehr sollen die Betroffenen zur Lösung gesellschaftlicher Probleme herangezogen werden. Es gehe darum, „das Selbstregulierungspotential der Gesellschaft zu fördern" (Bundesministerium des Innern 1999: 8). Ziel seien nicht mehr nur kurzfristige, möglichst effizient produzierte Outputs (wie beim New Public Management), sondern auch langfristige und gemeinwohlverträgliche Ergebnisse und Wirkungen (outcomes und impacts). Damit wird nicht weniger als eine Re-Integration von Policy-Forschung und Verwaltungspolitik angestrebt.

> *Aktivierender Staat*

Dem entspricht, ähnlich wie im Kontext der Europäischen Union (siehe den Beitrag von *Jachtenfuchs* und *Kohler-Koch*), folgerichtig ein Governance-Begriff, der sich des gesamten Repertoires der verschiedenen Steuerungsformen bedient und die verschiedenen Governance-Formen (Markt, Hierarchie, Gemeinschaft, Vertrauen und Regulierung) miteinander kombiniert („mixed modes of governance"). Dabei besteht allerdings eine grundsätzliche Skepsis gegenüber hierarchischen Steuerungsformen. Insofern wirkt die Perspektive des New Public Management fort. Neu ist jedoch, dass auch die einseitige Fokussierung auf innerorganisatorisch zur Anwendung gelangende Markt- bzw. Quasi-Marktansätze kritisch gesehen wird. In den Vordergrund rücken nun stärker kooperative Handlungsformen und die Förderung von Netzwerken. Es soll jedoch nicht ein Governance- oder Steuerungsmodus auf eine spezifische Situation hin optimiert werden, sondern es sollen die vielfältigen Potentiale verschiedener Modi in ihrer Kombination entfaltet werden.

1.2.6 Global Governance

Wie der Begriff der Governance ist auch der Inhalt von Global Governance offen für unterschiedliche Interpretationen (Brand u.a. 2000; siehe auch den Beitrag von *Maria Behrens*). Kennzeichnend für Global Governance scheint jedoch zweierlei zu sein: Erstens wird die Tatsache abgebildet, dass es auf internationaler Ebene keine Governance-Funktionen übernehmende Zentralinstanz oder gar einen Weltstaat gibt. Mit zunehmenden Denationalisierungsprozessen besteht

> *Kein Weltstaat in Sicht*

aber ein Bedarf an verlässlichen Koordinierungen jenseits der Nationalstaaten. Zweitens werden diese Koordinationsleistungen nicht nur von miteinander kooperierenden Staaten, sondern auch von gesellschaftlichen Akteuren über verschiedene Politikebenen hinweg geleistet. Die zunehmende Bedeutung nichtstaatlicher Akteure drückt sich bereits in der massiven Zunahme der Zahl der Non-Governmental Organizations aus (Held/McGrew 2000; Grande 1997: 52). Auch konzeptionell wird von den im Detail unterschiedlich argumentierenden Vertretern des Global Governance-Konzepts – ganz in der Tradition von „Good Governance" der Weltbank – die hohe Bedeutung zivilgesellschaftlicher Beteiligung unterstrichen. Dem durchaus auch normativen Charakter der Ansätze entspricht es, dass die zivilgesellschaftliche Beteiligung damit vor allem gefordert wird, es also weniger um eine Zustandsbeschreibung geht (Commission on Global Governance 1994: 4 ff.; Brand u.a. 2000: 16, 21-22). Allerdings verbleibt den Nationalstaaten und ihren Regierungen die Rolle als wichtigste öffentliche Institutionen. Sie hätten noch immer das Gemeinwohl und die Belange der globalen Gemeinschaft wahrzunehmen.

> Non-Governmental Organizations

Global Governance bezeichnet damit das komplexe Beziehungsgeflecht zwischen staatlichen, nichtstaatlichen sowie nationalen und transnationalen, gemeinsam Governance-Funktionen wahrnehmenden Akteuren über alle Ebenen hinweg einschließlich der zur Anwendung gelangenden Koordinationsmechanismen (siehe Rosenau 1995: 13-14). Das heißt für konkrete, global bedeutsame Entscheidungsfindungen, dass Einflüsse der lokalen, nationalen und regionalen Ebene aufgegriffen werden und umgekehrt Einflüsse auf diesen Ebenen geltend gemacht werden müssen. Die Ressourcen und Fähigkeiten von Akteuren und Institutionen der verschiedenen Ebenen seien in Problemlösungen einzubeziehen. Hierfür werden partnerschaftlich angelegte Netzwerkstrukturen propagiert. Die zur Anwendung gelangenden Instrumente könnten breit gefächert sein. So seien in manchen Fällen Marktinstrumente angemessen, in anderen Fällen seien koordinierte Anstrengungen bürgerschaftlicher Organisationen und staatlicher Einrichtungen eher angezeigt. Eine wichtige Rolle spielen insbesondere internationale Regime als Instrument horizontaler Selbstregulierung (Messner/Nuscheler 2003: 9-10). Sie sind für die Unterzeichnerstaaten nicht verbindlich. Vielmehr haben sie eher den Charakter von Quasi-Zielvereinbarungen. Damit rückt die Frage in den Vordergrund, unter welchen Bedingungen Staaten und gesellschaftliche Akteure bereit sind, sich in internationalen und transnationalen Regimen selbst zu verpflichten, und unter welchen Bedingungen die eingegangenen Verpflichtungen tatsächlich in konkrete und wirkungsvolle Maßnahmen umgesetzt werden (Zürn 1994: 29 ff.; Zürn 1998: 180 ff.).

> Regime

1.2.7 Governance in analytischer Perspektive

Während viele der anderen Governance-Begriffe in einem mehr oder weniger normativen Kontext stehen, hat sich – befeuert durch ganz unterschiedliche Arbeiten, die durchaus begrifflich nicht immer konsistent waren – ein Ansatz entwickelt, der einen eindeutig analytischen Zugriff aufweist. Er besteht aus einer Kombination von insgesamt drei Analyseebenen mit Ausdifferenzierungen auf jeder dieser Ebenen (Mayntz/Scharpf 1995b: 60-62; Lange/Schimank 2004: 18-

> Drei Analyse-Ebenen

25). Auf der untersten Ebene (Mikrofundierung) werden drei elementare Governance-Mechanismen unterschieden (wechselseitige Beobachtung, wechselseitige Beeinflussung und wechselseitiges Verhandeln). Auf der mittleren Ebene folgen mit den analytisch zu differenzierenden Governance-Formen die Ordnungsmodelle wie Hierarchie, Wettbewerb, Verhandlungen und Netzwerke. Auf der obersten Ebene stehen die Governance-Regime. Mit ihnen werden die empirisch vorfindbaren Kombinationen von Governance-Formen erfasst. Gerade auf diese Kombinationen von Governance-Formen kommt es bei der Analyse insbesondere an. Wird zum Beispiel versucht, Regionen durch einen von außen initiierten interregionalen Wettbewerb innovativer zu machen, dann lässt sich dies als ein Aufeinandertreffen der Governance-Formen ‚Netzwerk' und ‚Wettbewerb' interpretieren. Der Wettbewerb hat dann die Aufgabe, die vorherrschenden netzwerkartigen Strukturen aufzubrechen. Wenn dies – wie häufig der Fall – nur unzureichend gelingt, verweist dies auf das große Beharrungsvermögen von eingeführten Netzwerken (siehe Benz 2006: 38-39).

1.2.8 Begriffskern

Insgesamt lässt sich also wie einleitend konstatiert tatsächlich eine erstaunliche Breite dessen feststellen, was unter Governance verstanden wird. Der Begriff variiert je nach disziplinärem und sub-disziplinärem Kontext. Dies wird mitunter kritisiert (Offe 2008: 67). Wenn man „Governance" sage, sei damit nicht viel an Information transportiert. Hier ließe sich unter Bezug auf die Ausführungen in der Einleitung dieses Beitrags entgegnen, dass dem jeweiligen Argumentationszusammenhang zu entnehmen sei, von welchem Governance-Begriff die Rede ist. Dies ist etwa beim Systembegriff oder dem Demokratiebegriff nicht anders. Wovor man sich allerdings hüten sollte, ist die umstandslose Vermischung von Forschungsergebnissen, die auf der Basis der zum Teil recht unterschiedlichen Governance-Begriffe und zugrunde liegenden Forschungsfragen entstanden sind (Dose 2008b: 112; Offe 2008: 62).

Bei allen Divergenzen in den Verwendungsweisen lässt sich dennoch ein konstanter Begriffskern identifiziert. Dieser kann folgendermaßen bestimmt werden:

Begriffskern

1. Governance bedeutet Steuern und Koordinieren (oder auch Regieren) mit dem Ziel des Managements von Interdependenzen zwischen Akteuren. In der Regel werden korporative Akteure betrachtet, also handlungsfähige Zusammenschlüsse von Individuen.
2. Steuerung und Koordination beruhen auf institutionalisierten Regelsystemen, welche das Handeln der Akteure lenken sollen, wobei in der Regel Kombinationen aus unterschiedlichen Regelsystemen (Vertragsregeln, Kompetenzregeln und Kontrollbefugnisse, Mehrheitsregel, Verhandlungsregeln) vorliegen.
3. Governance umfasst auch Interaktionsmuster und Modi kollektiven Handelns, welche sich im Rahmen von Institutionen ergeben, ohne von ihnen determiniert zu sein (Netzwerke, Koalitionen, Tauschbeziehungen, wechselseitige Anpassung im Wettbewerb).

4. Prozesse des Steuerns bzw. Koordinierens sowie Interaktionsmuster, die der Governance-Begriff erfassen will, überschreiten in aller Regel Organisationsgrenzen, insbesondere aber auch die Grenzen von Staat und Gesellschaft, die in der politischen Praxis fließend geworden sind. Politik in diesem Sinne findet normalerweise im Zusammenwirken staatlicher und nicht-staatlicher Akteure (oder von Akteuren innerhalb und außerhalb von Organisationen) statt.

1.3 Government und Governance

Governance-Begriff als Ausdruck einer Betrachtungsweise

Aus dem Überblick des vorhergehenden Kapitels über die unterschiedlichen Governance-Begriffe lassen sich die Breite des Anwendungsbereichs sowie die Vielfalt der Verwendungsweisen erkennen. Der Begriffsgehalt wird dagegen allenfalls in Konturen deutlich. Wir wollen daher versuchen, diese Konturen etwas zu schärfen, indem wir die spezifische Betrachtungsweise skizzieren, die sich mit dem Gebrauch von Governance in den Sozialwissenschaften und insbesondere in der Politikwissenschaft verbindet. Mit Betrachtungsweise ist dabei nicht eine genaue Definition des Begriffs gemeint, sondern es sind die Aspekte angesprochen, auf die dieser Begriff die Aufmerksamkeit derjenigen lenkt, die sich mit der Wirklichkeit in systematischer Weise beschäftigen.

Government-Perspektive

Entscheidend ist zunächst, dass wir mit *Government* nicht den Staat und mit Governance nicht eine Form von Politik „jenseits des Staates" erfassen, wie dies in der Literatur manchmal erscheinen mag, wenn von „governance without government" gesprochen wird. Es handelt sich hierbei nur um eine von drei möglichen Formen des Regierens. Denn wie Zürn (1998: 169-170) verdeutlicht, sind daneben „governance by government" (hierarchische Festlegung einer Regelung durch eine übergeordnete Instanz) und „governance with government" (Beteiligung einer übergeordneten Instanz, die jedoch nicht „per Dekret" agiert) in den Blick zu nehmen. Die Government-Perspektive erfasst den Staat als Institution, die sich vom Markt und der Gesellschaft unterscheidet; der Markt bzw. die Gesellschaft gelten als eigenständige und besondere Institutionen. Das Interesse der Politikwissenschaft konzentriert sich auf die Institutionen des demokratischen Staats. In ihrem Rahmen werden Konflikte durch miteinander konkurrierende Parteien und Verbände artikuliert und ausgetragen, und die Regelung dieser Konflikte erfolgt u.a. in Verfahren der Mehrheitsdemokratie, durch autoritative Entscheidungen der Exekutive und der Gerichte sowie durch Vollzugsmaßnahmen der Verwaltung. Gesellschaftliche Probleme werden vorrangig aufgrund von Gesetzen (besonders durch Ge- und Verbote) sowie durch Verteilung von Leistungen bearbeitet.

Governance-Perspektive

In der Governance-Perspektive gelten der Staat, der Markt, soziale Netzwerke und Gemeinschaften als institutionelle Regelungsformen, die in variablen Kombinationen genutzt werden. Der Blick richtet sich dabei auf die Steuerungs- und Koordinationsfunktion[3] dieser institutionellen Strukturen, in denen Elemente

---

[3]   Steuerung bedeutet die bewusste Intervention in Handlungsfelder bzw. die Lenkung des Verhaltens von Akteuren, um Änderungen in Richtung festgelegter Ziele zu erreichen. Koordination

von Hierarchie, Wettbewerb (sei es im Markt oder in Form von Leistungswettbewerben zwischen Organisationen) und Verhandlungssystemen verbunden sein können. Damit rückt das bewusste Steuerungshandeln von Akteuren in den Hintergrund (Mayntz 2006: 14-15). So werden Konflikte zwischen Akteuren, die auf kollektive Entscheidungen Einfluss ausüben können, meistens in Verhandlungen ausgetragen, die sich oft im Schatten der Hierarchie oder des Wettbewerbs abspielen. Ziel ist nicht eine unilaterale Entscheidung einer legitimierten Instanz, sondern die Einigung unter allen betroffenen Akteuren, sei es durch Verständigung über gemeinsame Interessen, durch Kompromissfindung (wechselseitige Annäherung divergierender Interessen) oder durch Tauschgeschäfte (die Ergebnis von Verhandlungen oder von Marktprozessen sein können; Scharpf 1997).

Darüber hinaus zielen Governance-Prozesse auf Änderungen von verhaltenssteuernden Wirkungen institutioneller Regeln („meta governance"). Steuerung und Koordination resultieren damit aus dem Zusammenwirken von institutionellen Regelsystemen und der Selbststeuerung der beteiligten Akteure, die gemeinschaftlich kollektive Güter produzieren. Gegenstand der Governance-Prozesse ist immer auch die Anpassung des institutionellen Kontextes oder der Netzwerkstrukturen. Das Management von Interaktionsstrukturen und die Institutionenpolitik spielen also eine wichtige Rolle.

Die Verwendung des Governance-Konzepts bedeutet also, dass wir die komplexe politische Wirklichkeit in einer bestimmten Weise, unter Konzentration auf ausgewählte und unter Vernachlässigung anderer Merkmale betrachten. Die Selektivität der Sichtweise kann ganz allgemein damit gerechtfertigt werden, dass wir so besondere Formen der Politik[4], des kollektiven Handelns in der modernen Gesellschaft besser verstehen als etwa mit dem Konzept des Staates oder des Regierungssystems. Die Auswahl der Betrachtungsweise ist Bestandteil der Theorie, aber der Governance-Begriff ist deswegen nicht mit einer bestimmten Theorie von Politik oder Gesellschaft verbunden. Allerdings ist er mit einzelnen Theorien leichter kompatibel als mit anderen. Wer den Governance-Begriff verwendet, muss unterstellen, dass Steuerung in Interaktionen zwischen Akteuren möglich ist, dass also Politik nicht durch wirtschaftliche Zwänge oder durch Institutionen determiniert ist. Unterstellt werden muss aber auch, dass institutionelle Regelsysteme wirken, dass Politik also nicht einfach mit unkontrollierbarer Machtausübung von Eliten gleichgesetzt werden kann. In theoretischer Hinsicht verweist Governance also auf das dynamische Zusammenwirken zwischen Strukturen und Prozessen, zwischen Institutionen und Akteuren, zwischen Regeln und Regelanwendung etc.

Selektivität der Perspektive

---

meint die Abstimmung von Handlungen unterschiedlicher Akteure in Bezug auf ein gemeinsames Ziel. Beide Begriffe sind weitgehend deckungsgleich, betonen aber unterschiedliche Aspekte: Steuerung betont die Intervention in Handlungsbereiche und die Interaktion zwischen Akteuren, die steuern oder gesteuert werden. Koordination akzentuiert die Interdependenz und Wechselseitigkeit der Handlungen.

[4]   Der Begriff Politik kann also in der Governance-Perspektive nicht auf den Bereich des Staates beschränkt werden. Wir verwenden hier einen Politikbegriff, der die Regelung gesellschaftlicher Konflikte durch kollektive Entscheidungen meint.

1.4 Anwendungsbereiche und Probleme

Anwendungsbereiche Die Ausführungen in den vorangehenden zwei Abschnitten dienten dazu, die Konturen des Begriffsfelds von Governance zu zeichnen. Wie bereits ausführlich dargelegt, gibt es nicht die eine Definition von Governance, sondern mehrere Verwendungsweisen. Das liegt an der Breite des Anwendungsbereichs. Von Governance wird im Bereich des Nationalstaats genauso gesprochen wie in der internationalen Politik, in der lokalen und regionalen Politik ebenso wie auf zentralstaatlicher Ebene. Das Konzept findet Verwendung zur Beschreibung neuer Formen des Regierens in der Europäischen Union, aber auch in der Debatte über die Entwicklung der öffentlichen Verwaltung, in Organisationen wie zwischen Organisationen, in der Wirtschaftspolitik wie in der Arbeitsmarkt- oder Umweltpolitik. Je nach Besonderheiten des Anwendungsbereichs variieren die konkreten Gehalte des Begriffs. Will man über eine hoch abstrakte, weitgehend inhaltsleere Begriffsbestimmung hinaus gelangen, so ist es zweckmäßig, den Begriff auf einzelne Kontexte bezogen zu definieren.

Auf Kontexte bezogene Begriffs-präzisierung Diese Überlegungen begründen die Struktur der vorliegenden Einführung. Die nachfolgenden Beiträge dienen einer kontextbezogenen Darstellung des Governance-Konzepts. Dass sich die Begriffsverständnisse, die darin enthalten sind, nicht vollständig decken, ist also schon angesichts der unterschiedlichen Bereiche von politischer Steuerung und Koordinierung verständlich. Diese divergieren hinsichtlich der institutionellen Kontexte, der Akteurskonstellationen, der Probleme und Inhalte von Politik sowie der Steuerungs- und Koordinations-verfahren. Gleichwohl gibt es einen gemeinsamen Nenner, können wir also den Begriffskern feststellen, der oben skizziert wurde.

1.4.1 Governance in territorialen Kontexten

Die ersten fünf Kapitel befassen sich mit politischer Steuerung und Koordinierung in territorialen Kontexten öffentlicher Politik. Trotz der funktionalen Differenzierung der Gesellschaft ist die territoriale Struktur von Politik als Kontextbedingung politischer Governance wichtig, weil demokratische Prozesse primär in Gebieten organisiert werden. Darüber hinaus sind gesellschaftliche Funktionsbereiche hoch interdependent, und die zur Bewältigung der Interdependenzen erforderlichen Interaktions- und Koordinationsstrukturen entwickeln sich auch in der so genannten „Netzwerkgesellschaft" in Räumen (Castells 2001). Wir betrachten daher Governance auf lokaler bzw. regionaler Ebene, im Rahmen des Nationalstaats, in der Europäischen Union und im globalen Kontext. Die unterschiedlichen Ausprägungen und die unterschiedliche Dichte der Institutionalisierung von Politik in den jeweiligen territorialen Kontexten müssen in den entsprechenden Verwendungsweisen des Governance-Konzepts berücksichtigt werden.

Governance im Staat Auf nationaler Ebene (siehe dazu den Beitrag von *Renate Mayntz*) finden wir entwickelte Regierungs- und Verwaltungssysteme, die den staatlichen Akteuren Macht zur verbindlichen Entscheidung und Durchsetzung verleihen. Interessenkonflikte werden hier überwiegend in den Verfahren der repräsentativen Demokratie ausgetragen, weshalb Governance sowohl das Verhältnis zwischen Parlamenten, Regierungen, Verwaltungen und Bürgern als auch die Beziehungen zwischen staatlichen Akteuren, organisierten Interessengruppen und Wirtschafts-unternehmen betrifft. Die Governance-Diskussion entstand, als erkannt wurde, dass Problemzusammenhänge vielfach Kompetenzgrenzen der Regierungs- und Verwaltungseinheiten überschreiten, Formen der autoritativen Steuerung angesichts der Komplexität öffentlicher Aufgaben häufig versagen, eine Verlagerung von Aufgaben auf den Markt nur für Teilaspekte der öffentlichen Leistungen möglich ist und zugleich traditionelle Formen der Kooperation zwischen Regierungen und organisierten Interessen sich als anfällig für Entscheidungsblockaden bzw. als zu wenig anpassungsfähig erwiesen. Der Begriff Governance liefert einerseits einen Rahmen zur Analyse der praktisch relevanten Kombinationen aus Hierarchie, Verhandlungen und privater Selbststeuerung, zum anderen schließt er informelle, aber dauerhafte Interaktionsmuster zwischen staatlichen, kommunalen und gesellschaftlichen Akteuren (Netzwerke) ein.

Auf regionaler Ebene (siehe dazu den Beitrag von *Dietrich Fürst*) ist die Wirkung des Institutionenrahmens deutlich schwächer als auf lokaler oder nationaler Ebene. Regionen sind – zumindest im Sinne des Regional Governance-Konzepts – keine Gebietskörperschaften, sondern Handlungsräume, die durch bestimmte raumbezogene Funktionen (regionale Wirtschaftsförderung, regionale Arbeitsmarktpolitik, regionale Kulturpolitik etc.) definiert sind. Governance bedeutet hier die Selbststeuerung der regionalen Akteure (Kommunen, staatliche Akteure, Vertreter der Kammern, der Wirtschaft, der Gewerkschaften und anderer Verbände) in Verhandlungen und Netzwerken. Darüber hinaus verweist der Begriff auf den Charakter der Region als eine „intermediäre Ebene", die eng mit der lokalen, aber auch der nationalen und europäischen Politik verflochten ist. Die lokale Politikforschung hat darauf aufmerksam gemacht, dass neben Netzwerken und Verhandlungen zwischen Regierungen, Verwaltungen und Vertretern organisierter Interessengruppen auch soziale Gemeinschaften von engagierten Bürgern („Zivilgesellschaft") als Governance-Form relevant sind. Ähnliches gilt für die regionale Ebene, für die empirische Studien die Bedeutung von Engagement und Vertrauen zwischen Akteuren für die Entwicklung und den Zusammenhalt von Netzwerken und Kooperation betont haben. Anders als in Staat und Kommunen gelten in Regionen das Management von Netzwerken sowie der Aufbau institutioneller Kapazitäten als wichtige Funktionsvoraussetzungen für Governance.

Regieren in Netzwerken ist auch ein wesentliches Merkmal von Governance in der Europäischen Union (siehe dazu den Beitrag von *Markus Jachtenfuchs* und *Beate Kohler-Koch*). Der Governance-Begriff verdeutlicht hier, wie sich das Verständnis von Regieren im Vergleich zur älteren Regierungslehre gewandelt hat: In der EU wird in einer Institutionenordnung regiert, die durch ein kompliziertes, dynamisches Gleichgewicht zwischen dem Europäischen Parlament, dem Rat und der Kommission sowie durch die starke Verflechtung zwischen der europäischen und nationalen Ebene gekennzeichnet ist. Entscheidungen können nur im Zusammenwirken dieser Institutionen und unter Beteiligung von nationalen Regierungen und Verwaltungen sowie Interessengruppen getroffen werden, weshalb die Aufrechterhaltung des institutionellen Gleichgewichts ebenso zur Governance gehört wie Politiknetzwerke und organisierte Verhandlungssysteme. In den Politikfeldern der EU finden sich zahlreiche Beispiele für Kombinationen

Regionale Ebene

Europäische Ebene

aus Hierarchie (Steuerung durch Recht), Verhandlungen und Politikwettbewerb im Zusammenwirken von öffentlichen Amtsträgern und Vertretern gesellschaftlicher Interessen (Tömmel 2008). Regieren in der EU erfordert zudem vielfach die Koordination von Entscheidungen zwischen nationalen, regionalen und europäischen Institutionen. Angesichts des interorganisatorischen und intergouvernementalen Charakters politischer Prozesse weist Governance eine Dynamik der Strukturen auf, die sich sowohl im strategischen Umgang mit Institutionen als auch in einem starken institutionellen Wandel zeigt (Héritier 2007).

Global Governance   Während die EU ein differenziertes und zunehmend institutionell verfestigtes Regierungssystem darstellt, finden wir auf internationaler Ebene lediglich sektorspezifische Formen des Regierens durch internationale Organisationen und internationale Regime. Um diese, teilweise aber auch außerhalb von Organisationen und Regimes, bilden sich Formen von Global Governance durch Koordination und Kooperation zwischen Staaten und privaten Akteuren (siehe den Beitrag von *Maria Behrens*). Angesichts des Fehlens eines umfassenden institutionellen Rahmens sowie des Schattens der Hierarchie, welcher der Durchsetzungsmacht des Staates vergleichbar ist, bleibt Global Governance immer relativ instabil und durch Konflikte gefährdet. Die intensive wissenschaftliche Diskussion in diesem Bereich ist vor dem Hintergrund eines Dilemmas verständlich: Einerseits sind angesichts des Fehlens einer Weltregierung intergouvernementale Kooperationen die einzige Möglichkeit, um globale Koordinationsprobleme zu bewältigen, und die Beteiligung privater Akteure kann die prinzipiell umstrittene Legitimität dieser Politik verbessern. Andererseits sind die Koordinationsdefizite in der internationalen Politik beträchtlich, die Beteiligungschancen zwischen gesellschaftlichen Gruppen extrem ungleich verteilt und die Kontrolle durch Betroffene oder durch die Bürgerschaft völlig unzureichend, weshalb stärkere internationale Institutionen mit politischer Autorität gegenüber Staaten und Privaten erforderlich scheinen. Diese Balance aus Institutionalisierung und informeller Selbstkoordination ist auf globaler Ebene ebenso wie auf den anderen Ebenen ein zentrales Thema der Governance-Diskussion. Es stellt sich hier aber die besondere Problematik, dass Institutionen nicht leicht geschaffen oder reformiert werden können, es dazu vielmehr eines Konsenses zwischen den beteiligten Staaten bedarf.

Governance in Mehrebenensystemen   Das Konzept von Governance in Mehrebenensystemen (Multilevel Governance, vgl. dazu den Beitrag von *Arthur Benz*) deckt sich teilweise mit den bisher angesprochenen Begriffsvarianten. Wenn wir den Governance-Begriff auf Ebenen der Politik anwenden, so sind damit in der Regel ebenenübergreifende Koordinations- und Steuerungsprozesse einbezogen. Wenn wir von Multilevel Governance sprechen, so lenken wir die Aufmerksamkeit auf eben diesen Aspekt. Neben dem Gebietsbezug und dem Verflechtungsaspekt wird auf besondere institutionelle Konstellationen hingewiesen, die sich aus der Verbindung „intergouvernementaler" und „intragouvernementaler" Politik ergeben. Hieraus resultieren besondere Steuerungsprobleme, allerdings bieten Mehrebenenstrukturen den Akteuren auch besondere Möglichkeiten des strategischen Umgangs mit den Regeln der Institutionenordnung. Anders als mit den Kategorien der Föderalismusforschung (Bundesstaat, Staatenbund, Staatenverbund) lassen sich mit dem Governance-Begriff Mehrebenenstrukturen unterschiedlicher Art erfassen und

Probleme innerstaatlicher Ebenenbeziehungen mit jenen der europäischen und internationalen Politik vergleichen (Benz 2009).

1.4.2 Governance in Politikfeldern und Sektoren

Mit „Governance in der politischen Ökonomie" (siehe dazu den Beitrag von *Susanne Lütz*) greifen wir ein Beispiel für Steuerung und Koordinierung in einem Sektor der Gesellschaft auf. Der Begriff fokussiert auf Institutionen und Prozesse der gesellschaftlichen Selbststeuerung in der Wirtschaft, betont aber gleichzeitig die politische Dimension der Interaktionen zwischen den beteiligten Akteuren und die Schnittstellen zwischen Staat und Gesellschaft. Im Zentrum stehen Verbindungen von Markt, Staat, Verbänden und Netzwerken bzw. die Steuerung durch Wettbewerb, durch Regulierung, durch Verhandlungen und durch Kooperation. Ausgehend von institutionenökonomischen Ansätzen hat die Forschung zu regionalen und sektoralen Ökonomien das am weitesten differenzierte Konzept von Governance entwickelt, dabei aber den strukturellen Aspekt, d.h. die Koordination durch Institutionen in den Vordergrund gestellt. In besonderen Anwendungsbereichen (etwa der Unternehmenskooperation oder der regionalen Wirtschaftsstrukturen) wird Governance manchmal auf Netzwerke oder Verhandlungssysteme reduziert. Das ändert aber nichts daran, dass der Governance-Begriff der politischen Ökonomie sowohl komplexe Regelsysteme, die Beteiligung öffentlicher und privater Akteure sowie unterschiedliche Interaktionsmechanismen beinhaltet. Ferner bietet dieses Forschungsgebiet interessante Typologien unterschiedlicher Governance-Formen, welche für die vergleichende Forschung nützlich sind. Zu wenig beachtet werden dabei aber Kombinationen zwischen den Governance-Typen sowie die hieraus entstehenden Probleme der Institutionenpolitik.

Governance in der Wirtschaft

Auch in Bezug auf Steuerung und Koordinierung in oder zwischen Organisationen finden wir Typologien von Governance-Formen, die zunächst für Unternehmen oder Unternehmenskooperationen entwickelt wurden, sich aber auch auf andere Organisationen wie staatliche Verwaltungen, Verbände oder Organisationen des Dritten Sektors übertragen lassen. Wiederum verweist der Begriff auf das Zusammenwirken von Akteuren, die durch institutionelle Regelsysteme geleitet handeln und durch Koordination von Handlungen und Ressourcen Steuerungsziele realisieren. In der Diskussion um Governance in Organisationen steht mitunter die Frage nach geeigneten Regelsystemen im Vordergrund. So richtet sich die Diskussion um Corporate Governance sowohl auf eine Organisation der Beziehungen zwischen Unternehmensleitung und Aktionären mit dem Ziel einer Steigerung ökonomischer Effizienz als auch auf die Regelung der internen Unternehmensbeziehungen (siehe den Beitrag von *Dagmar Eberle*). Ziel der Forschung und der Diskussion ist primär die Verbesserung von Steuerungsleistungen durch institutionelle Reformen, weniger dagegen die Entwicklung oder Veränderung von Steuerungs- und Koordinationsprozessen. Gleichwohl verweist der Begriff Governance in Organisationen auf die Wechselbeziehung zwischen Institutionen und Interaktionen sowie auf die dadurch erzeugten Prozesslogiken.

Governance in Organisationen

Auf ein weiteres Politikfeld ist mit der Staats- und Verwaltungsreform verwiesen (siehe hierzu Kapitel 1.2.5 in diesem Beitrag sowie den Beitrag von *Jann* und *Wegrich*). Die politikfeldbezogene Analyse kann besonders dann sinnvoll sein, wenn Faktoren, die das Entstehen oder den Erfolg von Governance-Strukturen erklären helfen, aufgedeckt werden sollen. Im Vergleich der Politikfelder und Sektoren lässt sich darüber hinaus auch die relative Erklärungskraft dieser Faktoren herausarbeiten (vgl. Zürn 2008). Für solche Analysen haben gerade die weiter oben abgearbeiteten territorialen Kontexte eine wichtige Bedeutung. Zeigt sich doch, dass die Governance verschiedener Sektoren durch ganz unterschiedliche territoriale Bezüge gekennzeichnet ist (siehe ausführlicher Kapitel 2.4 des Beitrages von *Mayntz*).

1.4.3 Governance und Demokratie

Probleme demokratischer Legitimation

Das Governance-Konzept dient nicht allein der Beschreibung, Analyse und Erklärung von Politikkoordination bzw. kollektiven Entscheidungen und Ordnungsbildung. Unter normativen Gesichtspunkten wird insbesondere die Demokratieproblematik diskutiert (siehe den Beitrag von *Yannis Papadopoulos*). Zum Teil wird einfach unterstellt, dass Governance die Effektivität kollektiver Aufgabenerfüllung erhöhe oder dass die Beteiligung Privater in Politiknetzwerken bereits die demokratische Legitimation sichere. Manche Autoren nehmen auch an, dass im Fall von Governance die Effektivität der Problemlösungen den Legitimationsverlust kompensiere, der entsteht, weil politische Akteure in differenzierten institutionellen Arrangements sich der Kontrolle durch Parlamente und Wähler entziehen und weil elitäre Netzwerke Beteiligungschancen und Öffentlichkeit reduzieren. Beide Positionen sind allerdings problematisch, wenn man davon ausgeht, dass Governance den Maßstäben der demokratischen Repräsentation gerecht werden muss. Die Diskussion über Governance und Demokratie zeigt, dass es sehr schwierig ist, ein Konzept von Good Governance zu entwickeln, das den Grundsätzen der Demokratie entspricht, zumal sich auf nationaler und internationaler Ebene unterschiedliche Probleme stellen (siehe den Beitrag von *Roland Czada*). In jedem Fall können aber weder Netzwerke noch eine kooperative Politik per se als demokratische Governance bezeichnet werden, vielmehr erfordert diese eine Verbindung von offenen Verhandlungssystemen, die diskursive Willensbildung erlauben, und funktionierenden Repräsentationsbeziehungen innerhalb der beteiligten staatlichen und gesellschaftlichen Organisationen.

1.5 Schlussfolgerungen: Zum Umgang mit dem Governance-Konzept

Governance als Analyseperspektive

Die Verwendung des Begriffs Governance sollte nicht als Ausdruck postmoderner Beliebigkeit betrachtet werden. Dass der Begriff verschiedene Verwendungsweisen nahe legt, muss keine Unübersichtlichkeit erzeugen. Er steht für eine analytische Perspektive, die angesichts scheinbar undurchschaubarer und überkomplex gewordener Strukturen und Verfahren kollektiven Handelns in Staat, Wirtschaft und Gesellschaft für Übersicht sorgen soll. Die analytische Perspektive kann der Beschreibung wie der Bewertung der Realität dienen. Beide sollten Bestandteil einer wissenschaftlichen Beschäftigung sein. Die Bewertung erfordert allerdings kein vorgefertigtes holistisches Konzept von Good Governance, sondern Kriterien, nach denen die Effektivität oder Effizienz von Problemlösungen wie auch die demokratische Legitimation der Politik bestimmt werden können.

Mit der analytischen Perspektive des Governance-Begriffs verbindet sich, wie in den Beiträgen deutlich wird, keine bestimmte Theorie. Die Steuerungswirkung von Institutionen lässt sich mit institutionentheoretischen Ansätzen untersuchen, aber die Dynamik des institutionellen Kontexts sowie die Bedeutung von institutionellen Anpassungen und Interaktionsstrukturen legen eine akteurszentrierte Institutionentheorie bzw. Theorien des historischen Institutionalismus nahe. Vielfach Verwendung finden ökonomische Theorien der Politik bzw. der Institution. Man kann aber auch mit Ansätzen der kybernetischen oder autopoietischen Systemtheorie arbeiten, um die Prozesse der Selbststeuerung und der Eigendynamik von Governance zu analysieren. Handlungstheorien, Entscheidungstheorien und die Netzwerktheorie sind ebenso relevant wie spieltheoretische Modelle oder Verhandlungstheorien. Der Governance-Begriff wird inzwischen selbst in postmarxistischen Politik- und Gesellschaftstheorien (Regulationstheorie) angewandt. Es gibt also nicht *die* Governance-Theorie und es kann sie auch nicht geben. In der Offenheit für verschiedene Theorien liegt eher eine Stärke als eine Schwäche des Konzepts:

> „Governance is a useful concept not least because it is sufficiently vague and inclusive that it can be thought to embrace a variety of different approaches and theories, some of which are even mutually contradictory. While it is true that all these approaches do contain some general idea of supplying direction to the economy and society, the number of different ways in which this is seen to occur means that when someone says that he or she adopts a governance perspective, this is the beginning, rather than the end, of the discussion" (Pierre/Peters 2000: 37).

Der Begriff Governance bietet also eine Betrachtungsweise und liefert eine Leitlinie für die Analyse komplexer Strukturen kollektiven Handelns. In Forschung und Lehre steht er für ein Programm, in der Praxis beschreibt er Veränderungstendenzen und Probleme, enthält aber keine Handlungsempfehlungen. Wenn wir den Begriff verwenden, so stehen wir damit vor der Aufgabe, seine Merkmale kontextbezogen zu präzisieren und die analytische Perspektive mit geeigneten Theorien und Methoden der empirischen Forschung umzusetzen. Erst daraus lassen sich für die Praxis relevante Aussagen gewinnen. Insofern steht man mit dem Governance-Begriff immer am Beginn der wissenschaftlichen Arbeit.

Marginalien:
Governance-Begriff und Theorien

Notwendigkeit der Erarbeitung des Begriffs

1.6 Literatur

Beck, Ulrich, 1998: Was ist Globalisierung? 5. Aufl., Frankfurt/Main.

Behrens, Maria, 2004: Global Governance, in: Arthur Benz (Hrsg.), Governance – Regieren in komplexen Regelsystemen. Eine Einführung. Wiesbaden, 103-124.

Benz, Arthur, 2006: Eigendynamik von Governance in der Verwaltung, in: Jörg Bogumil/ Werner Jann/Frank Nullmeier (Hrsg.), Politik und Verwaltung (PVS-Sonderheft 37). Wiesbaden, 29-49.

Benz, Arthur, 2009: Politik in Mehrebenensystemen. Wiesbaden.

Braithwaite, John/Coglianese, Cary/Levi-Faur, David, 2007: Can regulation and governance make a difference?, in: Regulation & Governance 1, 1-7.

Brand, Ulrich/Brunnengräber, Achim/Schrader, Lutz/Stock, Christian/Wahl, Peter, 2000: Global Governance. Alternativen zur neoliberalen Globalisierung. Münster.

Bundesministerium des Innern (Hrsg.), 1999: Moderner Staat – Moderne Verwaltung. Leitbild und Programm der Bundesregierung, Kabinettsbeschluss vom 01.12.1999. Berlin.

Cassen, Bernard, 2002: Le piège de la gouvernance, in: Le Monde diplomatique, Juni 2002, 28.

Castells, Manuel, 2001: Das Informationszeitalter I: Die Netzwerkgesellschaft. Opladen.

Coase, Ronald, 1991 (1937): The Nature of the Firm, in: Oliver E. Williamson/Sidney G. Winter (Hrsg.), The Nature of the Firm. Origins, Evolution, and Development. New York u.a., 18-33.

Commission on Global Governance, 1994: Our Global Neighbourhood, http://www.itcilo. it/actrav/actrav-english/telearn/global/ilo/globe/gove.htm, Stand: 08.03.2005. Stockholm, London.

Dose, Nicolai, 2008a: Governance als problemorientierte Steuerung. Steuerung angesichts alter Probleme und neuer Herausforderungen, in: Gunar Folke Schuppert/Michael Zürn (Hrsg.), Governance in einer sich wandelnden Welt (PVS-Sonderheft 41). Wiesbaden, 77-94.

Dose, Nicolai, 2008b: Problemorientierte staatliche Steuerung. Ansatz für ein reflektiertes Policy-Design. Baden-Baden.

Grande, Edgar, 1997: Auflösung, Modernisierung oder Transformation? Zum Wandel des modernen Staates in Europa, in: Edgar Grande/Rainer Prätorius (Hrsg.), Modernisierung des Staates?, Baden-Baden, 45-63.

Grande, Edgar, 2008: Münchener Zentrum für Governance-Forschung, Neue Konzepte für das Regieren, Interview mit Edgar Grande, in: Münchener Uni Magazin, Zeitschrift der Ludwig Maximilians Universität München, Heft 2, 20-21.

Grande, Edgar, 2009: Perspektiven der Governance-Forschung: Grundzüge des Forschungsprogramms des Münchener Centrums für Governance-Forschung, in: Edgar Grande/Stefan May (Hrsg.), Perspektiven der Governance-Forschung. Baden-Baden, 77-89.

Hegel, Georg Wilhelm Friedrich, 1970 (1821): Grundlinien der Philosophie des Rechts oder Naturrecht und Staatswissenschaft im Grundrisse (Werke, Band 7). Frankfurt a.M.

Held, David/McGrew, Anthony (Hrsg.), 2000: The Global Transformation Reader. An Introduction to the Globalization Debate. Cambridge.

Hennis, Wilhelm, 1965: Aufgaben einer modernen Regierungslehre, in: Politische Vierteljahresschrift 6, 422-441.

Héritier, Adrienne, 2002: Introduction, in: Adrienne Héritier (Hrsg.), Common Goods. Reinventing European and International Governance. Lanham, 1-12.

Héritier, Adrienne, 2007: Explaining Institutional Change in Europe. Oxford.

Hollingsworth, J. Rogers/Lindberg, Leon N., 1985: The governance of the American economy: the role of markets, clans, hierarchies, and associative behaviour, in: Wolfgang Streeck/Philippe C. Schmitter (Hrsg.), Private Interest Government. Beyond Market and State. London u.a., 221-254.

Jann, Werner/Wegrich, Kai, 2004: Governance und Verwaltungspolitik, in: Arthur Benz (Hrsg.), Governance – Regieren in komplexen Regelsystemen. Eine Einführung. Wiesbaden, 193-214.

Kooiman, Jan, 1993: Findings, Speculations, and Recommendations, in: Jan Kooiman (Hrsg.), Modern Governance. New Government – Society Interactions. London u.a., 249-262.

Kooiman, Jan, 2002: Governance. A Social-Political Perspective, in: Jürgen R. Grote/ Bernard Gbikpi (Hrsg.), Participatory Governance. Political and Societal Implications. Opladen, 71-96.

Lafferty, William M., 2004: Introduction: form and function in governance for sustainable development, in: William M. Lafferty (Hrsg.), Governance for Sustainable Development. The Challenge of Adapting Form to Function. Cheltenham/Northampton, 1-31.

Lange, Stefan/Schimank, Uwe, 2004: Governance und gesellschaftliche Integration, in: Stefan Lange/Uwe Schimank (Hrsg.), Governance und gesellschaftliche Integration. Opladen, 9-44.

Lawrence, Paul R./Dyer, Davis, 1983: Renewing American Industry. New York/ London.

Mayntz, Renate, 1998: New Challenges to Governance Theory. Jean Monnet Chair Paper 50, Robert Schuman Centre of the European University Institute, Florenze.

Mayntz, Renate, 2006: Governance Theory als fortentwickelte Steuerungstheorie?, in: Gunnar Folke Schuppert (Hrsg.), Governance-Forschung. Vergewisserung über Stand und Entwicklungslinien. 2. Aufl., Baden-Baden, 11-20.

Mayntz, Renate/Scharpf, Fritz W., 1995a: Steuerung und Selbstorganisation in staatsnahen Sektoren, in: Renate Mayntz/Fritz W. Scharpf (Hrsg.), Gesellschaftliche Selbstregelung und politische Steuerung. Frankfurt a.M./New York, 9-38.

Mayntz, Renate/Scharpf, Fritz W., 1995b: Der Ansatz des akteurzentrierten Institutionalismus, in: Renate Mayntz/Fritz W. Scharpf (Hrsg.), Gesellschaftliche Selbstregelung und politische Steuerung. Frankfurt a.M./New York, 39-72.

Messner, Dirk/Nuscheler, Franz, 2003: Das Konzept Global Governance. Stand und Perspektiven, INEF Report, Heft 67. Duisburg.

Offe, Claus, 2008: Governance – „Empty signifier" oder sozialwissenschaftliches Forschungsprogramm, in: Gunar Folke Schuppert/Michael Zürn (Hrsg.), Governance in einer sich wandelnden Welt (PVS-Sonderheft 41). Wiesbaden, 61-76.

Pierre, Jon (Hrsg.), 2000: Debating Governance. Authority, Steering, and Democracy. Oxford.

Pierre, Jon/Peters, B. Guy, 2000: Governance, Politics and the State. Houndmills u.a.

Rhodes, Rod A. W., 1997: Understanding Governance. Policy Networks, Governance, Reflexivity and Accountability. Buckingham, Philadelphia.

Rosenau, James N., 1995: Governance in the Twenty-first Century, in: Global Governance 1, 13-43.

Rosenau, James N., 2000: Governance and Democracy in a Globalizing World, in: David Held/Anthony McGrew (Hrsg.), The Global Transformations Reader. An Introduction to the Globalization Debate. Cambridge, 181-190.

Rosenau, James N./Czempiel, Ernst-Otto (Hrsg.), 1992: Governance Without Government: Order and Change in World Politics. Cambridge.

Salamon, Lester M. (Hrsg.), 2002: The Tools of Government. A Guide to the New Governance. Oxford u.a.

Scharpf, Fritz W., 1997: Games Real Actors Play. Actor-Centered Institutionalism in Policy Research, Boulder, Col.

Schuppert, Gunar Folke, 2008: Governance – auf der Suche nach Konturen eines „anerkannt uneindeutigen Begriffs", in: Gunar Folke Schuppert/Michael Zürn (Hrsg.), Governance in einer sich wandelnden Welt (PVS-Sonderheft 41). Wiesbaden, 13-40.

Streeck, Wolfgang/Schmitter, Philippe C., 1985: Community, market, state and associations? The prospective contribution of interest governance to social order, in: Wolfgang Streeck/Philippe C. Schmitter (Hrsg.), Private Interest Government. Beyond Market and State. London u.a., 1-29.

Tömmel, Ingeborg (Hrsg.), 2008: Die Europäische Union: Governance und Policy-Making (PVS-Sonderheft 40). Wiesbaden.

Voigt, Rüdiger (Hrsg.), 1995: Der kooperative Staat. Krisenbewältigung durch Verhandlung? Baden-Baden.

Williamson, Oliver E., 1985: The Economic Institutions of Capitalism. Firms, Markets,
Relational Contracting. New York/London.

Williamson, Oliver E., 1990: Die ökonomischen Institutionen des Kapitalismus. Tübingen.

Williamson, Oliver E., 1996: The Mechanisms of Governance. New York/Oxford.

Williamson, Oliver E., 1998: The Institutions of Governance, in: The American Economic
Review 88, 75-79.

World Bank, 1989: Sub-Saharan Africa. From Crisis to Sustainable Growth. A Long-
Term Perspective Study. Washington D.C.

Zürn, Michael, 1994: Theorie internationaler Institutionen, in: Berthold Meyer/ Bernhard
Moltmann (Hrsg.), Konfliktsteuerung durch Vereinte Nationen und KSZE. Frankfurt
a.M., 21-41.

Zürn, Michael, 1998: Regieren jenseits des Nationalstaates. Frankfurt a.M.

Zürn, Michael, 2008: Governance in einer sich wandelnden Welt – eine Zwischenbilanz,
in: Michael Zürn (Hrsg.), Governance in einer sich wandelnden Welt (PVS-
Sonderheft 41). Wiesbaden, 553-580.

Kapitel 2:
Governance im modernen Staat

Renate Mayntz

2.1 Governance im modernen Staat: Zum Begriff

Das englische Wort Governance wurde im anglo-amerikanischen Sprachbereich Ursprung des Begriffs lange gleichbedeutend mit „Regieren" benutzt. Dann begann seine Bedeutung sich zu erweitern. Im gesellschaftstheoretischen Kontext wurde Governance zum Oberbegriff für die verschiedenen Formen sozialer Handlungskoordination (Hierarchie, Markt, Gemeinschaft, Organisationen). Dieser nicht speziell auf Politik bezogene Begriff wird heute u.a. auch auf das Produktionsregime kapitalistischer Staaten angewandt (z.B. Crouch 2005). Etwa seit Beginn der 90er Jahre des vorigen Jahrhunderts schälte sich ein politikwissenschaftlicher Begriff von Governance heraus, der schrittweise den bis dahin geläufigen Begriff der politischen Steuerung ersetzte (Mayntz 1996, 1998). Dieser Wandel der Semantik war zumindest teilweise Ausdruck realer Veränderungen von Institutionen und Prozessen der Politikentwicklung im modernen westlichen Nationalstaat. Heute wird der Begriff Governance im Kontext nationaler ebenso wie internationaler Politik benutzt, um die Gesamtheit der in einer politischen Ordnung mit- und nebeneinander bestehenden Formen der kollektiven Regelung gesellschaftlicher Sachverhalte zu bezeichnen. Dabei liegt der Akzent auf den verschiedenen Formen zivilgesellschaftlicher Beteiligung an Prozessen politischer Regelung und Problemlösung auf allen Ebenen des politischen Systems, von der lokalen bis zur nationalen (Kooiman 1993). Im Unterschied zu der weiten gesellschaftstheoretischen Fassung des Begriffs schließt der auf die absichtsvolle Regelung kollektiver Sachverhalte im Staat bezogene Begriff von Governance die Koordination über ungesteuerte Marktprozesse, die Handlungskoordination in unorganisierten Gemeinschaften und generell Prozesse „emergenter" Strukturbildung durch das gleichgerichtete Anpassungsverhalten zahlreicher Individuen aus. Marktmechanismen wie z.B. der Emissionshandel können jedoch als Instrument von Governance eingesetzt werden, und Hilfe für Familien mit Kindern kann Gegenstand von Governance sein.

Die weite Verbreitung des Begriffs Governance wurde durch die Tatsache gestützt, dass „jenseits des Nationalstaats" ein Regieren nach dem klassischen Modus hierarchischer Steuerung gar nicht möglich ist (Zürn 1998); im internationalen Bereich ist *global governance* die einzig mögliche Form transnationaler Regelung und Problemlösung (Rosenau/Czempiel 1992). Gleichzeitig benutzten internationale Organisationen wie die Weltbank den Begriff Governance im entwicklungspolitischen Kontext als Gegenbegriff zu rein hierarchischer Steuerung. Hier hatte der Begriff einen klaren normativem Akzent. Von *good governance,* der stärkeren zivilgesellschaftlichen Beteiligung an der Regelung gesellschaftlicher Sachverhalte versprach man sich eine erfolgreiche Entwicklung.

Definitionen   Die verschiedenen Verwendungskontexte von „Governance" haben dazu geführt, dass der Begriff schillernd und mehrdeutig wurde. Governance wird als Oberbe-griff aller Formen sozialer Handlungskoordination, als Gegenbegriff zu hierarchischer Steuerung und zur Bezeichnung der Gesamtheit aller in einem Gemeinwesen bestehenden und miteinander verschränkten Formen der kollektiven Regelung gesellschaftlicher Sachverhalte benutzt, wobei diese letzte, politikwissenschaftliche Begriffsverwendung enger ist als die erste, aber weiter als die zweite Be-griffsvariante. In allen seinen Varianten meint der Begriff Governance nicht nur die *Instanzen*, die Regeln setzen, sondern auch die von ihnen gesetzten Regelsysteme oder *Regime*. → Ordnung / System / Herrschaftsform

2.2 Von politischer Steuerung zu Governance im kooperativen Staat

Neigung des Staates, in die Wirtschaft einzugreifen

Staat als Steuerungszentrum   Die Vorstellung vom starken Staat, vom Interventionsstaat ist alt; in der Neuzeit reichen seine Wurzeln zurück zu den absolutistischen Territorialstaaten Europas (Grimm 1987). Im „aufgeklärten" Absolutismus diente der Staat nicht nur der Durchsetzung des oft auf Machterweiterung gerichteten Herrscherwillens, sondern er kümmerte sich auch um die wirtschaftliche Entwicklung des Landes. Der Staat wurde immer mehr zum Garanten öffentlicher Wohlfahrt und zur zentralen gesellschaftlichen Steuerungsinstanz; selbst in der Epoche des liberalen Rechtsstaats ging der Umfang der wahrgenommenen Staatsaufgaben nicht zurück. Die nach dem Ersten Weltkrieg entstandenen totalitären Einparteienregime haben den Staatsapparat zwar in ihrem Sinne instrumentalisiert, aber das kontinentaleuropäische Konzept des starken Staats blieb dabei unverändert. Auch nach dem Zweiten Weltkrieg ließ der erfolgreiche Wiederaufbau zunächst keine prinzipiellen Zweifel an der staatlichen Leistungsfähigkeit aufkommen.

+ Herrschaft über gewisses Territorium + dessen Bevölkerung

Monarchie

Kritik am Interventionsstaat   Erst als in den späten 60er und frühen 70er Jahren unerwartet innere Konflikte und wirtschaftliche Probleme auftraten und zahlreiche Reforminitiativen scheiterten, begann man, von einem Versagen des Staates bei der Erfüllung seiner Aufgaben zu reden. Der Staat sei, so wurde diagnostiziert, aufgrund der inhärenten Mängel seines traditionellen Interventionsinstrumentariums unfähig, die sich jetzt stellenden ökonomischen und sozialen Probleme zu lösen. Man begann deshalb zunächst, nach wirksameren Steuerungsinstrumenten Ausschau zu halten. Die Kritik richtete sich vor allem gegen eine Politik, die nach dem hierarchischen Befehlsmodell mit Geboten, Verboten und Strafandrohung arbeitet. Eine solche Politik stößt in einer Zeit wachsender Ansprüche auf Selbstbestimmung zunehmend auf Widerstand bei den Adressaten; sie kann außerdem prinzipiell kein Verhalten motivieren, bei dem es auf Eigeninitiative, Innovation und eigenes Engagement des Bürgers ankommt. Infolgedessen setzte man auf alternative Steuerungsinstrumente, vor allem auf positive und negative finanzielle Anreize und auf die Wirkung von Information und Überzeugung.

Neigung des Staates in Wirtschaft einzugreifen

(einschl. loses)

Rückzug des Staats   Ein Austausch von Steuerungsinstrumenten bedeutet noch keine grundsätzliche Einschränkung des staatlichen Steuerungsanspruchs. Doch auch dieser

Anspruch wurde in Frage gestellt. Die vermeintliche „Unregierbarkeit" der Gesellschaft und die enttäuschte Erwartung ständig steigenden Wohlstands führten zu der Forderung, der Staat möge die Aufgaben, die er nicht zufrieden stellend erfüllen kann, anderen überlassen, sei es der privaten Wirtschaft oder zivilgesellschaftlichen Organisationen wie den freien Wohlfahrtsverbänden. Im Zuge von Deregulierung und Privatisierung sind nicht zuletzt infrastrukturelle staatliche Aufgabenbereiche (Post, Telekommunikation, Eisenbahn) in der Erwartung höherer Effizienz den Prinzipien wirtschaftlichen Wettbewerbs unterworfen worden – mit gemischtem Erfolg (Berg 2002). Auch die Übertragung öffentlicher Aufgaben an private Vereine und Verbände stieß schnell an die Grenze des Erfolgs. Die Privatisierung im einen wie im anderen Sinne erzeugte neuen Regelungsbedarf im öffentlichen Interesse (Majone 1991). Der Staat konnte sich nicht einfach zurückziehen, sondern musste versuchen, die Probleme *in Kooperation* mit privaten und zivilgesellschaftlichen Akteuren zu lösen. Das Ergebnis dieser Suche nach einem dritten Weg war der „kooperative Staat". Seine Regelungsstruktur und Regelungsweise lässt sich mit dem auf das Handeln staatlicher Akteure bezogenen Begriff politischer Steuerung nicht mehr adäquat erfassen; der Governance-Begriff schien der politischen Wirklichkeit angemessener.

2.3 Formen von Governance im modernen Staat

Das Besondere von Governance im modernen Staat ist das Zusammenwirken von Staat und Zivilgesellschaft bei der Regelung kollektiver Sachverhalte. „Zusammenwirken" heißt aber nicht, dass kollektive Sachverhalte immer in direkter Kooperation von staatlichen und nicht-staatlichen Akteuren geregelt würden. Governance im modernen Staat besteht vielmehr aus der gleichzeitigen Existenz von Regelungsformen, die von rein staatlichen bis hin zu rein zivilgesellschaftlichen reichen. Die verschiedenen Regelungsformen stehen im Nationalstaat, oder allgemeiner in einer politisch verfassten Gemeinschaft, nicht isoliert nebeneinander, sondern sind miteinander verschränkt. Selbst die private Selbstregelung ist staatlich geregelt bzw. verfassungsmäßig gesichert und steht oft unter dem Vorbehalt staatlicher Intervention. Im Folgenden sollen die wichtigsten Governance-Formen skizziert werden.

Zur Governance-Struktur eines Staates gehören die nach wie vor in bestimmten Bereichen hoheitlichen Handelns tätigen, mehrere Ebenen umfassenden staatlichen Bürokratien. Auch in rein staatlichen Regelungsbereichen findet jedoch mehr an Kooperation und Koordination statt, als es dem Modell einer perfekten Hierarchie entspräche. Das hierarchische Prinzip wird im staatlichen Bereich zunehmend durch sachliche oder rechtliche Abhängigkeitsbeziehungen zwischen verschiedenen, nicht fest in die gleiche Hierarchie eingebundenen Behörden unterbrochen, die die (relativ) autonomen Akteure zur Kooperation veranlassen. Horizontale Kooperationsbeziehungen entstehen im Rahmen der interministeriellen Koordination zwischen verschiedenen Ressorts einer Regierung; in einem Bundesstaat gibt es außerdem vielfältige Abstimmungsprozesse zwischen den einzelnen Bundesländern (horizontale Politikverflechtung; Benz u.a. 1992). Überall, wo eine nachgeordnete politische Ebene in einem Staat rela-

Staatliche Bürokratien

tive Autonomie genießt, was nicht nur für die Länder in Bundesstaaten, sondern auch für die lokale Ebene in unitarischen Staaten wie Großbritannien gilt, entstehen außerdem vertikale Kooperationsbeziehungen zwischen Behörden verschiedener politischer Ebenen, die freiwillig oder aufgrund gesetzlicher Vorgaben in einem bestimmten Aufgabenbereich zusammenwirken (vertikale Politikverflechtung; Scharpf u.a. 1976). In bestimmten Bereichen wie der Regionalpolitik oder der (modernen) Arbeitsverwaltung ist außerdem eine Mitwirkung gesellschaftlicher Organisationen gesetzlich vorgesehen.

Kooperation privater und öffentlicher Akteure

Politiknetzwerke

Kennzeichnend für den „kooperativen Staat" ist die Vielzahl von netzwerkartigen Strukturen und Verhandlungssystemen, die aus staatlichen und nichtstaatlichen Akteuren gebildet sind. Nicht nur die Erfüllung öffentlicher Aufgaben kann an Private delegiert werden, auch die Politikentwicklung, die Vorbereitung von exekutiven oder legislativen Entscheidungen und die Ausarbeitung von Maßnahmenprogrammen findet heute zum guten Teil im Zusammenwirken zwischen staatlichen und nicht-staatlichen Akteuren statt. In den USA beobachtete man die wachsende Bedeutung der so genannten „eisernen Dreiecke", die sich aus der für ein bestimmtes Gebiet zuständigen Behörde, dem zuständigen parlamentarischen Bewilligungsausschuss und dem Verband, der die betroffenen Interessen repräsentiert, zusammensetzen (Jordan 1981). In Europa richtete sich das Augenmerk auf die hier eher anzutreffenden neokorporatistischen Entscheidungsstrukturen. Mit dem Schlagwort des Neokorporatismus meinte man speziell die „tripartistischen" Verhandlungen zwischen dem Staat und den Dachverbänden von Arbeitgebern und Arbeitnehmern über Fragen der Wirtschaftspolitik (Alemann 1981). Auch in anderen Politiksektoren gibt es jedoch mehr oder weniger verfestigte Verhandlungsbeziehungen zwischen staatlichen Akteuren und den jeweils ausschlaggebenden korporativen Akteuren des betreffenden Sektors. Sie werden gemeinhin unter dem Begriff der Politiknetzwerke zusammengefasst (Marin/Mayntz 1991; Marsh/Rhodes 1992). In der Wissenschafts-, Forschungs- und Technologiepolitik verhandeln z.B. Vertreter von Bund und Ländern im Rahmen des Wissenschaftsrats mit Vertretern wissenschaftlicher Einrichtungen über wissenschafts- und forschungspolitische Initiativen. Im Rahmen forschungspolitischer Beratungsgremien der zuständigen Ministerien sind außerdem Vertreter der Wirtschaft am Entwurf von Förderprogrammen beteiligt.

Weniger sichtbar als derartige Politiknetzwerke sind informelle, aber längerfristig bestehende Verhandlungssysteme zwischen einer politischen Partei, bestimmten für ihre Klientel repräsentativen Verbänden und dem für die sie interessierende Politik zuständigen Ministerium; das gilt z.B. für die Beziehungen zwischen CDU/CSU, Landwirtschaftsverbänden und dem Landwirtschaftsministerium, zwischen SPD, Gewerkschaftsverband und Arbeitsministerium oder zwischen FDP, Ärzteverbänden und Gesundheitsministerium. Voraussetzung für die Bildung sowohl zeitlich als auch im Hinblick auf die Zusammensetzung relativ stabiler Politiknetzwerke unter Beteiligung von Verbänden ist es, dass es Verbände mit einem sektoralen Repräsentationsmonopol für bestimmte Interessen gibt. In einer völlig fragmentierten Verbändelandschaft können derartige Politiknetzwerke nicht entstehen.

Selbstregelung

Ein wichtiger Bestandteil von Governance im modernen Staat sind die Institutionen gesellschaftlicher Selbstregelung (Schuppert 1989). Eine solche Selbstregelung kann entweder freiwillig oder im staatlichen Auftrag („delegierte Selbstregelung") erfolgen. Eine historische Frühform des zweiten Typs stellen die Kammern dar (Ärztekammern, Handelskammern). Historisch neuer sind Verhandlungssysteme zwischen den Repräsentanten von Organisationen konfligierender Interessen. Das beste Beispiel hierfür ist das rechtlich verankerte deutsche System der Tarifverhandlungen zwischen Arbeitgebern und Arbeitnehmern. Im deutschen Gesundheitswesen verhandeln Ärzteverbände und Krankenkassenverbände regelmäßig über Honoraranpassungen. Gesellschaftliche Selbstregelung findet aber nicht nur in Interorganisationsnetzwerken statt. Auch einzelne private Organisationen erfüllen gesellschaftliche Regelungsaufgaben, indem sie den Konflikt zwischen widerstreitenden Interessen – dem Interesse der eigenen Mitglieder und den Interessen von Nutzern, von Verbrauchern oder der Öffentlichkeit – im Rahmen der eigenen Organisation auszutragen versuchen (Streeck/ Schmitter 1985). Zu den einschlägigen Beispielen gehört die Freiwillige Selbstkontrolle im Film, vor allem aber die selbstregelnde Tätigkeit von Wirtschaftverbänden, die ihre Mitglieder z.B. auf bestimmte Qualitätsstandards verpflichten. Die Disziplinierung der eigenen Mitglieder geschieht freiwillig, aber in deren kollektivem Interesse. So werden Regeln vereinbart, die ruinösen Wettbewerb zwischen Mitgliedsunternehmen, aber auch eine Schädigung von Verbrauchern verhindern, welche sich langfristig negativ auf die Marktchancen der Unternehmen auswirken würde oder den Staat zur Intervention veranlassen könnte. Ein wichtiges Element moderner gesellschaftlicher Selbstregelung ist die technische Regelsetzung, wie sie etwa im Rahmen des DIN stattfindet, einem privaten Verein, in dem Vertreter verschiedener Interessen – Hersteller und Nutzer verschiedener Branchen, Verbraucher, Umweltschützer – an der Entwicklung technischer Normen (DIN-Normen) arbeiten (Voelzkow 1996). Sie werden oft vom Gesetzgeber durch expliziten Verweis für verbindlich erklärt.

Für alle hier skizzierten Formen von Governance im modernen Staat ist kennzeichnend, dass Verhandlungen zwischen Repräsentanten unterschiedlicher Organisationen – Behörden, Verbänden, Parteien usw. – stattfinden. Entscheidungen werden nicht oktroyiert, sondern in direkter Interaktion der Beteiligten vereinbart. Das unterscheidet Verhandlungssysteme nicht nur von Hierarchien, sondern auch vom idealtypischen Markt und seinen durch Preise vermittelten Tauschakten. Es ist die gewachsene Bedeutung von Verhandlungen und Verhandlungssystemen für die Entwicklung und Implementation von Politik im kollektiven Interesse, die der Begriff Governance unterstreicht. Im Übrigen unterscheiden sich Staaten durch das relative Gewicht verschiedener Komponenten in ihrer jeweiligen historisch gewachsenen und verfassungsmäßig bestimmten Regelungsstruktur. In unitarischen Staaten ist das Maß horizontaler und vertikaler Politikverflechtung geringer als in föderalistischen, und nicht alle europäischen Länder weisen gleich ausgeprägte neokorporatistische Strukturen auf. Basierend auf verschiedenen Prozessen der Nationenwerdung variiert auch das Maß staatlicher Aufgabenübertragung (oder -überlassung) an die gesellschaftliche Selbstregelung.

Die gewachsene politische Bedeutung von Verhandlungssystemen als Elemente von Governance verweist auf einen fundamentalen gesellschaftlichen Strukturwandel. In fast allen gesellschaftlichen Regelungsbereichen sind mächtige

(Randnotiz: Bedeutung von Verhandlung)

und handlungsfähige Organisationen – korporative Akteure – entstanden. Gleichzeitig gewährt der moderne demokratische Verfassungsstaat den verschiedenen gesellschaftlichen Teilbereichen – Wirtschaft und Wissenschaft, Kultur und Erziehung – und damit auch den in ihnen agierenden Organisationen eine relative Autonomie. Auf diesen beiden Voraussetzungen – der Existenz und der Handlungsfreiheit korporativer Akteure jenseits des staatlichen Bereichs – beruht die Fähigkeit zur gesellschaftlichen Selbstregelung ebenso wie die Möglichkeit einer direkten Interaktion zwischen gesellschaftlichen und staatlichen Instanzen. Mit den Wirtschaftsverbänden BDI und BDA kann der Kanzler oder der Wirtschaftsminister reden, nicht jedoch mit den Abertausenden einzelnen Unternehmen.

2.4 Governance in einzelnen Politikfeldern

Über Governance wurde zunächst im staatstheoretischen Kontext gesprochen: Es ging um die neuen Formen des Regierens, die *new forms of governance*, die das wissenschaftliche Interesse auf sich zogen, ob sie nun tatsächlich neu waren oder nicht. Ein großer Teil der Forschung beschäftigte sich mit einzelnen Formen von Governance, insbesondere mit den privat-öffentlich gemischten Formen wie den *Public-Private Partnerships* (Oppen/Sack 2008), den Politiknetzwerken und der Selbstregelung „im Schatten der Hierarchie" (Börzel 2008). Dabei ging es vor allem um die Voraussetzungen ihres Entstehens und die Bedingungen ihres Erfolgs oder Misserfolgs. Verschiedene Politikfelder unterscheiden sich jedoch teilweise gravierend nach den in ihnen vorherrschenden Governance-Formen. So wurde die Untersuchung der Governance-Struktur in einzelnen Politiksektoren bzw. der Vergleich verschiedener sektoraler Governance-Strukturen zu einem neuen Forschungsthema.

Merkmale sektoraler Governance Die Governance-Strukturen in verschiedenen Politikfeldern unterscheiden sich danach, ob öffentliche, private oder öffentlich-privat gemischte Regelungsinstanzen dominieren, auf welchen politischen Ebenen – lokal, sub-national, zentralstaatlich – sie angesiedelt sind und wie weit europäische und internationale Instanzen an der Regelung beteiligt sind. Die nach dem Zweiten Weltkrieg und verstärkt nach dem Ende des Kalten Krieges stattfindende Globalisierung betrifft nicht nur die Wirtschaft, sondern auch die Politik. Governance im Nationalstaat wird zunehmend durch die Ausbildung von inter- bzw. transnationalen Regelungsinstanzen beeinflusst. Dabei unterscheidet sich jedoch die Bedeutung solcher Instanzen stark zwischen verschiedenen Politiksektoren. Im Bereich technischer Infrastruktursysteme zum Beispiel dominieren öffentliche Regelunginstanzen auf nationaler Ebene (Grande/Hartenberger 2008), bei der Regelung des Marktes für Pharmazeutika spielen in der EU europäische Instanzen eine wichtige Rolle, und in dem zunehmend bedeutsamen Wirtschaftssektor des Tourismus wirken zahlreiche private Organisationen bzw. öffentlich-privat gemischte Instanzen von der lokalen bis zur internationalen Ebene mit. Es sind vor allem die im Kontext von Europäisierung und Globalisierung entstandenen und sich über mehrere politische Ebenen erstreckenden sektoralen Governance-Strukturen, die das wissenschaftliche Interesse auf sich zogen (Grande u.a. 2006; Mayntz 2007).

Die Beschaffenheit des Regelungsfelds legt bestimmte Formen von Governance nahe bzw. schließt sie aus. So setzt private Selbstregelung im öffentlichen Interesse, unabhängig von der Ebene, auf der sie stattfindet, die Existenz durchsetzungsfähiger Organisationen voraus. In Abhängigkeit von der Art der Leistung oder des Gutes, um dessen Regelung es geht, unterscheiden sich sektorale Governance-Strukturen auch im Hinblick auf die dominanten Regelungsziele und die vorherrschenden Regelungsinstrumente. Regelungsziel kann wie im Schulsektor die wirksame Erzeugung einer öffentlichen Leistung, wie bei der Produktinnovation die Förderung oder wie im Umweltschutz die Regulierung privater Tätigkeiten im öffentlichen Interesse sein. Durch die ökonomische Globalisierung ebenso wie durch politische Intervention können sich sektorale Governance-Strukturen im Laufe der Zeit mehr oder weniger gravierend ändern. Die Deregulierung und Privatisierung, die zumal im Bereich technischer Infrastruktursysteme stattgefunden hat, hatte das Entstehen unabhängiger nationaler Regulierungsbehörden zur Folge; die Entgrenzung von Märkten verschiebt Regelungsbemühungen von der nationalen auf die internationale Ebene, wo die Selbstregelung ein relativ größeres Gewicht hat.

Merkmale von Regelungsfeldern

2.5 Stärken und Schwächen von Governance

Eine in wesentlichen Teilen nicht hierarchische Regelungsstruktur entspricht ohne Zweifel modernen Vorstellungen von demokratischer Selbstbestimmung. Es werden ihr aber auch praktische Vorteile zugeschrieben, so insbesondere ein höheres Informationsniveau (und insofern eine größere Rationalität) von Entscheidungen und ein höheres Wertberücksichtigungspotential. Man muss sich jedoch vor dem funktionalistischen Fehlschluss hüten, dass die besondere Art von Governance im modernen Staat absichtsvoll aufgrund solcher Ziele gewählt worden wäre. Wohl trifft es zu, dass der Staat selbst oft genug dazu beigetragen hat, dass bestimmte Interessen organisiert und bestimmte Aufgaben von Privaten übernommen wurden. Das geschah jedoch im Interesse der Aufrechterhaltung der eigenen Handlungsfähigkeit in einem sich verändernden institutionellen Kontext.

Vorteile von nicht-hierarchischer Regelung

Die gewachsene Bedeutung nichtmarktlich-privater und gemischt staatlich-gesellschaftlicher Regelung ist weithin als Verlust zentraler politischer Steuerungsfähigkeit interpretiert worden und vermittelt den Eindruck eines schwachen oder, wie Peter Katzenstein es für Deutschland formulierte, nur noch halbsouveränen Staates (Katzenstein 1987). Tatsächlich handelt es sich jedoch in erster Linie um einen Formwandel staatlichen Handelns. Staatliche Akteure werden zunehmend in Verhandlungssysteme eingebunden, sei es mit anderen staatlichen Instanzen oder mit gesellschaftlichen Verhandlungspartnern und Gegenspielern. Manchmal ist die Rolle des Staates sogar darauf beschränkt, die Spielregeln für die Verhandlungen zwischen Verbänden vorzugeben. Das bedeutet eine Schwerpunktverlagerung hin zu Koordinationsaufgaben. Genauer könnte man sagen, dass das Management von Interdependenz zu einer zentralen Staatsaufgabe geworden ist. Interdependenzmanagement bedeutet zwar, dem organisationstheoretischen Satz „*to manage is not to control*" entsprechend, keine direkte, imperati-

Schwacher Staat oder neue Staatsfunktionen?

ve Verhaltenssteuerung, verlangt aber trotzdem Eingriffe in die Machtbeziehungen zwischen gesellschaftlichen Gruppen und schließt auch eine autoritative Prioritätensetzung bei konkurrierenden Forderungen ein. Staatliche Machtausübung und Verhandlung wirken mithin nebeneinander und ergänzen sich fallweise sogar, wobei der Staat *primus inter pares* bleibt. Die gesellschaftliche Selbstregelung funktioniert oft nur, wenn hinter der verbandlichen Selbstdisziplinierung oder der freiwilligen Einigung von Verbänden mit unterschiedlichen Interessen die Drohung staatlicher Intervention steht, die berühmte „Rute im Fenster" liegt. Gerade in einer Gesellschaft, in der die privaten Akteure, Individuen ebenso wie Organisationen aller Art, nicht nur die Neigung, sondern sogar das Recht haben, ihre je partikularen Interessen zu verfolgen, ist eine Instanz nötig, die wenigstens dem Anspruch nach Verantwortung für das Ganze, eine Art Systemverantwortung trägt. In einem demokratischen Gemeinwesen ist und bleibt diese Verantwortung, normativ betrachtet, die grundsätzliche Staatsfunktion.

Konflikte in Verhandlungen

Dabei ist jedoch nicht zu übersehen, dass jede Art der kooperativen Aufgabenerfüllung vor spezifischen Schwierigkeiten steht. Governance heißt Sachverhalte regeln und gesellschaftliche Probleme lösen. Soweit das nicht durch Anweisung, sondern durch Verhandlung geschieht, gilt es, sich auf Problemdefinitionen, Ziele und Maßnahmen zu einigen. In dem Maße, in dem die von einer Entscheidung Betroffenen an den dazu führenden Verhandlungen beteiligt sind, Adressaten also zu Mitwirkenden werden, werden Entscheidungsprozesse konflikthaft. Die Konflikte können die Definition von lösungsbedürftigen Problemen (Worin besteht das Problem? Ist Tatbestand X überhaupt ein regelungsbedürftiges Problem?), die Bestimmung von Zielen (Was soll verändert werden? Wie hoch ist das angezielte Niveau z.B. von Arbeitslosigkeit?) und die Wahl der Instrumente oder Maßnahmen betreffen. Hinter Konflikten über die Problemdefinition, das anzustrebende Ziel und die zu diesem Zweck einzusetzenden Maßnahmen stehen widerstreitende Interessen, unterschiedliche Wahrnehmungen und Theorien sowie unterschiedliche normative Präferenzen – und manchmal mehrere dieser Ursachen auf einmal. Deshalb herrscht in Verhandlungssystemen in der Regel keine Harmonie, sondern eine Mischung aus gegensätzlichen und gemeinsamen Orientierungen, eine „antagonistische Kooperation" (Marin 1990). Eine solche Konstellation birgt eine Reihe typischer Gefahren, die man als potentielle Schwächen von Governance im modernen Staat bezeichnen kann (Mayntz 1993; Scharpf 1993).

Schwachpunkte von Verhandlungen

Da ist zunächst die Gefahr der Entscheidungsblockade: Der status quo ante bleibt erhalten, das Problem ungelöst. Diese Gefahr betrifft institutionalisierte Zwangsverhandlungssysteme weniger als freiwillig eingegangene Beziehungen, und sie ist dort besonders hoch, wo Einigung nur nach dem Konsens- oder Einstimmigkeitsprinzip möglich ist. Eine zweite Gefahr ist die Einigung auf suboptimale Kompromisslösungen. Derartige Verhandlungsergebnisse sind leicht das Resultat von Versuchen, Konflikte durch eine möglichst gleichmäßige Verteilung von Geben und Nehmen auf die Beteiligten zu überwinden, ob es sich dabei um handfeste Kosten bzw. Nutzen oder um Abstriche von normativen Präferenzen handelt. Eine dritte Gefahr ist die Einigung auf Kosten Dritter, die nicht an den Verhandlungen beteiligt sind. So sind z.B. Verbraucher aus dem Tarifverhandlungssystem ausgeschlossen und können deshalb ihre Präferenz für stabile Preise nicht geltend machen. Diese Externalisierung von Kosten der Einigung senkt das Konfliktniveau der Verhandlungen, bedeutet aber, dass die gefundene Einigung negative Auswirkungen in anderen Bereichen hat. Schließlich besteht viertens die Gefahr der fehlenden Bindungswirkung der durch Verhandlung zustande gekommenen Normen. Diese Gefahr ist nicht selten die Kehrseite der zur Überwindung von Blockaden eingesetzten Regel von Mehrheitsentscheidungen.

Den genannten vier Gefahren sind Verhandlungssysteme auch dann ausgesetzt, wenn zwischen den Beteiligten keine grossen Machtunterschiede bestehen. Tatsächlich sind Macht und Einfluss, Drohpotentiale und die Verfügung über Ressourcen, die als Tauschmittel eingesetzt werden können, um die Gegenseite zum Einlenken zu bewegen, in Verhandlungssystemen aber keineswegs immer gleich verteilt. So besteht immer die Gefahr, dass privilegierte Interessen dominieren und eine wirksame Problemlösung verhindern. Beispiele aus der Umweltpolitik oder der Arbeitsmarktpolitik wären schnell zur Hand. Wenn besonders einflussreiche Verhandlungspartner gleichzeitig die wichtigsten Problemerzeuger sind, während die negativ Betroffenen im Verhandlungssystem nur über wenig Einfluss verfügen, kann eine wirkungsvolle Problemlösung in weite Ferne rücken.

Während ein hohes Konfliktniveau in Verhandlungssystemen die Einigung erschwert, gibt es andere Faktoren, die sie im Gegenteil erleichtern. Dazu gehört an erster Stelle das Maß des wahrgenommenen Problemdrucks: Wenn eine gescheiterte, verzögerte oder sachlich unangemessene Entscheidung für die Beteiligten katastrophale Folgen hätte, gelingt trotz widerstreitender Interessen eine Einigung relativ leicht. Voraussetzung ist allerdings eine geteilte Interpretation der Entscheidungssituation. Konfliktmildernd wirken auch bestimmte Formen der Ungewissheit, und hier nicht zuletzt Ungewissheit über die Kosten oder Nutzen, die eine gegebene Entscheidung für die verschiedenen Beteiligten mit sich brächte. Die Wirkung dieser beiden Faktoren ließ sich gut an den Verhandlungen im Zuge des Prozesses der deutschen Vereinigung identifizieren (Czada 1995).

Im Unterschied zu der in demokratischen Staaten durch Wahlen gesicherten Legitimität staatlicher Instanzen und ihrer Entscheidungen ist die Legitimität von Entscheidungen, die in privaten und öffentlich-privat gemischten Verhandlungssystemen getroffen werden, demokratisch unzureichend gesichert. Dieser Mangel wurde bereits dem Neokorporatismus angelastet. Andererseits wird geltend gemacht, dass die über Verbände vermittelte Beteiligung der von bestimmten Entscheidungen Betroffenen an den Entscheidungsprozessen die Sachgerechtigkeit der Entscheidungen erhöht und ihnen damit eine eigene Art von Legitimität verleiht. Außerdem findet Governance in entwickelten westlichen Nationalstaaten im Rahmen von Verfassungen statt, die willkürlicher Machtausübung Grenzen setzen. Jenseits des modernen Nationalstaats ist die direkte demokratische Legitimation, wie in der Europäischen Union, schwach ausgeprägt; in Diktaturen und im internationalen Bereich fehlt sie vollständig, ebenso wie ein verfassungsmäßiger Rahmen für Governance. Deswegen ist das Problem eines Legitimitätsdefizits vor allem mit Bezug auf die EU und auf *global governance* diskutiert worden.

Machtasymmetrien

Überwindung von Blockaden

2.6 Das Erkenntnisinteresse der Governance-Forschung

Gemeinwohlbezug Der Begriff Governance lenkt die Aufmerksamkeit auf Strukturen und Prozesse der Regelung von gesellschaftlichen Sachverhalten bzw. die Lösung von als solchen anerkannten, das Gemeinwesen insgesamt betreffenden (und insofern kollektiven statt lediglich partikularen) Problemen. Damit ist noch nichts über die Interessen gesagt, die hinter den Regelungsbemühungen stehen, oder über das *cui bono* des Regelungsziels. Nicht selten wird jedoch explizit unterstellt, dass es bei Governance um Regelung oder Problemlösung im Interesse des Gemeinwohls geht, etwa wenn Governance durch das Ziel, Gemeinschaftsgüter zu produzieren (Héritier 2002) oder „specific common objectives" zu erreichen (Jessop/Sum 2006: 255), definiert wird. Eine solche Sichtweise hat ihre Wurzeln in der (zumal deutschen) Staatsphilosophie und neuerdings vor allem in der Systemtheorie, die das politisch-administrative System (wie alle anderen gesellschaftlichen Teilsysteme) über ihre Funktion, ihre spezifische Leistung bestimmt. Zwar negiert weder die Staatsphilosophie noch die Systemtheorie, dass der Staat bzw. das politisch-administrative System Macht ausüben. Machtausübung ist für sie jedoch nicht Selbstzweck, sondern bloßes Instrument, ein notwendiges Mittel der Funktionserfüllung. Das sieht ganz anders aus, wenn man die Wirklichkeit in der Tradition von Max Weber aus der Perspektive der Herrschaftssoziologie oder durch die Brille marxistischer Klassentheorie betrachtet. Tatsächlich geht es in der Politik keineswegs immer und primär um Aufgabenerfüllung, Leistungserbringung und Problemlösung, sondern oft in erster Linie um Gewinn und Erhalt von politischer Macht. Politische Parteien ebenso wie einzelne Politiker suchen Macht nicht nur, um bestimmte kollektive Ziele zu erreichen bzw. Probleme zu lösen, sondern auch, um gruppenspezifische Partikularinteressen zu fördern, ihre Patronagechancen zu erweitern, Pfründe zu erwerben und die Ausübung von Macht zu genießen. Gesellschaftliche Missstände werden oft überhaupt erst dann zum politisch lösungsbedürftigen Problem, wenn sie die Herrschaft derer bedrohen, die die gesellschaftlichen Machtpositionen innehaben.

Ausblendung von Herrschaftsaspekten Die Betrachtung des modernen Staats aus der Perspektive von Governance macht die Konsequenzen einer dominanten Machtlogik nicht zum Thema. Zwar wird gesehen, dass der Staat mit der wachsenden Bedeutung von Politiknetzwerken und gesellschaftlicher Selbstregelung sich vom Steuerungszentrum zur Koordinationsinstanz wandelt, aber damit geraten Phänomene von Herrschaft zur Befriedigung persönlicher Interessen oder zur Durchsetzung der Interessen mächtiger gesellschaftlicher Gruppen oder Organisationen noch nicht in den Blick. Das Erkenntnisinteresse der Governance-Forschung ist ausgesprochen selektiv. Zu bemängeln ist nicht die stillschweigende Unterstellung, Governance sei erfolgreich, sei „gut" – eine Prämisse, die zwar im Begriff von *good governance*, nicht jedoch in dem hier explizierten Konzept von Governance enthalten ist. Auch unterstellt die Governance-Theorie nicht, dass Versuche der Problemlösung, der wirkungsvollen Erfüllung einer anerkannten öffentlichen Aufgabe immer ihr Ziel erreichen. Die spezielle Selektivität der Perspektive, die mit dem Begriff Governance zusammenhängt, liegt vielmehr in der Ausblendung herrschaftssoziologischer Aspekte bei der Analyse des politischen Geschehens. Es ist die gleiche Selektivität, die bereits der Theorie politischer Steuerung mit ihrem

„Problemlösungsbias" innewohnte (Mayntz 2001). Hier wie dort steht die – gelungene oder misslingende – *Regelung* im Zentrum des Interesses, nicht dagegen das so eminent politische Motiv des Machterwerbs und Machterhalts um seiner selbst willen.

Ein selektives Erkentnisinteresse an den Möglichkeiten der Regelung in einem wie auch immer bestimmten öffentlichen Interesse ist legitim. Dabei darf man jedoch nicht in den Fehler verfallen, ohne weiteres zu *unterstellen,* dass Governance am öffentlichen Interesse, am Gemeinwohl orientiert ist, anstatt nach den Interessen zu fragen, die hinter der Bildung von Public-Private Partnerships, verbandlicher Selbstregelung und Politiknetzwerken stehen. Diese Unterstellung vermeidet man, wenn man mit Michael Zürn (2008: 554) Governance als die Gesamtheit kollektiver Regelungen definiert, die auf eine bestimmte Problemlage oder einen bestimmten gesellschaftlichen Sachverhalt zielen und mit Verweis auf ein Kollektivinteresse *gerechtfertigt* werden. Das lässt die Frage nach den tatsächlichen Triebkräften offen; diese Frage sollte zum festen Bestand der Governance-Forschung gehören.

Politische Wirklichkeit

2.7 Literatur

Alemann, Ulrich von (Hrsg.), 1981: Neokorporatismus. Frankfurt a.M.

Benz, Arthur/Scharpf, Fritz W./Zintl, Reinhard, 1992: Horizontale Politikverflechtung. Zur Theorie von Verhandlungssystemen. Frankfurt a.M.

Berg, Hartmut (Hrsg.), 2002: Deregulierung und Privatisierung: Gewolltes – Erreichtes – Versäumtes. Berlin.

Börzel, Tanja A., 2008: Der „Schatten der Hierarchie" – Ein Governance-Paradox? In: Gunnar Folke Schuppert/Michael Zürn (Hrsg.), Governance in in einer sich wandelnden Welt (Politische Vierteljahresschrift Sonderheft 41). Wiesbaden, 118-131.

Crouch, Colin, 2005: Capitalist Diversity and Change. Recombinant Governance and Institutional Entrepreneurs. Oxford.

Czada, Roland, 1995: Kooperation und institutionelles Lernen in Netzwerken der Vereinigungspolitik, in: Renate Mayntz/Fritz W. Scharpf (Hrsg.), Gesellschaftliche Selbstregelung und politische Steuerung. Frankfurt a.M., 299-327.

Grande, Edgar/König, Markus/Pfister, Patrick/Sterzel, Paul, 2006: Politische Transnationalisierung: Die Zukunft des Nationalstaats – Transnationale Politikregime im Vergleich, in: Stefan A. Schirm (Hrsg.), Globalisierung: Forschungsstand und Perspektiven. Baden-Baden, 119-145.

Grande, Edgar/Hartenberger, Ute, 2008: Regulatory Governance im europäischen Mehrebenensystem, in: Ingeborg Tömmel (Hrsg.), Die Europäische Union. Governance und Policy-Making (Politische Vierteljahresschrift Sonderheft 40), Opladen, 209-230.

Grimm, Dieter, 1987: Der Staat in der kontinentaleuropäischen Tradition, in: Dieter Grimm (Hrsg.), Recht und Staat der Bürgerlichen Gesellschaft. Frankfurt a.M., 53-83.

Héritier, Adrienne (Hrsg.), 2002: Common Goods. Reinventing European and International Governance. Lanham, Md., 185-206.

Jessop, Bob/Sum, Ngai-Ling, 2006: Beyond the Regulation Approach. Putting Capitalist Economies in Their Place. Cheltenham u.a.

Jordan, A. Grant, 1981: Iron Triangles, Woolly Corporatism, and Elastic Nets: Images of the Policy Process, in: Journal of Public Policy 1, 95-123.

Katzenstein, Peter J., 1987: Policy and Politics in West Germany. The Growth of a Semisovereign State. Philadelphia.

Kooiman, Jan (Hrsg.), 1993: Modern Governance: New Government-Society Interactions. London.

Majone, Giandomenico, 1991: Cross-National Sources of Regulatory Policymaking in Europe and the United States, in: Journal of Public Policy 11 (1), 79-106.

Marin, Bernd (Hrsg.), 1990: Generalized Political Exchange. Antagonistic Cooperation and Integrated Policy Circuits. Frankfurt a.M.

Marin, Bernd/Mayntz, Renate (Hrsg.), 1991: Policy Networks. Empirical Evidence and Theoretical Considerations. Frankfurt a.M.

Marsh, David/Rhodes, Rod A.W. (Hrsg.), 1992: Policy Networks in British Government. Oxford.

Mayntz, Renate, 1993: Policy-Netzwerke und die Logik von Verhandlungssystemen, in: Adrienne Héritier (Hrsg.), Policy-Analyse. Kritik und Neuorientierung (Politische Vierteljahresschrift Sonderheft 24). Opladen, 39-56.

Mayntz, Renate, 1996: Politische Steuerung: Aufstieg, Niedergang und Transformation einer Theorie, in: Klaus von Beyme/Claus Offe (Hrsg.), Politische Theorien in der Ära der Transformation (Politische Vierteljahresschrift Sonderheft 27). Opladen, 148-168.

Mayntz, Renate, 1998: New Challenges to Governance Theory. Jean Monnet Chair Papers 50, European University Institute San Domenico.

Mayntz, Renate, 2001: Zur Selektivität der steuerungstheoretischen Perspektive, in: Hans-Peter Burth/Axel Görlitz (Hrsg.), Politische Steuerung in Theorie und Praxis. Baden-Baden, 17-28.

Mayntz, Renate, 2007: The Architecture of Multi-level Governance of Economic Sectors. MPIfG Discussion Paper 07/13.

Oppen, Maria/Sack, Detlef, 2008: Governance und Performanz, Motive, Formen und Effekte lokaler Public Private Partnerships, in: Gunnar Folke Schuppert/Michael Zürn (Hrsg.), Governance in einer sich wandelnden Welt (Politische Vierteljahresschrift Sonderheft 41). Wiesbaden, 259-281

Rosenau, James N./Czempiel, Ernst-Otto (Hrsg.), 1992: Governance without Government: Order and Change in World Politics. Cambridge.

Scharpf, Fritz W., 1993: Positive und negative Koordination in Verhandlungssystemen, in: Adrienne Héritier (Hrsg.), Policy-Analyse. Kritik und Neuorientierung (Politische Vierteljahresschrift Sonderheft 24). Opladen, 57-83.

Scharpf, Fritz W./Reissert, Bernd/Schnabel, Fritz, 1976: Politikverflechtung: Theorie und Empirie des kooperativen Föderalismus in der Bundesrepublik. Kronberg/Ts.

Schuppert, Gunnar Folke, 1989: Selbstverwaltung, Selbststeuerung, Selbstorganisation. Zur Begrifflichkeit einer Wiederbelebung des Subsidiaritätsgedankens, in: Archiv des öffentlichen Rechts 114, 127-148.

Streeck, Wolfgang/Schmitter, Philippe C. (Hrsg.), 1985: Private Interest Government. Beyond Market and State. London.

Voelzkow, Helmut, 1996: Private Regierungen in der Techniksteuerung. Eine sozialwissenschaftliche Analyse der technischen Normung. Frankfurt a.M.

Zürn, Michael, 1998: Regieren Jenseits des Nationalstaats. Frankfurt a.M.

Zürn, Michael, 2008: Governance in einer sich wandelnden Welt – eine Zwischenbilanz, in: Gunnar Folke Schuppert/Michael Zürn (Hrsg.), Governance in einer sich wandelnden Welt (Politische Viertelljahresschrift Sonderheft 41), Wiesbaden, 553-580.

Kapitel 3:
Regional Governance

Dietrich Fürst

3.1 Warum kommt Regional Governance in die Diskussion?

„Regional Governance" bezeichnet Formen der regionalen Selbststeuerung in Reaktion auf Defizite sowie als Ergänzung der marktwirtschaftlichen und der staatlichen Steuerung. Sie tritt dort auf, wo das Zusammenspiel staatlicher, kommunaler und privatwirtschaftlicher Akteure gefordert ist, um Probleme zu bearbeiten („intermediäre Steuerungsform"). Solche Steuerungsformen entwickeln sich, wenn die herkömmlichen Verfahren nicht mehr geeignet sind, die sich wandelnden Aufgaben zu erfüllen, wenn es für die Akteure vorteilhafter ist, herkömmliche Aufgaben anders als früher zu bearbeiten, wenn durch Verwaltungsreformen (Dezentralisierung, Privatisierung, *new public management)* neue Aufgaben auf die Regionen übertragen werden (Loughlin 2007; Lidström 2007) oder wenn sich das paradigmatische Denken über die Rolle des Staates und die Selbststeuerung der Regionen wandelt (Bevir/Rhodes 2006). Das alles trifft auf regionaler Ebene mehr oder weniger zu, abhängig von bestehenden institutionellen Strukturen und deren Entwicklung im Zeitablauf.

Regional Governance als intermediäre Form

Entsprechend ist der Bedarf nach Regional Governance in unterschiedlichen Gesellschaften und in unterschiedlichen historischen Phasen unterschiedlich stark ausgebildet, am stärksten dort, wo die regionale Ebene schwach organisiert ist und es nur unzureichende „äquifunktionale" Strukturen gibt, die diesen Mangel kompensieren. Es verwundert folglich nicht, dass die Thematik der Regional Governance aus dem englischen Raum zu uns gekommen ist, wo die regionale Ebene schwach institutionalisiert ist. Verstärkt durch die europäische Integration und den Ausbau der Europäischen Strukturfonds (Partnerschafts- und Subsidiaritätsprinzip), welche von den Regionen „Regionale Aktionsprogramme" für die Verwendung der beantragten EU-Fördermittel verlangen, entwickelten sich in England seit Ende der 90er Jahre des letzten Jahrhunderts Anstrengungen, die Regionsebene strategiefähig zu machen. Als sich dafür anbietende Ansätze wurden Regionale Entwicklungsagenturen gewählt, die mit Kommunen und Wirtschaftsakteuren zusammenarbeiten. Das führte in Großbritannien zur Debatte um Regional Governance (Rhodes 1996, 1997) mit Rückwirkungen auf die Organisation von Regionen (Danielzyk/Wood 2006).

Der englische Ursprung

Die Globalisierung, die IuK-Technologien und die globale Vernetzung der Wissensproduzenten haben die Entwicklung zur Wissens- und Dienstleistungsgesellschaft beschleunigt. Für die Regionen bedeutet dies, dass die Unternehmen andere Standortfaktoren suchen als früher („*people driven economy*"), nämlich räumliche Qualitäten, welche die hochqualifizierten Arbeitskräfte in die Region holen lassen resp. in der Region binden (vgl. „Wettbewerb um Talente": Florida

Neue Aufgaben – neue Steuerungsformen

2005). Desgleichen haben der Wandel des Staates (Benz 2001: 223-287) und die damit verbundenen veränderten staatlichen Steuerungsformen die Grenzen zwischen Staat und Nicht-Staat, zwischen Wirtschaft und Staat durchlässiger gemacht. *Public-private partnerships*, kooperatives Staatshandeln u.ä. stehen dafür. Auf regionaler Ebene kommt aber hinzu, dass mit dem Rückzug des Staates aus der regionalen Strukturpolitik und mit der Aufforderung von EU und Staat, die Region möge ihre Entwicklungspfade in die Zukunft selbst definieren und dafür die Kräfte der Selbsthilfe mobilisieren, der Zwang auf die Region erhöht wurde, neue regionale Kooperationsformen zu entwickeln (Benz u.a. 1999: 26-27).

3.2 Was sind typische Merkmale von Regional Governance?

gegenseitige Abhängigkeit

Governance-Diskussion als „Zeit-Signatur"

Die Governance-Diskussion ist in gewisser Weise auch eine „Zeit-Signatur" und wird überall dort geführt, wo die Interdependenzen der Akteure („externe Effekte") neue Interaktionsformen erfordern, um die bisher getrennt agierenden Institutionen zu vernetzen (Hirst 2000: 14-19). In allgemeiner Version kann Governance zunächst beschrieben werden als „*the process through which institutions, businesses and citizens' groups articulate their interests, exercise their rights and obligations, and mediate their differences*" (Louise Fréchette, Deputy Secretary General der UN, zit. nach Hill 2000: 5). Governance unterscheidet sich von *government* dadurch, dass die Prozesse im Vordergrund stehen, während *government* sich auf die Steuerungsstrukturen (also Organisationsstrukturen) bezieht. Diese Unterscheidung wird allerdings in der Literatur nicht generell akzeptiert. Einige verstehen Governance als Oberbegriff für alle Formen der Koordination und „Regierung", wie ohnehin die Zahl von Definitionen von Governance sehr groß ist (Überblicke bei Benz u.a. 2007; Botzem 2002; Hill 2000; Pierre 2000; Kooiman 1999; Schuppert 2005). Im Kern richten sie sich aber alle auf Prozesse, die der Koordination dienen und kollektives Handeln unterschiedlicher Akteure (aus unterschiedlichen Handlungslogiken) ermöglichen sollen (Konfliktregelungen, Interessenberücksichtigung und Ausgleich von Belangen).

Regelsysteme

Zentrale Fragen richten sich dabei auf Regelsysteme der Governance (Mayntz 2005): Wie und welche Regelsysteme sich zwischen Akteuren herausbilden, wie solche Regelsysteme eingehalten werden, wie Akteure über freiwillige Zusammenschlüsse strategie- und handlungsfähige Kollektive bilden, wie die Ergebnisse solcher Selbststeuerungen in die legitimierten politischen Strukturen eingepasst werden und wie das gemeinsam Gewollte auch umgesetzt wird.

Selbststeuerung mit unterschiedlichen Handlungslogiken

Was macht dann aber das Besondere von Regional Governance aus? Erstens geht es um eine regionale Form der Selbststeuerung, die auf Freiwilligkeit beruht, nicht verfasst ist und nicht auf einzelne traditionelle gesellschaftliche Teilsysteme (Politik/Verwaltung, Wirtschaft, sozio-kulturelle Gesellschaft) beschränkt ist. Solche Kooperationsformen müssen sehr unterschiedliche Akteure, die sehr unterschiedlichen Handlungslogiken folgen, miteinander verbinden:

- Kommunalpolitiker, die an ihre Gemeinde gebunden sind, in ihrem Handeln primär territorial ausgerichtet sind (Abhängigkeit von Wahlvolk und territo-

rial-gebundenen Entscheidungsstrukturen) und der Handlungslogik von
Macht und demokratischen Wahlen folgen;

- Unternehmen, die von Markt und Preisen gesteuert werden, aber primär
funktional ausgerichtet sind – sie unterliegen keiner territorialen Abgrenzung ihres Handlungsfeldes, wohl aber der Bindung an ihren Standort. Der
Raum spielt für sie insofern eine Rolle, als Raumüberwindungskosten entstehen. Wenn Unternehmen regionale *production cluster* bilden, d.h. pro-
duktbedingt engere regionale Vernetzungen mit Unternehmen, Forschungs-
und Ausbildungseinrichtungen eingehen, suchen sie auch regionale Nähe[1];

- zivilgesellschaftliche Zusammenschlüsse (z.B. Umweltverbände), deren
Handlungslogik auf Gemeinschaft und Solidarität gerichtet ist, wenngleich
sie aufgrund ihrer Mitgliederstruktur häufig territorial gebunden sein können.

Das bedeutet: Governance-Arrangements müssen territorial orientierte Akteure
(Kommunalpolitiker) mit funktional orientierten (Unternehmen, Verbände) zu
kollektivem Handeln vereinen, sie müssen kompetitive Akteure mit kooperativen
Akteuren zusammenbringen, sie müssen Akteure, die hierarchische Steuerung
gewohnt sind, mit denen integrieren, die sich von solidarischem und ideellem
Handeln leiten lassen, und sie müssen Akteure mit lokalistischer Orientierung
mit solchen zusammenführen, die ihre Handlungsorientierung primär außerhalb
der Region haben.

Empirisch ist das Bild unscharf, weil wir zwei unterschiedliche Grundtypen
der Governance beobachten: eine raumbezogene und eine funktionsbezogene.
Politiker (die in Deutschland die Regional Governance weitgehend gestalten)
sind gebietskörperschaftlich, d.h. *territorial*, orientiert. Für Politiker spielt die
Region eine große Rolle, sie bestimmen auch die Abgrenzung der Region. Für
Wirtschaftsakteure ist die Region eher vernachlässigbar. Man vernetzt sich rau-
munabhängig, *funktional* (Hellmer u.a. 1999; Lagendijk 2001). Allerdings ist
diese funktionale Unabhängigkeit zunehmend umstritten: Familienunternehmen
sind enger an ihre Region gekoppelt (Forschung, Zulieferer, Netzwerke in der
Region: Röhl 2008), Großunternehmen binden ihre Zulieferer teilweise an ihre
Region. Aber technisch wächst die Raumunabhängigkeit.

Zweitens sind die Akteure meistens organisiert, d.h. die an der Kooperation
Teilnehmenden sind Repräsentanten von Organisationen.[2] Sie sind folglich nicht
völlig frei in ihrem Kooperationsverhalten, sondern bedürfen der Zustimmung
ihrer „Heimatorganisation". Sie müssen dann auf mehreren Ebenen Konsens
herstellen, mindestens auf der Ebene der Kooperation als solcher und auf der
Ebene ihrer Organisation, wobei innerhalb der Organisation selbst noch verschiedene Interaktionsebenen bestehen können und die Organisation ihrerseits

Funktionale vs.
territoriale
Governance

---

[1] In Verdichtungsräumen engagieren sich die Unternehmen zunehmend wieder für ihre Region,
weil die regionalen Lebensbedingungen wesentliche Voraussetzungen sind, um hoch-qualifi-
zierte Arbeitskräfte in die Region zu ziehen (Florida/Gates 2001), aber auch, um funktionsfähige
regionale Arbeitsmärkte zu haben, die ihnen erlauben, Arbeitskräfte schneller zu entlassen und
anzuheuern.

[2] Nicht-organisierte Akteure haben es in Governance-Verbindungen relativ schwer: Sie haben
einen implizit niedrigeren Status (weil ihr Beitrag zu Problembearbeitungsprozessen schwächer
ist), sind häufig weniger verlässlich u.ä.

eingebunden sein kann in Verpflichtungen mit anderen. Das heißt: In der Regel sind regionale Kooperationen Interaktionsprozesse in Multilevel Governance (Benz 2007 und in diesem Band).

Regional Governance nur territoriale Governance?

Drittens bezieht sich Regional Governance auf das Gebiet einer Region, d.h. signalisiert einen die ganze Region überspannenden Steuerungsanspruch. Allerdings ist das in der Literatur umstritten. Denn praktisch formieren sich solche schwach institutionalisierten Steuerungsformen zunächst nur funktional, d.h. problem- und projektbezogen. Deshalb finden wir in der Praxis primär themengebundene Governance-Arrangements, die sich um soziale, ökologische, ökonomische, infrastrukturelle etc. *issues* organisieren. Das gilt vor allem dort, wo Sektorpolitiken die Governance-Muster initiieren. Beispiele liefern das Wirtschaftsministerium mit Modellen des Regionalmanagement im Rahmen der Gemeinschaftsaufgabe „Verbesserung der Regionalen Wirtschaftsstruktur" (Klemmer 2005) und der EU-Strukturfonds, die Agrarverwaltung mit Programmen zur Regionalisierung der EU-Strukturfondsmittel[3], z.B. dem „Region aktiv"-Programm[4], die Wasserwirtschaft mit Programmen zur Entwicklung von Bewirtschaftungsplänen für die Flusseinzugsgebiete nach Art. 13 Wasserrahmenrichtlinie der EU[5], die Umweltverwaltung mit Maßnahmen zur Förderung der nachhaltigen Regionalentwicklung im Rahmen der LEADER+-Initiative der EU.

Das hat zur Folge, dass sich in einigen ländlichen Räumen mehrere Kooperationsformen regionaler Akteure überlagern und es vielfach überlappende Mitgliedschaften gibt, weil mehr oder weniger immer dieselben Akteure gefordert werden. Nimmt man auf regionaler Ebene zudem Ansätze wie „regionale Agenda 21", Bündnisse für Arbeit u.ä. hinzu, dann wird es immer schwieriger, in diesem Gewirr noch Muster einer einheitlichen Regional Governance zu erkennen. In der Tat: Die empirische Analyse von Regional Governance ist schwierig, und Wissenschaftler neigen dazu, sich nur auf bestimmte Ausschnitte davon zu konzentrieren, möglicherweise damit aber die Komplexität des Gesamtsystems aus dem Blick zu verlieren.

Regionsbezug ist wichtig

Dennoch bleibt die Herausforderung: Funktionale Governance-Muster müssen zu einer regional integrierten Governance verbunden werden. Denn von Regional Governance zu sprechen, macht nur dann Sinn, wenn es sich um Ansätze der regionalen Selbststeuerung handelt. Sonst sollte man besser den Begriff „Projektorganisation" verwenden. Gleichwohl zeichnet sich Regional Governance immer durch das Spannungsverhältnis von die ganze Region überspannenden Steuerungsansätzen und projektbezogenen Handlungsformen aus. Das klassische Muster sind „Regionalkonferenzen", wie sie in NRW Anfang der 1990er Jahre

---

[3]   „Strategische Leitlinie der Gemeinschaft für die Entwicklung des ländlichen Raums" (ELER), 2006/144/EG vom 25.02.2006 (Amtsblatt der EU L55/20).

[4]   „Region aktiv – Land gestaltet Zukunft" war ein vom Bundesministerium für Verbraucherschutz, Ernährung und Landwirtschaft initiiertes Programm, das ländliche Räume über Ausschöpfung der endogenen Entwicklungspotenziale fördern soll und ebenfalls auf „regionalen Entwicklungskonzepten" basiert.

[5]   Die Wasserrahmenrichtlinie wurde von der EU am 29.06.2000 (PE-CONS 3639/00 ENV 221 CODEC 513) verabschiedet. Sie soll sicherstellen, dass die Wassereinzugsgebiete von Flussläufen gesamthaft bewirtschaftet werden, d.h. über administrative Grenzen hinweg. Ziel ist es, das Wasser umfassend zu sichern, d.h. Oberflächen- und Grundwasser gemeinsam, und zwar von der Quelle abwärts.

zuerst in Deutschland initiiert wurden (Fürst 1994), aber in der Umsetzung ihrer „Regionalen Entwicklungskonzepte" bedienen sie sich des „Regionalmanagements" (Löb 2005), das projektbezogen operiert. Das heißt, es muss wenigstens ein gemeinsamer Regionsbezug in den Köpfen der Akteure existieren. Denn damit entsteht in der Region ein Mindestmaß an Zusammenhalt, worauf sich „Gemeinsinn" beziehen kann, der wiederum kollektives Handeln wesentlich unterstützt und auch die regionalen Politikstile[6] formen kann (vgl. Fürst 1997, 2001). Regionen sind sozial konstruierte Gebilde, die um so mehr im Bewusstsein der Akteure „Realität" gewinnen, je häufiger der Regionsbezug „sozial konstruiert" wird, z.B. über regionale Massenmedien, regionale Großprojekte und „Events", regional relevante Persönlichkeiten. Solche personellen Vernetzungen und Bindungen an eine Region stellen Potenziale dar, die bei konkreten Aufgaben in zweckgerichteten Netzwerken aktiviert werden können. Ein schönes Beispiel dafür ist der sog. „Lückenschluss der A 31 Meppen/Landesgrenze Niedersachsen-NRW", der durch ein Netzwerk regionaler Akteure (Unternehmer, IHKs, Landräte, Landes-Politiker etc.) über private Co-Finanzierung in der Prioritätenliste des Bundesverkehrswegeplans nach vorn gerückt werden konnte (Lammers 2001: 514-515).

Diese Vielfalt und Unbestimmtheit von Regional Governance verweist darauf, wie schwierig es auch bei Regional Governance ist, eine genaue Definition zu geben. Die Literatur bietet deshalb einen breiten Strauß von Definitionen (Zusammenstellung bei Rhodes 1997; Kleinfeld 2006: 400-401). In gewisser „heroischer" Generalisierung lassen sich daraus die wichtigsten Merkmale von Regional Governance ableiten, auch wenn damit die konkreten Arrangements der Governance keineswegs bestimmt sind. Vielmehr sind die konkreten Formen so vielfältig wie es Akteurskonstellationen, Handlungsbedarfe und situative Rahmenbedingungen gibt, die gemeinsam die konkrete Form der Governance beeinflussen (vgl. Scharpf 2000).

Definitionsschwierigkeiten

Charakteristika der Regional Governance sind danach:

Merkmale der Regional Governance

- Zusammenspiel von (personalen) Akteuren aus Organisationen,
- Zusammenwirken von Akteuren mit verschiedenen Handlungslogiken,
- wechselseitige Abhängigkeiten der Akteure (auf der Input- und/oder Output-Seite),
- Überschreitung der Grenzziehungen und Verantwortlichkeiten zwischen den Teilsystemen Staat, Wirtschaft, Zivilgesellschaft,
- selbstorganisierte Netzwerke,
- horizontale Interaktionsformen über Modi des Argumentierens und Verhandelns, nicht der Macht und des Zwanges, denn die Beeinflussung von Denkmustern und Werthaltungen der Akteure ist ein wesentliches Element der Funktionsfähigkeit von solchen Governance-Prozessen,

---

[6] Unter „Politikstil" versteht man einen „set of persistent paradigms, dominant patterns of actor relationships, and firmly established standard operating procedures being stable over time" (Knodt 2001: 186).

- Einbettung in selbstgewählte (ausgehandelte) Regelsysteme, welche die Interaktionen formal kanalisieren, Transaktionskosten senken und die Erwartungssicherheit erhöhen,
- ein hoher Grad reflexiver Rationalität (Lernprozesse spielen eine große Rolle),
- intermediär, d.h. vermittelnd und eingebunden in bestehende institutionelle Strukturen.

Governance muss über Einzelprojekte hinausgehen

Das sind aber nur erste allgemeine Kriterien, die sich auf die Steuerung als solche beziehen. Weitere Kriterien müssen hinzukommen. Erstens kann man von Regional Governance nur sprechen, wenn die Steuerung losgelöst von Einzelproblemen etabliert wurde, d.h. „über den Tag hinaus" wirksam bleibt. Sonst würde man eher von „regionalen Arbeitsgruppen" sprechen. Zweitens kann zwar Regional Governance auf einzelne Projekte bezogen sein (was der Praxis entspricht), aber sie muss auch die Querkoordination zwischen den Projekten bearbeiten können.

Regional Governance und Sozialkapital

Umstritten ist allerdings, ob es für Governance erforderlich ist, dass zwischen den Akteuren engere Bindungen bestehen, d.h. ob Governance zur Bildung von „Sozialkapital"[7] beitragen muss. Das wird unterschiedlich gesehen. Milieu-Theoretiker, die davon ausgehen, dass die regionale Entwicklung vom institutionellen und sozialen Zusammenhalt der Akteure wesentlich mitgeprägt wird, weil sich darin auch „Beziehungs-Kapital" im Sinne Bourdieus[8] entwickelt, halten Sozialkapital für einen wichtigen Bestimmungsfaktor. Die (eher im angelsächsischen Bereich verankerten) Netzwerktheoretiker, die Governance primär unter Kosten-Nutzen-Überlegungen der Akteure sehen, halten Sozialkapital für entbehrlich, weil es allein auf die ressourcen-, produktions- oder ergebnisorientierten Interdependenzen der Akteure ankommt. Die Praxis zeigt allerdings, dass mit Intensivierung der Kooperation sowohl Sozialkapital gebildet als auch die Identifikation der Mitglieder mit dem Thema (und vielfach auch: der Region) verstärkt wird.

3.3 Wie „arbeitet" Regional Governance?

Der Vielfalt von Definitionen entsprechend ist es auch schwierig, generell Aussagen über die Funktionsweise von Regional Governance zu machen. „Funktionsweise" kann sich zum einen auf die Entstehung und Entwicklung, zum anderen auf die „Arbeit" von Regional Governance beziehen.

---

[7] Unter „Sozialkapital" wird in der Literatur das in Menschen angesammelte „Kapital" bezeichnet, das die Kooperation zwischen ihnen erleichtert: Vertrauen, Solidarität, Gemeinwohlorientierung, Kooperationsbereitschaft (vgl. Offe/Fuchs 2001).

[8] Pierre Bourdieu, einer der bedeutendsten Kulturanthropologen und Soziologen Frankreichs des 20. Jahrhunderts, entwickelte eine gesellschaftliche Machtanalyse, die auf vier Kapitalarten basiert: a) materielles Kapital, b) soziales Kapital, z.B. „soziale Netzwerke, die einem dank der Geburt in eine bestimmte Familie, dank Erbe, dank Berufsprestige zur Verfügung stehen" (Wehler 1998: 27), c) kulturelles Kapital (Bildung, Wissen, „guter" Geschmack) und d) symbolisches Kapital (gesellschaftliche Wertschätzung).

3.3.1 Entstehung und Entwicklung von Regional Governance

Als eine Form regionaler Steuerung wird häufig das Netzwerk der Regionalpla- *Regionalplanung als* nung zur Aufstellung eines Regionalen Raumordnungsprogramms (oder Gebiets- *unechte Form der* entwicklungsplanes) angesehen: Regionalplanung bezieht sich auf eine definierte *regionalen Selbst-* Region und koordiniert sämtliche Raumnutzungen in ihrer Region. Aber das ist *steuerung* ungenau. Denn die Regionalplanung muss sich aus der Landesplanung ableiten („kondominiale" Raumnutzungs-Steuerung) und koordiniert lediglich Raumnut-zungen, kann aber nicht Akteure zu bestimmtem Handeln veranlassen.

Das ist bei den sog. Regionalkonferenzen anders, die insofern als erste ge- *Regionalkonferenzen* nuine Form der Regional Governance zu bezeichnen sind (vgl. Benz u.a. 1999: *als genuine Regional* 59-60). Bei Regionalkonferenzen kommen Kommunalpolitiker, Wirtschaftsver- *Governance* bände, Gewerkschaften, Umweltschutzverbände und andere gesellschaftliche Gruppen einer Region (Abgrenzung: Gebiet der Bezirksregierung oder eines Regionalverbandes oder einer IHK) zusammen und formulieren ein Konzept für die regionale Entwicklung, das dann über Regionale Aktionsprogramme konkre-tisiert wird (Fürst 1994).

Wie entstehen Governance-Prozesse? Neue Governance-Muster werden – *Regional Governance* erstens – von den Teilnehmern nur aufgegriffen, wenn sie einen komparativen *bietet Handlungs-* Handlungsvorteil gegenüber anderen Formen kollektiven Handelns bieten. Dass *vorteile* diese Vorteile möglicherweise erst durch einen Lernprozess bewusst gemacht werden müssen und dass unterschiedliche Akteuren sie unterschiedlich wahr-nehmen, liegt auf der Hand. Für Politiker und Verwaltungsleute besteht der Vor-teil darin, flexibler und direkter mit den Betroffenen der Politik zusammenarbei-ten zu können. Für die nicht-staatlichen und nicht-kommunalen Akteure ist der Vorteil im direkten Zugang zu politischen Entscheidungsstellen zu suchen. Alle schätzen die „Flucht aus der Politik" und die Informalität, die es möglich macht, Themen und Lösungen zu diskutieren, die nicht sofort dem parteipolitischen Konkurrenzkampf unterworfen werden.

Zweitens entwickelt sich Regional Governance unter größeren Schwierig- *Hohe Transaktions-* keiten (mit „höheren Transaktionskosten") als projektbezogene Kooperationen. *kosten von Regional* Denn bei projektbezogener Kooperation stimulieren die Vorteile des Projekts die *Governance* Mitarbeit aller jener, die sich vom Projekt betroffen fühlen. Regional Governance müsste jedoch alle jene Akteure repräsentativ einbeziehen, die für die Regional-entwicklung wichtig sind. Deren Anreize sind weniger konkret, es geht mehr um einen Appell an eine gemeinsame Verantwortung für eine gemeinsame Region. Eine solche Governance benötigt folglich begünstigende *political opportunity structures* (Maloney u.a. 2000: 809-810). In Deutschland sind das (Benz u.a. 1999: 19 ff. und 133-134):

a. der Wandel zu neo-liberalen Steuerungsparadigmen in der Politik, die zum Rückbau des Wohlfahrtsstaates und zum Aufstieg des Paradigmas des „ak-tivierenden Staates" führten, der mehr Eigenverantwortung fordert und le-diglich Rahmenbedingungen für eigenverantwortliche Selbstentfaltung der Akteure einer Gesellschaft schafft („Gewährleistungsstaat": Schuppert 2005a);

b. der Wandel der regionalen Förderpolitik, die auf dezentral definierte Regionale Entwicklungskonzepte setzt (übrigens maßgebend angeregt durch die Europäische Strukturpolitik seit 1988);

c. der Paradigma-Wechsel vom „Standortwettbewerb" zum „Regionenwettbewerb", weil die moderne Wissens- und Dienstleistungsgesellschaft ein sehr viel komplexeres Anforderungsprofil an regionale Standorte stellt;

d. der Vernetzungsbedarf einer arbeitsteilig ausdifferenzierten Gesellschaft unter Innovations- und Anpassungsdruck (vgl. Benz u.a. 1999).

Phasen der Governance Drittens sind deshalb für das Verhalten der Akteure in Regional Governance drei unterschiedliche Phasen zu unterscheiden: die Initialphase, die Planungsphase und die Umsetzungsphase. In der *Initialphase* kommt es bei *bottom-up*-Initiativen auf „politische Unternehmer" an: Promotoren müssen einen gemeinsamen Handlungsbedarf identifiziert haben, dafür Unterstützung bei anderen regionalen Akteuren gefunden haben und den Prozessbeginn organisieren. Das ist ein komplizierter Vorgang des *agenda-setting*, bei dem es nicht nur um die Fähigkeit der politischen Unternehmer geht, Allianzen zu bilden, sondern bei dem es auch auf das „richtige" *timing* ankommt. Bei von außen an die Region herangetragenen Initiativen (*top-down*-Initiative) sind diese Anfangshürden wesentlich niedriger. Wegen dieser besonderen Hürden (oder „Transaktionskosten") werden bei *bottom-up* initiierten Regional Governance üblicherweise nur solche Themen aufgegriffen, die von den herkömmlichen Institutionen nicht qua Kompetenzzuordnung bearbeitet werden. Und selbst unter diesen Themen werden nur solche behandelt, die für die Region „brennend" sind (und deshalb regionale Akteure mobilisieren lassen) und deren Bearbeitung nicht durch die Akteure allein erfolgen kann (themenbezogene Akteursinterdependenz, bedingt durch gemeinsame Ressourcenabhängigkeit oder gemeinsame Themenbetroffenheit). In der *Planungsphase* geht es darum, den kollektiven Prozess möglichst effektiv zu gestalten, damit das Motivationsniveau der Beteiligten hoch bleibt und brauchbare Ergebnisse erzeugt werden können. In der *Umsetzungsphase* besteht das Problem darin, die Beteiligten zur Selbstbindung zu verpflichten und Träger für die Projekte zu finden.

Überlagerung von Governance-Mustern Viertens entwickelt sich Governance primär *issue*-bezogen oder mündet in projektbezogene Kooperationen im Anschluss an ein Regionales Entwicklungskonzept. Das Nebeneinander von unterschiedlichen Kooperationsformen mit sehr unterschiedlichen Akteurskonstellationen, Aufgaben und Wirkungen ist auf den ersten Blick vergleichbar den Governance-Formen, die sich auf EU-Ebene bilden. Die EU-Governance wird von Kohler-Koch/Eising (1999) als „*networked governance*" und von Knodt (2001) als komplexes System der Mehrebenen-Governance beschrieben. Aber es gibt einen entscheidenden Unterschied: Auf EU-Ebene existiert ein gemeinsamer Institutionenrahmen. Alle Governance mündet in Entscheidungen, die über die formalen Strukturen von Kommission, Rat und Parlament laufen müssen. Auf Regionalebene ist dieser gemeinsame Institutionenrahmen nicht gegeben. Vielmehr bestehen mindestens drei unterschiedliche Bezüge: der sektorale Bezug, der über Fachverwaltungen definiert wird; der gebietskörperschaftliche Bezug, der über die Gemeinden (Kreise) abgearbeitet wird, und der soziale Bezug, der über Netzwerke von Akteuren realisiert wird.

Das Nebeneinander unterschiedlicher Governance-Formen mit Projekt- und Regionsbezug und unterschiedlichen Mitgliedschaften kann spannungsvoll, aber auch produktiv sein. Spannungsvoll ist es, weil damit die bestehenden Institutionen zu Anpassungen herausgefordert werden. Es entstehen Interferenzen zwischen den netzwerkartigen (Programm-)Kooperationen und den stärker vollzugsorientierten „harten" Institutionen. Produktiv ist das Nebeneinander, weil es hohe Flexibilität, Problemnähe und Innovationsfähigkeit erzeugt.

⑤ Fünftens entwickelt sich Regional Governance nur im Rahmen bestehender Institutionen und wird von diesen nennenswert beeinflusst. Die offenen Formen der Governance sind im Grunde nur deshalb möglich, weil sie eingebettet sind in festere institutionelle Strukturen, die Verlässlichkeit sichern. Ob diese unterschiedlichen Governance-Muster zu einem regionalen *government* zusammenwachsen, hängt von der Relevanz der Kooperation für die Akteure der Region ab. Zwar sind netzwerkartige Governance-Muster nicht dauerhaft zu unterhalten, weil sie – im Vergleich zu institutionalisierten *government*-Formen – höhere Transaktionskosten erzeugen: Es fehlen Routinen, Konflikte sind mühsamer zu regeln, Umsetzungsfragen erzeugen höhere Entscheidungskosten. Aber dem Prozess der stärkeren Institutionalisierung der Governance stehen insbesondere Politiker entgegen, die darin Machtverschiebungen (z.B. von Kommunen auf die Region) und Einfluss- bzw. Autonomieverluste befürchten. Gleichwohl entwickeln sich Lernprozesse der Kooperation, insbesondere in Verbindung mit der von vielen Regionen empfundenen Notwendigkeit, wegen des schärfer gewordenen Regionenwettbewerbs eine höhere Strategiefähigkeit (*organizing capacity*) entwickeln zu müssen (van den Berg/Braun 1999)[9]. Deshalb ist sogar denkbar, dass Governance-Muster nur Übergangsphänomene sind, die in festere *government*-Strukturen münden. Für Deutschland könnte diese Vermutung Bestätigung finden. Denn in einigen Regionen gibt es inzwischen Ansätze, die diffusen Governance-Muster zu regionalen Steuerungsstrukturen auszubauen.

Einbindung in bestehende Institutionen

Wenn aber Regional Governance vom institutionellen Umfeld wesentlich beeinflusst wird, ist dann die Bedingung der „horizontalen Interaktion", die für Governance typisch sein soll, noch erfüllt? Denn der externe institutionelle Einfluss wirkt praktisch wie „hierarchische Steuerung". Man sollte sich dabei nicht verwirren lassen. Hierarchische Kontext-Steuerung ist etwas anderes als hierarchische Steuerung. Erstere ist als struktureller Rahmen kaum auszuschließen. Letztere wirkt dagegen interventionistisch, d.h. greift in den regionalen Kooperationsprozess zielgerichtet ein.

Hierarchische Steuerung vs. hierarchische Kontextsteuerung

3.3.2 „Arbeitsweise" der Regional Governance

Fassen wir zunächst kurz zusammen: Governance-Formen folgen im allgemeinen einer bestimmten Logik, die darauf beruht, dass die Akteure als Persönlich-

Logik der Governance

---

[9]   Van den Berg/Braun (1999) verstehen unter *organizing capacity* regionale Selbststeuerungsfähigkeit, die über einen administrativen Kern, strategische Netzwerke zwischen relevanten Akteuren, *leadership*, gemeinsame Entwicklungsvorstellungen und politische wie gesellschaftliche Unterstützung für die Selbststeuerung definiert ist.

keiten agieren, freiwillig kooperieren, jederzeit aus dem Governance-Verbund aussteigen können, dass Governance-Muster auf Konventionen, Traditionen, vereinbarten Regeln basieren und sich im Kontext bestehender Institutionen bewegen müssen. Steuerungsmuster ist der über Verhandlung und Überzeugung gewonnene Konsens, der Selbstbindung erzeugt (vgl. Jessop 1998: 35-36). *Arguing* und *bargaining*, also Argumentieren und Verhandeln (Saretzki 1996), bestimmen die Modi der Regional Governance. Offene Machtausübung würde sofort Überlegungen bei einzelnen Mitgliedern auslösen, ob man die Kooperation verlässt, also die *exit-option* geltend macht.[10]

Institutionalisierungs- zwänge — Mit der Zahl der Teilnehmer verdichten sich die Regelsysteme. Regelsysteme haben den Vorzug der Verlässlichkeit, der Vermeidung unerwünschter Verhaltensweisen und der Konfliktregelung bei Regelverstößen. Vor allem der Minderheitenschutz führt i.d.R. zu Entscheidungsregeln, die hohe Konsensanforderungen stellen (z.B. Einstimmigkeitsregeln, Prinzip der *checks-and-balances*, Rückhol-Prinzip, d.h. Vereinbarungen müssen grundsätzlich politisch legitimierten Entscheidungsorganen zur Revision offen stehen). Dabei werden die Regeln ausgehandelt und in der konkreten Anwendung immer mit den situativ wirksamen Interessen abgestimmt: Blinder („bürokratischer") Regeleinsatz würde die Kooperation empfindlich treffen. Man arrangiert sich lieber. In Abhängigkeit von den Akteuren, der Akteurskonstellation und der Thematik bilden sich allerdings unterschiedliche „Regime" kooperativen Handelns heraus.

Verdrängung der Governance mit hohen durch solche mit niedrigen Transaktionskosten — Da Regional Governance relativ hohe Transaktionskosten erzeugt, neigen Akteure dazu, auf Problemlösungen mit niedrigeren Transaktionskosten auszuweichen. Das begünstigt zum einen projektorientiertes Vorgehen zulasten regionaler Entwicklungskonzepte, was durch die Sektoralisierung der Politik und den Einbezug der Wirtschaft (die primär projektorientiert integriert wird) verstärkt wird. Zum anderen fördert es die Flucht aus multilateralen Verhandlungen zugunsten bilateraler Absprachen, es sei denn, die Thematik erlaubt es nicht, lediglich bilateral zu kooperieren. Letzteres ist etwa dann der Fall, wenn Ressourcenknappheit dazu zwingt, die Projekte auf eine breitere Akteursbasis zu stellen.

Mangelnde Konfliktfähigkeit — Die schwache Konfliktregelungsfähigkeit von Netzwerken begünstigt Entscheidungen zulasten Dritter. Das wiederum nährt das Bedürfnis vieler Akteure, Einfluss zu nehmen, mit mindestens zwei Konsequenzen: Zum einen formiert sich damit „Politikverflechtung", d.h. kooperatives Verhalten wird durch Kontrollbedarfe von Akteuren überlagert. Zum anderen führt kollektives Handeln dazu, Verantwortlichkeiten zu verwischen (Diffusion der Verantwortlichkeit). Deshalb muss man bei Regional Governance mit einer gewissen Eigendynamik rechnen: Je besser solche Governance-Muster in der Lage sind, an den Institutionen vorbei Probleme zu bearbeiten, desto häufiger werden sie dafür genutzt. Sie entwickeln sich dann immer mehr zu allgemeinen Vorentscheiderstrukturen. Theoretisch lässt sich das nur begrenzen, indem ihnen von vornherein ein klar definiertes Mandat gegeben wird (vgl. Schmitter 2001: 61-62 für Governance-Muster der EU). Andererseits gibt es skeptische Stimmen, die in Regional Go-

---

[10]   Seit der einflussreichen Veröffentlichung von Albert O. Hirschman über „exit, voice, and loyalty" von 1970 (deutsch 1974) ist die Unterscheidung in *exit-option* gegenüber der *voice-option* in Abhängigkeit von der Loyalität zu einem Gemeinwesen üblich geworden.

vernance weniger „regionale Selbststeuerung" sehen als Strategien, in Regionen schnell, flexibel und treffsicher die Bedingungen für die regionale Wirtschaft so zu verbessern, dass die regionalen Standortqualitäten mindestens den Standards internationaler Regionen-Wettbewerbe entsprechen. Was als Regional Governance diskutiert werde, sei lediglich eine Variante des Regionalmarketing (vgl. MacLeod/Goodwin 1999).

Aber in den deutschen Fällen der Regional Governance geht es wesentlich um die regionale Strategiefähigkeit. Denn für die regionale Wettbewerbsfähigkeit wird immer wichtiger, wie gut Regionen in der Lage sind, regionale (kollektive) Strategiefähigkeit zu entwickeln (van den Berg/Braun 1999).

3.4 Welche Schwierigkeiten verbinden sich mit Regional Governance?

Regional Governance ist weder theoretisch noch praktisch ein geschlossenes Konzept. Es gibt auch keine „Theorie der Regional Governance". Vielmehr fließen sehr unterschiedliche Theorieströme aus verschiedenen Disziplinen zusammen. Nahezu alles, was mit Interaktionen, kollektivem Handeln, kollektiver Entscheidungsfindung in den sozialwissenschaftlichen Disziplinen erforscht wurde, kann hier Anwendung finden: Organisationswissenschaftliche Studien über *interorganizational decision-making*, soziologische Studien über Netzwerke und zum Verhalten in Gruppen, kommunalwissenschaftliche Arbeiten zur *community power*-Forschung und zur *urban regime*-Theorie, politikwissenschaftliche Studien zu politischen Netzwerken, zu kognitiven Theorien kollektiven Handelns und zur Regulationstheorie, wirtschaftsgeographische Untersuchungen zur Milieu-Theorie und zum Sozial-Konstruktivismus des Raumes (Raum wird durch menschliche Aneignung sozial konstruiert) sowie wirtschaftswissenschaftliche Forschungen der Institutionenökonomie kommen hier zusammen, um nur einige der theoretischen Bezüge zu nennen (vgl. Fürst 2007; Healey u.a. 2002: 22-23; Gualini 2001).

Fehlende Theorie der Regional Governance

Selbst wenn es gelänge, alle diese unterschiedlichen Theorieansätze zu einer „Großen Theorie"[11] zu integrieren, wäre das Ergebnis unzureichend. Denn wieder stoßen wir auf ein Grundproblem der Regional Governance, nämlich dass sie sehr stark von ihren Kontexten bestimmt wird (Institutionenrahmen, situative Einflüsse, anstehende Probleme) und vor allem von einzelnen Akteuren beherrscht werden kann, weil diese in schwach institutionalisierten Kontexten einflussreicher sein können als in einem festen Institutionenrahmen (z.B. indem sie Definitionsmacht erringen). Handlungskoalitionen, Akteurskonstellationen etc. können dann die Wirkung der Regional Governance wesentlich mitbestimmen. Allerdings zeigen die praktischen Erfahrungen mit Regional Governance, dass Macht nur sehr subtil und für die anderen Teilnehmer „erträglich" eingesetzt wird.

---

[11] Von „Großer Theorie" spricht man, wenn übergreifende Theorien gebildet werden, die universelle Gültigkeit beanspruchen können (Nohlen/Schultze 1995, 654-655).

Akteurzentrierter Institutionalismus als analytischer Ansatz

Wissenschaftlich verwendet man statt einer Theorie lieber Analyse-Konzepte, welche die Komplexität und die Zusammenhänge ihrer Elemente transparent halten. Dafür bietet sich der von Scharpf und Mayntz entwickelte analytische Ansatz des akteurzentrierten Institutionalismus an (vgl. Scharpf 2000), der auch diese Abhandlung implizit bestimmt.

Auf der praktischen Ebene zeigen sich eine Reihe von Problemen (Benz u.a. 1999: 113 ff.), die u.a. auch damit zusammenhängen, dass die schwache Institutionalisierung dem personellen Einfluss mehr Gewicht gibt: Governance-Arrangements können dann leicht zu klientelistischen und korporatistischen Vorentscheiderstrukturen mutieren, können sich als „Kartell des Bewahrens" erweisen, das innovative Prozesse erschwert etc. Im Folgenden sollen einige für Regional Governance eher charakteristische Probleme skizziert werden:

Rekrutierung der Akteure

a) Akteure: Schwierigkeiten verursacht schon der Tatbestand, dass es möglicherweise keine offenen und transparenten Verfahren gibt, wer in Regional Governance mitwirken soll und darf. Nehmen die Akteure durch Selbstrekrutierung oder Kooptation daran teil oder werden sie systematisch dafür ausgewählt, und wenn ja: durch wen? Dass sie nicht vom Volk gewählt werden, liegt auf der Hand – sonst würde eine „Nebenveranstaltung" neben den demokratischen Entscheidungsstrukturen geschaffen. Üblicherweise werden Selbstrekrutierung und Kooptation (d.h. Zuwahl von Mitgliedern durch die Mitglieder) als Selektionsverfahren genutzt.

Entscheidend ist, wodurch sich die Regional Governance bildet. Wird Regional Governance aus der Region heraus, also *bottom up,* organisiert, dann sind meist Projekte der Auslöser und die Selektion wird häufig durch Kooptation bestimmt, indem die Initiatoren andere Akteure zur Mitwirkung auffordern, von denen sie meinen, dass sie am Thema interessiert sind. Wird dagegen das kollektive Handeln von außen (*top down*) eingefordert (z.B. über Förderprogramme), so wird eher ein repräsentatives Verfahren der Akteursauswahl gesucht: Häufig werden in den Förderrichtlinien bestimmte Kategorien von Akteuren vorgegeben, die vertreten sein sollten, zum anderen werden solche Programme bekannt gemacht, so dass sich interessierte Akteure zur Mitwirkung melden können.

Repräsentative vs. „handverlesene" Akteurskonstellation

b) Akteurskonstellation: Es reicht nicht, dass überhaupt Akteure der Region sich zu kollektivem Handeln zusammenfinden. Vielmehr müssen es die „relevanten" Akteure sein, d.h. diejenigen, die für die Entwicklung und Problembearbeitung in der Region wesentlich sind. Das konfligiert mit dem Grundsatz der Interessen-Repräsentanz. Hier sollte nach Schmitter (2001: 63) das *minimum threshold principle* gelten: Nur so viele Repräsentanten sollten einbezogen werden, wie zur Vertretung der Belange unabdingbar ist. Zudem sollten nur diejenigen mitwirken, die ein begründetes Interesse haben, und dabei sollten diejenigen vorgezogen werden, die regional (statt lokalistisch) orientiert sind (Schmitter 2001: 64). Je mehr die Rekrutierung aber auf repräsentativer Basis erfolgt, umso größer und heterogener ist der Kreis der Beteiligten und umso schwieriger ist die Kooperation und Konsensbildung. In der Regel wird das dadurch aufgefangen, dass innerhalb der Gruppe organisatorische Differenzierungen vorgenommen werden (Lenkungsgruppe, Koordinationsgruppe, Arbeitsgruppen zu unterschiedlichen

Themen). Das kann allerdings auch zur internen Hierarchisierung mit unterschiedlichen Einflussmöglichkeiten der Akteure führen, was die Grundidee der gleichrangigen Beteiligung zumindest mit einem Fragezeichen belegt.

Eine Besonderheit der Regional Governance ist die personale Vernetzung. *Der personale Faktor* Insofern hängt das Zusammenspiel der Akteure auch davon ab, welche Themen bearbeitet werden und ob die „Chemie" zwischen den Akteuren stimmt. *Themenabhängigkeit* verändert die Akteurskonstellation derart, dass bestimmte, am Thema besonders interessierte Akteursgruppen dominant werden. Wir beobachten beispielsweise auf regionaler Ebene wirtschaftsnahe Governance-Arrangements (mit relativ großem Gewicht der Wirtschaft) und sozial- und umweltpolitische Governance-Arrangements mit Definitionsmacht von Sozial- und Umweltverbänden. *Personenabhängigkeit* kann Governance verletzlich machen – scheidet eine wichtige Person aus, kann der Prozess erlahmen. Auch das führt zu Anstößen, Governance-Prozesse stärker zu formalisieren. Empirische Untersuchungen zeigen zudem, dass ausgleichs- und korporatistisch orientierte Akteurskonstellationen eher wachstumsbremsend wirken können (Blume/Sack 2008: 230-231).

c) Institutionen: Institutionen-Fragen durchziehen die ganze Diskussion der Regional Governance. Das betrifft zum einen die Einbindung der Regional Governance in den bestehenden Institutionenrahmen, insbesondere in legitimierende Strukturen, mit entsprechenden Rückwirkungen der bestehenden Institutionen auf die Regional Governance. Zum anderen sind alle kollektiven Interaktionsbeziehungen Prozessen zunehmender Institutionalisierung ausgesetzt, um die Interaktionen berechenbar, risikoärmer und damit verlässlicher zu machen. Das ist noch mehr der Fall, je mehr Akteure beteiligt sind und je mehr es um die Umsetzung der ausgehandelten Ergebnisse geht. Denn die Mitwirkenden in den Governance-Mustern sind nicht immer auch diejenigen, die über Ressourcen und Institutionen verfügen, um die Ergebnisse umzusetzen. Für die Umsetzung sind weitere Verhandlungen und Verträge wichtig.

Institutionalisierung

Bezogen auf Institutionalisierung greifen wir – wegen ihrer besonderen Bedeutung – die Frage der legitimatorischen Einbindung heraus (vgl. dazu Wortmann 2006). Regional Governance fehlt die förmliche Legitimation, die institutionalisierte Entscheidungsstrukturen (mit oder ohne direkt gewählte Parlamente)[12] für sich in Anspruch nehmen können. Das Problem ist zwar in modernen Demokratien nicht neu, weil es zahlreiche Vorentscheiderstrukturen gibt, die letztlich die Entscheidungsmacht der legitimierten Entscheidungsorgane präjudizieren und tendenziell auch aushöhlen können. Aber auf der Regionalebene könnte sich dabei eine regionale Steuerungsebene etablieren, die eigene regiona-

Legitimationsfragen

---

[12]   In Deutschland sind alle Regionen (oberhalb der Kreisebene, unterhalb der Landesebene) irgendwie institutionell vorgeformt. Die stärkste Prägung geht dabei von der Regionalplanung aus, die in Deutschland flächendeckend eingeführt wurde, aber auch Bezirksregierungen bzw. Mittelinstanzen formen eine Region. Sofern die Regionen mit politischen Entscheidungsgremien ausgestattet sind, finden sich in Deutschland zwei Varianten: die Delegierten-Versammlung (die Mitglieder der regionalen Entscheidungsorganisation werden von den kreisfreien Städten und Kreisen bestimmt) oder die direkt gewählten Regionalorgane (z.B. in der Region Stuttgart und in der Region Hannover).

le Machtstrukturen ausbildet (Voelzkow 1998) und sich dem Zugriff der gewählten Politiker teilweise entzieht.

Legitimation wird in modernen Demokratien sowohl durch die Akzeptanz der Ergebnisse (*government for the people*) als auch durch die Mitwirkung an den Ergebnissen (*government of the people)* hergestellt. Man unterscheidet deshalb *output*-orientierte Legitimation (solange das Ergebnis den Wünschen der Bevölkerung und gesellschaftlichen Gruppen entspricht, wird das Entscheidungssystem toleriert) von *input*-orientierter Legitimation (wenn die von der Entscheidung Betroffenen an der Entscheidung mitwirken konnten, ist die Entscheidung legitimiert). Faktisch ist die eine Art der Legitimation von der anderen nicht zu trennen: Menschen wollen nicht nur an Entscheidungen mitwirken, sondern auch „gute" Entscheidungen haben. Deshalb sind moderne Demokratien nach Benz (1998) durch eine Mischung aus demokratischer Mitwirkung sowie Verhandlungssystemen unter den „Machern" ausgezeichnet. Je mehr die Verhandlungssysteme aber von Repräsentanten von Organisationen beherrscht werden – und das ist zwangsläufig so in einer *organizational society* (Hirst 2000: 19-20, 28-29) –, umso wichtiger wird es, dass diese Organisationen selbst demokratisch kontrolliert werden.

> „The aim is ... to ‚politicize' civil society, to turn its organizations from top-down bureaucracies into constitutionally ordered democratically self-governing associations" (Hirst 2000: 28).

d) Themen: Unterschiedliche Formen der Regional Governance, die auf Konsens über *arguing* und *bargaining* basieren, sind zwangsläufig selektiv bezogen auf Themen und Problemlösungen. Selektivitäten resultieren prinzipiell aus zwei Quellen: Zum einen können Kollektive nur solche Themen aufnehmen, die ihren Fähigkeiten und Kapazitäten entsprechen. Zum anderen werden von ihnen nur solche Lösungen zugelassen, welche mit den verfügbaren Kapazitäten bearbeitet werden können und die die Kooperanden wegen unlösbarer Verteilungskonflikte nicht entzweien. Vor allem die begrenzte Konfliktregelungsfähigkeit der freiwillig kooperierenden Akteure wirkt selektiv: Entweder werden deshalb Themen ganz ausgeklammert und/oder so umdefiniert, dass sie weniger Verteilungsprobleme auslösen, oder die Problemlösungen werden auf solche reduziert, die Kompromissmöglichkeiten enthalten. Der zugelassene Problemlösungsraum hängt unter anderem auch davon ab, welche Entscheidungsregeln die Akteure gewählt haben: Werden beispielsweise auch Mehrheitsentscheidungen zugelassen, ist der Handlungsspielraum größer, als wenn Einstimmigkeitsregeln gelten (faktische Vetomacht jedes Teilnehmers). Relevant ist auch, wie groß das aufgebaute „Sozialkapital" ist: Kann der Problemlösungsraum über Vertrauen der Akteure in die Zukunft ausgedehnt werden (heute verzichtet der eine Akteur, morgen dafür ein anderer), ist der Spielraum für Kompromisse wesentlich größer. Letztlich ist auch einflussreich, wie gut das Konsensmanagement funktioniert: Wird ein professioneller externer Moderator eingeschaltet, dürften in der Regel die Kapazität der Problembearbeitung und der Spielraum für Lösungen weiter gefasst werden.

Konsens spielt zwar bei Regional Governance eine große Rolle, kann aber auch die Innovationsfähigkeit der Steuerung einschränken (Fürst/Knieling 2004).

Selektivität der Governance

streiten und verhandeln

Konsensbildung vs. Innovationsfähigkeit

Denn Konsenszwänge verstärken den Einfluss des „Langsamsten" und begünstigen tendenziell den status quo. Auch hier kommt es auf das Management der Selbststeuerung an, in welchem Maße diese Effekte durchschlagen.

3.5 Einschätzung: Bedeutung für die deutschen Regionen

Auch wenn die Diskussion zu Regional Governance weder eine eigene Theorie noch ein ausgebildetes Konzept entwickeln konnte, hat sie doch erhebliche praktische Relevanz gewonnen, von der Wissenschaft unterstützt über Zusammenstellungen von Erfahrungen über effektive und effiziente Kooperationen (Adamaschek/Pröhl 2003; Bauer-Wolf u.a. 2008; Böcher u.a. 2007; Gothe 2006). Der Ansatz trifft auf einen Bedarf auf regionaler Ebene, stärker vernetzt zu arbeiten, zwischen öffentlichem und privatem Sektor engere Kooperationsbeziehungen aufzubauen, Synergieeffekte gleichgerichteter Arbeitsansätze zu nutzen (Cluster-Strategien) und gegenüber der Globalisierung und EU-Zentralisierung ein regionales Gegengewicht zu setzen (Fürst 1999; Benz u.a. 1999: 19 ff.).

(Randbemerkung: Regional Governance mit wachsender praktischer Relevanz)

Regional Governance bringt zudem ein strategisches Element in die Regionalentwicklung: Regionale Handlungskollektive sind gezwungen, über ihre Region, deren Stärken und Schwächen, Chancen und Risiken nachzudenken sowie Richtungen und Prioritäten der Entwicklung zu definieren. Damit kann sich Innovation verbinden, weil Routinedenken durchbrochen wird und neue Ideen eingebracht werden.

(Randbemerkung: Regional Governance zwingt zu strategischem Denken)

Allerdings gibt es Unterschiede zwischen Verdichtungsräumen und ländlichen Räumen. Denn in Verdichtungsräumen ist das Bewusstsein der Akteure für den gemeinsamen Raumbezug i.d.R. deutlicher ausgeprägt, nicht zuletzt als Folge der jahrzehntelang betriebenen Regionalplanung, aber auch als Folge der engeren Stadt-Umland-Verflechtung mit gemeinsamem Zentrumsbezug. Folglich hat vor allem die *metropolitan governance* im internationalen Vergleich hohe Aufmerksamkeit gefunden (vgl. Fürst 2001a; Heinelt/Kübler 2005). Die mit der Wissens- und Dienstleistungsgesellschaft einhergehende Urbanisierung der Gesellschaft unterstützt diesen Prozess (Lidström 2007: 505). Insofern dürfte die Etablierung von Regional Governance im ländlichen Bereich schwieriger sein. Denn hier spielt die Regionalplanung vielfach eine geringere Rolle und bildet weniger einen organisatorischen Kern, um den herum sich Governance-Muster ausbilden könnten. Eher beobachtet man dort regionale Kooperationsformen, die stark *top-down* initiiert wurden – über diverse Förderprogramme der Länder, des Bundes und der EU. Hier sind auch Vertreter der Wirtschaft häufig weniger aktiv an der Regional Governance beteiligt, weil die dort stärker vertretenen Klein- und Mittelunternehmen sich schwer tun, Personal für regionale Kooperationsvorhaben abzustellen (vgl. auch Hellmer u.a. 1999: insbes. ab 228). Zudem sind die Kooperationsnetze zu wenig kompatibel (wegen unterschiedlicher sektoraler Förderprogramme, die jeweils eigene Regionsgrenzen entwickeln, oder wegen funktionaler Verflechtungen der Akteure, die sich über unterschiedliche Regionsbezüge erstrecken).

(Randbemerkung: Verdichtungsräume vs. ländliche Räume — Verdichtungsraum — ländlich)

Hinzu kommt, dass die Entwicklung der Regional Governance auch von der „zivilgesellschaftlichen Infrastruktur" abhängt (Heinelt 2001: 100; Schmitter

(Randbemerkung: Zivilgesellschaftliche Infrastruktur)

2001: 53), d.h. von gemeinsam geteilten Werthaltungen, gemeinsamen Vorstellungen einer „funktionierenden Gesellschaft", gemeinsamen Traditionen u.ä. Zwischen Regional Governance und regionalen Milieus gibt es folglich enge Beziehungen (Crevoisier 2004).

Regional Governance weniger zwingend als in England?

Für Deutschland zeichnet sich ab, dass die Notwendigkeit, neue Formen der Regional Governance außerhalb der etablierten Institutionen zu schaffen, weniger zwingend zu sein scheint als etwa in Frankreich und Großbritannien mit schwächerer regionaler Institutionalisierung. Was sich bei uns eher entfaltet, sind projektbezogene Kooperationen, also Netzwerke, die aber nach Erledigung der Projektplanung wieder auseinandergehen. Solche projektbezogenen Kooperationen können allerdings – bei geeigneter regionaler Führung – in Muster der Governance münden, wenn die Projekte in regionale Entwicklungskonzepte, d.h. in übergeordnete Leitprojekte eingebunden werden (vgl. Siebel u.a. 2001).

Gestaltungsbedürftigkeit/ Managementaufgabe

Das macht deutlich, dass Regional Governance erstens gestaltungsbedürftig und zweitens eine Managementaufgabe (Plamper 2006) ist, sie entwickelt sich nicht spontan. Spontane regionale Kooperation führt in der Regel lediglich zu (befristeten) projektbezogenen Netzwerken, weil Projekte Betroffene mobilisieren lassen. Für Regional Governance ist wichtig, dass sie für die Teilnehmer verlässlich ist. *Governance failure* ist inzwischen ein diskutiertes Thema geworden (Jessop 1998). Allerdings ist *governance failure* nur teilweise durch „Gestaltung" zu beseitigen. Denn sie wird wesentlich durch Konflikte verursacht, die im Umfeld der Governance ihren Ursprung haben (Wert- und Institutionen-Konflikte, Knappheits-Konflikte). Deshalb ist die Gestaltung der Regional Governance in einem stark institutionalisierten Umfeld nicht einfach. Denn solche Bemühungen konfligieren sehr oft mit Autonomieängsten und Kompetenz-Konkurrenzen der bestehenden Steuerungsstrukturen. Das gilt besonders in Deutschland, wo formal konkurrierende regionale Führungsfunktionen bereits in den Kreisen, in der Bezirksregierung und in Regionalverbänden existieren. Infolgedessen braucht man gute Legitimations-Gründe, um Führung außerhalb der etablierten Strukturen zu organisieren.

Paradigmatische Steuerung in Regional Governance

Regional Governance ist keine dauerhaft stabile Form der Selbststeuerung. Ihre Stärke liegt im kollektiven Entwerfen von regionalen Handlungslinien, in kreativen Prozessen der Öffnung von Möglichkeiten und im wechselseitigen Lernen, sowohl bezogen auf Einschätzungen von Situationen als auch bezogen auf Lösungsmöglichkeiten. Regional Governance wirkt vor allem über Köpfe, ist also ähnlich wie Stadt- und Regionalplanung primär ein kognitiv-kommunikatives Konzept. Schwächen zeigt der Ansatz immer dann, wenn sich die Handlungssituation auf Entscheidungen zuspitzt, die Verteilungseffekte implizieren – also bei der Entscheidung über konkrete Projekte und deren Umsetzung. Dann zeigt sich, dass Regional Governance keineswegs so machtfrei operiert, wie implizit unterstellt wird. Vielmehr ist der Einfluss von Macht, die „*dark side of planning theory*" (Flyvbjerg/Richardson 2002), gleichzeitig der Test, wie stabil ein Governance-Arrangement geworden ist: Gelingt es, Konflikte unter Disziplinierung der Machtvollen zu lösen, handelt es sich mit großer Wahrscheinlichkeit um ein gelungenes Governance-Arrangement.

Dennoch werden sich Prozesse der Regional Governance verstärkt formieren, nicht zuletzt auch unterstützt durch die Wirtschaft, die sich immer häufiger ihrer Region zuwendet. Erstens spielt das Thema „Mangel an qualifizierten Arbeitskräften" eine Rolle. Zweitens werden Netzwerke und Cluster, über die gemeinsam mit anderen Unternehmen/Betrieben Grundlagen der eigenen Produktion geschaffen oder unterstützt werden können (z.B. Datenbanken, Ausbildungssysteme, Forschungseinrichtungen), von immer mehr Unternehmen, vor allem auch mittelständischen, als „Ressource" empfunden, die sogar deren Bindung an die Region intensivieren (van den Berg u.a. 2004). Drittens wächst der Bedarf von Regionen, sich im Regionenwettbewerb über *organizing capacity* zu profilieren und besser auf externe Ressourcen zuzugreifen. Viertens erzeugt die zunehmende Interdependenz von Akteuren (Externalitäten-Effekte) in einer fragmentierten und arbeitsteilig differenzierten Gesellschaft einen wachsenden Bedarf an intermediären Einrichtungen, die vermittelnd und vernetzend tätig werden können und damit neue Formen der Regional Governance schaffen. Vor allem aber spielt eine große Rolle, dass sich – fünftens – paradigmatische Änderungen bei den Entscheidungsträgern vollzogen haben, die Netzwerken, Kooperation und Selbsthilfeprozessen einen wesentlich höheren Stellenwert einräumen – und zwar gerade wegen des härter werdenden kompetitiven Umfeldes.

Wachsende Bedeutung der Regional Governance in Zukunft

3.6 Literatur

Adamaschek, Bernd/Pröhl, Marga (Hrsg.), 2003: Regionen erfolgreich steuern. Regional Governance – von der kommunalen zur regionalen Strategie. Gütersloh.

Bauer-Wolf, Stefan/Payer, Harald/Scheer, Günter, 2008: Erfolgreich durch Netzwerkkompetenz. Handbuch für Regionalentwicklung. Wien/New York.

Benz, Arthur, 1998: Postparlamentarische Demokratie? Demokratische Legitimation im kooperativen Staat, in: Michael Th. Greven (Hrsg.), Demokratie – Eine Kultur des Westens? Opladen, 201-222.

Benz, Arthur, 2001: Der moderne Staat. Grundlagen der politologischen Analyse. München/Wien.

Benz, Arthur, 2007: Multilevel Governance, in: Arthur Benz/Susanne Lütz/Uwe Schimank/Georg Simonis (Hrsg.), Handbuch Governance. Wiesbaden, 297-310.

Benz, Arthur/Fürst, Dietrich/Kilper, Heiderose/Rehfeld, Dieter, 1999: Regionalisierung. Theorie, Praxis, Perspektiven. Opladen.

Benz, Arthur/Lütz, Susanne/Schimank, Uwe/Simonis, Georg, 2007: Einleitung, in: Arthur Benz/Susanne Lütz/Uwe Schimank/Georg Simonis (Hrsg.), Handbuch Governance. Wiesbaden, 9-26.

Bevir, Mark/Rhodes, Rod A.W. (Hrsg.), 2006: Governance Stories. London.

Blume, Lorenz/Sack, Detlef, 2008: Patterns of Social Capital in West German Regions, in: European Urban and Regional Studies 15, 229-248.

Böcher, Michael/Krott, Max/Tränkner, Sebastian (Hrsg.), 2007: Regional Governance und integrierte ländliche Entwicklung. Wiesbaden.

Botzem, Sebastian, 2002: Governance-Ansätze in der Steuerungsdiskussion. Steuerung und Selbstregulierung unter den Bedingungen fortschreitender Internationalisierung. Berlin: Wissenschaftszentrum (Discussion Paper FS I 02-106).

Crevoisier, Olivier, 2004: The Innovative Milieus Approach: Toward a Territorialized Understanding of the Economy? in: Economic Geography 80, 367-379.

Danielzyk, Rainer/Wood, Gerald, 2006: Regional Governance in England, in: Geographische Rundschau, Heft 5, 12-20.

Florida, Richard, 2005: Cities and the Creative Class. New York.

Florida, Richard/Gates, Gary, 2001: Technology and Tolerance: The Importance of Diversity to High-Technology Growth. Washington D.C. (The Brookings Institution, Survey Series).

Flyvbjerg, Bent/Richardson, Tim, 2002: Planning and Foucault. In Search of the Dark Side of Planning Theory, in: Philip Allmendinger/Mark Tewdwr-Jones, Planning Futures. New Directions for Planning Theory. London/New York, 44-62.

Fürst, Dietrich, 1994: Regionalkonferenzen zwischen offenen Netzwerken und fester Institutionalisierung, in: Raumforschung und Raumordnung, 52, 184-92.

Fürst, Dietrich, 1997: Humanvermögen und regionale Steuerungsstile – Bedeutung für das Regionalmanagement?, in: Staatswissenschaften und Staatspraxis 6, 187-204.

Fürst, Dietrich, 1999: Regionalisierung – die Aufwertung der regionalen Steuerungsebene?, in: ARL (Hrsg.), Grundriss der Landes- und Regionalplanung. Hannover, 351-363.

Fürst, Dietrich, 2001: Regionalentwicklung durch „regionale Identität" oder „corporate identity"?, in: Comparativ 11 (Heft 3), 50-63.

Fürst, Dietrich, 2001a: Stadt und Region – Schwierigkeiten, die regionale Selbststeuerung nachhaltig zu machen, in: Deutsche Zeitschrift für Kommunalwissenschaften 40, 84-96.

Fürst, Dietrich, 2007: Regional Governance, in: Arthur Benz/Susanne Lütz/Uwe Schimank/Georg Simonis (Hrsg.), Handbuch Governance. Theoretische Grundlagen und empirische Anwendungsfelder. Wiesbaden, 353-65.

Fürst, Dietrich/Knieling, Jörg, 2004: Innovation und Konsens – ein Widerspruch?, in: Raumforschung und Raumordnung 62, 280-289.

Gothe, Stefan, 2006: Regionale Prozesse gestalten. Ein Handbuch für Regionalmanagement und Regionalentwicklung. Kassel.

Gualini, Enrico, 2001: Planning and the Intelligence of Institutions. Interactive Approaches to Territorial Policy-making Between Institutional Design and Institution-building. Aldershot.

Healey, Patsy/Cars, Göran/Madanipour, Ali/Magalhaes, Claudio de, 2002: Transforming Governance, Institutionalist Analysis and Institutional Capacity, in: Göran Cars/ Patsy Healey/Ali Madanipour/Claudio de Magalhaes (Hrsg.), Urban Governance, Institutional Capacity and Social Milieux. Aldershot, 6-28.

Heinelt, Hubert, 2001: Civic Perspectives on a Democratic Transformation of the EU, in: Jürgen R. Grote/Bernhard Gbikpi (Hrsg.), Participatory Governance. Political and Societal Implications. Opladen, 97-120.

Heinelt, Hubert/Kübler, Daniel (Hrsg.), 2005: Metropolitan Governance. Capacity, Democracy and the Dynamics of Place. London/New York.

Hellmer, Friedhelm/Friese, Christian/Kollros, Heike/Krumbein, Wolfgang, 1999: Mythos Netzwerke. Regionale Innovationsprozesse zwischen Kontinuität und Wandel. Berlin.

Hill, Hermann, 2000: Good Governance, in: Hermann Hill/Helmut Klages (Hrsg.), Good Governance und Qualitätsmanagement – Europäische und internationale Entwicklungen. Speyer (Speyerer Arbeitheft Nr. 132), 1-10.

Hirschman, Albert O., 1974: Abwanderung und Widerspruch. Reaktionen auf Leistungsabfall bei Unternehmungen, Organisationen und Staaten. Tübingen.

Hirst, Paul, 2000: Democracy and Governance, in: Jon Pierre (Hrsg.), Debating Governance. Authority, Steering, and Democracy. Oxford, 13-35.

Jessop, Bob, 1998: The Rise of Governance and the Risks of Failure: The Case of Economic Development, in: International Social Science Journal 50, 29-45.

Kleinfeld, Ralf, 2006: Regional Governance in Theorie und Praxis – Eine vergleichende Zwischenbilanz, in: Ralf Kleinfeld/Harald Plamper/Andreas Huber (Hrsg.), Regional Governance, Bd. 2. Göttingen, 385-424.

Klemmer, Paul, 2005: Gemeinschaftsaufgabe „Verbesserung der regionalen Wirtschaftsstruktur", in: ARL (Hrsg.), Handwörterbuch der Raumordnung. 4. Aufl., Hannover, 366-368.

Knodt, Michèle, 2001: Regions in Multilevel Governance Arrangements: Leadership versus Partnership, in: Jürgen R. Grote/Bernhard Gbikpi (Hrsg.), Participatory Governance. Political and Societal Implications. Opladen, 177-196.

Kohler-Koch, Beate/Eising, Rainer, 1999: The Transformation of Governance in the European Union. London.

Kooiman, Jan, 1999: Social-political Governance. Overview, Reflections and Design, in: Public Management 1, 67-92.

Lagendijk, Arnoud, 2001: Three Stories about Regional Salience, in: Zeitschrift für Wirtschaftsgeographie 45, 139-158.

Lammers, Eckhard, 2001: Kooperation und Innovation in der Infrastrukturpolitik: Der Lückenschluss der A 31, in: Informationen zur Raumentwicklung 8, 511-516.

Lefèvre, Christian, 1998: Metropolitan Government and Governance in Western Countries, in: International Journal of Urban and Regional Research 22, 9-25.

Lidström, Anders, 2007: Territorial Governance in Transition, in: Regional and Federal Studies 17, 499-508.

Löb, Stephan, 2005: Problembezogenes Regionalmanagement. Dortmund.

Loughlin, John, 2007: Reconfiguring the State: Trends in Territorial Governance in European States, in: Regional and Federal Studies 17, 385-403.

MacLeod, Gordon/Goodwin, Mark, 1999: Space, Scale and State Strategy: Towards a Reinterpretation of the New Urban and Regional Governance, in: Progress in Human Geography 23, 503-527.

Maloney, William/Smith, Graham/Stoker, Gerry, 2000: Social Capital and Urban Governance: Adding a More Contextual „Top-down" Perspective, in: Political Studies 48, 802-820.

Mayntz, Renate, 2005: Governance Theory als fortentwickelte Steuerungstheorie?, in: Gunnar F. Schuppert (Hrsg.), Governance-Forschung. Baden-Baden, 11-20.

Nohlen, Dieter/Schultze, Rainer-Olaf, 1995: Theorie, in: Dieter Nohlen/Rainer-Olaf Schultze (Hrsg.), Lexikon der Politik, Bd.1. München, 650-657.

Offe, Claus/Fuchs, Susanne, 2001: Schwung des Sozialkapitals? Der Fall Deutschland, in: Robert D. Putnam (Hrsg.), Gesellschaft und Gemeinsinn. Sozialkapital im internationalen Vergleich. Gütersloh, 417-514.

Pierre, Jon, 2000: Introduction. Understanding Governance, in: Jon Pierre (Hrsg.), Debating Governance. Authority, Steering, and Democracy. Oxford, 1-12.

Plamper, Harald, 2006: Regional Governance: eine Managementaufgabe, in: Ralf Kleinfeld/Harald Plamper/Andreas Huber (Hrsg.), Regional Governance, Bd. 2. Göttingen, 361-383.

Rhodes, Rod W. A., 1996: The New Governance: Governing Without Government, in: Political Studies 44, 652-667.

Rhodes, Rod W. A., 1997: Understanding Governance. Policy Networks, Governance, Reflexivity and Accountability. Buckingham/Philadelphia.

Röhl, Klaus-Heiner, 2008: Die Zukunft der Familienunternehmen in Deutschland. Potenziale und Risiken in der globalen Wirtschaft (IW-Analysen 38). Köln.

Saretzki, Thomas, 1996: Wie unterscheiden sich Argumentieren und Verhandeln? Definitionsprobleme, funktionale Bezüge und strukturelle Differenzen von zwei verschiedenen Kommunikationsmodi, in: Volker von Prittwitz (Hrsg.), Verhandeln und Argumentieren. Opladen, 19-40.

Scharpf, Fritz W., 2000: Interaktionsformen. Akteurzentrierter Institutionalismus in der Politikforschung. Opladen.

Schmitter, Philippe C., 2001: Participation in Governance Arrangements: Is There Any Reason to Expect it will Achieve „Sustainable and Innovative Policies in a Multi-level Context"?, in: Jürgen R. Grote/Bernhard Gbikpi (Hrsg.), Participatory Governance. Political and Societal Implications. Opladen, 51-70.

Schuppert, Gunnar Folke, 2005: Governance im Spiegel der Wissenschaftsdisziplinen, in: Gunnar Folke Schuppert (Hrsg.), Governance Forschung. Vergewisserung über Stand und Entwicklungslinien. Baden-Baden, 371-469.

Schuppert, Gunnar Folke (Hrsg.), 2005a: Der Gewährleistungsstaat – Ein Leitbild auf dem Prüfstand. Baden-Baden.

Siebel, Walter/Ibert, Oliver/Mayer, Hans-Norbert, 2001: Staatliche Organisation von Innovation: Die Planung des Unplanbaren unter widrigen Umständen durch einen unbegabten Akteur, in: Leviathan 29, 526-543.

van den Berg, Leo/Braun, Erik, 1999: Urban Competitiveness, Marketing and the Need for Organising Capacity, in: Urban Studies 36, 987-999.

van den Berg, Leo/Braun, Erik/Otgaar, Alexander H.J., 2004: Corporate Community Involvement in European and US Cities, in: Environment and Planning C: Government and Policy 22, 475-494.

Voelzkow, Helmut, 1998: „Inszenierter Korporatismus": Neue Formen strukturpolitischer Steuerung auf regionaler Ebene, in: Hans-Joachim Kujath (Hrsg.), Strategien der regionalen Stabilisierung. Wirtschaftliche und politische Antworten auf die Internationalisierung des Raumes. Berlin, 215-232.

Wehler, Hans-Ulrich, 1998: Die Herausforderung der Kulturgeschichte. München.

Wortmann, Rolf, 2006: Regional Governance – Legitimationsprobleme einer neuen Form des Regierens, in: Ralf Kleinfeld/Harald Plamper/Andreas Huber (Hrsg.), Regional Governance, Bd. 2. Göttingen, 305-316.

Kapitel 4:
Governance in der Europäischen Union

Markus Jachtenfuchs / Beate Kohler-Koch

4.1 Einleitung

Die Position, die noch vor wenigen Jahren provokant erschien (Hix 1999), ist nun weit verbreitetes Allgemeingut: Die EU ist ein politisches System wie jedes andere; die Art und Weise, wie es regiert wird, unterscheidet sich kaum von den Mitgliedstaaten. (1.) In der Tat sind die Prozesse der politischen Meinungsbildung und Entscheidungsfindung hier wie dort von oft langwierigen Verhandlungen zwischen einer Vielzahl von Akteuren gekennzeichnet. (2.) Regulative Politik wird immer weitergehend in funktional differenzierte Behörden ausgelagert. (3.) Die Adressaten der Politik sind in vielfältiger Weise eingebunden. „Governance" ist das Schlagwort, mit dem diese allgegenwärtige Form des Regierens – Global Governance, Multi-level Governance in der EU, administrative Governance – auf den Punkt gebracht wird. Die These ist, dass es keiner Regierung bedarf, um allgemein verbindliche Ziele zu setzen und deren Durchsetzung auch gegen Widerstände zu erreichen, und dass die im modernen Staat hierarchisch organisierten Entscheidungs- und Implementationsprozesse zunehmend durch die Vernetzung der relevanten Akteure ergänzt oder ganz ersetzt werden.

Unsere Argumentation unterscheidet sich von dieser Sichtweise, auch wenn wir die Einschätzung teilen, dass die Erscheinungsformen der politischen Handlungskoordinierung große Ähnlichkeiten aufweisen. Dies betrifft die Verflechtung der Akteure über die politischen Organisationsebenen hinweg ebenso wir die Verbreitung innovativer Instrumente zur Öffnung der Verwaltung für ihre Klientel oder zur partizipativen Einbindung der Bürger. Will man aber die Erscheinungsformen von EU-Governance verstehen, dann sollte man den wesentlichen Unterschied zwischen der EU und den politischen Systemen ihrer Mitgliedstaaten im Blick haben, der Regieren in bestimmte Formen drängt. Kalypso Nicolaidis (2004) hat die EU treffend als eine „Demoi-Cracy" bezeichnet, die sich von den real existierenden Demokratien Europas in einem wesentlichen Punkt unterscheidet: Politik auf der Ebene der Mitgliedstaaten ist als Wettstreit (weltanschaulich orientierter) politischer Parteien organisiert, während Politik auf der Ebene der EU als Interessenausgleich zwischen Mitgliedstaaten funktioniert.

Unsere These ist, dass trotz des viel beschworenen Niedergangs der Parteien und den notwendigen Korrekturen am analytischen Modell des „Parteienstaats" im Staat immer noch politische Macht über Wahlen und Parteienwettbewerb errungen und ausgeübt wird. Folglich wird im Schatten dieses Wettbewerbs regiert. Der Parteienwettbewerb und die demokratische Legitimierung über politische Repräsentation spielt auf der EU-Ebene dagegen nur eine untergeordnete Rolle, so dass andere Legitimitätspfeiler die europäische Politik tragen. Europäische Politik muss sich viel mehr stark auf die Legitimität der gewählten Regierungen im Rat und den Sachverstand der EU-Bürokratie bzw. dem der zu Rate gezogenen (politisch unabhängigen) Experten stützen. Der Verfassungsvertrag, und in seiner Nachfolge der Reformvertrag von Lissabon, haben an diesem grundlegenden ordnungspolitischen Unterschied nichts verändert. Im Lissabonner Vertrag wird die „institutionelle Balance" zwischen Europäischem Parlament als Verkörperung der demokratischen Wettbewerbslogik, dem Rat als Verkörperung der territorial verankerten Legitimität und der Kommission als Verkörperung der Technokratie nur neu justiert und trägt damit den Wandlungen in der Praxis Rechnung. Zu diesen Wandlungen gehören neue Formen des Regierens, deren Bedeutung im Bezug auf das ordnungspolitische Grundgerüst der EU bewertet werden müssen.

Unser Plädoyer für eine Verknüpfung der Governance-Analyse mit der Reflexion der zu Grunde liegenden politischen Ordnung beruht auf der Überlegung, dass die institutionelle Architektur eines politischen Systems immer auch Rückwirkungen auf den politischen Prozess und die Politikgestaltung hat (Jachtenfuchs 2007: 165-170), und zielt darauf ab, einer möglichen Verengung der Betrachtungsweise entgegenzuwirken. Die Wende hin zur Governance-Analyse in der EU-Forschung (Kohler-Koch/Rittberger 2006) ist nicht nur Ausdruck des Bemühens, das tatsächliche Funktionieren der Union genauer verstehen zu wollen, sondern spiegelt auch ein gewandeltes Verständnis der EU wider (Balli 2009: 24-27). Die Governance-Perspektive bietet sich an, wenn man die EU in erster Linie als ein Unternehmen der gemeinsamen Problemlösung sieht und die Aufmerksamkeit sich auf die Regeln und Verfahren konzentriert, nach denen es der EU gelingt, die Komplexität der Problemgegenstände und Konfliktkonstellationen durch Ausdifferenzierung klein zu arbeiten und reibungslos in den gesamtgesellschaftlichen Prozess einzufügen.

Governance-Perspektive

Die Wahrnehmung der EU-Politik als gemeinschaftliche Problembewältigung hat bestimmte Fragen in den Vordergrund gerückt, andere vernachlässigt und insgesamt einer technokratischen Betrachtung der EU Vorschub geleistet. Im Mittelpunkt steht die EU als regulatives System (Majone 1996), das angesichts der Technizität der Regelungsgegenstände auf die Mobilisierung von breit gestreutem Expertenwissen angewiesen ist. Die Aufwertung von Expertengremien, die Einbindung der Regelungsadressaten und das Bestreben, zu Vereinbarungen im Konsens zu gelangen, wird als funktionale Notwendigkeit gesehen und gewinnt damit gleichzeitig einen normativen Stellenwert, denn nur eine sachgemäße gemeinschaftliche Regulierung verspricht wohlfahrtssteigernd zu wirken. Folglich ist *Leistungsfähigkeit* das entscheidende Kriterium für die Beurteilung unterschiedlicher Formen von Governance. Vor allem bei der Analyse der neuen Formen des Regierens („new modes of governance") wird der wissenschaftliche Perspektivwandel deutlich. So vertreten Manuele Citi und Martin Rhodes nachdrücklich die Position, EU-Governance „from a public policy point of view" (Citi/Rhodes 2006: 477) zu betrachten und systematisch die „policy *effectiveness*" zu untersuchen (Citi/Rhodes 2006: 464). Diese wird im Wesentlichen daran festgemacht, ob die gewählten Governance-Methoden dazu taugen, dass die Mitgliedstaaten ihre Politik nachhaltig auf gemeinsam gesetzte Politikziele hin ausrichten.

Problembewältigung

Leistungsorientierung

So wichtig diese Leistungsorientierung der Governance-Forschung auch ist, so verliert sie doch aus dem Blick, dass Regieren immer auch Teil von Demokratie und politischer Systembildung ist. Wenn man also verstehen will, warum bestimmte Formen des Regierens für die EU gewählt wurden bzw. sich in der Praxis herausgebildet haben und welche Wirkungen damit verbunden sind, so sollte man beachten, dass zum einen demokratische Ansprüche an Governance gestellt werden und zum anderen die Wahl der Governance-Mechanismen immer auch unter dem Gesichtspunkt getroffen wird, wie sich dadurch die Einfluss- und Kontrollmöglichkeiten konkurrierender institutioneller Akteure, und das sind im Fall der EU vornehmlich die Mitgliedstaaten und supranationale Institutionen, verschieben.[1] Dieser Aspekt soll im folgenden Beitrag systematisch untersucht werden.

Regieren in der Demokratie

4.2 Charakteristika von Governance in der EU

Die politische und sozialwissenschaftliche Diskussion um Governance ist im Falle der EU eng mit dem Ruf nach „new modes of governance" verbunden. Die Fortentwicklung der Europäischen Gemeinschaft zur Europäischen Union mit sehr weitreichenden politischen Zuständigkeiten und die anvisierte Verdoppelung der Mitgliedschaft gab Anlass, die Leistungsfähigkeit der etablierten Politikverfahren kritisch zu überprüfen. Die „Gemeinschaftsmethode" wurde als überholt und den neuen Anforderungen nicht angemessen charakterisiert; nach den Worten des damaligen britischen Premierministers John Major „an idea whose time has passed" (zit. nach Dehousse 2008: 8). Je nach integrationspolitischem Standpunkt der Akteure wurde dafür plädiert, sie zu ersetzen oder zu ergänzen, um die Handlungsfähigkeit der Union und die Akzeptanz bei ihren Bürgern zu gewährleisten. Wenn man sich mit EU-Governance beschäftigt, sollte zunächst geklärt werden, ob der Begriff „Governance" nur die „new modes of governance" oder bereits auch die traditionelle „Gemeinschaftsmethode" einschließt.[2]

New modes of governance

4.2.1 Governance als besondere Form des Regierens

Regieren wird üblicherweise an die Tätigkeit einer Regierung gebunden, während Governance ein weiter Begriff ist, der auf die Abstimmungsprozesse zwischen autonomen Akteuren wie Staaten, internationalen Organisationen und sozialen Bewegungen ebenso angewandt werden kann wie auf die Verhandlungen zur Festlegung von Organisationszielen innerhalb komplex strukturierter globaler Unternehmen. Über die Ersetzung des Begriffs „Regieren" durch „Go-

Regieren und Governance

---

[1] Die Frage nach der Leistungsfähigkeit und der demokratischen Qualität von Governance im Mehrebenensystem der EU stand im Mittelpunkt der Forschung von CONNEX, einem im Rahmen des 6. Forschungsrahmenprogramms der EU geförderten Exzellenznetzwerks; siehe http://www.connex-network.org/ sowie den Abschlussbericht unter http://www.mzes.uni-mannheim.de/projekte/typo3/site/fileadmin/reports/Publishable_Final_Report.pdf. Das ebenfalls im 6. Rahmenprogramm angesiedelte Integrierte Projekt NEWGOV konzentrierte sich auf die Entstehung, Entwicklung und Effekte der neuen Governance Formen; siehe http://www.eu-newgov.org/.

[2] Für eine systematische Begriffsklärung vgl. Treib u.a. 2007.

vernance" und die angemessene Definition, was Governance ausmacht, mag man trefflich streiten. In der ersten Auflage dieses Bandes haben wir durchgängig den Begriff Regieren verwandt. Die Begründung ist zum einen, dass Regieren eine besondere Form der Handlungskoordinierung ist, deren Besonderheit die allgemeinverbindliche Regelung gesellschaftlichen Handelns ist, und zum anderen, dass Regieren nicht nur an die Tätigkeit einer hierarchisch organisierten Regierung gebunden ist, wie sie uns im Modell vom „Staat der Moderne" (Ellwein 1992) vorgezeichnet wird. Wir haben Regieren in der ersten Auflage dieses Bandes als „der fortwährende Prozess bewusster politischer Zielbestimmung und Eingriffe zur Gestaltung gesellschaftlicher Zustände" (Jachtenfuchs/Kohler-Koch 2004: 78) definiert.

Governance als Handlungs- koordination

Ingeborg Tömmel hat unter Verweis auf Renate Mayntz (2005: 12) die Gleichsetzung von Regieren und Governance mit dem Argument verworfen, dass Regieren „ein dominantes Steuerungssubjekt unterstellt, das im EU-System nicht gegeben ist" (Tömmel 2008: 21). Sie plädiert für einen Governance-Begriff, „der alle Formen der Handlungskoordination zwischen Staat und Gesellschaft zur Realisierung kollektiver Zielsetzungen einschließt" (ebd.). Regieren wäre nach diesem Verständnis „eine Variante der Handlungskoordination – primär gestützt auf Hierarchie" (ebd.). Damit ist die Kontroverse aber nur auf die Frage verlagert, welche entscheidenden Merkmale die Regierung eines Staates als „dominantes Steuerungssubjekt" auszeichnen, die im Fall des EU-Systems nicht gegeben sind, und wie viel Hierarchie in Governance erhalten sein darf. Wenn wir uns von Modellvorstellungen des „modernen Staates" bzw. des Staates des „Goldenen Zeitalters" (Leibfried/Zürn 2006: 21) lösen und der Wirklichkeit zuwenden, dürften die Grenzen eher fließend sein.

European Governance

Die Entwicklung der Governance-Diskussion in der EU gibt ebenfalls keine eindeutigen Anhaltspunkte, weil das Schlüsseldokument, nämlich das Weißbuch der Kommission zu „European Governance" – die deutschen Fassung trägt den Titel „Europäisches Regieren" (Kommission 2001) – den Begriff im umfassenden Sinne gebraucht und darunter ebenso Gesetzgebungspolitik nach der Gemeinschaftsmethode als auch neue Abstimmungsmechanismen und nichtgesetzgeberische Maßnahmen subsumiert. Im Kern geht es im Weißbuch um eine „Neubelebung der Gemeinschaftsmethode" (Kommission 2001: 44) durch „Modernisierung" und „Flexibilisierung". Sie soll durch eine bessere Einbindung aller Akteure, vor allem eine interaktivere Gestaltung der Beziehungen zu den regionalen und lokalen Körperschaften sowie zur Zivilgesellschaft, durch bessere Nutzung von Expertenwissen, Vereinbarungen zur Ko-Regulierung, die weitere

Offene Methode der Koordinierung

Einrichtung unabhängiger Agenturen und vor allem durch die „offene Methode der Koordinierung" erreicht werden. Damit ist der breite Fächer der Mechanismen gemeinschaftlicher Politik angesprochen, der üblicherweise unter „new modes of governance" subsumiert wird und der von vielen Autoren als eigentlicher Gegenstand der Governance-Forschung verstanden wird.

Weites Governance- Konzept

Wir plädieren für ein weites Governance-Konzept, um gerade die Unterschiede in der Handlungskoordination zwischen der traditionellen Gemeinschaftsmethode und den neuen Formen der gemeinschaftlichen Politikgestaltung herauszufinden, wobei unser Blick auf die demokratische Qualität bzw. Legitimität des Regierens gerichtet ist. Wir gehen davon aus, dass der Übergang von der

Gemeinschaftsmethode zu den neuen Formen von Governance im EU-System fließend ist und überdies die neuen Formen von Governance weder quantitativ noch qualitativ einen so hohen Stellenwert einnehmen, wie es die Diskussion der letzten Jahre suggeriert hat (vgl. auch Schuppert 2008: 13). Wenn man in der Verwendung des Governance-Begriffs einen Vorteil sieht, so liegt er unserer Meinung hauptsächlich darin, dass er eine „Neuvermessung" der politischen Handlungskoordination ermöglicht, „ohne sogleich mit vertrauten Denkmustern und Begrifflichkeiten konfrontiert zu werden" (Voßkuhle 2009: 550).

4.2.2 Das Fehlen einer einheitlichen institutionellen Architektur in der EU

Da wir davon ausgehen, dass die Struktur des politischen Systems Auswirkungen auf Governance in diesem System hat, ist es notwendig, auf die sehr unterschiedliche institutionelle Architektur der EU hinzuweisen, die im Laufe der Entwicklung der EU in den verschiedenen Sachbereichen entstanden ist. Die für die traditionelle Gemeinschaftsmethode typische supranationale Entscheidungsstruktur beinhaltet das Vorschlagsmonopol der Kommission im Bereich der Gesetzgebung, ein faktisches Zweikammersystem zur Beschlussfassung bestehend aus Europäischem Parlament und Rat und eine rechtliche Kontrolle durch den Europäischen Gerichtshof. Dieses System ist allerdings vorwiegend im Bereich der Marktregulierung anzutreffen. Auch andere häufig als charakteristisch für die EU bezeichnete Elemente (etwa Netzwerke öffentlicher und privater Akteure) finden sich vor allem hier. Durch die Währungsunion wurde dagegen die Politikgestaltungskompetenz an eine unabhängige Institution, die Europäische Zentralbank, delegiert.

Vielschichtige institutionelle EU-Architektur

Die im Vertrag von Maastricht (1992) in das EU-System eingebauten Pfeiler der Außen- und Sicherheitspolitik (2. Säule) und der Zusammenarbeit in den Bereichen Justiz und Inneres (3. Säule) haben mit späteren Vertragsänderungen ihren zunächst noch stark intergouvernementalen Charakter teilweise verloren. Die Kommission wurde enger in den Willensbildungsprozess eingebunden und die Informationsrechte des Europäischen Parlaments wurden gestärkt. Vor allem aber wurde die Einstimmigkeit bei der Beschlussfassung des Rates aufgebrochen. Trotzdem gelten beide Bereiche immer noch als stark von öffentlichen Akteuren dominiert. Für die Außenpolitik wurde inzwischen argumentiert, dass auch sie mittlerweile gekennzeichnet ist durch eine „intensive vertikale und horizontale Verflechtung, hohen Koordinationsbedarf und fehlende hierarchische Steuerungsmöglichkeiten sowie das Mitwirken einer Vielzahl von Spielern" (Dembinski/Joachim 2008: 365), wobei besonders die wachsende Präsenz von privaten Akteuren, Nichtregierungsorganisationen ebenso wie Wirtschaftsinteressen, auffällig ist.

Abnehmende Intergouvernementalität

Der Bereich der inneren Sicherheit ist dagegen von Transgouvernementalisierung gekennzeichnet (Herschinger u.a. 2009). Hier verbleibt die Entscheidungsmacht zwar bei öffentlichen Akteuren. Die wichtigen Kontakte finden jedoch nicht mehr in der obersten Regierungsebene statt, sondern verlagern sich in niedrigere Ebenen des Exekutivapparates (Keohane/Nye 1974: 43) oder finden zwischen anderen öffentlichen Akteuren, etwa zwischen Richtern und Parlamentariern statt. Im Politikfeld Innere Sicherheit entstehen transgouvernementale

Transgouvernementalisierung

Beziehungen vor allem zwischen den Polizeibehörden oder den Nachrichtendiensten verschiedener Länder sowie zwischen deren Staatsanwaltschaften. Sie dienen etwa dem Informationsaustausch in aktuellen Ermittlungsverfahren, der Erstellung gemeinsamer Lagebilder, dem Aufbau von Datenbanken oder der gemeinsamen Methodenausbildung. Governance in der EU findet somit in sehr unterschiedlichen institutionellen Kontexten statt. Besonders wichtig, in der Diskussion um die neuen Formen der Governance aber oft zu Unrecht vernachlässigt, ist das supranationale Entscheidungssystem der EU, der Ort der klassischen Gemeinschaftsmethode.

4.2.3 Das supranationale Entscheidungssystem der EU

Autonomieschonung und Gemeinschaftsverträglichkeit

Die Institutionenordnung der EU war von Anbeginn an auf den Ausgleich zweier widersprüchlicher Anforderungen angelegt, nämlich dem Wunsch nach Selbstbestimmung der Mitgliedstaaten und ihrem Interesse an einer effizienten Politikgestaltung, die nur durch gemeinschaftliches Handeln zu erreichen ist. Dieses Spannungsverhältnis hat Fritz Scharpf (1994) mit dem Begriffspaar „autonomieschonend und gemeinschaftsverträglich" auf den Punkt gebracht. Seinen institutionellen Niederschlag fand es in dem Aufbau und der Kompetenzverteilung zwischen den Institutionen, der Gestaltung der Entscheidungsverfahren und der formellen und informellen Festlegung von Handlungsprinzipien. So wurde die „institutionelle Balance" (Wallace 2003) zwischen dem Rat als Vertreter der autonomen Interessen der Mitgliedstaaten und den supranationalen Institutionen, allen voran der Kommission, zum Markenzeichen der EU. Das Beschlussfassungsverfahren nach der „Gemeinschaftsmethode" zwingt beide Akteure zur Zusammenarbeit und bringt zudem die Kommission als Sachwalterin der Verträge und damit Vertreterin des europäischen „Gemeinschaftsinteresses" in die Rolle eines Motors europäischer Politik.

Gemeinschafts-methode

Dem Verfassungsprinzip der Achtung der nationalen Identität der Mitgliedstaaten (Art. 6 EUV)[3] entspricht, dass die Gemeinschaftspolitik Spielräume für autonome Gestaltung durch die Mitgliedstaaten offen lässt und somit die *Richtlinie* das bevorzugte Gesetzgebungsinstrument ist: „Die Richtlinie ist für jeden Mitgliedstaat, an den sie gerichtet wird, hinsichtlich des zu erreichenden Ziels verbindlich, überlässt jedoch den innerstaatlichen Stellen die Wahl der Form und der Mittel" (Art. 249 EGV).[4] Die Mitgliedstaaten sind auf die Erfüllung ihrer europäischen Verpflichtungen vertraglich festgelegt (Art. 10 EGV) und ihre Befolgung wird von Kommission und Europäischem Gerichtshof überwacht. Unabhängig davon, ob die EU eine Richtlinie, eine Verordnung oder Entscheidung erlässt, sind die Beschlüsse geltendes Recht, das Vorrang vor nationalem

---

[3]   Soweit nicht anders vermerkt beziehen sich die Verweise auf den Vertrag von Nizza in der Fassung von 2001, der bis zur Ratifizierung des Reformvertrages von Lissabon weiterhin Rechtsgrundlage der Union ist.

[4]   Rein quantitativ überwiegen allerdings *Verordnungen* und *Entscheidungen*, weil es in der tagtäglichen EU-Politik mehrheitlich um die Fortsetzung einmal getroffener Grundsatzbeschlüsse geht. Verordnungen und Entscheidungen gelten beide im Unterschied zur Richtlinie unmittelbar. Sie unterscheiden sich durch ihre Reichweite: Verordnungen gelten unmittelbar in jedem Mitgliedstaat, Entscheidungen beziehen sich auf einen bestimmten Adressatenkreis.

Recht hat. Im Fall von Verordnungen und Entscheidungen gilt es unmittelbar, im Fall von Richtlinien ist dies unter bestimmten Voraussetzungen ebenfalls der Fall. Mit anderen Worten: Während sich die Beschlussfassung europäischer Politik in einem komplexen Prozess der Aushandlung vielfältiger Interessen vollzieht, sind die Mitgliedstaaten für die Umsetzung in nationales Recht bzw. die Durchsetzung gegenüber ihren Bürgern verpflichtet und unterliegen dabei der Kontrolle durch die Kommission und den Europäischen Gerichtshof.

Der entscheidende Unterschied zwischen der EU und anderen internationalen Organisationen oder Regimen besteht darin, dass die EU über ein autonomes Rechtssystem verfügt, das sich nicht nur an Staaten, sondern durchgängig auch an Individuen oder Firmen richtet. Das Europarecht kann von Individuen durch mitgliedstaatliche Gerichte dank der „organic connection" (Shaw 2000: 29) mit dem EuGH im sogenannten Vorabentscheidungsverfahren durchgesetzt werden. Es erhöht die Akzeptanz des Europarechts, wenn es durch mitgliedstaatliche Gerichte verkündet und durchgesetzt wird und nicht durch den EuGH selbst. Die EU wurde von Beginn an von allen Mitgliedstaaten als eine Rechtsgemeinschaft gesehen, in der alle Beteiligten auf Konfliktregelung durch rechtsstaatliche Verfahren vertrauen können. EU als Rechtsgemeinschaft

Sowohl die Integration durch das Recht als auch die gut ausbalancierte institutionelle Struktur sicherte das Fortschreiten der Integration und ermöglichte es, die oft als Gegensatz gesehene Erweiterung und Vertiefung gleichzeitig zu verfolgen. Während der Rat in erster Linie territoriale Interessen vertritt und die Kommission der wichtigste Ansprechpartner für sektorale Interessen ist, vertritt das Europäische Parlament weltanschauliche Interessen. Da alle drei Institutionen im Gesetzgebungsprozess zusammenarbeiten müssen, entsteht tendenziell eher eine Gemengelage unterschiedlicher Konfliktdimensionen als eine einheitliche Konfliktlinie quer durch die EU. Dies trägt zur Stabilisierung der EU bei (Egeberg 2005). Stabilität durch institutionelle Struktur

In den letzten zwei Jahrzehnten fand eine Reihe von institutionellen Reformen statt, die das Gewicht der verschiedenen Institutionen im Entscheidungsprozess verändert, neue Akteure ins Spiel gebracht und weiche Formen des Rechts stärker in den Vordergrund gerückt haben. Durch die Ausweitung der Mehrheitsentscheidungen im Rat und durch die größere Rolle des Europäischen Parlaments im Entscheidungsprozess wurde die ursprünglich zentrale Bedeutung territorialer Interessen, die durch die Mitgliedstaaten vertreten werden, zunehmend relativiert. Es verloren aber nicht nur die Mitgliedstaaten an politischem Einfluss, weil sie durch die Mehrheitsentscheidungen im Rat ihr Vetorecht verloren und nach Koalitionspartnern Ausschau halten müssen. Vielmehr wurde auch die Rolle der Kommission im Vergleich zum aufstrebenden Europaparlament geringer. Es ist deshalb nicht überraschend, dass sich die Kommission systematisch um die verstärkte Einbeziehung funktionaler Interessen in den Politikprozess bemüht hat und immer wieder versuchte, Allianzen mit den Politikbetroffenen – den „stakeholders" im EU-Jargon – einzugehen. Während das Europaparlament den neuen Formen des Regierens eher skeptisch gegenüberstand und sie als eine Unterminierung der eigenen Rolle ansah, hat sich die Kommission stetig um eine stärkere Einbindung nicht-staatlicher Akteure bemüht. Institutionelle Reformen

4.2.4   Die Gemeinschaftsmethode – Totgesagte leben länger[5]

Die Organkonstruktion, die Verteilung der Kompetenzen auf Rat, Kommission, Europäisches Parlament und Europäischen Gerichtshof und die vorgeschriebenen Entscheidungsverfahren determinieren zwar nicht die Handlungskoordinierung, setzen aber Anreize und Grenzen für die Interaktion. Das für die Europäische Wirtschaftsgemeinschaft geschaffene und für die heutige erste Säule der EU immer noch vorherrschende Entscheidungsverfahren, die so genannte Gemeinschaftsmethode, regelt, dass der Rat (in der Zusammensetzung der Fachminister für den jeweils anstehenden Politikbereich) auf Vorschlag der Kommission nach Anhörung des EP mit Mehrheit entscheidet.

Die Kommission kann dank ihres Initiativmonopols ihre Rolle als Hüterin der Verträge gegenüber den Mitgliedstaaten ausüben und wird nicht zuletzt aus institutionellem Eigeninteresse der funktionalen spill-over-Dynamik der Integration zum Durchbruch verhelfen. Dem Rat wurde ursprünglich das Entscheidungsmonopol zugesprochen, und zur Verhinderung von Entscheidungsblockaden wurde das Mehrheitsprinzip vertraglich verankert. Dem gleichen Zweck dient das Recht der Kommission, ihren Vorschlag im Laufe der Verhandlungen jederzeit zurückziehen oder modifizieren zu können. In der ersten Säule kann der Rat selbst im Falle der Einstimmigkeit nicht unabhängig von der Kommission entscheiden. Die Bindung an einen Vorschlag der Kommission soll verhindern, dass spätere Regierungen auf dem Wege der normalen Gesetzgebung hinter den erreichten Integrationsstand zurückgehen. Der Rat kann den Kommissionsvorschlag mit qualifizierter Mehrheit annehmen, muss aber bei Änderungswünschen einstimmig entscheiden. Damit werden für die Mitgliedstaaten Anreize geschaffen, ihre Interessen mehrheitsfähig zu formulieren, um so Aufnahme in den Kommissionsvorschlag zu finden.

Damit beginnt eine entscheidende Phase der Interessenabstimmung bereits in der Vorbereitung des Kommissionsvorschlages, zu der alle interessierten Akteure Zugang suchen. Sukzessive Vertragsänderungen und inter-institutionelle Abkommen haben das gemeinschaftliche Entscheidungsverfahren modifiziert, aber nicht grundlegend geändert. Die Ausweitung der Mehrheitsabstimmung und vor allem die stärkere Beteiligung des EP im so genannten Mitentscheidungsverfahren (Art. 251 EGV) haben den Vorrang mitgliedstaatlicher Interessen zugunsten parteipolitisch definierter Interessen etwas zurückgedrängt. Gleichzeitig wurde damit das gemeinschaftliche Verhandlungssystem noch komplexer, weil die inter-institutionellen Koordinierungsprozesse noch mit den inner-parlamentarischen Einigungsprozessen abgestimmt werden müssen. Die Übertragung von Exekutivbefugnissen an die Kommission hat zu einem ausgedehnten System von Beratungs-, Verwaltungs- und Regelungsausschüssen geführt, wodurch die Interaktionsdichte zwischen Kommission und nationalen Ministerien auf der Ebene der Fachressorts deutlich intensiviert wurde (Joerges/Vos 1999). Die Frage ist nun, ob diese Ausdifferenzierung des gemeinschaftlichen Politikprozesses mit den so genannten „neuen Formen des Regierens" gleichgesetzt werden kann.

Marginalia:
- Gemeinschaftsmethode
- Verhinderung von Entscheidungsblockaden
- Komplexität des gemeinschaftlichen Verhandlungssystems

---

[5] Diese Formulierung ist eine Anleihe an Renaud Dehousse „The ‚Community Method': Chronicle of a Death too early Foretold" (Dehousse 2008).

4.3 Die neuen und nicht so neuen Formen der EU-Governance

Eine systematische Durchsicht des Politikprozesses in der EU bringt eine Vielzahl von Verfahren und Prozessen der Politikformulierung und -implementation zu Tage, die oft nicht klar erkennen lassen, ob sie Teil der traditionellen Gemeinschaftsmethode sind oder eine Erweiterung derselben darstellen. Anstatt nur die offene Methode der Koordinierung als neue Form von Governance zu bezeichnen, folgen wir Christian Joerges (2007: 9-13), der fünf verschiedene Typen unterscheidet.

Komitologie: Die Ausweitung der regulierenden Eingriffe der EU und die Übertragung von Exekutivfunktionen an die Kommission hat zur Einsetzung einer Vielzahl von Ausschüssen geführt, die unter dem Begriff der Komitologie subsumiert werden. Sie decken inzwischen die gesamte Bandbreite der Gemeinschaftspolitik ab und sind langsam aus dem Schatten der bürokratischen Geheimdiplomatie herausgetreten.[6] Die Ausschüsse sind keine Entscheidungsgremien, nicht einmal Zustimmungsgremien, sondern haben lediglich eine prozedurale Stellung (Schmidt-Aßmann 2005: 18). Je nachdem, ob es sich um Beratungs-, Verwaltungs- oder Regelungsausschüsse handelt, kann durch die Stellungnahme des Ausschusses die Einwirkungsmöglichkeit des Rates in unterschiedlichem Ausmaß reaktiviert werden. Wenn auch die Position der Kommission in den seltensten Fällen zurückgewiesen wird, so besteht doch Übereinstimmung, dass durch die Ausschüsse eine enge Handlungskoordinierung zwischen Kommission und Mitgliedstaaten auf der Expertenebene institutionalisiert wurde. Diese Handlungsebene wird zwar von öffentlichen Akteuren dominiert, lässt aber auch private Akteure zu. Ob die Komitologie im Wesentlichen als Kontrollinstrument der Mitgliedstaaten funktioniert (Pollack 2003) oder als ein Forum der Deliberation zu betrachten ist, in dem die Sachverständigen aus der Kommission und aus den Mitgliedstaaten um optimale Problemlösungen ringen (Joerges/Neyer 1997), ist nach wie vor umstritten.

Gegenseitige Anerkennung: Die berühmte Cassis de Dijon-Entscheidung des Europäischen Gerichtshofs hat das Prinzip des Regulierungswettbewerbs als neuen Governance-Modus eingeführt, der inzwischen nicht nur bei der Regulierung der Marktzulassung, sondern auch in der Asyl- und Visapolitik Anwendung findet (Schmidt 2008). Selbst der europäische Haftbefehl beruht auf dem Prinzip der gegenseitigen Anerkennung (Alegre/Leaf 2004). Dahinter steht die Vorstellung, dass der Abbau von Hemmnissen für den freien Verkehr von Waren, Kapital und Dienstleistungen im Binnenmarkt nicht durch aufwändige Verhandlungsprozesse mit dem Ziel einer europaweiten Harmonisierung der jeweiligen Standards erreicht werden könne, sondern nur durch die gegenseitige Anerkennung regulativer Standards als im Prinzip gleichwertig. Der Modus der gegenseitigen Anerkennung impliziert aber auch, dass die Mitgliedstaaten ihre Regulierungsvorhaben der Kommission mitteilen und diese auch begründen müssen. Auf

Fünf neue Formen des Regierens:

- Komitologie

- Gegenseitige Anerkennung

---

[6] Nicht zuletzt die hartnäckigen Interventionen des EP haben zu mehr Transparenz geführt, so dass inzwischen nicht nur ein Register der Ausschüsse, sondern auch ein jährlicher Bericht erstellt wird; siehe http://ec.europa.eu/transparency/regcomitology/registre.cfm?CL=en (Zugriff am 20.11.2008).

diese Weise verlieren die mitgliedstaatlichen Parlamente nicht das Recht, spezifische Standards für ihr Land festzulegen. Gleichzeitig sorgt die Informations- und Rechtfertigungspflicht dafür, dass sie regulative Prinzipien der EU insgesamt sowie sozioökonomische Interessen anderer Mitgliedstaaten mit berücksichtigen. Die Verpflichtung, die Kommission und damit die anderen Mitgliedstaaten vorab von jedem geplanten Regulierungsvorhaben zu informieren und bei Widerspruch den eigenen Gesetzgebungsprozess anzuhalten, hat nicht nur zu einem intensiven Kommunikationsprozess geführt (von Bogdandy 2003), sondern auch die wechselseitige Abhängigkeit von den Regulierungsabsichten der jeweils anderen Mitgliedstaaten verstärkt.

- Standardisierungs-
gremien
Standardisierungsgremien: Mit der Einführung des Binnenmarktes hat sich die Nachfrage nach EU-weiten Standards deutlich verstärkt. Um eine Überlastung der EU-Institutionen durch zeitaufwändige und komplizierte Verhandlungen über teilweise hochgradig technische Normen zu vermeiden, wurde die technische Standardisierung von Produkten an semiprivate Körperschaften ausgelagert. Auf europäischer Ebene am bekanntesten sind CEN (Committee for European Norms) und CENELEC (Committee for European Electrical Norms). Ähnliche Organisationen gibt es auch in den Mitgliedstaaten und international (Abbott/ Snidal 2001). Die in Deutschland bekannteste dürfte das Deutsche Institut für Normung (DIN) sein. Ziel solcher Organisationen ist es, Sicherheitserfordernisse von Produkten und ggf. Produktionsprozessen zu definieren und Umsetzungsvorschläge zu erarbeiten. Neben den beiden dauerhaft institutionalisierten Selbstverwaltungsgremien CEN und CENELEC gibt es losere Formen der privaten Selbstregulierung, die ebenfalls von der EU in ihre eigene Politikstrategie eingebaut werden wie beispielsweise die Selbstverpflichtung der Automobilindustrie zur Reduzierung der Kohlendioxidemissionen (vgl. z.B. Kommission 2006).

- Regulierungs-
agenturen
Regulierungsagenturen: In den Vereinigten Staaten nehmen unabhängige Regulierungsbehörden eine bedeutende Rolle ein. Die Regulierungsagenturen der EU sind in der Regel weniger autonom. Ihre Funktion besteht vor allem darin, die Kommission zu entlasten. Es existiert mittlerweile eine Vielzahl von Europäischen Agenturen in so unterschiedlichen Bereichen wie Flugsicherheit, Arzneimittel, Fischerei, chemische Stoffe oder Marken, Muster und Modelle[7]. Aufgrund der engen Zusammenarbeit zwischen Europäischen Regulierungsagenturen und nationalen Behörden bzw. Agenturen kann man durchaus von der Entstehung eines europäischen Verwaltungsraumes sprechen (Olsen 2007: 252). Obwohl diese Agenturen eine primär unterstützende Funktion vor allem in Bereichen haben, in denen ein hohes Maß an technischem Wissen notwendig ist, üben sie einen beträchtlichen Einfluss auf die Regulierung des europäischen Binnenmarktes aus.

- Offene Methode der
Koordinierung
Die offene Methode der Koordinierung (OMK) (Benz 2008: 47-52): Obwohl die offene Methode der Koordinierung ein relativ junges Instrument ist, stand sie, vor allem nachdem der Europäische Rat von Lissabon (2000) sie empfohlen hat, im Zentrum der wissenschaftlichen wie auch der politischen Aufmerksam-

---

7   Eine aktuelle Liste findet sich auf http://europa.eu/agencies/community_agencies/index_de. htm (Zugriff am 20.11.2008).

keit[8]. Die OMK unterscheidet sich deutlich von den übrigen vier von Christian Joerges identifizierten neuen Formen des Regierens. Sie beruht auf der Idee, dass effektive Politik und eine Annäherung mitgliedstaatlicher Maßnahmen erreicht werden kann, wenn die relevanten staatlichen und nicht-staatlichen Akteure in einen Prozess der Koordination und gegenseitigen Beobachtung eingebunden werden. Der wesentliche Unterschied zu den anderen neuen Formen des Regierens besteht darin, dass die OMK nicht mit dem Ziel geschaffen wurde, rechtlich verbindliche Regelungen zu erzeugen. Der Europäische Rat von Lissabon hat vier Kernkomponenten der OMK definiert:

- Festlegung von Leitlinien zur Zielerreichung,
- Festlegung von Indikatoren und Benchmarks zu „best practice",
- Umsetzung dieser Leitlinien in nationale und regionale Politik durch Entwicklung konkreter Ziele,
- regelmäßige Überwachung, Bewertung und gegenseitige Prüfung[9].

OMK-Kernkomponenten

Dieser Ansatz wurde schrittweise von der Wirtschafts- und Beschäftigungspolitik auf andere Felder wie Sozialpolitik und Forschungspolitik ausgeweitet. Ähnliche Verfahren sind in weiteren Bereichen der EU-Politik zu finden. Die Politikfelder, in denen die OMK angewandt wird, weisen einige Gemeinsamkeiten auf. Es sind Aufgabengebiete, bei denen sich die Mitgliedstaaten und die Kommission einig sind, dass gemeinsames Handeln notwendig ist, bei denen aber der EG-Vertrag keine einschlägige Handlungskompetenz enthält und die Mitgliedstaaten auch nicht bereit sind, eine solche einzurichten. Sie begeben sich deshalb auf die Suche nach Mechanismen der Politikkordination, die ohne das Risiko rechtlicher Verpflichtungen gleichzeitig autonomieschonend und erfolgversprechend sind. Die Mechanismen der OMK scheinen hier die Möglichkeit zu eröffnen, durch gegenseitige Lernprozesse und öffentlichen Druck eine Konvergenz mitgliedstaatlicher Politiken in Richtung einer „best practice" zu erreichen.

Gemeinsamkeiten der OMK-Bereiche

Die oben diskutierten fünf neuen Formen des Regierens verfügen über einige gemeinsame Merkmale: Politik

Merkmale der neuen Formen des Regierens

↓

Merkmale von allen fünf

- findet in funktional getrennten Bereichen statt,
- wird im wesentlichen von der Exekutive gestaltet,
- wird an untere Verwaltungsebenen oder an quasi-unabhängige Agenturen delegiert,
- stützt sich stark auf technische Expertise,
- ermöglicht den Adressaten der jeweiligen Politik, an der Formulierung und Implementierung teilzunehmen.

---

[8]   Vgl. etwa das von Susana Borrás and Bent Greve 2004 herausgegebene Sonderheft des Journal of European Public Policy zu diesem Thema. In der Zwischenzeit sind eine Reihe von Monographien, Sammelbänden und eine große Zahl von Zeitschriftenbeiträgen erschienen. Zum Überblick vgl. Citi/Rodes 2006 sowie die GOVLIT-Datenbank auf http://www.connex-network.org.

[9]   http://www.consilium.europa.eu/ueDocs/cms_Data/docs/pressData/de/ec/00100-r1.d0.htm (Zugriff am 20.11.2008).

Wenn man dies mit dem klassischen Begriff des Regierens vergleicht, wird sofort deutlich warum hier von neuen Formen des Regierens gesprochen wird. Regieren wird hier nicht einfach mit dem Beschluss allgemeinverbindlicher Entscheidungen durch politisch verantwortliche Institutionen gleichgesetzt, die durch die Regelungsadressaten umzusetzen sind. Die früheren Regelungsadressaten oder Zielgruppen sind zu „stakeholders" geworden. Diese nehmen aus Effektivitäts- und Legitimationsgründen sowohl an der Formulierung wie auch an der Umsetzung von Politiken teil.

Grenzen der OMK

Wie gestaltet sich nun das Verhältnis von diesen neuen Formen des Regierens zur supranational angelegten Gemeinschaftsmethode? Die Euphorie, mit der zunächst die OMK begrüßt wurde, ist inzwischen verebbt, weil die engen Grenzen ihres Erfolgs sichtbar wurden (Hix 2005: 245-249), und auch die Regulierung durch Selbstverpflichtung ist eher ein Nebenschauplatz geblieben (Holzinger u.a. 2003), so dass kritische Beobachter argwöhnen, dass hier viel Lärm um Nichts gemacht wurde (Rottmann/Lenschow 2008: 233). Zudem scheinen die weichen Formen der Handlungskoordinierung am besten im Schatten der Hierarchie zu florieren, so dass auch die neuen Formen des Regierens kaum von der Macht der Regierung zu trennen sind (Goetz 2008). Es ist kein Einzelfall, wenn beispielsweise die Kommission den Verbänden der Automobilindustrie mit rechtlich verbindlicher Regulierung für den Fall eines Scheiterns der Selbstverpflichtungen droht (Kommission 2006: 9).

Die EU als „regulatory state"

Zunächst ist festzustellen, dass die neuen Formen des Regierens die Gemeinschaftsmethode keineswegs verdrängt oder gar ersetzt haben. Vielmehr haben empirische Analysen ergeben (Dehousse 2008; Pollack 2008), dass zumindest quantitativ betrachtet die auf der Gemeinschaftsmethode basierende Rechtssetzung weiterhin dominiert. Die rechtlich bindenden Vorgaben, einschließlich der Richtlinien, haben nicht nur in der Summe zugenommen, sondern erfreuen sich auch immer noch steigender Wachstumsraten. Aus dem Vergleich der vorliegenden Daten schließt Mark Pollack, „that the popular image of the European Union as a regulatory state is broadly correct, and the body of traditional EU regulations, including Directives adopted through the traditional Community Method, continues to grow at a slightly diminished rate in recent years, with areas of real dynamism in selected areas" (Pollack 2008: 157).

Verzahnung von Gemeinschaftsmethode und neuen Formen des Regierens

Allerdings erhellt diese Analyse nur die halbe Wahrheit. Die Gemeinschaftsmethode und die neuen Formen des Regierens stehen nämlich keineswegs unverbunden nebeneinander, sondern sind zunehmend miteinander verzahnt. Der Effekt dieser engen Verzahnung wird allerdings unterschiedlich bewertet. So argumentiert Tanja Börzel, dass es in den unterschiedlichen Politikfeldern zwar einen je spezifischen Governance-Mix gebe und dass für die EU die Verhandlungen im Mehrebenensystem charakteristisch seien, dass dieses Verhandlungssystem jedoch eindeutig im Schatten der Hierarchie stehe (Börzel 2008: 86). Dagegen kommen Charles F. Sabel und Jonathan Zeitlin zu einer gegenteiligen Einschätzung und beschreiben die EU als polyarchisches System, das von Deliberationsprozessen zwischen einer Vielfalt von Akteuren bestimmt ist, die außerhalb der Hierarchie zu verbindlichen Einigungen führen. Sie machen das nicht zuletzt am Beispiel der inzwischen zahlreichen unabhängigen Agenturen fest, die de jure als Expertenpool zur Beratung der Kommission dienen, nach ihrer Auffassung aber de facto „possess quasi-regulatory authority insofar as their advice can be contravened only in extraordinary circumstances" (Sabel/Zeitlin 2008: 279). Ferner stützen sie ihr Argument damit, dass der Rat immer häufiger Richtlinien verabschiedet, welche die Mitgliedstaaten zur Umsetzung der Politik auf die Einbindung privater Akteure verpflichten.

4.4 Ein neues Paradigma für EU-Governance?

Aber auch wenn man die neuen Formen des Regierens eher als Nebenschauplatz der europäischen Politik begreift, so ist doch unverkennbar, dass die Leitidee von *good governance* und auch die tägliche Praxis sich in den letzten Jahren erheblich gewandelt haben. Das Verständnis von Governance als Koproduktion guter Problemlösungsstrategien durch öffentliche und private Akteure bestimmt sowohl die neuen Formen des Regierens als auch die klassische Gemeinschaftsmethode. Das Weißbuch der Kommission über europäisches Regieren (Kommission 2001) setzte ein deutliches Zeichen, indem es Defizite identifizierte und Verbesserungsmöglichkeiten unterbreitete. Es stieß eine breite konzeptuelle Diskussion an und leitete eine Reihe konkreter Reformen ein. *[Good Governance]*

Im Weißbuch zeigen sich die Spuren zweier großer Debatten der 1990er Jahre, von denen sich die eine um Governance, die andere um das Demokratiedefizit drehte. Beide Konzepte wurden zu einer Strategie verbunden, die sowohl effektive Problemlösung als auch demokratische Legitimität versprach, indem sie den Politikprozess für die direkte Teilnahme der Zivilgesellschaft öffnete. Deren Expertise sowie die Diskussion zwischen Exekutive, Experten und Zivilgesellschaft sollten gegenseitiges Lernen bewirken und somit zu besseren Politikergebnissen führen. Gleichzeitig war erwartet worden, dass die Beteiligung der Zivilgesellschaft die Distanz zwischen Politikprozess und den Bürgern in der EU reduzieren würde. *[Weißbuch zum europäischen Regieren]*

Aus diesem Grund stand in dem vom Weißbuch initiierten Reformprozess die Involvierung der Zivilgesellschaft im Vordergrund. Die Umschreibung, was unter Zivilgesellschaft zu verstehen sei (Kommission 2001: 15), macht deutlich, dass die gesamte Breite gesellschaftlicher Interessen, die auf die eine oder andere Weise von den jeweiligen Regelungen betroffen sein könnten, sich aktiv am europäischen Willensbildungsprozess beteiligen sollte. Auf diese Weise sollte die Qualität der Gesetzgebung verbessert und der Erfolg der Gemeinschaftsmethode gestärkt werden. *[Zivilgesellschaft]*

Das Weißbuch hat zwar den Dialog zwischen EU und Zivilgesellschaft nicht erfunden, es handelte sich aber um den umfassendsten Versuch, die Prinzipien, Normen und Regeln von *good governance* zu definieren. Es legt großen Wert auf „Teilnahme" im Sinne der Partizipation zivilgesellschaftlicher Akteure am Politikprozess (Saurugger 2008). Ebenso hoch angesiedelt sind Offenheit, Transparenz, Inklusivität und Verantwortlichkeit. Später hat die Kommission die Prinzipien von *good governance* durch konkrete Normen, Regeln und neue Verfahren weiter operationalisiert. Trotzdem ist dieser Rahmen nach wie vor nur lose ausgestaltet. Die Kommission hat ein freiwilliges Register für die Vertreter von Interessengruppen eingerichtet und in Abstimmung mit diesen einen eher allgemeinen Verhaltenskodex angenommen (Kommission 2008). Allerdings liest sich dieser Verhaltenskodex teilweise eher wie eine Handreichung zur Anbahnung von Kontakten für Kommissionsbeamte denn als Versuch der Regelung des Zugangs von Interessengruppen.[10]

Erweiterung der Möglichkeiten zur Partizipation

Um den Politikprozess für vielfältige Partizipation zu öffnen, hat die Kommission die Reichweite und Vielfalt der Instrumente des Zugangs zum Politikprozess erweitert. Offene Online-Debatten und Online-Konsultationen, die mittlerweile von praktisch allen Generaldirektionen angeboten werden, geben einzelnen Bürgern und gesellschaftlichen Gruppen die Möglichkeit, in Brüssel gehört zu werden, unabhängig davon, ob sie in der Lage sind, eine permanente Organisation in Brüssel aufrecht zu erhalten oder nicht. Tagungen, Anhörungen und Workshops runden diesen Austausch zwischen Politikadressaten und EU-Institutionen ab. Alle diese Instrumente werden zwar vornehmlich von Interessenverbänden genutzt, sie haben aber die Schwelle auch für die Teilnahme einzelner Bürger am EU-Politikprozess gesenkt.

Transparenz

Transparenz ist ein weiteres wichtiges Prinzip der neuen Formen des Regierens. Alle EU-Institutionen sind mittlerweile dabei, den Zugang zu ihren Dokumenten zu öffnen und Regeln und Verfahren zu finden, diesen Zugang einfach und offen zu gestalten (Commission 2007). Weiterhin hat sich die EU verpflichtet, durch jährliche Arbeitsprogramme frühzeitig über geplante Politik-Initiativen zu informieren, Zeitpläne hinsichtlich geplanter Konsultationsprozesse sowie ihre Einschätzungen der Konsequenzen größerer geplanter Maßnahmen zu veröffentlichen.

Offene Konsultationen

Insgesamt lässt sich in den letzten Jahren ein bedeutsamer Wandel im Verhältnis der Kommission zur Gesellschaft feststellen (Kohler-Koch/Finke 2007). Während in der Vergangenheit Konsultationen meist ein Tauschgeschäft zwischen Lobbyinteressen und Expertenwissen war, das ad hoc und informell gemäß den Bedürfnissen der Kommission organisiert war, ist die Kommission nun zur Konsultation verpflichtet und die Teilnahme ist grundsätzlich offen. Die Kommission sieht sich zudem zunehmend als Vertreterin des europäischen Bürgers und hat ein breites Instrumentarium entwickelt, um eine Aktivierung der Bürger zu erreichen und den gemeinwohlorientierten Organisationen die Teilnahme am Politik-Prozess zu erleichtern. Neben der Erleichterung der Zugangsmöglichkeiten hat sich die Kommission bemüht, die ungleiche Vertretung gesellschaftlicher Interessen ausgeglichener zu gestalten. Sie unterstützt schwache Interessengruppen direkt finanziell und fördert den transnationalen Zusammenschluss von Gruppen, die Minderheiten repräsentieren (etwa Wanderarbeiter), oder von Repräsentanten diffuser Interessen, deren Organisationsfähigkeit generell geringer ist als diejenige von Vertretern spezifischer Interessen. Allerdings ist in jüngster Zeit ein erneuter Wandel zu beobachten, der zu einer Aufwertung der von einer Politik direkt betroffenen „stakeholder", von denen man auch einschlägige Sachkenntnis erwartet, gegenüber den Vertretern der „Zivilgesellschaft" geführt hat.

---

10   Vgl. etwa den folgenden Passus: „Den Kommissionsbediensteten wird nahegelegt, das Register als Referenz für Kontakte zu nutzen und im Interesse der Transparenz bei ihren Arbeitskontakten nicht registrierte Organisationen bzw. Einrichtungen stets zur Registrierung aufzufordern" (Kommission 2008: 6).

4.5 Eine kritische Einschätzung der neuen Ansätze

4.5.1 Effektivität

Eine Analyse von Governance in der EU muss mit einbeziehen, dass die EU flexibel auf die Erfordernisse der gleichzeitigen Erweiterung und Vertiefung reagiert und ihre Strukturen in den letzten Jahren erheblich verändert hat. Dies betrifft sowohl die Akteure und Akteurskonstellationen wie auch die jeweiligen Verfahren. Zwar sind die Mitgliedstaaten und die supranationalen EU-Institutionen nach wie vor die wichtigsten Akteure. Es ist aber nicht zu übersehen, dass sowohl die Zahl als auch die Vielfalt der in den Policy-Prozess involvierten Akteure stark zugenommen hat. Dies hat zu einer immer stärkeren Differenzierung von Instrumenten und Verfahren geführt. Funktionale Differenzierung, Delegation an administrative Organe und an Expertengremien sowie die Einbeziehung privater Akteure haben zugenommen. Dies gilt jedoch nicht nur für die neuen Formen des Regierens, sondern auch für die klassische vertragsbasierte Gemeinschaftsmethode. Ob dies allerdings auch Auswirkungen auf die integrative Kraft der EU und die Qualität der europäischen Politik gemessen an den Kriterien Effektivität und demokratische Legitimität hat, ist nicht ohne weiteres festzustellen.

Differenzierung von Akteuren und Instrumenten

Die Ergebnisse der empirischen Forschung zur Frage der Effektivität europäischer Politik sind gemischt. Hinsichtlich der Effektivität der Entscheidungsprozesse wird europäisches Regieren insgesamt positiv eingeschätzt. Wenn man zudem noch bedenkt, dass die EU mittlerweile 27 Mitgliedstaaten hat, die ein hohes Maß an sozio-ökonomischer und weltanschaulicher Heterogenität verkörpern, dann verläuft der Policy-Prozess überraschend glatt und effizient. Dies mag an der zunehmenden Vernetzung der Verwaltungen zu einem fusionierten Verwaltungskomplex liegen (Egeberg 2006; Wessels 1997). Es mag auch daher rühren, dass die Einbeziehung der stakeholder das System für neue Interessen und innovative Ideen öffnet (Héritier 1999: 275). Hinsichtlich der demokratischen Legitimität sind die Befunde jedoch weniger positiv. Es gibt kaum empirische Belege dafür, dass sich die großen Hoffnungen, die auf die neuen Formen des Regierens hinsichtlich einer Verbesserung der Legitimation gesetzt wurden, tatsächlich erfüllen (Kohler-Koch 2008). Zwar lässt sich theoretisch postulieren, dass die Verfahren der offenen Methode der Koordinierung zu mehr Deliberation und gegenseitigem Lernen führen und somit Input- wie Output-Legitimität stärken. Es gibt dafür aber kaum Belege; vielmehr wird beklagt, dass die offene Methode der Koordinierung nicht nur unter Effektivitätsgesichtspunkten, sondern auch hinsichtlich ihrer demokratischen Qualität kläglich scheitere (Citi/Rhodes 2007: 6 unter Hinweis auf Chalmers/Lodge 2003).

Effektivität und innovative Ideen

Demokratische Legitimität

→ Überlegung

4.5.2 Demokratische Partizipation

Unter Rückgriff auf Ergebnisse eines eigenen größeren empirischen Forschungsprojektes (Hüller 2008; Hüller/Kohler-Koch 2008; Kohler-Koch/Finke 2007; Quittkat 2008) soll im Folgenden die Frage untersucht werden, inwieweit die

Demokratiekriterien nach Dahl (1989):

neuen Formen des Regierens demokratischen Qualitätskriterien genügen.[11] Wir modifizieren dabei die bekannten Kriterien von Robert Dahl (1989: 106-131), um den Kontextbedingungen von partizipativen Governance-Formen in der EU gerecht zu werden.

- Inklusivität

- *Inklusivität*: Es besteht zwar eine formale Unterscheidung zwischen Stakeholder-Konsultationen und offenen Konsultationen; diese ist aber kein Hindernis für die Artikulation von Interessen. Verantwortlich für die mangelnde Teilnahme an Konsultationen ist vielmehr das fehlende Wissen um dieses Angebot. Nicht nur für einzelne Bürger, sondern selbst für gut organisierte Verbände ist es schwierig und zeitaufwändig, die zahlreichen EU-Entscheidungen mitzuverfolgen und sich in die jeweiligen Konsultationsprozesse einzubringen. Um nicht kleinere Verbände und Organisationen aus Ressourcengründen auszuschließen, sah sich die Kommission genötigt, Zeitpläne geplanter Konsultationsprozesse zu veröffentlichen.

- Effektive Teilnahme

- *Effektive Teilnahme*: Tatsächlich bemüht sich die Kommission intensiv um die Einbeziehung der Öffentlichkeit. Bürger, zivilgesellschaftliche Organisationen und Interessenverbände haben zahlreiche Möglichkeiten, ihre Ansichten in den Policy-Prozess einzubringen. Neue Instrumente wie die Online-Konsultationen erleichtern den Zugang und erhöhen die Transparenz, da die jeweiligen Stellungnahmen veröffentlicht werden. Diese Senkung der Zugangsschwelle hatte einen partizipationssteigernden Effekt; je nach Thema werden mehrere hundert bis mehrere tausend Stellungnahmen eingereicht. Diese zahlenmäßige Steigerung hat jedoch nicht zu einer repräsentativen Zusammensetzung des Teilnehmerkreises geführt. Was die direkte Bürgerbeteiligung anbetrifft, so kommen in einem typischen Online-Dialog die üblichen Verdächtigen zum Zuge: gut ausgebildete, junge, männliche Nord- und Westeuropäer. Auch dominieren weiterhin spezifische Produzenteninteressen quantitativ deutlich gegenüber allgemeinen Interessen. Unter den zahlreich vertretenen nationalen und regionalen Interessenverbänden dominieren die Nord- und Westeuropäer, allerdings wird dies durch die regelmäßige Präsenz der Europäischen Dachverbände ausgeglichen, in denen zwar nicht immer alle, aber doch die Mehrheit der Mitgliedstaaten vertreten sind.

- Ausreichende Informiertheit

- *Ausreichende Informiertheit*: Nur wer über die Folgen politischer Optionen ausreichend informiert ist, kann seinen Präferenzen gemäß über sie entscheiden. Um diese Informationen zur Verfügung zu stellen, hat die Kommission verschiedene Verfahren entwickelt. So werden Grün- oder Weißbücher zu wichtigen Vorhaben veröffentlicht, bevor gesetzgeberische Maßnahmen auf den Weg gebracht werden. Gleichzeitig ist die Kommission gehalten, ihre Wirkung in Form von „impact assessments" abzuschätzen. Allerdings bleibt diese von der Kommission vorgelegte Information im Rahmen technokratischer Abwägungen. Hier wird der zentrale Strukturunterschied zwischen dem politischen System der EU und dem der Mitgliedstaaten deutlich. In letzteren ist es die Aufgabe der politischen Parteien, zu

---

[11] Zu einer ähnlichen kritischen Bewertung kommt auch Smismans 2008.

komplexen Themen klar unterscheidbare politische Alternativen zu entwickeln, die öffentlich diskutiert werden können. Zwar strukturieren sich die Debatten im Europaparlament zunehmend entlang parteipolitischer Linien, aber das EP ist eher am Ende des Entscheidungsprozesses und in Bezug auf einen bereits vorliegenden Gesetzestext involviert, seltener im Vorfeld des Entwurfs solcher Maßnahmen. Zudem existiert nach wie vor das Problem, dass über Kontroversen im Europaparlament tendenziell wenig in den mitgliedstaatlichen Medien berichtet wird.

- *Kontrolle der Agenda*: Im Policy-Prozess der EU wird dieses Kriterium am ehesten verletzt, da die Kommission sowohl die Debattenthemen vorstrukturiert als auch konkrete Maßnahmen vorschlägt, während Bürger und Interessengruppen in aller Regel erst nach der Festlegung der Policy-Agenda zur Stellungnahme aufgerufen werden. Zwar ist die Kommission für neue Themen offen, die von außen an sie herangetragen werden, aber aufgrund des Fehlens einer übergreifenden politischen Öffentlichkeit, der Selektivität der Medienberichterstattung und der Verwurzelung der politischen Parteien in den Mitgliedstaaten bestehen hier strukturelle Probleme.

  - Kontrolle der Agenda

- *Gleichberechtigter Einfluss auf Ergebnisse*: Die Frage, ob verschiedene Akteure systematisch einen unterschiedlichen Einfluss auf Politikergebnisse haben, ist für die Beurteilung der demokratischen Qualität politischer Partizipation von zentraler Bedeutung. Nach wie vor besteht das Problem, dass die effektive Teilnahme am Politikprozess der EU beträchtliche finanzielle, personelle und zeitliche Ressourcen erfordert – weshalb die Kommission finanzschwache Interessengruppen bereits subventioniert. Im Laufe der letzten Jahre haben sich die Vertreter diffuser Interessen – Verbraucherschützer, Umweltorganisationen oder Menschenrechtsgruppen – besser in die Diskussion um europäische Politik einbringen können. Nach wie vor sind aber die Vertreter spezifischer Interessen im Vorteil, weil sie über Informationen verfügen, die für die Politikgestaltung wesentlich sind, weil sie über die finanziellen Ressourcen verfügen, an den vielfältigen Konsultationsverfahren im komplexen EU-Politikprozess teilzunehmen, und vor allem weil ihr Verhalten für den Erfolg oder Misserfolg einer Maßnahmen häufig entscheidend ist (Dür/De Bièvre 2007).

  - Gleichberechtigter Einfluss auf Ergebnisse

Insgesamt lässt sich sagen, dass die neue Offenheit in der EU sowohl mehr Expertenwissen in den Politikprozess eingebracht hat als auch zu einer breiteren Vertretung gesellschaftlicher Interessen geführt hat, auch wenn immer noch Ungleichgewichte bestehen. Hinzu kommt, dass die Änderung der Verfahren, d. h. die Art und Weise, wie die Kommission gesellschaftliche Interessen konsultiert, zu einer besseren Wahrnehmung der Vielfalt der Interessen und zu einer sorgfältigen Abwägung unterschiedlicher Positionen geführt hat.

OMK: mehr Expertenwissen

4.5.3 Verantwortlichkeit

Nicht übersehen werden darf, dass die EU zwar prinzipiell zur Konsultation verpflichtet ist, es aber kein Recht auf Konsultation gibt. Zwar hat die Kommission ein ausdifferenziertes Konsultationsregime entwickelt und damit den politi-

Fehlendes Recht auf Konsultation

schen Druck, gesellschaftliche Interessen zu konsultieren, erhöht, aber weder Bürger noch Interessenverbände haben ein individuell einklagbares Recht darauf, angehört zu werden. Die gleiche Diskrepanz zwischen politischer Verpflichtung und konkreten Rechten existiert auch in Bezug auf die Rechenschaftspflicht der Kommission gegenüber gesellschaftlichen Interessen. Die Kommission hat sich verpflichtet, Bericht über die jeweiligen Konsultationsverfahren zu geben und gegebenenfalls zu begründen, warum bestimmte Stellungnahmen in ihre Überlegungen einbezogen wurden und andere nicht. Aber aus dieser Selbstverpflichtung erwächst kein Auskunftsanspruch; Fehlverhalten seitens der Kommission wird nicht klar definiert und kann in keiner Weise sanktioniert werden.

Freiwilligkeit Es ist der erklärte Zweck der neuen Formen des Regierens, dass sie ohne bindende rechtliche Verpflichtung funktionieren sollen. Dies hat nun auch zur Folge, dass die Umsetzung einer Politik von der freiwilligen Folgebereitschaft der Politikadressaten abhängt. Erfolgreiche Politik setzt in der Tat selten auf Zwang, sondern auf Einsicht, langfristiges Eigeninteresse und gelegentlich den Druck durch Öffentlichkeit. Damit entfallen aber auch Rechtsansprüche – sei es auf Seiten der Regelungsadressaten oder auf Seiten von Dritten. Die neuen Formen des Regierens führen im Ergebnis zu weniger Rechtssicherheit und somit auch zu weniger Erwartungssicherheit. In ähnlicher Weise ist auch der Entscheidungsprozess von mehr Informalität gekennzeichnet. Dies hat zwar den Vorteil, dass die Einigung auf gemeinsame Maßnahmen oft einfacher gelingt, es verwischt aber Verantwortlichkeiten und erschwert damit die Kontrolle der Entscheidungsträger.

4.6 Systemische Auswirkungen der neuen Formen von Governance in der EU

Defizite Neben der Evaluierung der neuen Formen von Governance anhand der Kriterien von Effektivität, demokratischer Partizipation und Verantwortlichkeit sollen nun die Auswirkungen auf das Gesamtsystem der EU betrachtet werden. Dabei geht es auch um die Frage, ob eventuelle Defizite nur als grundsätzlich behebbare Übergangsphänomene anzusehen sind oder ob sie struktureller und damit dauerhafter Natur sind. Zunächst ist festzustellen, dass die neuen Formen von Governance sich praktisch ausschließlich auf die Exekutive beziehen. Die verbesserte Einbeziehung gesellschaftlicher Interessen und die Abstimmung zwischen öffentlichen und privaten Akteuren wurde ursprünglich als Antwort auf die stetig

Stärkung der Exekutivmacht steigende Macht der Exekutive präsentiert. Es zeigt sich aber, dass es bei diesen Maßnahmen in allererster Linie darum geht, Exekutivhandeln durch breitere Partizipation zu legitimieren, wodurch letztlich die Macht der Exekutive noch weiter gestärkt wird. Selbst wenn die Offenheit der Exekutive für die Belange der Bürger größer geworden ist, so ist dies kein Ersatz für die Verantwortlichkeit der Exekutive gegenüber den Bürgern direkt oder gegenüber repräsentativen Körperschaften wie dem Europaparlament oder den nationalen Parlamenten. Anders ausgedrückt: Wer eine Verbesserung der demokratischen Legitimität der EU bei der Kommission ansiedeln will, hat die falsche Institution im Blick (Scott 2002: 76).

Die zweite Frage dreht sich darum, ob die im vorstehenden Text analysierten Defizite der neuen Formen des Regierens temporärer oder permanenter Art sind. Unsere Einschätzung lautet, dass die Defizite zumindest zum Teil mit der Struktur des EU-Systems zusammenhängen und somit permanenter Natur sind. Zunächst führt die Verteilung von Entscheidungskompetenzen auf eine Vielzahl von Akteuren und funktionalen Teilbereichen dazu, dass demokratische Kontrolle schwieriger wird. Diese Systemarchitektur ist, wie wir gesehen haben, hochgradig pfadabhängig als Reaktion auf sektorspezifische funktionale Erfordernisse entstanden. Sie ist deshalb nur schwer zu ändern. Sie bezieht sich zudem auf gesellschaftliche Akteure, die von institutionellen Reformen gar nicht erfasst werden. Regieren in Europa findet supranational statt, aber die einschlägigen Interessen sind weitestgehend nationalstaatlich organisiert. Ein erheblicher Teil der Interessenvermittlung jenseits der direkten Vertretung spezifischer Interessen, allen voran der Parteienwettbewerb, findet deshalb nach wie vor im nationalstaatlichen Rahmen statt. Die neuen Formen des Regierens ändern an diesem Defizit nichts.

Strukturbedingte Defizite

Schließlich müssen wir uns fragen, ob die gegenwärtige Entwicklung der EU-Governance die Architektur des europäischen Ordnungssystems verändert. Deirdre Curtin und Morten Egeberg sehen in der Tat Ansatzpunkte, dass wir uns auf eine „new executive order in Europe" (Curtin/Egeberg 2008a) zubewegen, bei der die Kommission als hervorgehobenes europäisches Exekutivorgan eine wesentliche Rolle spielt. Die Ausdehnung der Komitologie, die Einsetzung weiterer unabhängiger Regulierungsbehörden, die zunehmende Einbindung von Experten aus den Mitgliedstaaten hat ein verflochtenes System geschaffen, bei dem auf erstem Blick nicht erkennbar ist, ob mitgliedstaatliche Akteure die EU durchdringen oder ob umgekehrt die Abhängigkeit von Brüssel wächst. Nach dem Stand der Forschung sieht es so aus, dass der europäische Verwaltungsverbund eine Eigendynamik entwickelt, die von den Mitgliedstaaten nicht mehr gesteuert werden kann. Vor allem die Strategie der Kommission, zur effizienten Formulierung und auch Umsetzung der Gemeinschaftspolitik direkt mit (halb-staatlichen) nationalen Agenturen zusammenzuarbeiten, untergräbt die mitgliedstaatliche Kontrolle (Curtin/Egeberg 2008b).

New executive order

Dies wird durch die Intensivierung der Konsultationsprozesse nicht ausgeglichen. Auf den ersten Blick ist zwar auffallend, wie präsent nationale Interessengruppen und auch öffentliche Akteure aus den Mitgliedstaaten in den Konsultationsprozessen sind. Von den Teilnehmerzahlen alleine kann man allerdings nicht darauf schließen, dass hier „nationale" Interessen vertreten würden. Vielmehr orientieren sich die hier vertretenen gesellschaftlichen Gruppen und öffentlichen Akteure vor allem an sozio-ökonomischen Interessen oder weltanschaulichen Positionen und nehmen nur in Ausnahmefällen eine einheitliche nationale Position ein. Zudem wird die Bündelung funktionaler Interessen umso wichtiger, je näher die Festlegung auf einen Kommissionsvorschlag bzw. auf einen Beschluss des Rates rückt. Nicht zufällig haben die EU-Verbände seit Beginn der 1990er Jahre einen neuen Wachstumsschub erhalten und haben sich die bislang eher zersplitterten zivilgesellschaftlichen Assoziationen zu übergreifenden Netzwerken zusammengefunden (Kohler-Koch u.a. 2008).

Netzwerkbildung sozio-ökonomischer Interessen

Es bleibt somit der Befund, dass die neuen Formen des Regierens im Wesentlichen ein Instrument der Kommission darstellen, funktionale und sektorale Interessen grenzüberschreitend zu bündeln und durch ihre Einbindung in den Policy-Prozess die eigene Politikgestaltungskompetenz zu verbessern. Zwar wird die Responsivität der Kommission hinsichtlich gesellschaftlicher Interessen dadurch erhöht, letztlich aber wird vor allem die Macht der europäischen Exekutive – d.h. in erster Linie der Kommission – gestärkt. Demokratische Verantwortung und Kontrolle der Kommission werden jedoch nicht befördert. Auch wenn die Einführung neuer Formen des Regierens und die Einbeziehung gesellschaftlicher Akteure in die Beratungen im Gesetzgebungsprozess nach der klassischen Gemeinschaftsmethode mit einer höheren Wertschätzung von Dialog und Deliberation einhergehen, so unterliegt die Interessenvermittlung in der EU immer noch dem pluralistischen Machtwettbewerb. Substantielle Einflussnahme auf Politikergebnisse erfordert nach wie vor viel Zeit, Geld und Personal, über das vor allem gut organisierte spezifische Interessen verfügen. Die Stimmen einzelner Bürger oder der Vertreter diffuser Interessen werden zwar durch neue Partizipationsformen öffentlich und in den Policy-Prozess einbezogen. Welche davon berücksichtigt werden, bleibt aber der Kommission überlassen.

Nach wie vor besteht Governance in der EU im Kern aus Interessenvermittlungsprozessen zwischen Staaten unter Einbeziehung gut organisierter Interessengruppen im Schatten eines hierarchischen Rechtssystems. Ein tiefgreifender Wandel dieser Grundstruktur in Richtung höherer demokratischer Kontrolle ist nur durch eine Politisierung der EU anhand weltanschaulicher Konfliktlinien zu erwarten, zu der eine stärkere Kontrolle der Kommission durch das Europaparlament beitragen könnte, der aber durch die fehlende Transnationalisierung der politischen Parteien enge Grenzen gesetzt sind. Die neuen Formen des Regierens können hierzu keinen wesentlichen Beitrag leisten.

[handschriftliche Randnotiz: Transnationalisier. = soziale Interaktion über Grenzen von Nationalstaaten hinaus]

4.7 Literatur

Abbott, Kenneth W./Snidal, Duncan, 2001: International „Standards" and International Governance, in: Journal of European Public Policy 8, 345-370.

Alegre, Susie/Leaf, Marisa, 2004: Mutual Recognition in European Judicial Cooperation: A Step Too Far Too Soon? Case Study – the European Arrest Warrant, in: European Law Journal 10, 200-217.

Balli, Volker, 2009: Power and Gestalt of Political Concepts. A Study of the Emergency, Nature and Self-Understanding of the European Union Polity. Phd Thesis, EUI Florence.

Benz, Arthur, 2008: Entwicklung von Governance im Mehrebenensystem der EU, in: Ingeborg Tömmel (Hrsg.), Die Europäische Union. Governance und Policy-Making (PVS Sonderheft 40). Wiesbaden, 36-57.

Börzel, Tanja, 2008: European Governance – Verhandlungen und Wettbewerb im Schatten der Hierarchie, in: Ingeborg Tömmel (Hrsg.), Die Europäische Union. Governance und Policy-Making (PVS Sonderheft 40). Wiesbaden, 61-91.

Bogdandy, Armin von, 2003: Links between National and Supra-national Institutions: A Legal View of a New Communicative Universe, in: Beate Kohler-Koch (Hrsg.), Linking EU and National Governance. New York, 24-52.

Borrás, Susana/Greve, Bent (Hrsg.), 2004: The open method of co-ordination in the European Union (Sonderheft von: Journal of European public policy 11, Heft 4).

Chalmers, Damian/Lodge, Martin, 2003: The Open Method of Coordination and the European Welfare State, Discussion Papers N: 11. Juni 2003, ESRC Centre for Analysis of Risk and Regulation. London (http://aei.pitt.edu/2848/ 01/099.pdf).

Citi, Manuele/Rhodes, Martin, 2006: New Modes of Governance in the European Union: A Critical Survey and Analysis, in: Knud Erik Jørgensen/Mark A. Pollack/Ben Rosamond (Hrsg.), Handbook of European Union Politics. London, 463-482.

Citi, Manuele/Rhodes, Martin, 2007: New Modes of Governance in the EU: Common Objectives versus National Preferences. EUROGOV, European Governance Papers No. N-07-01 (http://www.connex-network.org/eurogov/ pdf/egp-newgov-N-07-01.pdf).

Commission, 2007: Green Paper. Public Access to Documents Held by Institutions of the European Community. A review. COM (2007) 185 final.

CONNEX – Network of Excellence, 2008: Efficient and democratic governance in a multi-level Europe, Final Report (http://www.mzes.uni-mannheim.de/projekte/ typo3/site/fileadmin/reports/Publishable_Final_Report.pdf).

Curtin, Deirdre/Egeberg, Morten (Hrsg.), 2008a: Towards a new executive order in Europe? (Sonderheft von: West European Politics 31, Heft 4).

Curtin, Deirdre/Egeberg, Morten, 2008b: Tradition and Innovation. Europe's Accumulated Executive Order, in: Deirdre Curtin/Morten Egeberg (Hrsg.), Towards a new executive order in Europe? (Sonderheft von West European Politics 31, Heft 4), 639-661.

Dahl, Robert A., 1989: Democracy and Its Critics. New Haven u.a.

Dehousse, Renaud, 2008: The „Community Method": Chronicle of a Death too Early Foretold, in: Renaud Dehousse/Laurie Boussaguet (Hrsg.), The Transformation of EU Policies – EU Governance at Work (CONNEX Report Series No. 8). Mannheim, 7-35 (http://www.mzes.uni-mannheim.de/projekte/typo3/ site/fileadmin/BookSeries/Volume_eight/Chapter%201.pdf).

Dembinski, Matthias/Joachim, Jutta, 2008: Die GASP als Regierungssystem. Plädoyer für einen Perspektivwechsel in der GASP-Forschung am Beispiel des EU-Kodexes zu Rüstungsexporten, in: Integration 31, 365-378.

Dür, Andreas/De Bièvre, Dirk, 2007: Inclusion without Influence? NGOs in European Trade Policy, in: Journal of Public Policy 27, 79-101.

Egeberg, Morten, 2005: EU Institutions and the Transformation of European-Level Politics: How to Understand Profound Change (If It Occurs), in: Comparative European Politics 3, 102-117.

Egeberg, Morten, 2006: Multilevel Union Administration. The Transformation of Executive Politics in Europe. Basingstoke.

Ellwein, Thomas, 1992: Staatlichkeit im Wandel. Das Staatsmodell des 19. Jahrhunderts als Verständnisbarriere, in: Beate Kohler-Koch (Hrsg.), Staat und Demokratie in Europa. 18. Wissenschaftlicher Kongreß der Deutschen Vereinigung für Politische Wissenschaft. Opladen, 73-82.

Goetz, Klaus H., 2008: Governance as a Path to Government, in: West European Politics 31, 258-279.

Héritier, Adrienne, 1999: Elements of Democratic Legitimation in Europe. An Alternative Perspective, in: Journal of European Public Policy 6, 269-82.

Herschinger, Eva/Jachtenfuchs, Markus/Kraft-Kasack, Christiane (2009): Transgouvernementalisierung und die ausbleibende gesellschaftliche Politisierung der Inneren Sicherheit, in: Michael Zürn/Matthias Ecker-Erhardt (Hrsg.), Gesellschaftliche Politisierung und internationale Institutionen. Frankfurt a.M.

Hix, Simon, 1999: The Political System of the European Union. Houndmills.

Hix, Simon, 2005: The Political System of the European Union. 2. Aufl., Basingstoke.

Holzinger, Katharina/Knill, Christoph/Schäfer, Ansgar, 2003: Steuerungswandel in der europäischen Umweltpolitik?, in: Katharina Holzinger/Christoph Knill/ Dirk Lehmkuhl (Hrsg.), Politische Steuerung im Wandel: Der Einfluss von Ideen und Problemstrukturen. Opladen, 103-129.

Hüller, Thorsten, 2008: Demokratisierung der EU durch Online Konsultationen?, in: Forschungsjournal Neue Soziale Bewegungen 21, 73-82.

Hüller, Thorsten/Kohler-Koch, Beate, 2008: Assessing the Democratic Value of Civil Society Engagement in the European Union, in: Beate Kohler-Koch/ Dirk De Bièvre/William Maloney (Hrsg.), Opening EU Governance to Civil Society – Gains and Challenges (CONNEX Report Series No. 5). Mannheim, 145-183 (http://www.mzes.uni-mannheim.de/projekte/typo3/site/fileadmin/BookSeries/Volume_Five/Chapter07_H%FCller_BKK.pdf).

Jachtenfuchs, Markus, 2007: The European Union as a Polity (II), in: Erik Knud Jørgensen/Mark A. Pollack/Ben Rosamond (Hrsg.), Handbook of European Union Politics. London, 159-173.

Jachtenfuchs, Markus/Kohler-Koch, Beate, 2004: Governance in der Europäischen Union, in: Arthur Benz (Hrsg.), Governance – Regieren in komplexen Regelsystemen. Eine Einführung. Wiesbaden, 77-101.

Joerges, Christian, 2007: Integration Through De-legalisation? An Irritated Heckler. EUROGOV, European Governance Papers No. N-07-03 (http:// www.connex-network.org/eurogov/pdf/egp-newgov-N-07-03.pdf).

Joerges, Christian/Neyer, Jürgen, 1997: From Intergovernmental Bargaining to Deliberative Political Processes. The Constitutionalisation of Comitology, in: European Law Journal 3, 273-299.

Joerges, Christian/Vos, Ellen, 1999: EU Committees. Social Regulation, Law and Politics. Oxford/Portland.

Keohane, Robert O./Nye, Joseph S., 1974: Transgovernmental Relations and International Organizations, in: World Politics 27, 39-62.

Kohler-Koch, Beate, 2008: Does Participatory Governance Hold its Promises?, in: Beate Kohler-Koch/Fabrice Larat (Hrsg.), Efficient and Democratic Governance in the European Union (CONNEX Report Series No. 9). Mannheim, 265-295 (http://www.mzes.uni-mannheim.de/projekte/typo3/site/fileadmin/BookSeries/Volume_Nine/CHAP%2017%20%28Kohler-Koch%29 .pdf).

Kohler-Koch, Beate/Rittberger, Berthold, 2006: Review Article: The „Governance Turn" in EU Studies, in: Journal of Common Market Studies 44, 27-49.

Kohler-Koch Beate/Rittberger, Berthold (Hrsg.): 2007: Debating the Democratic Legitimacy of the European Union. Lanham.

Kohler-Koch, Beate/Finke, Barbara, 2007: The Institutional Shaping of EU-Society Relations: A Contribution to Democracy via Participation?, in: Journal of Civil Society 3, 205-221.

Kohler-Koch, Beate/Quittkat, Christine/Buth, Vanessa, 2008: Civil Society Organisations under the Impact of the European Commission's Consultation Regime. Paper presented at the Connex Final Conference, 6.-8. März 2008, Universität Mannheim (http://www.mzes.uni-mannheim.de/projekte/typo3/site/fileadmin/Final_Conference/papers/FinCon_BKK_CQ_VB_final2.pdf).

Kommission, 2001: Europäisches Regieren. Ein Weissbuch. KOM (2001) 428.

Kommission, 2006: Mitteilung der Kommission an den Rat und an das Europäische Parlament. Umsetzung der Gemeinschaftsstrategie zur Verminderung der CO_2-Emissionen von Kraftfahrzeugen: sechster Jahresbericht über die Wirksamkeit der Strategie. KOM (2006) 463.

Kommission, 2008: Mitteilung der Kommission. Europäische Transparenzinitiative: Rahmen für die Beziehungen zu Interessenvertretern. KOM (2008) 323.

Lebessis, Notis/Paterson, John, 2000: Developing New Modes of Governance, Working Paper of the Forward Studies Unit, European Commission. Luxembourg (http://ec. europa.eu/comm/cdp/gouvernance/index_en.htm).

Leibfried, Stephan/Zürn, Michael, 2006: Transformationen des Staates. Frankfurt a.M.

Majone, Giandomenico, 1996: Regulating Europe. London/New York.

Mayntz, Renate, 2005: Governance Theorie als fortentwickelte Steuerungstheorie?, in: Folke Gunnar Schuppert (Hrsg.), Governance-Forschung. Baden-Baden, 11-20.

Nicolaidis, Kalypso, 2004: The New Constitution as European 'demoi-cracy'?, in: Critical Review of International Social and Political Philosophy 7, 76-93.

Olsen, Johan, 2007: Europe in Search of Political Order. Oxford.

Pollack, Mark, 2003: Control Mechanism Or Deliberative Democracy? Two Images of Comitology, in: Comparative Political Studies 36, 125-155.

Pollack, Mark, 2008: Discussion: The Community Method and New Modes of Governance, in: Beate Kohler-Koch/Fabrice Larat (Hrsg.), Efficient and Democratic Governance in the European Union (CONNEX Report Series No. 9). Mannheim, 151-162 (http://www.mzes.uni-mannheim.de/projekte/typo3/ site/fileadmin/BookSeries/ Volume_Nine/CHAP%208%20%28Pollack%29.pdf).

Quittkat, Christine, 2008: Wirklich näher am Bürger? Konsultationsinstrumente der EU-Kommission auf dem Prüfstand, in: Forschungsjournal Neue Soziale Bewegungen 21, 64-72.

Rottmann, Katja/Lenschow, Andrea, 2008: „Privatising" EU Governance: Emergence and Performance of Voluntary Agreements in European Environmental Policy, in: Thomas Conzelmann/Randall Smith (Hrsg.), Multi-Level Governance in der EU. Baden-Baden, 232-254.

Sabel, Charles F./Zeitlin, Jonathan, 2008: Learning From Difference. The New Architecture of Experimentalist Governance in the EU, in: European Law Journal 14, 271-327.

Saurugger, Sabine, 2008: The Social Construction of the „Participatory Turn". The European Union and the „Organized Civil Society", in Renaud Dehousse/Laurie Boussaguet (Hrsg.), The Transformation of EU Policies – EU Governance at Work (CONNEX Report Series No. 8). Mannheim, 149-184 (http://www.mzes.uni-mannheim. de/projekte/typo3/site/fileadmin/Book Series/Volume_eight/Chapter%206.pdf).

Scharpf, Fritz W., 1994: Autonomieschonend und gemeinschaftsverträglich: Zur Logik einer europäischen Mehrebenenpolitik, in: Fritz W. Scharpf (Hrsg.), Optionen des Föderalismus in Deutschland und Europa. Frankfurt a.M./New York, 131-155.

Schmidt, Susanne K., 2008: Mutual Recognition as a New Mode of Governance, in: Susanne K. Schmidt (Hrsg.), Mutual Recognition as a New Mode of Governance. Abingdon, 1-15.

Schmidt-Aßmann, Eberhard, 2005: Einleitung: Der Europäische Verwaltungsverbund und die Rolle des Europäischen Verwaltungsrechts, in: Eberhard Schmidt-Aßmann/Bettina Schöndorf-Haubold (Hrsg.), Der Europäische Verwaltungsverbund. Formen und Verfahren der Verwaltungszusammenarbeit in der EU. Tübingen, 1- 23.

Schuppert, Gunnar Folke, 2008: Governance – auf der Suche nach Konturen eines „anerkannt uneindeutigen" Begriffs, in: Gunnar Folke Schuppert/Michael Zürn (Hrsg.), Governance in einer sich wandelnden Welt. Wiesbaden, 13-40.

Scott, Colin, 2002: The Governance of the European Union: The Potential for Multi-Level Control, in: European Law Journal 8, 59-79.

Shaw, Jo, 2000: Law of the European Union. Basingstoke.

Smismans, Stijn, 2008: New Modes of Governance and the Participatory Myth, in: West European Politics 31, 874-895.

Tömmel, Ingeborg, 2008: Governance und Policy-Making im Mehrebenensystem der EU, in: Ingeborg Tömmel (Hrsg.), Die Europäische Union. Governance und Policy-Making (PVS Sonderheft 40). Wiesbaden, 13-35.

Treib, Oliver/Bähr, Holger/Falkner, Gerda, 2007: Modes of Governance. Towards a Conceptual Clarification, in: Journal of European Public Policy 14, 1-20.

Voßkuhle, Andreas, 2009: Sachverständige Beratung des Staates als Governanceproblem, in: Sebastian Botzen/Jeanette Hoffmann/SigridQuack/Gunnar Folke Schuppert/Holger Straßheim (Hrsg.), Governance als Prozess. Koordinationsformen im Wandel. Baden-Baden, 547-571.

Wallace, Helen, 2003: Die Dynamik des EU-Institutionengefüges, in: Markus Jachtenfuchs/Beate Kohler-Koch (Hrsg.), Europäische Integration. 2. Aufl., Opladen, 255-285.

Wessels, Wolfgang, 1997: An Ever Closer Fusion? A Dynamic Macropolitical View on Integration Processes, in: Journal of Common Market Studies 35, 267-299.

Kapitel 5:
Global Governance

Maria Behrens

5.1 Ursprünge des Global Governance-Begriffs

Die Disziplin Internationale Beziehungen ist eine von drei Wurzeln des Governance-Begriffs neben den Wirtschaftswissenschaften und Internationalen Organisationen, hier vor allem der Weltbank. Diese drei Wurzeln mündeten in eine breite politikwissenschaftliche Governance Diskussion, die Schuppert (2008: 17) unter der Überschrift „von Steuerung zu Governance" zusammenfasst und die in den letzten Jahren einen Siegeszug in der Politikwissenschaft erlebte.

Wurzeln des Governance-Begriffs

Ihren Ursprung in den Internationalen Beziehungen hat der Begriff in der gleichnamigen *Commission on Global Governance* (CGG), die 1991 auf Initiative von Willy Brandt unter dem Dach der UN ins Leben gerufen wurde. Die Aufgabe der Kommission war es, Visionen für eine zukünftige internationale Politik zu erarbeiten (vgl. Brand u.a. 2000). 1995 schloss die CGG ihre Arbeit mit dem Bericht „Our Global Neighbourhood" ab (CGG 1995). Die Kommission definierte den Begriff Global Governance als „Gesamtheit der zahlreichen Wege, auf denen Individuen sowie öffentliche und private Institutionen ihre gemeinsamen Angelegenheiten regeln" (CGG 1995: 12). Das Institut für Frieden und Entwicklung (INEF) griff den Begriff Global Governance auf und entwickelte ein Ordnungsmodell, um Effektivitäts-, Koordinations- sowie Legitimationsprobleme internationaler Politik zu lösen. Das INEF begründete sein Ordnungsmodell mit den Problemen der Globalisierung wie Klimaveränderungen, Mega-Citys oder Migrationsströme, zu deren Lösung es einer koordinierten internationalen Politik bedarf. Dabei rekrutierte das INEF nicht allein auf staatliche Akteure, sondern verwies auf die Koordinations- und Legitimationspotentiale transnationaler gesellschaftlicher Akteure (vgl. Messner/Nuscheler 1996). Die besondere Leistung des INEF für die wissenschaftliche Debatte ist darin zu sehen, dass es auf bestehende Akteursnetzwerke und deren Koordinationsleistungen aufmerksam machte.

Normatives Verständnis von Global Governance

Die Disziplin Internationale Beziehungen entwickelte im Vergleich zum normativen Reformgedanken des INEF ein empirisch-analytisches Verständnis von Global Governance, auf das sich dieser Beitrag im Folgenden konzentrieren wird. Zunächst aber ist ein Verständnis für die besonderen Merkmale internationaler Politik gegenüber nationalstaatlicher Politik von zentraler Bedeutung, um einen Zweig der Global Governance-Diskussion, der eine Herausbildung eines Konstitutionalismus in den internationalen Beziehungen vermutet, nachvollziehen zu können.

Empirisch-analytisches Verständnis von Global Governance

= Staatsform in der eine Verfassung eine bestimmte Rolle spielt

5.2 Der Nationalstaat und das internationale System

Merkmale des
Nationalstaates Das internationale System unterscheidet sich maßgeblich vom nationalen System: Ein Nationalstaat kennzeichnet nach Georg Jellinek (1900) ein klar einge-
grenztes Staatsgebiet, ein Staatsvolk sowie das staatliche Gewaltmonopol. Die
mit dem Gewaltmonopol ausgestattete staatliche Herrschaft dient der Versorgung
der Staatsbürger mit Kollektivgütern. Um Kollektivgüter bereitstellen zu können,
muss der Staat über bestimmte Fähigkeiten verfügen, die im funktionalen Sinne
als Staatlichkeit bezeichnet wird. Unter Staatlichkeit fällt die Macht, kollektiv
verbindliche Entscheidungen zu treffen, diese verlässlich umzusetzen und zur
Rechenschaft gezogen werden zu können. Diese Merkmale von Staatlichkeit
treffen auf eine Vielzahl von Staaten der Welt zu. Allerdings gibt es auch „Räume begrenzter Staatlichkeit" (Risse 2008) wie in Regionen Afrikas südlich der
Sahara, in denen Staaten nicht (mehr) über das notwendige Gewaltmonopol
verfügen, um die Merkmale von Staatlichkeit auszubilden (vgl. Tetzlaff/Jakobeit
2005). Der moderne souveräne Staat ist ein Kind des Westens. Im Westfälischen
Frieden von 1648 wurde zur Beendigung des Dreißigjährigen Krieges die gegenseitige Anerkennung als prinzipiell gleichberechtigte souveräne Staaten beschlossen. Die Norm der Souveränität, verankert im Völkerrecht, bedeutet im
Inneren das Recht eines Staates, frei ohne Einmischung von außen auf seinem
Staatsgebiet Herrschaft ausüben zu können. Äußere Souveränität betont das
Recht des Staates, frei Verträge abschließen oder auflösen zu können. Innere
politische Konflikte führten im 18. Jahrhundert mit dem Ziel der Begrenzung der
Staatsgewalt zum Verfassungsstaat. Die grundlegenden Rechtssätze einer Verfas-
sung legen die Organisation und Funktionsweise der Staatsgewalt sowie die
Rechtsstellung des Einzelnen fest. Bei politischen Entscheidungsprozessen lie-
fert die Verfassung einen Referenzrahmen, an dem sich die politischen Akteure
orientieren. Er stellt die Regeln zur friedlichen Konfliktlösung zur Verfügung.
Basierend auf dem legitimen Gewaltmonopol in demokratischen Systemen er-
folgt die Normsetzung und -durchsetzung autoritativ. Bei Normverstößen stehen
Kontrollinstanzen (Justiz, öffentliche Meinung) und Sanktionsmechanismen zur
Verfügung.

Merkmale des inter-
nationalen Systems Diese Merkmale des modernen Verfassungsstaates fehlen im internationalen
System. Es gibt keinen Weltstaat, der basierend auf einer Weltverfassung über
das Recht verfügt, autoritativ oder über den Modus der Macht allgemeinverbindliche Wertzuweisungen vornehmen zu können (vgl. Czempiel 2004). Vielmehr
ist – darauf verweist besonders der Neorealismus – das internationale System
anarchisch strukturiert, und die Staaten sind auf Selbsthilfe verwiesen. Aus der
Perspektive der Friedens- und Konfliktforschung beschreibt Holsti (1988: 81)
das moderne internationale System wie folgt:

> „The modern global system of states is anarchy; that is, no legitimate superior au-
> thority exists to control or manage the foreign policies or individual states. Each
> state develops its external relations in the context of its own interests, accepts no
> limitations upon its autonomy except those it adheres to voluntarily, and ultimately
> must rely upon itself when confronted with threats of war."

Diese Teildisziplin der Internationalen Politik beschäftigte sich bis in die 1980er Jahre entsprechend mit Konflikten und Kooperationen zwischen Staaten vor allem im Sicherheitsbereich. Im Mittelpunkt stand die Frage, wie eine friedliche Bearbeitung grenzüberschreitender Konflikte verbessert werden könnte.

Durch die weltwirtschaftliche Verflechtung, die durch den Ölpreisschock in den 1970er Jahren ins Bewusstsein der Öffentlichkeit drang, nahm die Bedeutung der Weltwirtschaftspolitik in den Internationalen Beziehungen zu und auch gesellschaftliche und private Akteure in der Transnationalismusforschung (Keohane/Nye 1971) gerieten in das Blickfeld wissenschaftlicher Betrachtung (vgl. Menzel 2004). Durch den Ost-West-Konflikt und die damit verbundene existentielle Sicherheitsbedrohung rückten jedoch in den 1980er Jahren die Staaten als zentrale Akteure in der Analyse internationaler Politik wieder in den Vordergrund.

Transnationalismus-forschung

→Teilprozess der Globalisierung

Zwar gibt es bereits seit Ende des 19. Jahrhunderts internationale Formen gesellschaftlicher Selbstregulierung, aber die Welt wird noch bis Ende der 1980er Jahre in der theoretischen Debatte im Wesentlichen als Staatenwelt interpretiert. In der Regimedebatte der 1980er Jahre beschäftigten sich Vertreter unterschiedlicher Theorierichtungen mit der Frage, unter welchen Bedingungen Staaten zu kooperieren bereit sind, da Kooperationen einen wesentlichen Beitrag zur friedlichen Bearbeitung von Konflikten liefern. Regime definieren Rittberger und Zangl (2003: 25) wie folgt:

Regimedebatte

> „Internationale Regime [sind] als problemfeldbezogene zwischenstaatliche Institutionen zu definieren, die sich durch zugrundeliegende Prinzipien, Normen, Regeln und Entscheidungsprozeduren auszeichnen, die wechselseitige Verhaltenserwartungen dauerhaft in Übereinstimmung bringen."

In diesem Zitat wird die Konzentration auf die zwischenstaatliche Perspektive deutlich, aber auch, dass Regime problemfeldbezogen sind. Regime konzentrieren sich somit auf bestimmte Politikfelder internationaler Beziehungen, wie Welthandel (WTO), Umwelt (Kyoto-Regime), Entwicklung (Weltbank) oder Menschenrechte (UN-Menschenrechtsregime). Erst nach dem Ost-West-Konflikt und durch Prozesse der Globalisierung änderte sich die Perspektive auf die internationale Politik, und transnationale Akteure gewinnen in den Analysen wieder an Bedeutung. Die Aufmerksamkeit richtete sich nun auch auf Nichtregierungsorganisationen, und es konnte festgestellt werden, dass nicht nur Staaten, sondern auch private, transnationale Akteure beachtliche Koordinationsleistungen erbringen. Die Einbeziehung von transnationalen Akteuren in die Analyse internationaler Beziehungen beruht nicht nur auf dem Erkennen eines bisherigen „blinden Flecks" in der Disziplin, sondern tatsächlich ist eine zunehmende grenzüberschreitende „Vergesellschaftung" im Prozess der Globalisierung zu beobachten. Damit erweitert das Konzept Global Governance die bisherige Perspektive der Internationalen Politik (Dingwerth/Pattberg 2006) und steht für den Versuch, „eine noch viel kompliziertere Realität [...] 'einzufangen'" (Benz 2004: 15).

Transnationalisie-rungsprozesse

5.3 Global Governance im Prozess der Globalisierung

Globalisierung als Motor der Transnationalisierung

Der Begriff Global Governance ist eng mit dem Phänomen der Globalisierung verbunden. Zwar ist die Frage, ob es tatsächlich in den letzten beiden Jahrzehnten zu einer qualitativen Veränderung von der Internationalisierung hin zu einer Globalisierung gekommen ist, umstritten (Held u.a. 1999). Eine historische Betrachtung zeigt, dass Globalisierung kein linearer Prozess ist, sondern auch Renationalisierungs- oder Entflechtungsprozesse vor allem grenzüberschreitender wirtschaftlicher Transaktions- und Austauschprozesse eintreten können (Osterhammel/Petersson 2003). Es kann aber festgestellt werden, dass die Entwicklung der Informations- und Kommunikationstechnologien zu einer verdichteten Vernetzung zwischenstaatlicher und transnationaler Akteure beigetragen hat. Neben der Schnelligkeit sind es vor allem die geringeren Transaktionskosten der modernen Informations- und Kommunikationstechnologien, die eine transnationale Vergesellschaftung und verstärkte wirtschaftliche Verflechtung befördern.

Es wird geschätzt, dass mehr als 100.000 private Organisationen – gewinn- wie nicht-gewinn-orientierte – in der internationalen Politik engagiert sind. Nach dem Zweiten Weltkrieg sind jedes Jahr ca. 90 neue Organisationen gegründet worden (http://www.ngohandbook.org). Allein 3.172 NGOs haben im Jahr 2008 konsultativen Status beim Wirtschafts- und Sozialrat der UN, 1992 waren es erst 724 (vgl. http://www.un.org/ecosoc).

Wechselbeziehungen Staatenwelt und Gesellschaftswelt

Für das Wachstum der Anzahl transnationaler Akteure und der damit verbundenen Vergesellschaftung der internationalen Beziehungen als ein zentraler Bestandteil von Global Governance können neben technischen Entwicklungen wie das Internet zwei weitere Erklärungen genannt werden: der Rückzug der Staaten aus bestimmten Politikfeldern sowie deren Engagement in anderen Politikfeldern. In diesem Zusammenhang verwundert die Äußerung von Renate Mayntz (2009: 12), dass man die Frage nach der Genese von Governance

> „[…] nicht historisch, also mit Verweis auf einzelne konkrete Prozesse wie Deregulierung, Liberalisierung, Internationalisierung beantworten darf.“

Warum historische Prozesse wissenschaftlicher Erkenntnis verschlossen bleiben sollten, darauf geht sie nicht näher ein. Die Entstehung des heutigen Koordinationsmusters z.B. internationaler Finanzmärkte ist nur historisch mit dem Rückzug der Staaten erklärbar. Während der Welthandel in der Nachkriegszeit mit dem Allgemeinen Zoll- und Handelsabkommen (GATT) liberalisiert werden sollte, blieben die Finanzmärkte unter der Kontrolle staatlicher Notenbanken. Erst nach dem Zusammenbruch des Wechselkurssystems im Jahre 1973, das von den USA und England mit der Dollar-Eurozone im Vorfeld ausgehöhlt worden war, wurden die nationalen Finanzmärkte in den späten 1970er und den 1980er Jahren liberalisiert (vgl. Helleiner 1994).

Beispiel: internationale Finanzmärkte

Der Rückzug der Staaten aus der Finanzmarktregulierung ermöglichte es erst, dass die Banken immer weiter expandierten, zur Erhaltung ihrer Wettbewerbsfähigkeit immer riskantere Geschäftsmodelle entwickelten und auf Kapitalrücklagen verzichteten (Huffschmid 2005). Durch die Globalisierung der Finanzmärkte sind Krisen kaum noch regional begrenzbar, immer mehr Marktteilnehmer sind betroffen und die Ansteckungsgefahr ist erhöht. Bedingt durch riskantes, hochspekulatives Handeln von Finanzinvestoren sind die Abstände von Finanzmarktkrisen immer geringer geworden: Japan 1991 bis 2005, Mexiko 1994/95, Asien 1997/98, Argentinien 1998 bis 2002, Russland 1998, Dotcom-Krise 2000 und schließlich die Weltfinanzmarktkrise 2007 (Weltbank 2008), deren Ende zum jetzigen Zeitpunkt (2009) noch nicht absehbar ist. Um Finanzkrisen vorzubeugen, wurde bereits 1974 der Basler Ausschuss für Bankenaufsicht (Basler Komitee) eingerichtet: ein Gremium, das von Vertretern der nationalen Zentralbanken und Bankenaufsichtsbehörden gegründet wurde. Nachdem der Ausschuss 1988 eine Eigenkapitalvereinbarung (Basel I) beschloss, wurde 1999 nach den Erfahrungen der Asienkrise eine Neufassung vereinbar (Basel II), die die Mindesteigenkapitalanforderungen konkretisierte. Die Koordinationsleistungen werden mit dem Basler Komitee von einem Gremium erbracht, das weder dem Markt noch dem Staat zugeordnet werden kann, sondern einen Mischtyp darstellt (Tsingou 2007). Das Koordinations- wie Konfliktmuster der Governance internationaler Finanzmärkte mit ihrer Vielzahl an Akteuren (Basler Komitee, Internationaler Währungsfonds, Bank für Internationalen Zahlungsausgleich, Forum für Finanzmarktstabilität, aber auch NGOs wie ATTAC) ist ein Ergebnis des Rückzugs der Staaten aus der Finanzmarktregulierung.

Eine weitere Erklärung für die Zunahme privater Akteure im internationalen System sind Problembereiche, die erst durch die Globalisierung in ihrem Ausmaß sichtbar wurden (Menschenrechtsverletzungen) bzw. als Folgen der Globalisierung neuen Handlungsbedarf auslösten, wie globale Umweltprobleme. Durch die Ergebnisse wissenschaftlicher Experten, die auf Klimaveränderungen aufmerksam machten, ist eine Vielzahl verschiedenster transnationaler Umweltverbände entstanden wie Greenpeace, Friends of the Earth oder Natural Resources Defense Council, die Druck auf die Staatenwelt ausübten. Wissenschaftliche Expertisen sowie das Engagement von Umweltverbänden führten ab Mitte der 1980er Jahre zu einer Vielzahl an Regimen in der internationalen Umwelt-Governance. Es wurde deutlich, dass solche globalen Probleme wie Klimaveränderungen nicht durch einen Staat allein bewältigt werden können.

Beispiel: internationale Umweltpolitik

Die bisherige Kongruenz von Problemlagen und Problemlösungsinstitutionen hat sich aufgelöst und zu einer Denationalisierung (Zürn 1998) staatlicher Politik geführt. Daher sind internationale Kooperationen notwendig, um globale Probleme zu lösen. Das „Regieren jenseits des Nationalstaates" ist dabei auf ein „Governance without Government" verwiesen und muss ohne formale Autorität auskommen:

Governance without Government

> „[...] government suggests activities that are backed by a formal authority [...] whereas governance refers to activities backed by shared goals that may or may not derive from legal and formally prescribed responsibilities do not necessarily rely on policy power to overcome defiance and attain compliance" (Rosenau 1992: 4).

Welche Bedeutung den Staaten in der Koordination verschiedener Gegenstandsbereiche zukommt, ist umstritten. Einerseits wird von Vertretern der realistischen Theorie festgestellt, dass sich die Bedeutung von Staaten in der internationalen Politik nicht geändert hat und sie die letztentscheidenden Akteure sind (Gilpin

Die Bedeutung von Staaten in der internationalen Politik

2001). Andere Autoren sehen einen Wandel von Staatlichkeit, allerdings bleiben die Staaten die wichtigsten Akteure in der internationalen Politik, da nur sie über das Gewaltmonopol (Verwaltungsapparat, Sicherheitsgarantie, rechtliche Autorität), das Steuermonopol (privilegierter Zugang zu finanziellen Ressourcen) und über die notwendige politische Legitimität (durch Wahlen) verfügen (Grande 2001). So sieht Slaughter (2004) eine Ausdifferenzierung nationalstaatlicher Politik in den internationalen Beziehungen durch einen Transgouvernementalismus, in dem sich administrative Netzwerke zwischen den Staaten herausbilden. Andererseits wird argumentiert, dass Staaten ihre exklusive Position in den internationalen Beziehungen verloren haben und in Politiknetzwerken globale Probleme gelöst werden (Reinicke 1998). Ein Grund für die unterschiedliche Bedeutung, die Staaten im internationalen System zugewiesen wird, liegt nicht zuletzt in den unterschiedlichen Akteurskonstellationen und Koordinationsformen, die sich in den verschiedenen Politikfeldern herausgebildet haben.

Koordinationsformen von Global Governance

Um die verschiedenen Koordinationsformen zu erfassen, wird eine Unterscheidung von Global Governance nach „Governance without Governments, Governance with Governments and Governance by Governments" vorgenommen (Zürn 1998). Mit *Governance without Governments* (wichtig: Governments hier im Plural) werden private Formen von Koordinationsleistungen oder auch von gesellschaftlicher Selbstregulierung beschrieben, ohne dass Staaten beteiligt sind (auch als private Governance bezeichnet). *Governance with Governments* beschreibt Koodinationsleistungen, die gemeinsam von privaten und öffentlichen Akteuren in Form von Public-Private-Partnerships (PPPs) erbracht werden. *Governance by Governments* schließlich verweist auf die „klassischen" intergouvernementalen Koordinationsformen. In der Diskussion über die Frage nach der Legitimation der verschiedenen Formen von Global Governance wird vielfach auf das Konzept von Fritz Scharpf (1999) zurückgegriffen, der zwischen Input-Legitimation (Repräsentation) und Output-Legitimation (Effektivität) unterscheidet (vgl. Breitmeier 2008; Beiträge in Benz/Papadopoulos 2006). Auch die folgenden Beispiele für die verschiedenen Governance-Formen werden anhand der Dimensionen Repräsentation und Effektivität überprüft.

5.4 Governance-Formen

Governance without Governments: Das Beispiel ISO

Als Beispiel für *Governance without Governments* kann die ISO (International Standardization Organization) genannt werden, die bereits 1926 gegründet wurde. In der ISO werden unter den Mitgliedern technische Normen zur Qualitätssicherung vereinbart. Dadurch können Transaktionskosten im Markt gesenkt werden. Die ISO setzt sich aus nationalen Normungsinstituten zusammen, die zumeist privatwirtschaftlich organisiert sind. Für Deutschland ist das Deutsche Institut für Normung (DIN) in der ISO vertreten. In Normausschüssen entwickeln wissenschaftliche Experten, Vertreter aus Unternehmen und Unternehmensverbänden gemeinsam Normen, antizipierend, wie die Verhandlungen im Rahmen der ISO verlaufen werden.

Die ISO ist kein Beispiel für eine zunehmende Transnationalisierung nationaler Entscheidungskompetenzen (so Genschel/Zangl 2009: 13), obgleich eine wachsende Bedeutung transnationaler privater Governance in Prozessen der Norm- und Regelsetzung in den internationalen Beziehungen festgestellt werden kann (vgl. Graz/Nölke 2007). Vielmehr ist die ISO ein Beispiel für eine im Mehrebenensystem verankerte Organisation, in der schon seit Anfang des letzten Jahrhunderts repräsentativ von der nationalen bis zur internationalen Ebene technische Normen verhandelt werden. Die Reichweite der ISO-Normen ist auf Unternehmen begrenzt. Es wird nicht der Anspruch erhoben, einen Beitrag zum Gemeinwohl zu liefern, vielmehr vertritt die ISO die Eigeninteressen der Unternehmen. Die Einhaltung (compliance) bestehender Normen beruht auf Freiwilligkeit. Durch ein Zertifizierungssystem wird erkenntlich, ob ein Unternehmen die Normen einhält. In der Praxis ist es für ein Unternehmen fast unmöglich, seine Produkte ohne ISO-Zertifizierung an andere Unternehmen zu verkaufen. Insgesamt ist die Effektivität der Tätigkeit von ISO somit als sehr hoch zu bewerten. Anders als bei anderen Formen transnational-privater Regelsetzung (z.B. im Fall von Rating Agenturen) stellt sich das Repräsentationsproblem nur begrenzt, da sich die Normsetzung unmittelbar nur auf Unternehmen bezieht (mittelbar bestehen allerdings auch Auswirkungen auf Umwelt und Verbraucher), die in den jeweiligen Ausschüssen von DIN und ISO vertreten sind.

Ein Beispiel für *Governance with Government* ist der Global Compact, der im Rahmen des Weltwirtschaftsforums im Schweizer Davos 1999 vom damaligen UN-Generalsekretär Kofi Annan initiiert und ein Jahr später gegründet wurde. Die Initiative Global Compact beruht auf der Annahme, dass durch die Zunahme multinationaler Konzerne und dem damit verbundenen Bedeutungszuwachs wirtschaftlicher Akteure in den internationalen Beziehungen die Lösung globaler Probleme nur partnerschaftlich und nicht hierarchisch reguliert werden könne (Kell 2005; vgl. auch Hummel 2004). Durch die Einbindung nichtstaatlicher Akteure, vor allem von Unternehmen, soll Global Compact dazu beitragen, die Globalisierung gerechter und nachhaltiger zu gestalten, und ist somit gemeinwohlorientiert. Die Global-Compact-Initiative zählt 6.500 Unterzeichner aus 135 Ländern, davon 5.000 aus der Wirtschaft sowie 1.500 NGOs (vgl. UN Global Compact 2009). Die 1.473 Unternehmen, die am Bündnis teilnehmen, haben sich zur Einhaltung von zehn Prinzipien verpflichtet, die den Themenfeldern Menschenrechte, Arbeits- und Sozialstandards, Umweltschutz und Korruptionsbekämpfung zugeordnet werden können und zur Grundlage internationale Abkommen wie die Allgemeine Erklärung der Menschenrechte, die Erklärung der Internationalen Arbeitsorganisation ILO über grundlegende Prinzipien und Rechte bei der Arbeit sowie die Rio-Erklärung haben. Anders als die genannten internationalen Abkommen ist Global Compact ein nicht völkerrechtlich verbindliches Übereinkommen. Die Unternehmen erklären sich vielmehr auf freiwilliger Basis bereit, die Prinzipien von Global Compact einzuhalten, und erhalten im Gegenzug das Recht, mit dem Global-Compact-Logo der Vereinten Nationen zu werben. Die Normeinhaltung soll durch eine regelmäßige Berichtspflicht gewährleistet werden. In den Berichten sollen die Unternehmen Verhaltensänderungen im Sinne von Global Compact dokumentieren. Eine externe Überwachung der Umsetzung der Prinzipien ist nicht vorgesehen, und es stehen auch keine Sanktionsinstrumente bei Nichteinhaltung der Prinzipien zur Verfügung.

Governance with Governments: Das Beispiel Global Compact

Da Global Compact seine Prinzipien völkerrechtlichen Abkommen entnommen hat, stellt sich die Frage der Repräsentation nur bedingt. Die Effektivität von Global Compact ist umstritten. Während Befürworter des Bündnisses auf die zentrale Funktion von Global Compact als Lern- und Dialogplattform verweisen, die – laut Angaben der Unternehmen – zu einer Internalisierung der Normen in den Unternehmen führen, wird von Kritikern die Effektivität in Frage gestellt und die Befürchtung formuliert, das Bündnis würde den Unternehmen ein Blue-Washing[1] ermöglichen (http://www.globalpolicy.org; vgl. Brühl 2006).

Governance by Governments

Gegenüber *Governance with Governments* ist die Reichweite und Verbindlichkeit von *Governance by Goverments* wesentlich höher. Das Gewaltverbot des Artikels 2 Ziffer 4 der UN-Charta ist völkerrechtlich für alle Staaten verbindlich. Die Ratifizierung internationaler Verträge gewährleistet bei demokratisch verfassten Staaten eine relativ hohe Legitimation. Die Normdurchsetzung wird im Fall des Sicherheitsrates durch die Abstimmungsregeln sowie durch eine Ressourcenabhängigkeit erschwert. Jedes der fünf ständigen Mitglieder hat durch ein Veto die Möglichkeit, Beschlüsse zu verhindern, was zu einem Glaubwürdigkeitsproblem führt: Die Sanktionierung von Normbrechern erfolgt zumeist nur im Fall der Aggression schwacher Staaten, während mächtige Staaten Sanktionen nicht zu fürchten haben. Weiterhin ist die UN bei humanitären Interventionen darauf angewiesen, dass die Staaten Ressourcen wie Truppenkontingente zur Verfügung stellen. Die UN kann nicht selbst beschlossene Maßnahmen ohne Unterstützung durch die Mitgliedstaaten durchführen. Um die Handlungsfähigkeit der UN zu erhöhen, wird seit Jahren über eine Reform des Sicherheitsrates diskutiert. Allerdings konnten sich die Staaten bis heute nicht über die Zusammensetzung und über die Abstimmungsregeln des Sicherheitsrates verständigen.

Staaten als Manager politischer Autorität

Die genannten Beispiele für verschiedene Formen von Global Governance zeigen, dass sich im internationalen System ein komplexes Koordinationsmuster herausgebildet hat, in dem zwischenstaatliche und transnationale Akteure über verschiedene Legitimations- und Effektivitätsressourcen verfügen. Doch die Staaten bleiben nach Genschel und Zangl (2009) trotz Prozess der Denationalisierung die zentralen Akteure im Global Governance-System, da nur sie über legitime politische Autorität verfügen, auf die private wie privat-öffentliche Formen von Governance angewiesen sind. Allerdings stellen die Autoren fest, dass sich die Rolle des Staates verändert hat:

> „The State no longer exercise political authority directly and exclusively through its own powers and resources, but more and more indirectly, by providing and complementing the powers and resources of non-state actors. The state remains the central authority but its role is transforming: once monopolist, the state is now becoming a manager of political authority" (Genschel/Zangl 2009: 1).

Zu diesem Ergebnis kommen Genschel und Zangl auf der Grundlage abstrakter Überlegungen, die anhand von einzelnen empirischen Beispielen verschiedener Governance-Formen untermauert werden. Auf solche Beispiele können sie zurückgreifen, da mittlerweile zahlreiche Untersuchungen zu verschiedenen Regulierungsleistungen öffentlicher wie privater Akteure vorliegen, die auf eine zu-

[1]   Der Begriff Blue-Washing bezieht sich auf die blaue Farbe des UN-Logos.

nehmende Verrechtlichung internationaler Beziehungen verweisen. Aus funktionalistischer Sicht (vgl. Dingwerth/Pattberg 2006) mündet eine solche zunehmende Verrechtlichung in eine Konstitutionalisierung (vgl. zum Begriff des Konstitutionalismus Peters 2006).   *= Entstehung einer Verfassung*

5.5 Global Governance: Von der Verrechtlichung zur Rechtstaatlichkeit in der internationalen Politik?

Eine Verrechtlichung oder Justizialisierung des Völkerrechts lässt sich nach Zangl (2006: 126) in drei Bereichen feststellen, die eine Äquivalenz zum nationalen Privatrecht, zum nationalen Strafrecht sowie zum nationalen Verwaltungsrecht aufweisen. Anhand empirischer Beispiele zwischenstaatlicher Regime wie der Welthandelsorganisation (WTO), des UN-Sicherheitsrats sowie der internationalen Arbeitsorganisation (ILO) erläutert er, dass sich in vielen Regimen Streitbeilegungsmechanismen herausgebildet und sich die Verfahren von einem eher diplomatischen zu einem rechtlich-gerichtlichen Charakter verändert haben. Exemplarisch wird zumeist das Welthandelsregime herangezogen. So verfügte zwar das Allgemeine Zoll- und Handelsabkommen (GATT) über einen Streitschlichtungsmechanismus, die Empfehlungen eines GATT-Panels – einer Gruppe von drei bis fünf neutralen Experten – hatten jedoch keinen verpflichtenden Charakter, da der GATT-Rat im Konsens die Berichte des Panels bestätigen musste. Damit konnte der beklagte Staat durch ein Veto gegen ihn gerichtete Sanktionen abwenden. In der Welthandelsrunde Uruguay (1986-1994) wurde mit der Einrichtung der WTO beschlossen, den Streitschlichtungsmechanismus zu stärken. Der WTO-Rat kann seitdem Beschlüsse eines Panels nur noch im Konsens ablehnen (vgl. Behrens 2005). Die Wahrscheinlichkeit, dass der klagende Staat sich gegen Sanktionen gegenüber dem von ihm verklagten Staat wendet, ist äußerst unwahrscheinlich. Somit wurden Unabhängigkeit und Verbindlichkeit des Streitschlichtungsmechanismus der WTO gestärkt.

    Ein weiteres Beispiel für eine zunehmende Verrechtlichung der internationalen Beziehungen ist der Internationale Strafgerichtshof (IStGH), dessen Chefankläger unabhängig von Weisungen Verfahren im Falle von Völkermord, Verbrechen gegen die Menschlichkeit und Kriegsverbrechen einleiten kann (vgl. Deitelhoff 2006). Sowohl die WTO als auch der IStGH verfügen über Berufungsinstanzen, die ebenfalls eine Stärkung des Rechts bewirken.

    Verrechtlichungen basieren nicht nur auf dem Völkerrecht in der Staatenwelt, sondern neben dem Völkerrecht gibt es auch das Internationale Privatrecht der Gesellschaftswelt, in der transnationales Recht gesprochen wird. Das International Olympic Committee (IOC) beispielsweise richtete 1984 den Court of Arbitration for Sports (CAS) ein, der über grundsätzliche Streitfälle außerhalb des Verbandsrechts urteilen sollte (Doping, Sponsoring, Unklarheiten bei Regelverstößen). Nachdem ein Sportler einen Schiedsspruch des CAS mit der Begründung kritisiert hatte, dass das CAS nicht hinreichend unabhängig vom Verband sei, wurden 1994 IOC und CAS vollständig organisatorisch getrennt und eine Berufungsinstanz wurde eingeführt (vgl. Chappelet/Kübler-Mabbott 2008).

Entwicklung internationalen Völkerrechts

Entwicklung des internationalen Privatrechts

Auflösung der Tren-
nung von öffentli-
chem und privatem
Recht
Während bei der WTO nur Staaten eine Klagemöglichkeit haben, können beim CAS Einzelpersonen Klagen einreichen. Eine zunehmende Vermischung von Völkerrecht und internationalem Privatrecht stellen Fischer-Lescano und Teubner (2006) fest. Als Beispiel verweisen sie auf das transnationale Insolvenzregime, das es privaten Gläubigern erlaubt, Staaten zu verklagen. Die Autoren sehen hierin eine Form der Privatisierung von Völkerrechtssubjekten und stellen für das transnationale Insolvenzregime fest:

> „Man hat es im Fall des transnationalen Insolvenzregimes mit einem Prozess zu tun, der die herkömmlichen Gegensätze zwischen ‚privat' und ‚öffentlich', Völkerrecht und internationalem Privatrecht, Individuen und Staaten [...] transzendiert" (Fischer-Lescano/Teubner 2006: 140).

= Grenzen eines Bereiches überschreiten

Konstitutionalisie-
rung oder ...
Diese Prozesse transnationaler wie internationaler Verrechtlichung werden als ein zentrales Merkmal von Global Governance angesehen (vgl. Zangl/Zürn 2004). So kann Global Governance nach Zürn (2005: 137)

> „als ein Idealtyp internationaler Politik verstanden werden, bei dem einzelne Steuerungsformen eines Regierens jenseits des Nationalstaates – seien sie international oder transnational – sowohl vergesellschaftet als auch verrechtlicht sind und letztlich in einer umfassenden politischen Ordnung aufgehen."

Der Begriff der Vergesellschaftung betont dabei, dass nicht nur Staaten, sondern auch private Akteure Koordinationsleistungen in der internationalen Politik erbringen. Bisher sind Prozesse der Vergesellschaftung und der Verrechtlichung in einzelnen Politikfeldern wie Umwelt oder Handel zu beobachten. Die zunehmende Regelungsdichte führt aber, so die Annahme, zu Regimekollisionen. Sollten zur Lösung dieser Regimekollisionen übergeordnete, an bestimmte Grundwerte orientierte Regelungen entstehen, kann von einer Konstitutionalisierung der internationalen Beziehungen gesprochen werden. Dazu müssten sich übergreifende abstrakte Rechtsprinzipien (ius cogens), aufbauend auf ein global getragenes Gemeinwohlverständnis, herausbilden, auf die sich die in Politikfeldern organisierten rechtlichen Bestimmungen beziehen könnten (vgl. Beiträge in Tomuschat 2006). Es ist allerdings fraglich, ob sich eine Konstitutionalisierung durch eine Hierarchisierung von Normen wie im Verfassungsstaat entwickeln kann (Peters 2006). Fischer-Lescano und Teubner (2006: 101) kommen daher zu dem Ergebnis:

> „Vorstellungen der Einheit einer uniformen weltpolitischen Gemeinwohlformel müssen [...] Konzepten einer Vielheit von regimerelativen Gemeinwohlformeln weichen."

... Fragmentierung
des internationalen
Rechts?
Damit verweisen sie auf unterschiedliche Normen, die für die Rechtsentwicklung in den verschiedenen Politikfeldern tragend sind und zu einer Fragmentierung des internationalen Rechts geführt haben. Die in den jeweiligen Politikfeldern vorherrschenden Ordnungsstrukturen werden vom Verhältnis zwischen öffentlichen und privaten Akteuren geprägt. Zur Beantwortung der Frage, ob sich Rechtsstaatlichkeit in der internationalen Politik herausbildet, ist daher eine sys-

tematisch vergleichende Analyse der Ordnungsstrukturen in den verschiedenen Politikfeldern (vgl. Mayntz 2009: 16) notwendig. So weist Nölke (2007) darauf hin, dass die Beziehungen zwischen privaten und öffentlichen Akteuren in den Politikfeldern unterschiedlich gelagert sein können, kooperativ oder aber konfliktreich.

In der Welthandelspolitik hat sich mit der Welthandelsorganisation und ihrem Streitschlichtungsmechanismus eine quasi supranationale Ordnung herausgebildet. Deren Norm der Liberalisierung ist jedoch umstritten und das Verhältnis zwischen öffentlichen und privaten Akteuren von Konflikten geprägt. Das verdeutlichten anschaulich die Proteste von Kritikern und Gegnern der WTO anlässlich der Welthandelskonferenz in Seattle 1999 (vgl. Kaldor 2000). Die Kontrolle der Normeinhaltung und die Sanktionierung von Normverstößen liegen allein im Zuständigkeitsbereich der WTO. *Governance without Governments* oder *Governance with Governments* als Koordinationsformen unter Einbeziehung transnationaler Akteure haben sich in der Welthandelspolitik nur randständig entwickelt.

Im Vergleich zur Welthandelspolitik ist das Verhältnis zwischen öffentlichen und privaten Akteuren in der internationalen Umweltpolitik eher durch Kooperation als durch Konflikt gekennzeichnet. Die internationale Umwelt-Governance beruht zwar im Wesentlichen auf zwischenstaatlicher Verständigung (vgl. Simonis 2005; Gehring/Oberthür 2000). Im Verhältnis zwischen NGOs und der UNO hat sich nach Lavelle (2004) aber eine korporatistische Beziehung entwickelt, in der einige zugelassene NGOs in zwischenstaatliche Entscheidungsprozesse eingebunden werden. Die Norm der Nachhaltigkeit wird von allen Akteuren weitgehend akzeptiert, auch wenn es bei der Konkretisierung des Verständnisses von Nachhaltigkeit durchaus Konflikte gibt. Neben zwischenstaatlichen Formen der Verrechtlichung erarbeiten NGOs eigenständig internationale Standards und setzen sie um. Ein Beispiel ist der Forest Stewardship Council (ein Zusammenschluss von Teilen der Forstindustrie und Umweltgruppen), der nachhaltig bewirtschaftetes Holz zertifiziert. Somit kennzeichnet die internationale Umweltpolitik ein komplexes Muster zwischenstaatlicher, privater und öffentlich-privater Koordinationsleistungen (vgl. zur Rolle von NGOs in der internationalen Umweltpolitik Betsill/Corell 2008).

In den beiden Politikfeldern, der Welthandels- und der internationalen Umweltpolitik, haben sich unterschiedliche Beziehungen zwischen transnationalen und öffentlichen Akteuren entwickelt, die sowohl historisch als auch bezogen auf die jeweiligen Normen erklärt werden können. In beiden Politikfeldern ist eine Weiterentwicklung von Rechtsbildungsprozessen und Implementationsmechanismen zu beobachten, die sich an den jeweiligen Normen orientieren. Aus dem vormaligen Zoll- und Handelsabkommen hat sich die WTO entwickelt, in der Weltumweltpolitik sind zahlreiche neue Regime entstanden: Wiener Übereinkommen und Montrealer Protokoll zum Schutz der Ozonschicht (1985/1987), Klimarahmenkonvention (1992), Wüstenkonvention (1994) oder das Kyoto-Protokoll (1997), um nur einige zu nennen (Varwick 2008). Damit stellt sich die Frage, ob es zu einer weiteren Fragmentierung oder Annäherung der für Politikfelder spezifischen Regeln kommt.

Normspezifische
Koordinationsformen
in Politikfeldern

Politikfelder im
Vergleich

Regimekollisionen
und deren Wirkung

Durch die verschiedenen Normen der beiden Politikfelder – Liberalisierung im Fall der internationalen Handels-Governance, ökologische Nachhaltigkeit im Fall der internationalen Umwelt-Governance – kann es zu Regimekollisionen kommen: Während z.B. das Cartagena-Protokoll für biologische Sicherheit (Cartagena Biosafety Protocol) aus Gründen ökologischer Nachhaltigkeit das Vorsorgeprinzip enthält, wonach bei angenommenen Risiken die Einfuhr gentechnisch veränderter Organismen verboten werden kann, erkennt die WTO nur wissenschaftlich erwiesene Gefahren für Mensch und Umwelt als Grund für ein Einfuhrverbot an (vgl. Buckingham/Phillips 2001). Das Vorsorgeprinzip ist mit der Norm der Liberalisierung der WTO nicht vereinbar, da es verdecktem Protektionismus als nichttarifäres Handelshindernis Tür und Tor öffnet.

Systemtheoretische
Interpretation

Da es kein übergeordnetes Recht gibt, besteht nach dem systemtheoretischen Verständnis von Fischer-Lescano und Teubner (2006) nur durch eine wechselseitige Beobachtung und Anpassung der Teilsysteme die Möglichkeit, Kollisionen zu entschärfen. In einem solchen Prozess sind Annäherungen der unterschiedlichen transnationalen wie zwischenstaatlichen Regime in den Politikfeldern denkbar.Zu ergänzen wäre die systemtheoretische Analyse von Prozessen der Verrechtlichung um eine Analyse des Verhältnisses zwischen Recht und Macht vor dem Hintergrund asymmetrischer Machtbeziehungen in den internationalen Beziehungen.

5.6 Kritische Anmerkungen und Forschungsausblick

Institutionalisierung
von Ungleichheit

In der Diskussion über Global Governance wird sowohl aus Perspektive kritischer wie neorealistischer Theorien die Machtvergessenheit des Global Governance-Konzepts kritisiert (vgl. Behrens/Reichwein 2007). Besonders die Kritische Theorie verweist auf die ungleichen Machtbeziehungen in den internationalen Beziehungen, die es den Industrieländern erlaubt, ihre Interessen gegenüber Entwicklungsländern durchzusetzen (Brand u.a. 2000). Diese Kritik wird von Vertretern des Konzepts von Global Governance mittlerweile aufgegriffen. So stellt Zürn (2007: 694-697) im Rahmen internationaler Kooperationen eine Institutionalisierung von Ungleichheit basierend auf unterschiedlichen Machtressourcen in drei Punkten fest: 1. Internationale Institutionen, in denen Staaten unterschiedliche Rechte formal zugeschrieben werden (Beispiel: gewichtete Abstimmungsrechte bei der Weltbank und dem Internationalen Währungsfonds), 2. selektive Umsetzung von Regeln (Beispiel: humanitäre Interventionen treffen meistens schwache, nicht starke Staaten) und 3. Verfahren der Rechtsetzung (Beispiel: Die starken Staaten können bestimmen, im Rahmen welcher Institutionen bestehende Streitigkeiten behandelt werden). Auch Brühl und Neyer (2008: 210) kommen in ihrem Vergleich zweier Regime aus der Umwelt- und der Welthandelspolitik zu dem Ergebnis:

> „Auch unter Bedingungen hochgradiger Verrechtlichung bleibt der Starke stark und der Schwache schwach."

Durch internationale Kooperationen werden somit bestehende Machtunterschiede verfestigt. Dieses Ergebnis scheint die realistische Schule zu bestätigen. Bereits 1939 stellte Carr fest, dass in internationalen Regimen bestehende Ungerechtigkeit formalisiert und stabilisiert werde. Damit ist auf die Notwendigkeit verwiesen, bestehende Ungleichheiten im Vorfeld internationaler wie transnationaler Kooperationen in die Analyse von Global Governance einzubeziehen und neben Kooperationsmustern auch Konfliktmuster näher zu betrachten. Die Berücksichtigung von Konflikten erlaubt es, Aussagen nicht nur über bestehende transnationale wie internationale Kooperationen zu formulieren, sondern auch Veränderungen im internationalen System zu erfassen.

Die These einer zunehmenden transnationalen und internationalen Verrechtlichung, die in eine globale Rechtsstaatlichkeit mündet, basiert auf der Annahme einer Gemeinwohlorientierung des Staates nicht nur nach innen, sondern auch nach außen. Der „Wohlfahrtsstaat" als Produzent von Kollektivgütern wird auf die internationale Ebene übertragen, bleibt aber in seiner Wesensart unhinterfragt. Aus der quasi axiomatischen Festschreibung einer Gemeinwohlorientierung der Staaten auch in den internationalen Beziehungen, unter der weiteren Annahme einer abnehmenden Handlungsfähigkeit nationalstaatlicher Politik zur Lösung globaler Probleme durch Prozesse der Globalisierung, wird unter einem Rationalitätsvorbehalt die Notwendigkeit zu Kooperationen abgeleitet, die aus einer funktionalistischen Perspektive letztendlich zu globaler Rechtsstaatlichkeit führen soll. In affirmativer Absicht wird empirisch-analytisch eine Vielzahl an Kooperationsbeispielen untersucht, die den Weg zu einer solchen globalen Rechtsstaatlichkeit weisen. Doch was ist, wenn eine solche Gemeinwohlorientierung der Staaten gar nicht mehr gegeben ist?

Auf Prozesse der Transformation von Staatlichkeit weist Hirsch (1998) hin: Aus einer kritischen Theorieperspektive formuliert er die Hypothese für Industrieländer, dass der nationale Wohlfahrts- und Sicherheitsstaat der 1970er Jahre sich in den 1980er zu einem nationalen Wettbewerbsstaat verändert hat, der nach Lessenich und Nullmeier (2006: 20) als „Territoriumsunternehmer", als „ein Anbieter eines vornehmlich räumlich bestimmten Produkts", mit anderen Staaten um den jeweils nationalen Produktionsstandort konkurriert (vgl. auch Strange 1988). In den 1990er Jahre lässt sich eine weitere Transformation von Staatlichkeit feststellen: vom nationalen Wettbewerbsstaat zum transnationalen Wettbewerbsstaat (Behrens 2009). Die westlichen Industrieländer konkurrieren nicht mehr nur untereinander um den jeweils nationalen Standort, sondern versuchen darüber hinaus, transnational Märkte und Produktionsstandorte in anderen Ländern für ihre Unternehmen zu öffnen und zu sichern.

Mit dieser Annahme einer Transformation von Staatlichkeit, die historische Prozesse einbezieht, lässt sich die Krise des Multilateralismus erklären. Die westlichen Industriestaaten, die als transnationale Wettbewerber um Märkte konkurrieren, sind nicht in der Lage, international Kollektivgüter im Sinne eines Gemeinwohls herzustellen und zu sichern (vgl. Abromeit 2008). Vielmehr agieren sie wie eigennützige Nutzenmaximierer in einem stetigen Wettbewerb. Deutlich wird diese Entwicklung im Wettrennen zwischen den USA, der EU, Japan und China um den Abschluss bilateraler Freihandelsverträge, das seit Anfang 2000 festgestellt werden kann. Unilateralistische wie bilateralistische Strategien

Wohlfahrtsstaat

Transformation von Staatlichkeit

der Außenpolitik schwächen jedoch das multilaterale System und vertiefen bestehende Interessengegensätze.

In der internationalen Handels-Governance lassen sich dabei zwei Konfliktlinien ausmachen: Auf die Konfliktlinie zwischen Gesellschaftswelt und Staatenwelt wurde bereits weiter oben eingegangen. Eine weitere Konfliktlinie resultiert aus den Interessengegensätzen zwischen Industriestaaten und Entwicklungsländern, wobei letztere die Forderungen der Industrieländer durch eine Allianzpolitik zunehmend abwehren.

So weigerte sich eine Formation aus 90 Entwicklungsländern (G90) auf der Ministerkonferenz in Cacun 2003 im Rahmen der Welthandelsrunde, die von den Industriestaaten vertretenen Singapur-Themen (Investitionen, Wettbewerb, öffentliches Beschaffungswesen und Handelserleichterungen) in die Verhandlungsagenda aufzunehmen. In Hongkong formierte sich im Jahr 2005 in Reaktion auf die Weigerung der USA und der EU, den Entwicklungszielen der Doha-Runde gerecht zu werden, der Widerstand in der G110 (vgl. Manz 2007). Die Folge bestehender Interessengegensätze ist ein Verhandlungsstillstand in der Welthandelsrunde. Die Krise des Multilateralismus ließe sich noch an weiteren Beispielen (IWF, Weltbank, UN-Sicherheitsrat, Klimaverhandlungen) illustrieren, die Vertreter des Global Governance-Konzepts nicht erklären können, bisher noch nicht einmal thematisiert haben. Der bloße Verweis auf bestehende Verrechtlichungsformen in der internationalen Politik trägt als Gegenargument nicht, da sie Produkte der Vergangenheit sind. Weiterhin kann nach Krasner (1976) ein Afterglow-Effekt vorliegen, wonach institutionelle Strukturen sich erst mit Verzögerung an Veränderungsprozesse im internationalen System anpassen.

In der Global Governance-Forschung bildet Zürn (2007) eine Ausnahme, der auf bestehende Konflikte und eine institutionalisierte Ungleichheit im internationalen System eingeht. Holistisch argumentierend geht er jedoch davon aus, dass diese Ungleichheit eine „notwendige Zwischenstufe zu einer echten, der Herrschaft des Rechts unterliegenden Konstitutionalisierung der Weltpolitik" (Zürn 2007: 701) angesehen werden kann. Neben dem Problem, dass sich eine solche in die Zukunft gerichtete Aussage einer empirisch-analytischen Überprüfung entzieht, ähnelt sie der Aussage von Vertretern neoklassischer Wirtschaftstheorien, wonach sich Angebot und Nachfrage auf dem Markt letztendlich ausbalancieren. Zu Recht entgegnete Keynes (1923: 80): „Now, in the long run this is probably true […]. But this long run is a misleading guide to current affairs. In the long run we are all dead."

In der künftigen Forschung zu Global Governance wäre die Analyse bestehender Kooperationsmuster und Formen der Verrechtlichung um eine Politikfelder vergleichende Analyse von Konfliktmustern zu ergänzen und zu überprüfen, inwieweit sich Konflikt- und Kooperationsmuster in den verschiedenen Politikfeldern internationaler Beziehungen ähneln oder aber unterscheiden und welche Entwicklungstendenzen sich abzeichnen. Im Fall vergleichbarer Konflikt- und Kooperationsmuster wäre dann zu untersuchen, ob diese für die These einer Konstitutionalisierung der Weltpolitik sprechen oder aber eher die Tendenz zu deren „Entrechtlichung" besteht. Im Fall unterschiedlicher Konflikt- und Kooperationsmuster stellt sich die Frage, ob sich eine Konvergenz oder aber eine Divergenz und somit zunehmende Fragmentierung abzeichnet. Durch die Einbezie-

hung der Konfliktdimension in einer Politikfelder vergleichenden Analyse könnte ein Wandel von Staatlichkeit über Prozesse der Denationalisierung hinaus
erfasst und sich das Konzept Global Governance als ein über die bisherige Steue-
rungsperspektive hinausgehender theoretischer Ansatz Internationaler Beziehungen entwickeln.

5.7 Literatur

Abromeit, Heidrun, 2008: Gesellschaften ohne Alternativen. Zur Zukunfts-fähigkeit
    kapitalistischer Demokratien, in: Jens Sambale/Volker Eick/ Heike Walk, Das Elend
    der Universitäten. Neoliberalisierung deutscher Hochschul-politik. Münster, 56-82.
Behrens, Maria, 2009: Transatlantic conflicts and the emerging of the transnational com-
    petitive state, Nr. 1, Bergische Schriften der Politikwissen-schaft, Bergische Univer-
    sität Wuppertal.
Behrens, Maria (Hrsg.), 2005: Globalisierung als politische Herausforderung. Global
    Governance zwischen Utopie und Realität. Wiesbaden.
Behrens, Maria/Reichwein, Alexander, 2007: Global Governance, in: Arthur Benz/Su-
    sanne Lütz/Uwe Schimank/Georg Simonis (Hrsg.), Handbuch Governance. Wiesba-
    den, 311-324.
Benz, Arthur, 2004: Einleitung: Governance – Modebegriff oder nützliches sozialwissen-
    schaftliches Konzept? in: Arthur Benz, Governance – Regieren in komplexen Regel-
    systemen. Wiesbaden, 11-28.
Benz, Arthur/Papadopoulos, Yannis (Hrsg.), 2006: Governance and Democracy: Compar-
    ing National, European and International Experiences. London/ New York.
Betsill, Michele M./ Corell, Elisabeth (Hrsg.), 2008: NGO Diplomacy. The Influence of
    Nongovernmental Organizations in International Environmental Negotiations. Cam-
    bridge, Mass. u.a.
Brand, Ulrich/Brunnengräber, Achim/Schrader, Lutz/Stock, Christian/Wahl, Peter, 2000:
    Global Governance: Alternative zur neoliberalen Globalisierung? Münster.
Breitmeier, Helmut, 2008: The Legitimacy of International Regimes. Burlington, VT.
Brühl, Tanja, 2006: Public-Private Partnerships: Ungleiche Partner? Neue Regulierungs-
    formen auf dem Prüfstand, in: Stefan A. Schirm (Hrsg.), Globalisierung. For-
    schungsstand und Perspektiven. Baden-Baden, 169-189.
Brühl, Tanja/Neyer, Jürgen, 2008: Recht der Macht oder Macht des Rechts? Globales
    Regieren im Ozon-Regime und der WTO, in: Gunnar Folke Schuppert/Michael Zürn
    (Hrsg.), Governance in einer sich wandelnden Welt (PVS Sonderheft 41). Wies-
    baden, 190-212.
Buckingham, Donald E./Phillips, Peter W.B., 2001: Hot Potato, Hot Potato: Regulation
    Products of Biotechnology by International Community, in: World Trade 35, 1-31.
Carr, Edward Hallett, 1939: The Twenty Year's Crisis, 1919-1939: An Introduction to the
    Study of International Relations. London.
CGG, 1995: Our Global Neighbourhood, Commission on Global Governance. Oxford.
Chappelet, Jean-Loup/Kübler-Mabbott, Brenda, 2008: The International Olympic Com-
    mittee and the Olympic System: the governance of world sport. London u.a.
Czempiel, Ernst O., 2004: Die Disziplin „Internationale Beziehungen" und die Bestim-
    mung ihres Gegenstands, in: Manfred Knapp/Gert Krell (Hrsg.), Einführung in die
    internationale Politik. 4. Aufl., München, 3-28.
Deitelhoff, Nicole, 2006: Zu(m) Recht überzeugt – Die Errichtung des Internationalen
    Strafgerichtshofs im Spannungsfeld zwischen Recht und Politik, in: Michael Be-

cker/Ruth Zimmerling (Hrsg.), Politik und Recht (PVS Sonderheft 36). Wiesbaden, 449-477.

Dingwerth, Klaus/Pattberg, Philipp, 2006: Was ist Global Governance? In: Leviathan 34, 377-399.

Fischer-Lescano, Andreas/Teubner, Gunther, 2006: Regime-Kollisionen. Zur Fragmentierung des globalen Rechts. Frankfurt a.M.

Gehring, Thomas/Oberthür, Sebastian, 2000: Internationale Umweltregime. Umweltschutz durch Verhandlungen und Verträge. Opladen.

Genschel, Philipp/Zangl, Bernhard, 2009: Transformation of the State – From Monopolist to Manager of Political Authority, paper written for the ISA 2009 Convention, New York, USA.

Gilpin, Robert, 2001: Global Political Economy: Understanding the International Economic Order. Princeton/Oxford.

Grande, Edgar, 2001: Die neue Unregierbarkeit. Globalisierung und die Grenzen des Regierens jenseits des Nationalstaats, in: Werner Fricke (Hrsg.), Jahrbuch Arbeit und Technik 2001/2002. Bonn, 95-110.

Graz, Jean-Christophe/Nölke, Andreas (Hrsg.), 2007: Transnational Private Governance and its Limits (ECPR Studies in European Political Science). London/New York.

Held, David/McGrew, Anthony/Goldblatt, David/Perraton, Jonathan, 1999: Global Transformations. Politics, Economics, and Culture. Cambridge.

Helleiner, Eric, 1994: States and the Reemergence of Global Finance: from Bretton Woods to the 1990s. Ithaca, NY.

Hirsch, Joachim, 1998: Vom Sicherheits- zum nationalen Wettbewerbsstaat. Berlin.

Holsti, Kalevi J., 1988: International Politics. 5. Aufl., Englewood Cliffs.

Huffschmid, Jörg, 2005: Internationale Finanzmarktpolitik: Regulierungs-bestrebungen und -blockaden, in: Maria Behrens (Hrsg.), Globalisierung als politische Herausforderung. Global Governance zwischen Utopie und Realität. Wiesbaden, 269-291.

Hummel, Hartwig, 2004: Transnationale Unternehmen und Global Governance zwischen freiwilligen Partnerschaften und rechtsverbindlichen Regeln, in: Tanja Brühl/Heidi Feldt/Brigitte Hamm/Hartwig Hummel/Jens Martens (Hrsg.), Unternehmen in der Weltpolitik. Politiknetzwerke, Unternehmens-regeln und die Zukunft des Multilateralismus. Bonn, 22-43.

Jellinek, Georg, 1900: Das Recht des modernen Staates, Band 1: Allgemeine Staatslehre. Berlin.

Kaldor, Mary, 2000: „Civilising" Globalisation? The Implications of the „Battle of Seattle", in: Millennium: Journal of International Studies 29, 105-114.

Kell, George, 2005: The Global Compact. Selected Experiences and Reflections, in: Journal of Business Ethics 59, 69-79.

Keohane, Robert O./Nye, Joseph S., 1971: Transnational Relations and World Politics. Cambridge, MA.

Keynes, John Maynard, 1923: A Tract on Monetary Reform. London.

Krasner, Stephen D., 1976: State Power and the Structure of International Trade, in: World Politics 23, 317–347.

Lavelle, Kathryn C., 2004: NGOs and Representation in the United Nations System, paper written for the ISA 2004 Convention, Quebec, Kanada.

Lessenich, Stefan/Nullmeier, Frank, 2006: Einleitung: Deutschland zwischen Einheit und Spaltung, in: Stefan Lessenich/Frank Nullmeier (Hrsg), Deutschland eine gespaltene Gesellschaft. Frankfurt a.M./New York, 7-27.

Manz, Thomas, 2007: Allianzen und Gruppen im Global Governance-System – Multilateralismus zwischen partikularen Interessen und universellen Anfor-derungen, in: Internationale Politik und Gesellschaft 2, 25-45.

Mayntz, Renate, 2009: Governancetheorie: Erkenntnisinteresse und offene Fragen, in: Edgar Grande/Stefan May (Hrsg.), Perspektiven der Governance-Forschung. Baden-Baden, 9-20.

Menzel, Ulrich, 2004: Zwischen Idealismus und Realismus: Die Lehre von den Internationalen Beziehungen. 3. Aufl., Frankfurt a.M.

Messner, Dirk/Nuscheler, Franz, 1996: Global Governance, Organisationselemente und Säulen der Weltordnungspolitik, in: Dirk Messner/Franz Nuscheler (Hrsg.),Weltkonferenzen und Weltberichte. Bonn, 12-36.

Nölke, Andreas, 2007: Für eine politische Theorie politischer Ordnungsbildung jenseits des Nationalstaats. Eine Replik auf Zürn et al., in: Zeitschrift für Internationale Beziehungen 14, 191-200.

Osterhammel, Jürgen/Petersson, Niels P., 2003: Geschichte der Globalisierung. Dimensionen, Prozesse, Epochen. München.

Peters, Anne, 2006: Compensatory Constitutionalism: The Function and Potential of Fundamental International Norms and Structures, in: Leiden Journal of International Law 19, 579-610.

Reinicke, Wolfgang, 1998: Global Public Policy. Governing without Government? Washington, DC.

Risse, Thomas, 2008: Regieren in „Räumen begrenzter Staatlichkeit“: Zur Reisefähigkeit des Governance-Konzeptes, in: Gunnar Folke Schuppert/Michael Zürn (Hrsg.), Governance in einer sich wandelnden Welt (PVS Sonderheft 41). Wiesbaden, 149-170.

Risse, Thomas, 2003: Konstruktivismus, Rationalismus und Theorien Internationaler Beziehungen – warum empirisch nichts so heiß gegessen wird, wie es theoretisch gekocht wurde, in: Gunther Hellmann/Klaus Dieter Wolf/ Michael Zürn (Hrsg.), Die neuen Internationalen Beziehungen. Forschungs-stand und Perspektiven in Deutschland. Baden-Baden, 99-132.

Rittberger, Volker/Zangl, Bernhard, 2003: Internationale Organisationen – Politik und Geschichte. Wiesbaden.

Rosenau, James N., 1992: Governance, Order, and Change in World Politics, in: Ernst-Otto Czempiel/James N. Rosenau (Hrsg.), Governance without Government: Order and Change in World Politics. Cambridge, 1-29.

Scharpf, Fritz W., 1999: Regieren in Europa. Effektiv und demokratisch? Frankfurt a.M./New York.

Schuppert, Gunnar Folke, 2008: Governance – auf der Suche nach Konturen eines „anerkannt uneindeutigen Begriffs“, in: Gunnar Folke Schuppert/Michael Zürn (Hrsg.), Governance in einer sich wandelnden Welt (PVS Sonderheft 41). Wiesbaden, 13-40.

Simonis, Georg, 2005: Weltumweltpolitik: Erweiterung von staatlicher Handlungsfähigkeit?, in: Maria Behrens (Hrsg.), Globalisierung als politische Herausforderung. Global Governance zwischen Utopie und Realität. Wiesbaden, 313-344.

Slaughter, Anne-Marie, 2004: A New World Order. Princeton.

Strange, Susan, 1988: States and Markets. London.

Tetzlaff, Rainer/Jakobeit, Cord, 2005: Das nachkoloniale Afrika : Politik – Wirtschaft – Gesellschaft. Wiesbaden.

Tomuschat, Christian (Hrsg.), 2006: The fundamental rules of the international legal order : Jus Cogens and obligations Erga Omnes. Leiden u.a.

Tsingou, Eleni, 2007: Transnational private governance and the Basel process: banking regulation and supervision, private interests and Basel II, in: Jean-Christophe Graz/ Andreas Nölke (Hrsg.), Transnational Private Governance and its Limits (ECPR Studies in European Political Science). London/New York, 58-68.

UN Global Compact, 2009: Annual Review 2008. United Nations Global Compact, New York.

Varwick, Johannes (Hrsg.), 2008: Globale Umweltpolitik : eine Einführung. Schwalbach/Ts.

Weltbank, 2008: Global Development Finance, The role of International Banking. The International Bank for Reconstruction and Development/The World Bank: Washington.

Zangl, Bernhard, 2006: Die Entstehung internationaler Rechtsstaatlichkeit?, in: Stephan Leibfried/Michael Zürn (Hrsg.), Transformationen des Staates? Frankfurt a.M., 123-149.

Zangl, Bernhard/Zürn, Michael, 2004: Make Law Not War. Internationale und transnationale Verrechtlichung als Baustein für Global Governance, in: Michael Zürn/Bernhard Zangl (Hrsg.), Verrechtlichung – Baustein für Global Governance? Bonn, 12-45.

Zürn, Michael, 2007: Institutionalisierte Ungleichheit in der Weltpolitik. Jenseits der Alternative „Global Governance" versus „American Empire", in: Politische Vierteljahresschrift 48, 680-704.

Zürn, Michael, 2005: Global Governance, in: Gunnar Folke Schuppert (Hrsg.), Governance-Forschung. Vergewisserung über Stand und Entwicklungslinien. Baden-Baden, 121-146.

Zürn, Michael, 1998: Regieren jenseits des Nationalstaates. Frankfurt a.M.

Kapitel 6:
Multilevel Governance – Governance in Mehrebenensystemen

Arthur Benz

6.1 Merkmale von Multilevel Governance

Die Vorstellung, dass politische Prozesse in Organisationen oder Regierungssystemen auf unterschiedlichen Ebenen ablaufen, scheint die Unterscheidung zwischen höheren und niedrigeren Ebenen vorauszusetzen. In gewisser Weise trifft dies auch zu, denn normalerweise finden wir in Organisationen oder politischen Systemen eine hierarchische Struktur. Die Einteilung in Ebenen bedeutet aber zunächst nur, dass Organisationseinheiten für größere oder kleinere Gebiete zuständig sind. Einen Vorrang der Entscheidungen in größeren Einheiten impliziert dies aber noch nicht. Auch die Tatsache, dass zentrale Organisationseinheiten für allgemeine Angelegenheiten zuständig sind, rechtfertigt nicht ihre Überordnung, da das Allgemeine nicht zwingend über dem Besonderen steht. Governance in Mehrebenensystemen (Multilevel Governance) ist also nicht gleichzusetzen mit einer hierarchischen Ordnung.

Hieraus allerdings folgt, dass es nur dann Sinn macht, von Ebenen der Politik zu sprechen, wenn diese nach Gebieten organisiert ist. Mehrebenensysteme entstehen durch Aufteilung von Macht oder Kompetenzen auf territorial abgegrenzte Organisationen. Dies ist im modernen Staat grundsätzlich der Fall, der als Territorialstaat entstand und dessen zentrales Gliederungsprinzip das Gebiet ist (Benz 2008: 107-113). Dieses Prinzip wirkt sich in dreifacher Weise auf die Struktur von Politik aus: Der Staat ist eine nach einem Gebiet abgegrenzte Einheit, er ist intern territorial untergliedert in zentrale, regionale und/oder lokale Gebietskörperschaften und er bildet mit anderen Territorialstaaten ein internationales Mehrebenensystem. Selbstverständlich finden wir auch im Staat, in seinen Untergliederungen und in der internationalen Politik Organisationsstrukturen, die nach Funktionen oder Politikfeldern eingeteilt sind. Als primäres Organisationsmerkmal, dem etwa für die Gestaltung demokratischer Verfahren und für grundlegende Aufgaben der Gesetzgebung und des Gesetzesvollzugs entscheidende Bedeutung zukommt, dient aber das Territorium.

Mehrebenensysteme können auch in Form des „funktionalen Föderalismus" existieren (Frey 1997). Demnach werden spezifische Aufgaben „Zweckverbänden" oder ähnlichen Einheiten zugewiesen, deren Gebiet je nach Aufgabe unterschiedlich abgegrenzt ist. Territoriale Strukturen zeichnen sich dabei durch eine „variable Geometrie" aus. Auch in privaten Organisationen ist das Territorialprinzip für die Organisationsdifferenzierung relevant, es hat aber nicht die vorrangige Bedeutung wie im Staat, sondern betrifft meist ein sekundäres Strukturmerkmal.

(Randnotizen:) Zum Begriff „Ebenen"

Gebietsbezug

Die folgenden Ausführungen beziehen sich deswegen auf politische Strukturen und Prozesse, die durch staatliche Organisationsstrukturen geprägt sind.

Verflechtung

Von Governance in Mehrebenensystemen sollten wir nur dann sprechen, wenn politische Prozesse eine Ebene überschreiten. Was auf den ersten Blick als tautologische Aussage erscheinen mag, ist tatsächlich ein wichtiges Definitionsmerkmal. Unterstellt wird damit nämlich nicht einfach eine organisatorische Gliederung eines politischen Systems in Ebenen, auf denen jeweils getrennte Aufgaben erfüllt werden. Mehrebenensysteme der Politik entstehen, wenn zwar die Zuständigkeiten nach Ebenen aufgeteilt, jedoch die Aufgaben interdependent sind, wenn also Entscheidungen zwischen Ebenen koordiniert werden. Die in der deutschen Föderalismusdiskussion vielfach negativ bewertete „Politikverflechtung" stellt somit ein wesentliches Merkmal von Multilevel Governance dar, das, obgleich unter anderen institutionellen Bedingungen, auch in anderen föderativen Systemen vorkommt. Zentraler Gegenstand der politikwissenschaftlichen Analyse sind die Ursachen, die Formen und die Folgen des Zusammenwirkens der politischen Institutionen und Akteure der verschiedenen Ebenen.

Kombination intra- und intergouverne- mentaler Regel- systeme

Ein weiteres Merkmal der Mehrebenenpolitik ergibt sich daraus, dass mit Ebenen eine bestimmte Organisation von Politik, sei es einer Gebietskörperschaft oder einer internationalen Form der Staatenzusammenarbeit oder der Staatenverbindung, umschrieben wird. Wir haben es also mit einer komplexen Konfiguration zu tun, die aus der Verbindung von Strukturen und Prozessen innerhalb von Ebenen (intragouvernemental) und zwischen Ebenen (intergouvernemental) gebildet wird. Multilevel Governance findet somit in verbundenen „Arenen" statt. Mit Arena bezeichnen wir einen durch institutionelle Regeln definierten Kontext, in dem Akteure aus unterschiedlichen Organisationen zur Erfüllung spezifischer Funktionen oder Aufgaben zusammenwirken. Arenen bilden sich beispielsweise um das Parlament oder um die Regierung oder sie existieren in Form von Verhandlungssystemen in Politikfeldern. Die konkrete Form eines Mehrebenensystems ergibt sich aus dem Arenenverbund; sie resultiert aus der Kombination von institutionellen „Regelsystemen" (Lehmbruch 2000) der jeweiligen Ebenen und der Beziehungen zwischen ihnen. Diese Regelsysteme erzeugen bestimmte Funktionslogiken der Politik, die mehr oder weniger miteinander kompatibel sind.

6.2 Zur Entwicklung des Begriffs

Neuer Begriff für altes Phänomen

Der Begriff Multilevel Governance bzw. Steuerung und Koordinierung im Mehrebenensystem wird in der politikwissenschaftlichen Literatur erst seit einiger Zeit gebraucht. Das damit beschriebene Phänomen ist allerdings schon seit langem Gegenstand von Analysen. Nahe liegend ist, dass die Föderalismusforschung sich damit befasste. Darüber hinaus untersuchte man im Rahmen der Verwaltungsforschung, insbesondere in der Implementationsforschung, Mehrebenenbeziehungen zwischen Institutionen der Gesetzgebung bzw. der Programmentwicklung und den ausführenden dezentralen Verwaltungseinheiten. Durchgesetzt hat sich die Bezeichnung in der Europaforschung und in den Theorien der internationalen Politik.

In der Föderalismusforschung (vgl. Benz/Lehmbruch 2002) erkannte man schon frühzeitig, dass moderne Bundesstaaten zwar der Idee der Gewaltenteilung zwischen Bund und Gliedstaaten folgen, dass aber – unabhängig von der Art der Kompetenzzuordnung – zwischen Ebenen Interdependenzen zu bewältigen sind. In normativen Modellen, die aus der ökonomischen Theorie des Föderalismus abgeleitet werden, wird gefordert, Aufgaben und Zuständigkeiten klar zu trennen. Dies ist allerdings aus drei Gründen unrealistisch. Zum einen zielte Gewaltenteilung im Bundesstaat (so wenig wie die Gewaltenteilung zwischen Legislative und Exekutive) niemals auf Trennung der Ebenen, sondern auf wechselseitige Machtbegrenzung, die nur funktioniert, wenn zentrale und dezentrale Einheiten wechselseitig aufeinander einwirken können. Zum anderen begründet auch die ökonomische Theorie des Föderalismus die Notwendigkeit von Mehrebenenkoordination. Differenzierte Betrachtungen einzelner Aufgaben zeigen, dass praktisch keine Aufgabe ohne externe Effekte dezentralisiert und keine ohne beträchtliche Entscheidungskosten zentralisiert werden kann. Deswegen bedarf es einer wechselseitigen Beteiligung der Ebenen an der Aufgabenerfüllung von Organisationen der jeweils anderen Ebene (sei es durch Mitentscheidung, Aufsicht oder Finanztransfers). Drittens belegen auch empirische Untersuchungen über die Entwicklung von Bundesstaaten, dass die Verflechtung zwischen Bund und Gliedstaaten generell zugenommen hat. Der Begriff kooperativer Föderalismus wird deswegen in allen modernen Bundesstaaten verwendet.

> Kooperativer Föderalismus

In der Bundesrepublik Deutschland fand in den 1960er Jahren der Begriff des kooperativen Bundesstaats und der Politikverflechtung Eingang in die wissenschaftlichen Diskussionen. Ausgelöst wurden diese durch die Beteiligung des Bundes an Länderaufgaben, die zunächst verfassungsrechtlich nicht geregelt war. Gleichwohl erkannten einzelne Verfassungsrechtler und Vertreter der juristischen Staatslehre, dass die Verflechtung zwischen Bund und Gliedstaaten wenn nicht für einen modernen Bundesstaat charakteristisch, so doch aufgrund der Komplexität der Staatsaufgaben erforderlich ist. Kritik an der Politikverflechtung wurde dann vor allem von Politikwissenschaftlern geübt, die sie als Ursache für das Scheitern von Reformen im Regierungs- und Verwaltungssystem sowie für Steuerungsdefizite in Politikfeldern identifizierten. Dies zeigte Fritz W. Scharpfs Analyse der Politikverflechtung (Scharpf 1978; Scharpf u.a. 1976), die eine intensive Debatte auslöste (Scharpf u.a. 1977; Kropp 2009), ferner Gerhard Lehmbruchs Studie zum Parteienwettbewerb im deutschen Bundesstaat (2000, zuerst 1976). Beide Politikwissenschaftler erkannten in den besonderen Strukturen des kooperativen Bundesstaats Blockadegefahren, behaupteten allerdings nicht, dass Politikblockaden tatsächlich regelmäßig eintreten würden. Vielmehr fanden sie heraus, dass die kooperierenden Akteure unter normalen Bedingungen in der Lage sind, sich zu einigen, wobei allerdings eine innovative, Strukturen verändernde und zwischen Regionen diskriminierende Politik kaum durchsetzbar sei.

> Politikverflechtung

In der nordamerikanischen Föderalismusliteratur (z.B. Simeon 2006; Wright 1988) werden die Ebenenverflechtungen als *intergovernmental relations* bezeichnet. Darunter versteht man so unterschiedliche Prozesse wie Lobbyaktivitäten von Regierungen dezentraler Gebietskörperschaften im Bund (*intergovernmental lobbying*), Verhandlungsbeziehungen zwischen Regierungen oder auch Parlamentariern bei der Formulierung von Programmen, Kooperationen zwi-

> Intergovernmental relations

schen unterschiedlichen Verwaltungen bei der Durchführung von Programmen, insbesondere bei zweckgebundenen Finanzhilfen, oder auch Regierungs- und Verwaltungsbeziehungen zwischen dezentralen Gebietskörperschaften (*inter-state* oder *inter-local-relations*). Bemerkenswerterweise entdecke man diese Praktiken in Bundesstaaten wie den USA oder Kanada, die nach der Verfassungsordnung und dem ursprünglichen Föderalismuskonzept ein Trennsystem (dualer Föderalismus) verwirklichen sollten. In diesem Kontext entstanden eine Reihe wichtiger Analysekonzepte, die für die Theoriebildung nützlich sind, etwa verschiedene Typologien von Phasen intergouvernementaler Beziehungen (z.B. Wright 1988), die Unterscheidung zwischen Vertretern einer Gebietskörperschaft (*topocrats*) und Vertretern spezieller Aufgabenbereiche (*technocrats*; Beer 1978), das Konzept der interorganisatorischen Netzwerke (z.B. Rhodes 1997) oder die Differenzierung nach Verteilungs- und Entwicklungsaufgaben (Peterson 1995; Peterson u.a. 1986).

Implementationsstrukturen

Auch in der Implementationsforschung finden wir schon in den 1970er Jahren Analysen von Mehrebenensystemen, wenngleich der Begriff nicht verwandt wurde. Grundlage dieser Untersuchungen war aber ein Begriff der Implementationsstruktur, der nicht nur den interorganisatorischen Charakter der Vollzugsverwaltung erfasste, sondern auch Wechselbeziehungen zwischen Programmentwicklung und Programmvollzug und damit zwischen zentralen und dezentralen Institutionen. In diesem Kontext wurde deutlich, dass Mehrebenenbeziehungen auch in Einheitsstaaten relevant sind. Denn auch in ihnen werden Gesetze und Programme des Zentralstaats vielfach durch regionale oder lokale Gebietskörperschaften vollzogen. Letztere verfügen auch in Einheitsstaaten über eine rechtlich garantierte Autonomie und über politische Institutionen mit eigenen Interessen, Zielen, Ressourcen und eigener Legitimation. Sie bilden insofern eine eigene Ebene, deren Beziehungen zum Zentralstaat nicht nur für die Durchsetzung, sondern bereits für die Formulierung von Politik wichtig sind. In Großbritannien griff man daher Konzepte der amerikanischen Forschung zu *intergovernmental relations* auf, um die Beziehungen zwischen Staat und Lokalverwaltungen zu untersuchen (Rhodes 1981). Einen eigenständigen analytischen Ansatz entwickelte eine Gruppe von Organisationssoziologen um Michèl Crozier in Frankreich, die ausgeprägte Verbindungen zwischen Ebenen in Form der Ämterkumulation, der intermediären Rolle der Präfekten sowie der eigentümlichen indirekten, durch neutrale Akteure vermittelten politischen Beziehungen zwischen dem Zentralstaat und den regionalen und lokalen Verwaltungen erkannte (*régulation croisée*; Crozier/Thoenig 1976).

Europaforschung

Die Bezeichnung Mehrebenenverflechtung wurde in den 1990er Jahren auf den deutschen Bundesstaat angewandt (Benz 1992). Fast gleichzeitig tauchte die Bezeichnung Multilevel Governance in der Europaforschung auf, nachdem Fritz W. Scharpf schon früher seine Politikverflechtungsanalyse auf die EU übertragen hatte (Scharpf 1985). Es war vor allem die Ausdifferenzierung der EU durch die zunehmende Beteiligung der Regionen sowie die Regionalisierung der Strukturpolitik, worauf mit dem Begriff reagiert wurde (Hooghe/Marks 2001; Marks u.a. 1996; Rhodes 1997: 157-159; als Überblick vgl. Benz/Zimmer 2008). Die Begriffsbestimmungen blieben allerdings relativ vage. Multilevel Governance wurde definiert als flexible Machtaufteilung zwischen Ebenen, ohne dass eine Instanz über die Kompetenz zur Letztentscheidung verfügt:

> „... variable combinations of governments on multiple layers of authority – European, national, and subnational – form policy networks for collaboration. The relations are characterized by mutual interdependence on each others' resources, not by competition for scarce resources" (Hooghe 1996: 18).

Auch in Untersuchungen von internationalen Beziehungen wurde das Konzept des Mehrebenensystems aufgegriffen, um den Zusammenhang zwischen nationaler und internationaler Politik zu erfassen. Während sich Vertreter des „Realismus" bestenfalls für die innerstaatliche Präferenzbildung interessierten, die dann in der internationalen Machtpolitik als gegeben betrachtet wurde, interessierten sich Vertreter des Intergouvernementalismus für die Wechselbeziehungen zwischen nationaler und internationaler Ebene. Mit dem – von ihm explizit als Metapher bezeichneten – Begriff des „Zwei-Ebenen-Spiels" (*two-level games*) brachte Robert Putnam (1988) diese Sichtweise des so genannten *linkage approach* auf eine weiterführende konzeptionelle Grundlage (vgl. auch Evans u.a. 1993). Ihm ging es dabei um die Tatsache, das Regierungen von Nationalstaaten ihre Politikstrategien unter der Bedingung entwickeln, dass sie gleichzeitig auf zwei Ebenen agieren:

Internationale Politik

> „Each national political leader appears at both game boards. Across the international table sit his foreign counterparts, and at his elbow sit diplomats and other international advisors. Around the domestic table behind him sit party and parliamentary figures, spokespersons for domestic agencies, representatives of key interest groups, and the leader's own political advisors. The unusual complexity of this two-level game is that moves that are rational for a player at one board (such as rising energy prices, conceding territory or limiting auto imports) may be impolitic for that same player at the other board. Nevertheless there are powerful incentives for consistency between the two games" (Putnam 1988: 434).

Im Mittelpunkt der Untersuchungen stehen damit Verhandlungsstrategien und Strategien der politischen Führung unter der Bedingung, dass die Akteure unterschiedlichen Anforderungen der nationalen und internationalen Politik gerecht werden müssen. Dabei wurde sowohl auf die Möglichkeit der strategischen Selbstbindung (Schelling 1960: 22) von Regierungen an Politikpräferenzen ihrer nationalen Parlamente als auch auf ihre Fähigkeit zur Manipulation der nationalen Politik und den Machtgewinn der Exekutive gegenüber den Parlamenten aufgrund von Bindungen in internationalen Beziehungen hingewiesen (Moravcsik 1997; Wolf 2000).

Inzwischen berücksichtigen Analysen von internationalen Mehrebenenbeziehungen, dass neben den Regierungen auch andere Akteure aus Staaten, internationalen Organisationen und dem privaten Sektor beteiligt sein können. Insbesondere die Rolle von Vertretern transnationaler gesellschaftlicher Interessen findet dabei neuerdings Aufmerksamkeit. Der Begriff des Mehrebenensystems erweitert sich dadurch in Richtung Multilevel Governance. Mit Governance beschreibt man hier Regelungs- und Entscheidungsstrukturen, die neben öffentli-

Rolle privater Akteure

chen (staatlichen) auch private Akteure einschließen und die zu einem beträchtlichen Maß informell sind (Pierre 2002). Renate Mayntz hat in einem jüngsten Beitrag das Konzept auf den ökonomischen Sektor übertragen, ohne damit allerdings die Rolle des Staates auszublenden (Mayntz 2009: 79-104).

Dieser kurze Überblick zeigt, dass die Politikwissenschaft noch nicht über einen eindeutig definierten Begriff von Multilevel Governance verfügt. Die Konturen des Konzepts zeichnen sich allerdings ab und die Beiträge aus verschiedenen Forschungskontexten liefern eine Grundlage für eine Begriffspräzisierung. Eine Theorie, welche die Entstehung von Mehrebenensystemen oder die Funktionsweise und die Folgen von Politik in solchen Strukturen erklärt, gibt es hingegen nicht. Bereichsspezifische Theorien etwa zur Politikverflechtung im deutschen Bundesstaat und in der EU oder zu internationalen Verhandlungen bieten aber Bausteine für die weitere Theoriebildung (Benz 2009; Scharpf 2006).

6.3 Präzisierung des Konzepts

Grundlegende Fragestellungen

In allen genannten Forschungskontexten lässt sich ein Begriff von Mehrebenenpolitik feststellen, auf den die drei in der Einleitung genannten Merkmale zutreffen: Erstens sind mit Ebenen politische Einheiten gemeint, die primär nach territorialen Aspekten organisiert sind. Zweitens gilt das Interesse politischen Strukturen und Prozessen, die die Ebenen miteinander verbinden, sowie der Koordination und Steuerung zwischen Ebenen. Drittens bestehen Zusammenhänge zwischen den die Ebenen verbindenden Prozessen und Regeln sowie den institutionellen Bedingungen und politischen Prozessen innerhalb der Ebenen. Mehrebenenpolitik durchläuft also immer verschiedene „intra- und intergouvernementale" Arenen. Für die Beschreibung und Analyse von Governance im Mehrebenensystem ergibt sich daraus, dass wir wissen müssen,

1. welche Probleme in der Mehrebenenpolitik zu lösen bzw. welche Ziele zu erreichen und welche Aufgaben zu erfüllen sind;
2. welche Akteure im Mehrebenensystem mit welchen Rollen und Interessen in der Politik mitwirken und wie sie in institutionelle Kontexte eingebunden sind, d.h. wie autonom oder abhängig sie von den Organisationen sind, die sie vertreten;
3. welche spezifischen Strukturmerkmale und institutionalisierten Regeln innerhalb der Ebenen auf die Beziehungen zwischen den Ebenen einwirken, d.h. wie intra- und intergouvernementale Governance-Mechanismen zusammenspielen;
4. wie die Politik zwischen den Ebenen koordiniert wird, welche Steuerungs- und Koordinationsmechanismen hierbei eingesetzt werden.

6.3.1 Grundproblem der Mehrebenenpolitik

Interdependenz

Die Kenntnis der Probleme, Ziele und Aufgaben der Mehrebenenpolitik liefert uns Hinweise auf Ursachen von Multilevel Governance und Bewertungsmaßstäbe, auf die sich die Analyse richten kann. Grundsätzlich dient die politische

Steuerung und Koordinierung der Bewältigung von Interdependenzen zwischen Ebenen oder zwischen den Territorien der kleineren Einheiten. Interdependenzen können durch externe Effekte verursacht sein, etwa wenn Entscheidungen der zentralen Ebene die Entscheidungsspielräume dezentraler Einheiten verringern oder wenn diese mit ihren Entscheidungen die Erreichung übergeordneter Ziele verhindern. Kommunen, die auf ihrem Gebiet umweltschädigende Industrien ansiedeln, beeinträchtigen die ökologische Situation in Nachbargebieten und größeren Räumen. Die Länder der Bundesrepublik Deutschland können durch eine zu hohe Verschuldung die Stabilitätsziele der bundesdeutschen oder europäischen Wirtschaftspolitik stören. Der Bund wiederum kann durch seine Steuerpolitik die Wirtschaftsstruktur in den Ländern beeinflussen. Wenn die EU den freien Binnenmarkt durchsetzt, so muss sie die Wirtschaftsförderung der Mitgliedstaaten und Regionen begrenzen. Wechselwirkungen zwischen den Zielen und der Aufgabenerfüllung in einzelnen Territorien können aber auch Verteilungskonflikte auslösen. Die Binnenmarktpolitik der EU betrifft Regionen in unterschiedlicher Weise und Intensität, deshalb kompensiert die europäische Strukturpolitik (genauso wie jede nationale Regierung mit ihren Förderprogrammen) die Nachteile wirtschaftlich schwacher Regionen und erzeugt durch diese Politik wiederum spezifische Verteilungseffekte. Zentrale Entscheidungen über staatliche Leistungen oder über Steuern wirken sich in der Regel unterschiedlich auf Regionen aus, weswegen diese die Frage der Verteilungsgerechtigkeit zum Thema der Mehrebenenpolitik erklären.

Ziele und Aufgaben geben nicht nur Auskunft darüber, warum Entscheidungen zwischen Ebenen zu koordinieren sind, sie liefern zugleich Anhaltspunkte für die Bewertung von Politikergebnissen. Wenn Wissenschaftler allerdings objektive Maßstäbe einer „richtigen Politik" definieren, so ignorieren sie den politischen Charakter ihres Untersuchungsgegenstands. Wie ein Problem zu lösen und wie eine Aufgabe zu erfüllen ist, entscheidet sich in politischen Prozessen. Kriterien für ein objektiv richtiges Politikergebnis gibt es daher grundsätzlich nicht. Allerdings lassen sich zwei anerkannte Kriterien nennen, an denen sich die Analyse von Governance im Mehrebenensystem orientieren kann: Zum einen kann davon ausgegangen werden, dass Entscheidungen, die auf der Tagesordnung eines politischen Systems stehen, darauf gerichtet sind, einen bestehenden Zustand zu ändern. Ob und in welchem Maße Politik dazu in der Lage ist, kann als ein Qualitätsmerkmal gelten. Zum anderen müssen politische Entscheidungen bei den Betroffenen akzeptiert werden. Das Ausmaß der Akzeptanz stellt daher ein zweites Qualitätskriterium für die Bewertung von Politik dar. In Mehrebenensystemen ist die gleichzeitige Erreichung von Entscheidungen, die den Status quo ändern, und die explizite oder implizite Zustimmung innerhalb der jeweiligen Gebietseinheiten (und zwar sowohl der größeren wie der kleineren) alles andere als leicht zu erreichen. Deswegen ist mit diesen beiden zunächst fast trivial erscheinenden Kriterien bereits eine relativ hohe „Messlatte" angelegt. Die Qualität von Politikergebnissen ergibt sich aus der Kombination beider Maßstäbe.

Das grundlegende Problem der Politik in Mehrebenensystemen liegt darin, dass beide Anforderungen an politische Steuerung in unterschiedlichen Strukturkontexten („Arenen") zu erfüllen sind. Die Änderung des Status quo erfordert die Koordination der Politik zwischen Ebenen oder Einheiten, weil die entsprechen-

[Marginalia] Anforderungen an die Koordinierung

[Marginalia] Grundproblem der Mehrebenenpolitik

de Macht, dies zu bewirken, aufgeteilt ist. Die Zustimmung zu den Änderungen ist aber innerhalb der Ebenen zu erreichen, d.h. in Gesellschaften oder ihren Repräsentationsorganen, deren Wahrnehmungs- und Handlungshorizont in unterschiedlicher Weise territorial begrenzt ist.

6.3.2 Akteure, Institutionen und Governance-Modi

Akteure   Im Bereich der nationalen und internationalen Politik sind in Mehrebenensystemen regelmäßig Regierungen oder Verwaltungen von Staaten oder subnationaler staatlicher oder kommunaler Gebietskörperschaften beteiligt, meist sogar in führender Funktion. Diese Akteure unterliegen den institutionellen Regeln ihrer jeweiligen Regierungssysteme. Regierungen sind den Parlamenten verantwortlich und müssen auf die Wählerschaft sowie organisierte Interessen Rücksicht nehmen. Akteure aus Verwaltungen müssen Weisungen befolgen oder bedürfen, wenn sie Entscheidungen in der Mehrebenenpolitik lediglich vorbereiten, der Unterstützung ihrer Regierung und/oder der Parlamente. Auch sie unterliegen damit den Spielregeln des Regierungs- und Verwaltungssystems, dem sie angehören. Daneben finden wir häufig Vertreter von Verbänden sowie unabhängige Experten. Diese Akteure haben in der Regel beratende Funktionen. Folglich ist ihre Macht zwar geringer als diejenige staatlicher Akteure, aber sie sind nicht auf die Verwirklichung von Politikergebnissen verpflichtet und können nicht für das Scheitern von Politik verantwortlich gemacht werden. Verbandsvertreter, die spezifische Interessen ihrer Klientel vertreten, können damit ohne negative Folgen für die Entscheidungsfähigkeit auf ihren Positionen beharren. Anders als Regierungen, die gleichzeitig auf mehreren Ebenen an Regeln und Entscheidungen gebunden sein können, unterliegen sie keinem Rollenkonflikt. Allerdings gibt es auch Fälle von Multilevel Governance, in denen private Akteure durch förmliche Verträge oder verbindliche Absprachen verpflichtet werden. Sie handeln dann in dem Spannungsfeld von „Mitgliedschaftslogik" und „Einflusslogik" (Schmitter/Streeck 1981), müssen also bei Verhandlungen mit Regierungen berücksichtigen, wie ihre Mitglieder auf Kompromisse in Verhandlungen reagieren. In Mehrebenensystemen stellt sich diese Herausforderung für Vertreter von Spitzen- bzw. Dachverbänden in besonderen Maße.

Intragouvernementale Regeln   Die Schwierigkeiten der Entscheidungsfindung im Mehrebenensystem resultieren im Wesentlichen daraus, dass intraorganisatorische Regeln den Akteuren in der intergouvernementalen Politik Fesseln anlegen. Sofern sie sich an der Spitze einer hierarchischen Organisation befinden, ist dies kaum der Fall, weil sie dann autonom agieren können. Eindeutig hierarchische Strukturen sind in modernen Gesellschaften aber selten. Regierungen müssen die Regeln ihres demokratischen Regierungssystems beachten. In einer parlamentarischen Demokratie mit einem pluralistischen System der Interessenvermittlung sind sie dem Wettbewerb um Macht und Einfluss ausgesetzt, während sie in gewaltenteilig organisierten präsidentiellen Regierungssystemen oder in Konkordanzdemokratien die Willensbildung in Verhandlungen beachten müssen. Akteure aus Fachverwaltungen sind an die Politik ihrer Behörde gebunden und übernehmen oft Problemdefinitionen und Informationen der in ihrem Aufgabenbereich tätigen Interessengruppen und Experten. Verbandsvertreter müssen in ihren Verbandsgremien Unterstützung finden, in jedem Fall aber eine Politik verfolgen, die für Verbandsmitglieder attraktiv ist, da diese immer mit dem Verlassen des Verbandes (*exit*) reagieren können. Die einzigen Akteure, die in ihrem Handeln vollständig autonom und von der kollektiver Willensbildung und Kontrolle in einer Organisation unabhängig sind, sind Experten, die gerade deswegen in der Mehrebenenpolitik oft eine besonders einflussreiche Rolle spielen. Sie können, ohne auf Verpflichtungen gegenüber Organisationen Rücksicht nehmen zu müssen, Entscheidungsvorschläge machen, die von den anderen Beteiligten als objektiv begründet übernommen werden können.

Zwischen den Ebenen besteht in aller Regel keine hierarchische Ordnung. Selbst wenn dies formal der Fall ist, so verfügen die dezentralen Einheiten über hinreichende Macht, um sich einem „Durchgriff" der Zentralebene zu entziehen. Auch in Einheitsstaaten verlaufen Mehrebenenprozesse nur im Schatten der Hierarchie, faktisch erfolgt die Koordinierung im Wege der Verhandlungen oder des Wettbewerbs. In Bundesstaaten und noch mehr in der EU ist dieser Schatten schwach oder nicht vorhanden, weil hier einzelne dezentrale Gebietskörperschaften oder eine Mehrheit von ihnen ein Vetorecht gegen Entscheidungen der Zentralebene ausüben kann. In der internationalen Politik gibt es keine hierarchisch übergeordnete Instanz, weshalb sich hier Mehrebenenpolitik meistens in Verhandlungen vollzieht, in denen jeder Staat über ein Veto- oder Austrittsrecht verfügt. Verhandlungen zwischen den Ebenen können mehr oder weniger durch Konkurrenz zwischen autonomen Gebietseinheiten überlagert werden. In der internationalen Politik sowie im so genannten Wettbewerbsföderalismus bzw. im Differenzierungsföderalismus, in welchem innerhalb von Gliedstaaten regionalistische Autonomiebestrebungen einflussreich sind, ist die Koordination durch Verhandlungen immer durch Konkurrenz gefährdet. Wettbewerb kann aber auch als ein Modus der intergouvernementalen Koordination funktionieren, wenn Staaten oder Gebietskörperschaften durch Anreize dazu gebracht werden, ihre Politik wechselseitig einander anzupassen.

Intergouvernementale Regeln

6.3.3 Zusammenwirken von Governance-Mechanismen

Der Ablauf und die Ergebnisse der Steuerungs- und Koordinationsprozesse zwischen den Ebenen hängen von den Funktionsmechanismen der zwischen Ebenen verlaufenden Politik sowie der Politik in Organisationen ab, in die die Akteure im Mehrebenensystem eingebunden sind. Der Begriff Mechanismus soll die Art und Weise bezeichnen, wie politische Prozesse ablaufen, wenn die institutionell festgelegten oder faktisch anerkannten Regeln der Interaktion und der Konfliktregelung wirksam sind. Er beschreibt also eine geregelte, deswegen zu erwartende Abfolge von Handlungen und Interaktionen der beteiligten Akteure, die in einer „Arena" der Politik kollektive Entscheidungen anstreben. Zu unterscheiden ist zwischen der einseitigen Machtausübung, die in Mehrebenensystemen aber nur in Form von Vetos vorkommt (Tsebelis 2002), dem Verhandlungsmechanismus und dem Wettbewerbsmechanismus, die auf wechselseitiger Beeinflussung oder Anpassung beruhen. Mehrebenensysteme zeichnen sich dadurch aus, dass in der Regel viele Akteure Vetomacht einsetzen können, um Entscheidungen zu blockieren. Vetos werden aber regelmäßig nur als Drohpotenziale in Verhandlun-

Funktions-mechanismen

gen genutzt, weil sich Blockaden normalerweise für alle Beteiligten als schlechter erweisen als eine Einigung, bei der Interessen wenigstens partiell durchgesetzt werden. Im Wettbewerb können Vetos die Anpassung eines Akteurs verhindern, wenn die hieraus resultierenden Veränderungen innerhalb der betroffenen Organisation abgelehnt werden. Die Machtpolitik von Vetospielern wirkt sich mithin primär innerhalb von Verhandlungen und im Wettbewerb aus.

Störungen   Störungen von Verhandlungsprozessen können sich ergeben, wenn die Verhandlungspositionen von maßgeblichen Akteuren innerhalb der von ihnen vertretenen Institutionen im politischen Wettbewerb bestimmt werden. Das ist in parlamentarischen Wettbewerbsdemokratien der Fall, weil hier Regierungen auf die Zustimmung konkurrierender Parteien angewiesen sind. Die Parteienkonkurrenz richtet sich darauf, ob eine Regierung die Interessen des eigenen Volkes wirksam vertritt, und Regierungen werden dadurch veranlasst, dies durch eine unbeugsame Haltung in intergouvernementalen Verhandlungen zu signalisieren. Auch die Regeln von Verhandlungsdemokratien tragen zur Störungsanfälligkeit der Mehrebenenpolitik bei, weil die Verhandlungsspielräume der Akteure sowie die Umsetzbarkeit von Vereinbarungen für die Verhandlungspartner schwer zu kalkulieren sind, wenn innerhalb von Gebietskörperschaften Mehrheiten für eine Politik nicht durch Parlamentswahlen vorgegeben werden, sondern immer erst ausgehandelt werden müssen (Benz 2000). Sowohl geringe Flexibilität der Akteure als auch wechselseitige Unsicherheit über Verhandlungsspielräume beeinträchtigen die Chancen auf eine Einigung. Störungen können aber auch im intergouvernementalen Wettbewerb auftreten, wenn die wechselseitige Anpassung der involvierten Regierungen oder Verwaltungen durch interne politische Entscheidungen oder institutionelle Restriktionen verhindert wird.

Kopplungen   Neben den durch institutionelle Regeln bedingten Funktionsmechanismen ist die Art und Weise, wie Prozesse in den Ebenen und zwischen Ebenen verbunden sind, relevant. Diese Verbindung entscheidet darüber, über welche Spielräume die Akteure verfügen, um mit Störungen der Koordination umzugehen. Zu unterscheiden ist zwischen enger Kopplung, bei der die Mechanismen der einzelnen Ebenen stark aufeinander einwirken, und loser Kopplung, bei der die Wechselwirkungen schwach sind.[1] Enge Kopplung entsteht, wenn Akteure sich den Regeln einer Ebene nicht oder nur mit hohen Kosten entziehen können. Das trifft für den parlamentarischen Parteienwettbewerb ebenso zu wie für institutionalisierte Verhandlungssysteme, die Beteiligte dazu zwingen, sich zu einigen („Zwangsverhandlungen"; Scharpf 1992: 63). Solche Formen der Verhandlungen finden wir im deutschen Bundesstaat, teilweise auch in anderen Bundesstaaten und in der europäischen Union. Verhandlungen erzeugen lose Kopplungen, wenn einstimmige Entscheidungen selten vorgesehen sind, einzelne Akteure eine abweichende Politik verfolgen können (*opting out*) und der Verhandlungsprozess eine inkrementelle Anpassung von Positionen erlaubt. Lose gekoppelt sind auch Mehrebenensysteme, in denen die Koordination zwischen den territorialen Einheiten in einer Mischung aus Verhandlungen und wechselseitiger Anpassung

---

[1]   Die Unterscheidung zwischen enger und loser Kopplung, die in der Systemtheorie und in der Organisationstheorie geprägt wurde, spielt in der Analyse von Mehrebenensystemen und föderativen Regierungssystemen eine zunehmende Rolle (Armingeon 2000: 121-123; Benz 1998: 584 und Benz 2000; Lehmbruch 2000: 29; Obinger 2002: 252).

erfolgt. Wettbewerbe können dagegen starke Zwänge zur Folge haben, denen sich Akteure in der Mehrebenenpolitik kaum entziehen können. Das gilt vor allem für den Standortwettbewerb, der zum Teil in ökonomischen Theorien des Föderalismus als Effizienz fördernd empfohlen wird, während der Leistungs-wettbewerb, der unten näher erläutert wird, eine lose gekoppelte Struktur von Multilevel Governance impliziert.

Zusammenfassend können wir also festhalten, dass sich Governance in Mehrebenensystemen durch folgende Merkmale beschreiben lässt:

Zusammenfassung

- Interdependenzen zwischen Ebenen, die aus externen Effekten und Verteilungskonflikten resultieren können;
- das Zusammenwirken öffentlicher und privater Akteure (Regierungen/Verwaltungen, Verbände, Experten);
- institutionalisierte Regelsysteme innerhalb von Ebenen, in denen die Akteure der Multilevel Governance handeln (insbesondere Festlegung von Vetorechten, Parteienwettbewerb, Verhandlungen, *exit*-Möglichkeiten von Mitgliedern);
- Koordinationsformen und -mechanismen zwischen den Ebenen, die auf Verhandlungen oder Wettbewerb beruhen, wobei beide in den Schatten der Hierarchie eingebettet sein können;
- die Art der Kopplung zwischen den internen und externen Governance-Mechanismen (lose oder eng), die darüber entscheidet, wie stark maßgebliche Akteure an jeweilige Regelsysteme gebunden sind.

6.4 Varianten von Governance in Mehrebenensystemen

Der Begriff Governance im Mehrebenensystem steht also für unterschiedliche Formen von Ebenen übergreifenden Steuerungs- und Koordinationsstrukturen. Er bietet ein analytisches Konzept, das geeignet ist, die reale Vielfalt von Mehrebenenpolitik zu verstehen. Ich will dies an drei Beispielen illustrieren: der Gesetzgebung im deutschen Bundesstaat, der Strukturpolitik in der EU und dem Leistungswettbewerb zwischen Regionen.

6.4.1 Intergouvernementale Verhandlungen und Parteienwettbewerb: Politikverflechtung im deutschen Bundesstaat

Im deutschen Bundesstaat finden wir verschiedene Formen von Governance im Mehrebenensystem, wobei die meisten auf intergouvernementalen Verhandlungen beruhen (Goetz 1995; Scheller/Schmid 2008). Besonders wichtig ist das Muster der „Politikverflechtung" (Scharpf 1985), das hier am Beispiel der Gesetzgebung im Bund dargestellt wird. Im Fall von Zustimmungsgesetzen liegt eine spezifischen Form von Governance vor, die sich dadurch auszeichnet, dass Verhandlungen zwischen den Regierungen des Bundes und der Länder eng mit dem Mechanismus des Parteienwettbewerbs in der parlamentarischen Demokratie gekoppelt sind. Die beiden Regelsysteme erzeugen divergierende Verhaltensweisen und inkompatible Interaktionsformen (Lehmbruch 2000: 28-30). Die

Gesetzgebung als Sonderfall von Governance

kompetitiven Orientierungen der Vertreter des Bundes und der Länder, die im Parteienwettbewerb agieren, erschweren eine Einigung in Verhandlungen; erfolgreiche Verhandlungen zwischen Bundes- und Landesregierungen, die vorwiegend in informellen Verfahren zustande kommen, schwächen die Parlamente und drohen, den Parteienwettbewerb außer Kraft zu setzen (Benz 1998; Lehmbruch 2000).

Bundesstaatliches Verhandlungssystem

Zur Verwirklichung ihres politischen Programms benötigt die Bundesregierung bei wichtigen Gesetzgebungsvorhaben nicht nur die Unterstützung der – im Regelfall loyalen – Regierungsfraktionen, sondern auch die Mehrheit der Stimmen im Bundesrat. Sie muss also mit den Landesregierungen verhandeln, um die Zustimmung der Bundesratsmehrheit sicherzustellen. Landesregierungen vertreten im Prinzip Länderinteressen, treten also für die Belange einer Region bzw. einer Gebietskörperschaft ein. Sie unterliegen jedoch, ebenso wie die Bundesregierung, auch der parlamentarischen Kontrolle und sind daher von Fraktionen im Landesparlament beeinflusst. Es kommt nun häufig vor, dass im Bundesrat Parteien über die Stimmenmehrheit verfügen, die im Bundestag die Opposition bilden. Da – anders als etwa in der Schweiz – in Deutschland die Parteien, welche im parlamentarischen System bedeutend sind, gleichzeitig auf Bundes- und Landesebene vertreten sind, gewinnt in diesem Fall die Opposition im Bundestag über den Bundesrat ein mittelbares Vetorecht in der Gesetzgebung. Verhandlungen zwischen Bundes- und Landesregierungen verlaufen damit praktisch als Verhandlungen zwischen den Führungen der Regierungs- und der Oppositionsparteien. Über Gesetze, die der Zustimmung des Bundesrates bedürfen, entscheidet daher nicht die Mehrheit im Bundestag, sondern eine Art große Koalition.

Parteienwettbewerb und Verhandlungen

Die Spielregeln des Parteienwettbewerbs wirken auf diese Verhandlungen wegen der starken Bindung der Regierungen an Mehrheitsfraktionen – also wegen einer engen Kopplung zwischen parlamentarischer und intergouvernementaler Arena. Genauso stark wirken aber Verhandlungszwänge. Die Bundesregierung kann bei Zustimmungsgesetzen ihre Politik nicht ohne die Unterstützung der Ländermehrheit durchsetzen. Die Landesregierungen wiederum sind im Bundesrat faktisch an Absprachen gebunden, die sie in Verhandlungen mit anderen Ländern oder in Bund-Länder-Verhandlungen getroffen haben. Wenn sie sich auf Kooperation mit der Bundesregierung eingelassen haben, so werden sie damit unmittelbar und für die Bürger sichtbar in die Verantwortung einbezogen, so wie sie für Politikblockaden verantwortlich gemacht werden, wenn sie die Zustimmung verweigern. Insofern erzeugt auch das bundesstaatliche Verhandlungssystem in der Gesetzgebung enge Kopplungen der Regelsysteme. Die Verhandlungslogik aber widerspricht der Logik des Parteienwettbewerbs, nach der sich Oppositionsvertreter als Alternative zur Regierung präsentieren müssen. Dadurch entsteht ein Dilemma für die Akteure. Einerseits beeinträchtigt kompetitives Verhalten der Regierungen Verhandlungen, andererseits wird der Parteienwettbewerb durch die Zwänge zur Verhandlung außer Kraft gesetzt.

Steuerungs- und Demokratiedefizite

Die enge Kopplung zwischen den inkompatiblen Interaktionsformen des Parteienwettbewerbs und der Bund-Länder-Verhandlungen erschwert effektives und demokratisches Regieren. Sofern kompetitive Handlungsorientierungen, die im Parteienwettbewerb erzeugt werden, vorherrschen, drohen Entscheidungsprozesse in der Gesetzgebung blockiert zu werden, wenn die Zustimmung des Bundesrats erforderlich ist und wenn die Opposition im Bundesrat über eine Stimmenmehrheit verfügt. Die Regierung ist dann nicht hinreichend handlungsfähig, weil sie ihr Gesetzgebungsprogramm nicht vollständig realisieren kann. Wenn sich Regierungen, die für verschiedene Parteien stehen, einigen, dann verliert der Parteienwettbewerb seine orientierende Funktion in der repräsentativen Demokratie. Zudem verlagern sich Entscheidungsprozesse in der Gesetzgebung aus der parlamentarischen Arena in inoffizielle intergouvernementale Verfahren oder Parteigremien.

Angesichts von Governance-Strukturen, welche die Steuerungsfähigkeit des Staates begrenzen, sind ergänzende Strukturen und Verfahrensweisen wichtig geworden, die für die Stabilität wie Effektivität des Bundesstaates sorgen. Wichtig ist hierbei natürlich der Vermittlungsausschuss, in dem Mitglieder des Bundestags und des Bundesrats, die dem Einfluss von Parteien und Öffentlichkeit entzogen verhandeln, Kompromisse finden können, die dann im Bundestag und Bundesrat nur noch angenommen oder abgelehnt werden können. Faktisch werden viele Kompromisse bereits informell zwischen Bund und Ländern ausgehandelt, wobei je nach Konfliktträchtigkeit der Materie Experten in den Fachverwaltungen, Regierungen oder Vertreter der Parteien beteiligt sind. Oft werden Entscheidungen auch innerhalb der Parteien zwischen Bundes- und Ländervertretern vorgeklärt, was das Konfliktniveau reduziert, wenn Bund-Länder-Interessen hier ausgeglichen werden können, was aber die Konfrontation intensiviert, wenn Entscheidungen ohnehin durch Parteiideologien geprägt sind. *(Vermittlungsstrukturen und -verfahren)*

Das eng gekoppelte Mehrebenensystem im kooperativen Bundesstaat ist besonders ungünstig für eine Politik, die Veränderungen bestehender Strukturen und Eingriffe in Besitzstände von Gruppen oder Gebieten erfordert (vgl. Scharpf 1989; Scharpf 1994). Kompromisse stellen häufig Einigungen auf dem kleinsten gemeinsamen Nenner dar, und Verhandlungslösungen scheitern gerade dann, wenn ambitionierte Reformprogramme umgesetzt werden sollen. Pragmatische Anpassung der Institutionen und Programme ist im deutschen Bundesstaat die Regel (Hesse/Benz 1990; Benz 1999). Die enge Kopplung zwischen parteipolitischem Wettbewerb und Verhandlungen in einem parlamentarischen und föderativen Staat ist Ursache dieses Tatbestands. *(Inkrementelle Politik)*

Falls die seit der Deutschen Einheit festzustellende Tendenz einer föderativen Differenzierung des Parteiensystems anhält, wird dieser Zusammenhang allerdings abgeschwächt. Die Differenzierung zeigt sich in zwei Formen: Zum einen gewannen in der CDU wie in der SPD die Landes- bzw. Bezirksverbände mit ihren Parteiführungen deutlich an Gewicht. In beiden Parteien geschah dies, als sie im Bundestag in der Opposition waren und die Ministerpräsidenten aufgrund ihrer Stellung im Bundesrat die eigentlichen Machtzentren bildeten. Die innerparteiliche Willensbildung ist inzwischen stärker durch föderative Konflikte als durch Unitarisierungsbestrebungen geprägt. Zum anderen sind auch außerhalb Bayerns die Parteiensysteme auf Bundes- und Landesebene nicht mehr homogen. Nach der Deutschen Einheit formierte sich in Ostdeutschland ein eigenes Drei-Parteiensystem, in dem nicht nur die PDS und nunmehr „Die Linke" eine starke Stellung besitzt, sondern in dem sich auch die Landesverbände der CDU und der SPD zunehmend als eigenständig begreifen und sich nicht ohne weiteres in vereinheitlichende Bund-Länder-Kompromisse integrieren lassen. *(Wandel des Parteienwettbewerbs)*

Die Folge ist, dass Parteienwettbewerb und Bund-Länder-Kooperation inzwischen schwächer gekoppelt sind. Ob dadurch die Einigung über Gesetzgebungsvorhaben erleichtert wird oder ob sich die Pluralisierung der Parteienlandschaft nicht eher negativ auf intergouvernementale Verhandlungen auswirkt, bleibt abzuwarten.

Einbeziehung von Verbänden und Experten — Die Entscheidungssituation der Politikverflechtung kann sich auch verändern, wenn die Gesetzgebung nicht allein in den bundesstaatlichen Verfahren der intergouvernementalen Beziehungen stattfindet, sondern in erweiterte Formen von Multilevel Governance transformiert wird. Dies geschieht vor allem, indem Verbände in Verhandlungssysteme eingebunden werden und zur Gesetzesvorbereitung beitragen oder indem den parlamentarischen Verfahren Expertenkommissionen vorgeschaltet werden, welche die Agenda der Politik mitbestimmen. Verbände spielen etwa in der Sozialpolitik eine wichtige Rolle. Allerdings verstärken sich hier die Konfrontation zwischen Arbeitgebern und Gewerkschaften und die Parteienkonfrontation wechselseitig, weshalb das politische System in diesem Bereich deutliche Anzeichen eines Immobilismus aufweist, seit es nicht mehr um die Aufteilung des Zuwachses in einer expandierenden Volkswirtschaft, sondern um die Umverteilung von Kosten des Sozialstaats geht. Expertenkommissionen sind in diesem Fall nur bedingt in der Lage, Blockaden aufzulösen. In anderen Politikfeldern tragen sie aber dazu bei, die enge Kopplung zwischen Parteienwettbewerb und bundesstaatlichem Verhandlungssystem abzuschwächen (Scheller/Schmid 2008).

6.4.2 Mehrebenenverhandlungen in der EU: Das Beispiel der Strukturpolitik

Governance in der EU — Das Regierungssystem der Europäischen Union weist Ähnlichkeiten mit der föderativen Ordnung in Deutschland auf und die Gesetzgebung der EU lässt sich mit dem Muster der Politikverflechtung vergleichen (Scharpf 1985). In einzelnen Politikfeldern haben sich aber Governance-Formen entwickelt, die davon klar abweichen. Neuerdings werden „innovative" Formen von Governance intensiv untersucht, die entweder Regulierungsagenturen, die von der Parteipolitik unabhängig sind, stärken oder Elemente von Wettbewerb und Netzwerke verbinden (z.B. Tömmel/Verdun 2008). Bereits die Besonderheiten des europäischen politischen Systems, das sich durch eine stärkere institutionelle Differenzierung auszeichnet als der kooperative Bundesstaat, fördern jedoch spezifische Muster intergouvernementaler Verhandlungen (vgl. auch den Beitrag von Jachtenfuchs/Kohler-Koch). Besonders deutlich erkennbar sind diese in der regionalen Strukturpolitik der EU, die lange Zeit als Musterbeispiel von Multilevel Governance betrachtet wurde (Auel 2003; Bache 2008; Benz 2000a, 2003; Hooghe 1996b; Hooghe/Marks 2001; Marks 1996).

Merkmale des Politikfelds — Die europäische Strukturpolitik dient der Verringerung von ökonomischen und sozialen Disparitäten zwischen Regionen, die durch die ungleichen räumlichen Wirkungen des Binnenmarkts verursacht sind. Durch die Vergabe von Strukturhilfen an ausgewählte Regionen soll der wirtschaftliche und soziale Zusammenhalt der EU gefördert werden. Wenngleich das Ziel der „Kohäsion" grundsätzlich anerkannt ist, impliziert diese Politik erhebliche Verteilungskonflikte zwischen Staaten und Regionen um die relativen Vor- und Nachteile der Förderung. Die Regionalpolitik findet in einer komplexen Form von Governance statt, die nicht nur die Ebenen der EU und der Mitgliedstaaten, sondern auch Regionen und Verbände einbezieht. Diese Strukturen variieren nach Phasen des politischen Prozesses. Zu unterscheiden ist zwischen der Festlegung des institutionellen und finanziellen Rahmens der Strukturpolitik auf europäischer Ebene sowie der Programmentwicklung und Implementation auf regionaler Ebene (Marks 1996). Diese Differenzierung der Mehrebenenverflechtung trägt in Verbindung mit den Besonderheiten des politischen Systems der EU zur losen Kopplung der europäischen Governance-Formen in diesem Bereich bei.

In der ersten Politikphase wird über den mittelfristig geltenden institutionellen und finanziellen Rahmen des strukturpolitischen Programms im Verfahren der europäischen Gesetzgebung entschieden. Der Ministerrat muss dabei einstimmig beschließen, und das Europäische Parlament übt ein Mitentscheidungsrecht nach den Regeln der europäischen Haushaltspolitik aus. Entschieden wird über einen Vorschlag der Kommission, der bereits mit Vertretern der wichtigsten Akteure im Europäischen Parlament, in den nationalen Regierungen und in den Regionen abgestimmt ist. Auf den ersten Blick liegen damit ähnliche Strukturen vor wie bei zustimmungspflichtigen Gesetzen im deutschen Bundesstaat. Tatsächlich sind aber wichtige Unterschiede zu beachten. *(Programmentwicklung)*

Bei der Entscheidung über den finanziellen Rahmen und die Modalitäten der Mittelvergabe geht es für die verhandelnden Regierungen im Kern um die Erhaltung oder Verbesserung der Bilanz aus Zahlungen an und Finanzzuflüssen aus dem EU-Haushalt. Staaten mit strukturschwachen Regionen setzen sich für eine Erweiterung der Förderung aus den Strukturfonds ein, wirtschaftsstarke Mitgliedstaaten streben dagegen einen Abbau oder eine stärkere räumliche und sachliche Konzentration der Strukturförderung an. Da die Nettobilanz aus Zahlungen und Leistungen ein einfaches Kriterium für die Bewertung der Europapolitik einer nationalen Regierung bietet, ist sie im innenpolitischen Parteienwettbewerb ein ständiges Thema von Debatten. Die Regierungsvertreter im Ministerrat werden dadurch veranlasst, auf die Verteilungsaspekte der Strukturpolitik zu achten und entsprechend harte Verhandlungspositionen zu vertreten. Mitgliedstaaten, die durch eine Reform der Strukturfonds besonders betroffen sind, drohen daher mit der Verweigerung der Zustimmung, was angesichts der Entscheidungsregel im Ministerrat Entscheidungen blockieren kann. *(Verteilungskonflikte)*

Bis etwa zur Jahrtausendwende konnten Vetos einzelner Mitgliedstaaten regelmäßig vermieden werden, indem der Umfang der Fördermittel erhöht oder Reformen in größeren Verhandlungspaketen verabschiedet wurden, in denen Vor- und Nachteile einigermaßen ausgeglichen waren (Hooghe/Keating 1994; Laffan 2000). Angesichts der konträren Interessen und der engen Kopplung der europäischen Verhandlungen an den nationalen Parteienwettbewerb ist es gleichwohl erstaunlich, dass auch danach häufig Politikinnovationen gelungen sind. Ohne spezifische institutionelle Strukturen des europäischen Mehrebenensystems, die sowohl der Dominanz von Verteilungskonflikten als auch der engen Kopplung der Mehrebenenpolitik an den nationalen Parteienwettbewerb entgegenwirken, wären sie kaum möglich gewesen.

Die Intensität der Verteilungskonflikte wird reduziert, indem Entscheidungen über den institutionellen und finanziellen Rahmen und Entscheidungen über die eigentliche Mittelverteilung auf Regionen in getrennten Verfahren getroffen werden. Im multilateralen Verhandlungssystem auf europäischer Ebene werden neben dem Volumen der für die Strukturpolitik verfügbaren Mittel lediglich die Prinzipien und Verfahren festgelegt, nach denen Regionen gefördert werden. Zur Diskussion stehen damit primär Ziele, die mit der regionalen Strukturpolitik erreicht werden sollen, sowie die Normen der Verteilung. Die konkrete Auswahl der Förderregionen sowie die Zuweisung der Mittel erfolgen erst in den weiteren Stufen des Politikprozesses. Die Reform der Strukturpolitik wird damit zwar nicht weniger mit Konflikten belastet, aber eigentlicher Entscheidungsgegenstand sind Begründungen für die Diskriminierung zwischen Regionen sowie die Effizienz und Effektivität der Förderpolitik und nicht die Gewinn- und Verlustbilanzen der Mitgliedstaaten.

Die enge Kopplung zwischen intergouvernementalen Verhandlungen und Parteienwettbewerb wird im europäischen Mehrebenensystem abgeschwächt, weil die Agenda der europäischen Gesetzgebung durch die unabhängige Europäische Kommission definiert wird. Sie setzt Vorgaben für Entscheidungen aufgrund von informellen Vorverhandlungen. Die politische Brisanz der Verteilungskonflikte in der Strukturpolitik veranlasst die Kommission, für ihren Entscheidungsvorschlag die politische Unterstützung von Verbänden zu gewinnen. Zudem bemüht sie sich, Vertreter von Regionen für ihre Anliegen zu gewinnen, um sich in Verhandlungen mit Mitgliedstaaten hierauf berufen zu können (Hooghe 1996a). Dem dienen Kontakte mit dem Ausschuss der Regionen, aber auch bilaterale Verhandlungen mit Vertretern einzelner Regionen. Auf diese Weise werden Konflikte im mehrstufigen Verfahren inkrementell bearbeitet, eine Konfrontation von Gewinnern und Verlierern in Verteilungsprozessen wird vermieden. Die harten Verhandlungen im Ministerrat um nationale Gewinne und Verluste betreffen nur noch Veränderungen des Entscheidungsvorschlags der Kommission.

Die eigentliche Förderpolitik erfolgt getrennt von den Entscheidungsprozessen über den institutionellen und finanziellen Rahmen in einer anderen Governance-Struktur. Dies bewirkt nicht nur die Entkopplung von Verteilungskonflikten, sondern trägt weiter dazu bei, dass intergouvernementale Verhandlungssysteme von kompetitiven Verhaltensweisen der Beteiligten entlastet werden, die durch den Parteienwettbewerb in den parlamentarischen Regierungssystemen entstehen könnten. Die Zielregionen der Förderung nach Kriterien der europäischen Strukturpolitik in den Mitgliedstaaten werden in Verfahren ausgewählt, in denen die Europäische Kommission sowie zuständige nationale und regionale Institutionen zusammenwirken. Die Kriterien der EU geben dabei nur Richtlinien vor, die Entscheidungsspielräume für die Auswahl der Fördergebiete belassen. Die Zuweisung von Mitteln der EU an Regionen erfolgt auf der Grundlage von abgestimmten Programmplanungen der Europäischen Kommission und der Regionen, welche die Förderziele konkretisieren sollen (vgl. Allen 2005).

Die Planungen werden in bilateralen Verhandlungen koordiniert. Unmittelbar beteiligt sind hierbei die zuständige Generaldirektion der Kommission sowie die für die Regionalpolitik verantwortlichen Fachverwaltungen der Mitgliedstaaten, d.h. je nach Staatsorganisation nationale oder regionale Verwaltungen. Die Parlamente der Mitgliedstaaten oder (soweit solche existieren) der Regionen sind im Verfahren betroffen, weil die Finanzhilfen der EU von den begünstigten Gebietskörperschaften „ko-finanziert" werden müssen. Die Entscheidungen hierüber erfolgen aber bei der Verabschiedung der Haushaltspläne, während die Förderprogramme der Regierungen kaum zum Gegenstand parlamentarischer Kontroversen werden (Auel 2003). Die Ko-Finanzierung ist in Parlamenten selten umstritten, da selbst Oppositionsfraktionen nicht verlangen, dass eine Regierung auf die EU-Zuschüsse verzichtet.

Wichtiger ist, dass die Regionalen Entwicklungsprogramme nach der Richtlinie der EU in Kooperation mit den Wirtschafts- und Sozialpartnern erstellt werden sollen. Die Kooperation zwischen Verwaltungen und Verbänden in Regionen stellt für die Europäische Kommission ein Kriterium für die Qualität von regionalen Entwicklungsprogrammen dar. Zwar variiert die Art der Beteiligung in den Mitgliedstaaten und ihren Regionen, die korporatistischen Entscheidungsstrukturen konterkarieren jedoch den Einfluss der Parteien auf die Verhandlungen. Die Vertreter gesellschaftlicher Interessen wiederum haben kein formales Mitentscheidungsrecht, sondern wirken nur beratend mit. Sie können also die Programmentwicklung beeinflussen und die Informationsbasis verbessern, aber keine blockierenden Vetos einlegen. *(Rolle der Verbände)*

Schließlich ist zu bedenken, dass neben den finanziellen Anreizen der Wettbewerb der Regionen die innerregionalen Akteure zur Kooperation motiviert und deshalb kompetitive Verhaltensweisen etwa der Parteien zurückgedrängt werden. Regionen können also umso mehr an den europäischen Strukturfonds partizipieren, je handlungsfähiger sie im Vergleich zu anderen Regionen sind, je besser ihre Entscheidungs- und Implementationsstrukturen sind und je höher die Qualität ihrer Entwicklungskonzepte ist. Daher bemühen sich führende Akteure in der regionalen Politik, konsensfähige Konzepte zu entwickeln, die in der Region nicht nur auf Zustimmung treffen, sondern auch Beteiligung mobilisieren können. Entsprechende Impulse kommen vielfach aus dem privaten Bereich bzw. von Vertretern der Kammern. Hier sind Regionen im Vorteil, die weder die Wirtschafts- und Sozialpartner oder die Parteien bzw. Parlamente von der Programmplanung ausschließen noch eng gekoppelte Arenenverbindungen institutionalisieren, sondern mit offenen, netzwerkartigen Kooperationsstrukturen arbeiten. Allerdings bedarf es zugleich einer starken politischen Führung, die Kooperation initiiert und steuert (Kohler-Koch 1998: 247-248). *(Interregionaler Wettbewerb)*

Die Arenen der intergouvernementalen Verhandlungen, der Parlamente und der Sozialpartnerschaften sind daher in der europäischen Strukturpolitik nur lose miteinander verbunden. Die Mehrebenenstrukturen sind weniger anfällig für Entscheidungsblockaden als die deutsche Politikverflechtung. Daraus ist nicht zu folgern, dass die Qualität der europäischen Strukturpolitik besonders gut ist. Die Komplexität der Verhandlungssysteme bewirkt hohe Entscheidungskosten, die nicht zu unterschätzen sind. Erklärungsbedürftig ist jedoch, warum Koordination in diesen Strukturen überhaupt funktioniert. Um dies zu verstehen, muss man die Differenzierung und Kopplung der Arenen beachten. *(Entscheidungsfähigkeit)*

6.4.3 Multilevel Governance durch Leistungswettbewerb

Wettbewerbs-
föderalismus

In der politikwissenschaftlichen Literatur finden sich nur wenige Beiträge, die Wettbewerb als Koordinationsmechanismus in Mehrebenensystemen berücksichtigen. In der ökonomischen Literatur zum Föderalismus steht er dagegen im Vordergrund. Ursprünglich befasste sich diese mit dem Steuerwettbewerb zwischen Gebietskörperschaften (*institutional competition*; Bergh/Hoijer 2008; Vanberg/Kerber 1994; Tiebout 1956), der allerdings nur unter engen Voraussetzungen effektiv funktioniert. Regierungen und Parlamente werden zwar zur Anpassung ihrer Politik motiviert, wenn mobile Steuerzahler durch Wanderung zwischen Gebietskörperschaften auf Politikangebote reagieren. Mobilität ist allerdings mit Kosten verbunden, die zwischen Steuerzahlern stark differieren. Der Steuerwettbewerb wirkt sich daher auf einzelne Politikbereiche unterschiedlich aus und erzeugt meistens unintendierte negative Effekte. Die Koordinationswirkung kann nicht politisch gesteuert werden, sondern wird durch Interessen der mobilen Steuerzahler beeinflusst.

Leistungswettbewerb

Neuerdings findet daher der Modus des Leistungswettbewerbs mehr Aufmerksamkeit, weil dieser als Koordinationsmechanismus im Mehrebenensystem institutionell geregelt und auf angestrebte Ziele hin ausgerichtet werden kann (Besley/Case 1995; Breton 1996; Salmon 1987). Der intergouvernementale Wettbewerb kann zwischen Ebenen stattfinden, wenn diese über konkurrierende Zuständigkeiten verfügen. In der Regel handelt es sich um einen „horizontalen" Wettbewerb zwischen dezentralen Einheiten in einem Mehrebenensystem, wobei die übergeordnete Ebene entweder durch einseitige Entscheidung oder durch intergouvernementale Verhandlungen den Gegenstand, die Ziele und die Verfahrensweisen festlegt. Als Leistungswettbewerb bezeichnen wir einen Prozess, in dem Politiker oder Verwaltungsbeamte einer Gebietskörperschaft um beste Politikergebnisse wetteifern und dafür Anerkennung bzw. Zustimmung erlangen wollen.

Beispiele

Leistungswettbewerbe werden in Deutschland zwischen Kommunalverwaltungen veranstaltet. Auch im Hochschulbereich haben der Bund und die Länder inzwischen regulative Politik weitgehend durch kompetitive Verfahren der Koordination ersetzt, wobei die Leistungsmessungen und Leistungsanreize zum Teil erhebliche negative Folgeprobleme verursachen. Beispiele für erfolgreiche Koordination durch diesen Governance-Modus finden wir in der regionalen Raumentwicklung und Wirtschaftsförderung, wo die Europäische Kommission und Bundesministerien den Leistungswettbewerb bisher in verschiedenen, meistens experimentellen Verfahren eingesetzt haben. In der EU ist er auch in der „Offene Methode der Koordinierung" angelegt, sofern die Europäische Kommission Leitlinien, Ziele und Standards definiert und Leistungsvergleiche die Regierungen von Mitgliedstaaten zur Umsetzung der erforderlichen Reformen und Maßnahmen motivieren (Kerber/Eckardt 2007). Dies geschieht aber nur in einzelnen Verfahren der Offenen Methode der Koordinierung (Laffan/Shaw 2005).

Funktionsweise

Der Leistungswettbewerb soll dezentrale Regierungen, Parlamente oder Verwaltungen zu einer Änderung ihrer Politik im Hinblick auf bestimmte Ziele veranlassen. Dazu wird in einem festgelegten Verfahren die Zielerreichung anhand von politisch definierten Qualitätsindikatoren gemessen und verglichen. Im

Vergleich werden erfolgreiche und weniger erfolgreiche Politiken identifiziert, wobei unterstellt wird, dass die verantwortlichen Akteure danach streben, als erfolgreich zu gelten und vergleichsweise gute Leistungen zu erbringen. Die für die betreffenden Aufgaben zuständigen Akteure konkurrieren also miteinander, jedoch nicht um Zu- oder Abwanderer, sondern um Zustimmung zu ihren Leistungen. Dabei haben Auszeichnungen durch übergeordnete Instanzen, Verbände oder Expertengremien in der Regel zwar Anreizwirkung, die Konkurrenten werden oft auch durch Aussicht auf Ressourcengewinne motiviert. Finanzielle Zuweisungen, die zum Teil an die Sieger von organisierten Leistungswettbewerben vergeben werden, sind aber in aller Regel zu gering, um effektive Anreize zu erzeugen. Verhaltenslenkende Wirkungen gehen vielmehr von der Anerkennung aus, die Wettbewerbsteilnehmer innerhalb ihrer eigenen Organisation bei Vorgesetzten oder Mitgliedern oder in der Außendarstellung erreichen können. In Gebietskörperschaften sind die Zustimmung von Parlamenten oder Wählerschaften besonders relevant (Salmon 1987). Dabei lösen die Ergebnisse von „Rankings", welche Leistungen aller Regierungen oder Verwaltungen transparent machen und neben erfolgreichen auch erfolglose Politiken offen legen, meistens intensivere Diskussionen aus als Auszeichnungen von „best practices". In jedem Fall hängt die Wirkung von Wettbewerb von den Willensbildungs- und Entscheidungsprozessen in den konkurrierenden Gebietskörperschaften ab. Dies bedeutet, dass die politischen Strukturen und Prozesse innerhalb der dem Wettbewerb ausgesetzten Organisationen entscheidend für die Koordinationsleistungen sind.

Leistungswettbewerbe, die staatliche oder kommunale Gebietskörperschaften betreffen, können durch den internen Parteienwettbewerb behindert werden. Unter den Bedingungen der parlamentarischen Demokratie unterliegt Politik der parteipolitischen Auseinandersetzung, und die Repräsentanten von Gebietskörperschaften orientieren sich stärker am Vergleich zwischen Parteien als am Vergleich mit anderen Gebietskörperschaften. Der intergouvernementale Leistungsvergleich kann Argumente in den Auseinandersetzungen zwischen Regierungs- und Oppositionsparteien liefern oder sie beeinflussen. Allerdings setzen sich Parteipolitiker mit der Teilnahme am intergouvernementalen Wettbewerb dem Risiko aus, dass das Ergebnis der vergleichenden Evaluierung nicht ihren eigenen politischen Kalkülen entspricht. Die Forderung nach Transparenz impliziert, dass über Leistungen berichtet wird und Erfolge wie Misserfolge offen gelegt werden. Nach aller Erfahrung widerspricht dies der Handlungsrationalität von Politik und Verwaltung, die darin besteht, schlechte Ergebnisse nicht zu veröffentlichen und Kritik zu vermeiden. Dies ist besonders zu erwarten, wenn die verantwortlichen Akteure mit Sanktionen im parlamentarischen Prozess zu rechnen haben.

Intergouvernementaler Leistungswettbewerb und intragouvernementaler Parteienwettbewerb

Empirische Untersuchungen zum Regionenwettbewerb zeigen, dass neben dem Parteienwettbewerb auch etablierte Netzwerke die Effekte von Leistungswettbewerben beeinflussen können. Sie können ein Gruppendenken *(group think;* Janis 1972) stabilisieren, das sich nach innen richtet und komparative Handlungsorientierungen nicht zulässt. Beruhen Netzwerke auf starkem Vertrauen der Akteure und auf spezifischen sektoralen oder „lokalistischen" Perspektiven, dann ist mit den von Gernot Grabher (1993) beschriebenen *„lock-in"*-Effekten der Entwicklung, d.h. einer starken Pfadabhängigkeit zu rechnen. Der Leistungs-

Einfluss regionaler Netzwerke

wettbewerb stellt zwar einen Mechanismus dar, der Innovationen induziert. Aber damit diese gelingen, müssen in den konkurrierenden Regionen bestimmte strukturelle Voraussetzungen gegeben sein. Im Sinne des evolutionären Modells der Föderalismustheorie ist es denkbar, dass der Wettbewerb diese Voraussetzungen selbst erzeugt, wenn er nicht nur zur Anpassung der Politikinhalte, sondern auch der internen Strukturen führt. Netzwerke können allerdings starke Beharrungskräfte beinhalten, und unter dem Druck von Veränderungen können latente Konflikte aufbrechen, die die Anpassung behindern (Meincke 2008).

Einfluss von intergouvernementalen Verhandlungssystemen und Netzwerken

Im Unterschied zum Wettbewerb um mobile Steuerzahler, der durch Dezentralisierung erzeugt werden kann und gleichsam von selbst abläuft, funktioniert der Leistungswettbewerb nur, wenn er organisiert wird und Ziele und Verfahren zentral definiert oder zwischen den beteiligten Regierungen oder Verwaltungen vereinbart werden. Leistungswettbewerbe beruhen daher nicht einfach auf Dezentralisierung, sie finden in einer Mehrebenenstruktur statt, wenn Kompetenzen funktional aufgeteilt sind. Damit bestehen oft institutionalisierte oder gewachsene Strukturen der Mehrebenenpolitik neben den Verfahren des Wettbewerbs fort. Hinderlich für Leistungswettbewerbe sind vor allem Formen der „Politikverflechtung", also der etablierten Verhandlungssysteme zwischen Gebietskörperschaften. Normalerweise sind diese Kooperationsbeziehungen auf einen Interessen- und Ressourcenausgleich ausgerichtet, während Leistungsvergleiche und Regionenwettbewerbe nicht in die üblichen Routinen der Koordination passen. Darüber hinaus können Netzwerke von „Fachbruderschaften" in den Verwaltungen, ggf. mit Unterstützung durch Verbände, ihre spezifischen Interessen gegen Veränderungen verteidigen. Nach den bisherigen Erfahrungen mit Regionenwettbewerben in Deutschland ist es sehr schwer, solche Innovationshemmnisse zu überwinden (Wiechmann u.a. 2004).

Governance durch Leistungswettbewerb im Mehrebenensystem erfordert zum einen, dass Ziele, Leistungsindikatoren und Evaluierungsverfahren verbindlich festgelegt werden, sei es durch zentrale Entscheidung oder durch Vereinbarungen zwischen Akteuren der verschiedenen Ebenen. Dabei besteht die Gefahr der Übersteuerung durch die Zentralebene oder durch intergouvernementale Expertennetzwerke bzw. Verhandlungssysteme (Kerber/Eckardt 2007: 239). Zum anderen können die Governance-Ziele nur erreicht werden, wenn dezentrale Institutionen und Interaktionskonstellationen der Akteure Lernprozesse und Politikänderungen zulassen. Wie in den anderen Formen von Multilevel Governance ist das Zusammenwirken von intergouvernementalen und intragouvernementalen Mechanismen entscheidend für die Erklärung von Governance.

6.5 Offene Fragen

Schwierigkeiten der Generalisierung

Die politikwissenschaftliche Literatur zu Multilevel Governance ist reichhaltig. Gleichwohl gibt es noch viele offene Fragen im Hinblick auf die Theoriebildung wie die empirische Forschung. Beides lässt sich damit erklären, dass die Beiträge zur Untersuchung von Mehrebenensystemen aus unterschiedlichen Empiriefeldern und verschiedenen Teilgebieten der Politikwissenschaft stammen. Ferner umfasst das Konzept eine Vielfalt diverser Strukturen und Verfahren, weshalb generalisierbare Aussagen schwierig sind.

Als besonders hinderlich für die Diskussion wie für die vergleichende Forschung erweist sich, dass der Begriff Multilevel Governance – ebenso wie der Governance-Begriff – meistens heuristisch gebraucht wird. Eine anerkannte Definition gibt es nicht, und der hier präsentierte Vorschlag stellt nur einen Versuch dar, das Konzept zu klären. In der Europaforschung finden sich Begriffsverwendungen, die Multilevel Governance auf nicht-hierarchische, multizentrale, netzwerkartige Modi der Politik reduzieren. Ein solcher Begriff bietet aber keine Möglichkeiten für analytische Differenzierungen des Konzepts, die erforderlich sind, um die Vielfalt der Varianten von Mehrebenensystemen untersuchen zu können (vgl. dazu Scharpf 2001, 2006). Das viel präzisere Konzept der Politikverflechtung wiederum bezeichnet eine spezielle Governance-Form (Scharpf 1985), was übersehen wird, wenn man meint, überall „Politikverflechtungsfallen" feststellen zu müssen, wo Politik zwischen mehreren Ebenen koordiniert wird. Weitgehend ausgeblendet wurden bisher Mechanismen des Wettbewerbs, die in Mehrebenensystemen intergouvernementale Politikkoordination bewirken können. *(margin: Kein einheitliches Konzept)*

Tatsächlich wissen wir relativ wenig darüber, unter welchen Bedingungen Governance in Mehrebenensystemen effektiv funktioniert. Unsere Kenntnisse stammen bislang aus Untersuchungen von intergouvernementaler Politik in einzelnen Bundesstaaten, der EU sowie der internationalen Politik. Da Governance in Mehrebenensystemen nach Politikfeldern variiert, lassen sich aus vorliegenden Fallstudien keine verallgemeinerbaren Aussagen ableiten. Um herauszufinden, welche Formen und Mechanismen von Governance welche Folgen auslösen, bedarf es systematischer vergleichender Forschung auf der Grundlage eines einheitlichen und hinreichend komplexen analytischen Konzepts. Bislang wurde diese Forschung schon durch die angesprochenen Probleme der Begriffsbildung verhindert. Sie wird zudem auch dadurch erschwert, dass sie die Grenzen der Teilbereiche der Politikwissenschaft überschreiten müsste. *(margin: Bedarf an vergleichender Forschung)*

Weithin ungeklärte Fragen stellen sich, wenn man die Möglichkeiten und Grenzen von Demokratie im Mehrebenensystem betrachtet. Zwar wird oft behauptet, dass Multilevel Governance erhebliche Demokratiedefizite verursache, weil Vertreter der Exekutive und spezialisierte Fachleute aus Verwaltungen und Verbänden dominierten, weil politische Prozesse komplex und intransparent seien, so dass die kontrollierenden Parlamente und die Wählerinnen und Wähler nicht mehr identifizieren könnten, wer für welches Ergebnis verantwortlich ist, und weil schlecht organisierte Interessen noch schwerer Zugang zur Mehrebenenpolitik fänden als zu Entscheidungsstrukturen eines Einheitsstaates (vgl. den Beitrag von Papadopoulos). Obgleich die Rolle von Parlamenten, Parteien und Verbänden in Mehrebenensystemen in den letzten Jahren besser erforscht wurden, fehlt es noch an Untersuchungen, die unterschiedlichen Formen von Governance auf die Möglichkeiten demokratischer Legitimation hin vergleichen (vgl. Benz 2009: 205-249). *(margin: Demokratie im Mehrebenensystem)*

Kein Zweifel kann aber daran bestehen, dass Governance in Mehrebenensystemen nicht einfach als pathologische Erscheinung in politischen Systemen abgetan werden kann. Die Bedeutung territorialer Differenzierung von Politik *(margin: Zunehmende Bedeutung von Governance in Mehrebenensystemen)* nimmt zu und damit auch Verflechtungen zwischen Ebenen. Letztere entstehen nicht, oder wenigstens nicht allein, weil politische Eliten sich gegen demokratische Kontrollen abschotten möchten. Regierungen und Verwaltungen wollen dadurch auch Handlungsfähigkeit zurückgewinnen, die sie wegen der zunehmenden Kluft zwischen der Reichweite von Aufgaben und den Grenzen ihres Kompetenzbereichs verloren haben (Scharpf u.a. 1976: 236-243; Marks 1997). Koordination und Steuerung zwischen Ebenen ist in vielen Aufgabenfeldern sachlich notwendig. Im Prozess der gleichzeitigen Globalisierung und Regionalisierung werden die Interdependenzen zwischen Territorien und Ebenen weiter zunehmen, weshalb der Bedarf für intergouvernementale Koordination wächst. Mit der Transformation von Staatlichkeit werden Formen von Governance in Mehrebenensystemen weiter an Bedeutung gewinnen.

6.6 Literatur

Allen, David, 2005: Cohesion and the Structural Funds. Transfers and Trade-Offs, in: Helen Wallace/William Wallace (Hrsg.), Policy-Making in the European Union. 5. Aufl., Oxford, 213-242.

Armingeon, Klaus, 2000: Swiss federalism in comparative perspective, in: Ute Wachendorfer-Schmidt (Hrsg.), Federalism and Political Performance. London/New York, 112-129.

Auel, Katrin, 2003: Regionalisiertes Europa – Demokratisches Europa? Der Beitrag der regionalen Ebene zur demokratischen Legitimation des europäischen Mehrebenensystems am Beispiel der europäischen Strukturpolitik. Baden-Baden.

Bache, Ian, 2008: Europeanization and Multilevel Governance: Cohesion Policy in the European Union and Britain, Lanham/Md.

Beer, Samuel H., 1978: Federalism, Nationalism, and Democracy in America, in: American Political Science Review 72, 9-21.

Benz, Arthur, 1992: Mehrebenen-Verflechtung: Verhandlungsprozesse in verbundenen Entscheidungsarenen, in: Arthur Benz/Fritz W. Scharpf/Reinhard Zintl, Horizontale Politikverflechtung. Zur Theorie von Verhandlungssystemen, Frankfurt a.M., 147-205.

Benz, Arthur, 1998: Postparlamentarische Demokratie? Demokratische Legitimation im kooperativen Staat, in: Michael Th. Greven (Hrsg.), Demokratie – Eine Kultur des Westens? Opladen, 201-222.

Benz, Arthur, 1999: From Unitary to Asymmetric Federalism in Germany: Taking Stock after 50 Years, in: Publius. The Journal of Federalism 29, 55-78.

Benz, Arthur, 2000: Politische Steuerung in lose gekoppelten Mehrebenensystemen, in: Raimund Werle/Uwe Schimank (Hrsg.), Gesellschaftliche Komplexität und kollektive Handlungsfähigkeit. Frankfurt a.M./New York, 99-126.

Benz, Arthur, 2000a: Two types of Multi-level Governance: Intergovernmental Relations in German and EU Regional Policy, in: Regional and Federal Studies 10, 21-44.

Benz, Arthur, 2003: Mehrebenenverflechtung in der Europäischen Union, in: Markus Jachtenfuchs/Beate Kohler-Koch (Hrsg.), Europäische Integration. 2. Aufl., Opladen, 317-351.

Benz, Arthur, 2008: Der moderne Staat. Grundlagen der politologischen Analyse. 2. Aufl., München/Wien.

Benz, Arthur, 2009: Politik in Mehrebenensystemen. Wiesbaden.

Benz, Arthur/Lehmbruch, Gerhard (Hrsg.), 2002: Föderalismus. Analysen in entwicklungsgeschichtlicher und vergleichender Perspektive (PVS-Sonderheft 32). Wiesbaden.

Benz, Arthur/Christina Zimmer, 2008: The EU's competences: The „vertical" perspective on the multi-level system, in: Living Reviews in European Governance 3 (3), http://www.livingreviews.org/Articles/lreg-2008-3.

Bergh, Andreas/Hoijer, Rolf (Hrsg.), 2008: Institutional Competition. Cheltenham.

Besley, Timothy/Case, Anne, 1995: Incumbent Behavior: Vote-Seeking, Tax-Setting, and Yardstick Competition, in: American Economic Review 85, 25-45.

Breton, Albert, 1996: Competitive Governments: An Economic Theory of Politics and Finance. Cambridge.

Crozier, Michèl/Thoenig, Jean-Claude, 1976: The Regulation of Complex Organized Systems, in: Administrative Science Quarterly 21, 547-570.

Evans, Peter B./Jacobson, Harold K./Putnam, Robert D. (Hrsg.), 1993: Double-Edged Diplomacy. International Bargaining and Domestic Politics. Berkeley.

Frey, Bruno S., 1997: Ein neuer Föderalismus für Europa: Die Idee der FOJC. Tübingen.

Goetz, Klaus H., 1995: Kooperation und Verflechtung im Bundesstaat, in: Rüdiger Voigt (Hrsg.), Der kooperative Staat. Baden-Baden, 145-166.

Grabher, Gernot, 1993: The weakness of strong ties: the lock-in of regional development in the Ruhr area, in: Gernot Grabher (Hrsg.), The embedded firm. On the socio-economics of industrial networks. London/New York, 255-278.

Hesse, Joachim Jens/Benz, Arthur, 1990: Die Modernisierung der Staatsorganisation. Baden-Baden.

Hooghe, Liesbet, 1996: Introduction: Reconciling EU-Wide Policy and National Diversity, in: Liesbet Hooghe (Hrsg.), Cohesion Policy and European Integration: Building Multi-Level Governance. Oxford, 1-24.

Hooghe, Liesbet, 1996a: Building a Europe With the Regions: The Changing Role of the European Commission, in: Liesbet Hooghe (Hrsg.), Cohesion Policy and European Integration: Building Multi-Level Governance. Oxford, 89-127.

Hooghe, Liesbet (Hrsg.), 1996b: Cohesion policy and European Integration: Building Multi-Level Governance. Oxford.

Hooghe, Liesbet/Keating, Michael, 1994: The politics of European Union regional policy, in: Journal of European Public Policy 1, 367-393.

Hooghe, Liesbet/Marks, Gary, 2001: Multi-level Governance and European Integration. Lanham.

Janis, Irving L., 1972: Victims of Groupthink. A psychological study of foreign policy decisions and fiascos. Boston.

Kerber, Wolfgang/Eckardt, Martina, 2007: Policy Learning in Europe: The Open Method of Coordination and Laboratory Federalism, in: Journal of European Public Policy 14, 227-247.

Kohler-Koch, Beate, 1998: Leitbilder und Realität der Europäisierung der Regionen, in: Beate Kohler-Koch u.a., Interaktive Politik in Europa. Regionen im Netzwerk der Integration. Opladen, 229-253.

Kropp, Sabine, 2009: Föderalismus und Politikverflechtung. Wiesbaden.

Laffan, Brigid, 2000: The Big Budgetary Bargains: From Negotiation to Authority, in: Journal of European Public Policy 7, 725-743.

Laffan, Brigid/Shaw, Colin, 2005: Classifying and Mapping OMC in Different Policy Areas, Report for NEWGOV New Modes of Governance, Integrated Project Priority 7: Citizens and Governance in the Knowledge-based Society (http://eucenter.wisc.edu/OMC/Papers/laffanShaw.pdf).

Lehmbruch, Gerhard, 2000: Parteienwettbewerb im Bundesstaat. Regelsysteme und Spannungslagen im Institutionengefüge der Bundesrepublik Deutschland. 3. Aufl., Opladen.

Marks, Gary, 1996: Politikmuster und Einflusslogik in der Strukturpolitik, in: Markus Jachtenfuchs/Beate Kohler-Koch (Hrsg.), Europäische Integration. Opladen, 313-344.

Marks, Gary, 1997: An Actor-Centred Approach to Multi-Level Governance, in: Regional and Federal Studies 6, 20-38.

Marks, Gary/Hooghe, Liesbet/Blanck, Kermit, 1996: European Integration from the 1980s: State-Centric vs. Multi-Level Governance, in: Journal of Common Market Studies 34, 341-378.

Mayntz, Renate, 2009: Über Governance. Institutionen und Prozesse politischer Regulierung. Frankfurt a.M./New York.

Meincke, Anna, 2008: Wettbewerb, Kooperation und regionale Netzwerke, in: Michael Böcher/Max Krott/Sebastian Tränkner (Hrsg.), Regional Governance und integrierte ländliche Entwicklung. Wiesbaden, 69-108.

Moravcsik, Andrew, 1997: Warum die Europäische Union die Exekutive stärkt: Innenpolitik und internationale Kooperation, in: Klaus Dieter Wolf (Hrsg.), Projekt Europa im Übergang. Baden-Baden, 211-269.

Obinger, Herbert, 2002: Föderalismus und wohlfahrtsstaatliche Entwicklung – Österreich und die Schweiz im Vergleich, in: Politische Vierteljahresschrift 43, 235-271.

Peterson, Paul, 1995: The Price of Federalism. Washington D.C.

Peterson, Paul/Rabe, Barry G./Wong, Kenneth K., 1986: When Federalism Works. Washington D.C.

Pierre, Jon, 2002: From Subordination to Partnership? Changing Institutional Relationships in Sweden in A Comparative Perspective. Paper presented for presentation at the Congrès de L'Association Française de Science Politique, 18. bis 21.9.2002 in Lille.

Putnam, Robert, 1988: Diplomacy and Domestic Politics: The Logic of Two-level Games, in: International Organization 42, 427-460.

Rhodes, Roderick A.W., 1981: Control and Power in Central-Local Government Relations. Westmead.

Rhodes, Roderick A.W., 1997: Understanding Governance. Policy Networks, Governance, Reflexivity and Accountability. Buckingham u.a.

Salmon, Pierre, 1987: Decentralisation as an Incentive Scheme, in: Oxford Review of Economic Policy 3, 24-43.

Scharpf, Fritz W., 1978: Die Theorie der Politikverflechtung. Ein kurzgefasster Leitfaden, in: Joachim Jens Hesse (Hrsg.), Politikverflechtung im föderativen Staat. Baden-Baden, 21-31.

Scharpf, Fritz W., 1985: Die Politikverflechtungsfalle: Europäische Integration und deutscher Föderalismus im Vergleich, in: Politische Vierteljahresschrift 26, 323-356.

Scharpf, Fritz W., 1989: Der Bundesrat und die Kooperation auf der „dritten Ebene", in: Bundesrat (Hrsg.), Vierzig Jahre Bundesrat. Baden-Baden, 121-162.

Scharpf, Fritz W., 1992: Koordination durch Verhandlungssysteme: Analytische Konzepte und institutionelle Lösungen, in: Arthur Benz/Fritz W. Scharpf/ Reinhard Zintl, Horizontale Politikverflechtung. Zur Theorie von Verhandlungssystemen. Frankfurt a.M./New York, 51-96.

Scharpf, Fritz W., 1994: Optionen des Föderalismus in Deutschland und Europa. Frankfurt a.M./New York.

Scharpf, Fritz W., 2001: Notes Toward a Theory of Multilevel Governing in Europe, in: Scandinavian Political Studies 24, 1-26.

Scharpf, Fritz W., 2006: The Joint-Decision Trap Revisited, in: Journal of Common Market Studies 44, 845-64.

Scharpf, Fritz W./Reissert, Bernd/Schnabel, Fritz, 1976: Politikverflechtung. Theorie und Empirie des kooperativen Föderalismus in der Bundesrepublik. Kronberg/Ts.

Scharpf, Fritz W./Reissert, Bernd/Schnabel, Fritz (Hrsg.), 1977: Politikverflechtung II. Kritik und Berichte aus der Praxis. Kronberg/Ts.

Scheller, Hendrik/Schmid, Josef (Hrsg.), 2008: Föderale Politikgestaltung im deutschen Bundesstaat, Baden-Baden.

Schelling, Thomas C., 1960: The Strategy of Conflict. Cambridge, Mass.

Schmitter, Philippe/Streeck, Wolfgang, 1981: The organization of business interests: a research design to study the associative action of business in the advanced industrial societies of Western Europe (Wissenschaftszentrum Berlin IIMV dp 81-13). Berlin.

Simeon, Richard, 2006: Federal-Provincial Diplomacy. The Making of Recent Policy in Canada. 3. Aufl., Toronto.

Tiebout, Charles M., 1956: A pure theory of local expenditures, in: Journal of Political Economy 65, 416-424.

Tömmel, Ingeborg/Verdun, Amy (Hrsg.), 2008: Innovative Governance in the European Union. The Politics of Multilevel and Policymaking , Boulder/Co.

Tsebelis, George, 2002: Veto Players. How Political Institutions Work. Princeton.

Vanberg, Viktor/Kerber, Wolfgang, 1994: Institutional Competition Among Jurisdictions: An Evolutionary Approach, in: Constitutional Political Economy 5, 193-219.

Wiechmann, Thorsten/Löwis, Sabine von/Kaether, Johann (Hrsg.), 2004: Das Modellvorhaben „Regionen der Zukunft". Erfahrungen und Schlussfolgerungen für eine nachhaltige Regionalentwicklung in Deutschland. Dresden.

Wolf, Klaus-Dieter, 2000: Die neue Staatsräson – Zwischenstaatliche Kooperation als Demokratieproblem in der Weltgesellschaft. Baden-Baden.

Wright, Deil S., 1988: Understanding Intergovernmental Relations. 3. Aufl., Pacific Grove/Calif.

Kapitel 7:
Governance in der politischen Ökonomie I: Makro- und Mesoperspektiven

Susanne Lütz

7.1 Einleitung

Die Governance-Perspektive geht der Frage nach, wie kollektives Handeln in der Politik, der Gesellschaft oder auch der Ökonomie koordiniert wird und wie leistungsfähig unterschiedliche Formen institutioneller Arrangements diesbezüglich sind. Während für die politikwissenschaftliche, staats- bzw. steuerungstheoretisch ausgerichtete Governance-Diskussion Koordinationsformen an der Schnittstelle von Staat und Gesellschaft im Zentrum des Interesses stehen, betrachtet die auf „institutionelle Steuerung von Wirtschaft" (vgl. Lütz 2006) fokussierte Governance-Forschung vielmehr das einzelne Unternehmen, seine Binnenstrukturen, vor allem jedoch seine Transaktionen mit der Umwelt. Je nach Art der Transaktion kann es sich hierbei um regionale Produktionscluster, branchenspezifische, aber auch branchenübergreifende Zusammenarbeit von Unternehmen oder nationale Konfigurationen einer Marktwirtschaft handeln. Die Ebenen solcher „sozialen Systeme der Produktion" (Hollingsworth/Boyer 1997), „sozioökonomischen Regime" (Hollingsworth u.a. 1994: 5) oder Formen „industrieller Ordnung" (Herrigel 1996) sind damit je nach funktionaler Einheit eines Produktionszusammenhanges unterschiedlich. Die Economic Governance-Forschung fragt nach Formen sozialer Einbettung wirtschaftlicher Aktivitäten, nach den Konfigurationen von Governance-Typen in Wirtschafts- und Produktionszusammenhängen und nach der komparativen Leistungsfähigkeit unterschiedlicher Varianten der institutionellen Steuerung von Wirtschaft.

Governance-Definition

Der folgende Beitrag stellt zunächst verschiedene Governance-Bausteine vor (Abschnitt 2) und führt anschließend in die auf die nationale Makroebene sowie regionale und sektorale Mesoebene gerichtete Governance-Forschung ein (Abschnitt 3). Bezüglich der auf die Mikroebene des Unternehmens ausgerichteten *Corporate Governance*-Diskussion wird auf den Beitrag von Dagmar Eberle in diesem Band verwiesen. Es folgt ein Überblick über historische Vorläufer des Governance-Ansatzes und den Verlauf der Debatte (Abschnitt 4) sowie über die aktuelle Kontroverse um die Wandlungsfähigkeit moderner kapitalistischer Institutionen (Abschnitt 5). Der Beitrag schließt mit einer Diskussion von Vor- und Nachteilen der Governance-Perspektive sowie zukünftiger Forschungsfragen ab (Abschnitt 6).

Aufbau des Beitrags

7.2 Bausteine institutioneller Steuerung der Wirtschaft

Märkte Warum sollten Märkte überhaupt sozial und institutionell „eingebettet" sein (vgl. zum Begriff der „Einbettung": Granovetter 1985)? Nach Vorstellung der neoklassischen Ökonomie ist gerade der freie und von jeder Art politischer Intervention unbelastete *Markt* Garant einer effizienten Allokation von Gütern, Dienstleistungen und Kapital. Der Markt bietet individuellen und korporativen Akteuren, welche Eigentumsrechte an bestimmten Ressourcen besitzen, die Möglichkeit, sich freiwillig in freiem, aber durchaus rechtlich erzwingbarem Austausch zu engagieren. Da der Preis alle tauschrelevanten Informationen beinhaltet, kann der Tausch zwischen Transaktionspartnern stattfinden, die einander vollkommen unbekannt sind, aber dennoch die Vorteile ihrer Transaktion klar erkennen können. Gerade weil Marktakteure sich individuell rational verhalten, produzieren sie jedoch oftmals Nebeneffekte (negative Externalitäten), die unbeteiligte Dritte schädigen und deshalb aus gesamtgesellschaftlicher Perspektive unerwünscht sind. Ein weiterer Nachteil rein marktmäßiger Koordination liegt darin, dass der Markt die Rahmenbedingungen, auf denen Transaktionen basieren (wie etwa die Verteilung von Eigentumsrechten oder die Festlegung marktmäßiger Spielregeln), nicht selbst produzieren kann.

Firma 1937 wies Ronald Coase darauf hin, dass neben dem Markt auch die Unternehmensorganisation und damit die *Firmenhierarchie* zur Verwirklichung „effizienter" Transaktionen in der Wirtschaft beitragen können (vgl. Coase 1937). Diese Überlegungen wurden von Oliver Williamson (1985) in Abgrenzung von der Neoklassik zum Forschungsprogramm der Institutionenökonomie ausgebaut. Mit Governance bezeichnet Williamson institutionelle Regelungen in und zwischen Unternehmen, die der Verringerung von Transaktionskosten dienen. Letztere entstehen im Fall von Transaktionen, die Unsicherheit über ihre Resultate implizieren, häufig auftreten und substantielle, transaktionsspezifische Investitionen wie Geld, Zeit und Energie benötigen (*asset specificity*). Wenn der Produktionsprozess aus einer Vielzahl sich wiederholender Transaktionen besteht, die Herstellung spezifisches Wissen erfordert und im Ergebnis hohe Skalenerträge produziert, ist es günstiger, diesen in-house abzuwickeln statt einzelne Produktionsschritte zu externalisieren und von Zulieferern hinzuzukaufen. An die Stelle des Marktes tritt in diesem Fall die Firma, welche den Produktionsprozess administrativ-hierarchisch organisiert und überwacht. Die Kommunikation innerhalb von Hierarchien ist durch die eigene Position innerhalb der vorgegebenen Autoritätsstruktur geprägt. Der intraorganisatorische Austausch dient deshalb einerseits der Erfüllung vorgegebener Aufgaben, ist andererseits aber auch durch Überlegungen des persönlichen Aufstieges in der Organisation motiviert. Die Firmenhierarchie strebt wie auch der Markt hohe Produktivität und schnelle Rentabilität des eingesetzten Kapitals an, ist also auf die Maximierung allokativer Effizienz ausgerichtet. Demgegenüber haben andere, weniger leicht quantifizierbare Effizienzkriterien wie eine Verbesserung der Produktqualität, Innovativität oder eine Anhebung des Qualifikationsniveaus der Beschäftigten (sogenannte „X-Effizienz": Leibenstein 1976, 1978) einen eher nachrangigen Stellenwert in der Prioritätenliste einer idealtypischen Firmenhierarchie.

In dieser dichotomen Gegenüberstellung von Markt und Hierarchie erscheinen Betriebe als losgelöst aus dem größeren sozialen Zusammenhang. Ihre Außengrenzen werden durch konkurrierende Firmen definiert, in den Binnenbeziehungen übt das Management Autorität über beschäftigte Mitarbeiter aus. Das Bild von Unternehmen als „Inseln geplanter Koordination in einem Meer von Marktbeziehungen" (Powell 1996: 215) prägte lange Zeit nicht nur die Wirtschaftswissenschaft, sondern auch die Managementpraxis. Seit Mitte der 1980er Jahre entwickelte sich eine Debatte in der Wirtschaftssoziologie und -geographie, der Managementforschung und politischen Ökonomie, die die Bandbreite von Typen institutioneller Steuerung um *Netzwerke* (vgl. etwa Hollingsworth u.a. 1994; Ouchi 1980; Powell 1996), *Verbände* (Streeck/Schmitter 1985a) sowie den *Staat* erweiterte (vgl. zur bisher umfassendsten Typologie: Hollingsworth/Boyer 1997).

In *Netzwerken* findet die Allokation von Ressourcen weder durch diskrete Tauschprozesse noch durch administrative Anweisungen statt. Wichtiger als die Sicherheit, dass Leistungen preislich bemessen und entlohnt werden, erscheint das Vertrauen in den Kooperationspartner und in die Komplementarität seiner Ressourcen. Beides gewährleistet, dass eigene Leistung zu einem späteren Zeitpunkt mit einer Gegenleistung vergolten wird. Netzwerkpartner sind weder notwendigerweise integriert in eine formale Organisation, noch agieren sie völlig autonom voneinander auf einem anonymen Markt. Der sowohl lockere als auch längerfristige Charakter von Netzwerkbeziehungen macht es möglich, Ressourcen auszutauschen, die nicht preislich kalkuliert und damit nicht einfach gekauft werden können (intangible Güter). Hierbei kann es sich um nicht kodifiziertes Wissen wie beispielsweise bestimmte handwerkliche Fertigkeiten handeln (tacit knowledge), aber auch um Kompetenzen, die erst durch die Bündelung komplementärer Ressourcen und daraus entstehenden Lerneffekten generiert werden. Gerade weil Netzwerkpartner hoffen, durch Bündelung von Ressourcen Vorteile zu erzielen, verzichten sie auf ihr Recht, den eigenen Vorteil auf Kosten anderer auszunutzen. Konflikte werden im Interesse des Erhalts der Kooperationsbeziehung also eher durch Diskurs oder Verhandlung als durch Verlassen des Netzwerkes gelöst, Sanktionen sind eher informeller als rechtlicher Natur.

Die Bandbreite der Kooperationsformen in Netzwerken reicht von eher strategisch motivierten Varianten der Ressourcenbündelung bis hin zu kulturell bzw. „gemeinschaftlich" eingebetteten Produktionszusammenhängen zwischen kleinen und mittleren Unternehmen, deren Beziehungen eher durch historisch gewachsene Solidarität gekennzeichnet sind. Nicht zufällig werden in der soziologischen Governance-Diskussion auch Begriffe wie „Gemeinschaft" (vgl. Streeck/Schmitter 1985a) und „Clan" (Ouchi 1980) anstelle oder als Ergänzung des Netzwerkbegriffs verwendet. Durch ihre Zusammenarbeit erzeugen Netzwerkpartner Güter, die in erster Linie den Partnern selbst zugute kommen, also Gruppen- oder „Clubgüter" (Buchanan 1965) sind; allerdings kann der Übergang zum Kollektivgut, von dessen Nutzung Dritte nicht mehr ausgeschlossen werden können, durchaus fließend sein. Erfolgreiche Kooperationszusammenhänge setzen immer einen gewissen Grad an Ausgrenzung Dritter voraus. Dass sich daraus *strong ties* zwischen den Netzwerkteilnehmern entwickeln, die über längere Zeiträume hinweg eher die Entwicklung neuer Weltsichten und Problemlösungen behindern als erleichtern und die Vorteile von Netzwerken ins Gegenteil verkehren, ist ein immer wieder diskutiertes Phänomen (vgl. Grabher 1993).

Verbände

Im Unterschied zu Netzwerken sind *Verbände* eine formalere und eher hierarchische Form gesellschaftlicher Koordination. Wirtschaftsverbände oder Gewerkschaften organisieren Marktakteure, die Produkte oder Dienstleistungen in identischen, ähnlichen oder benachbarten Märkten anbieten. Auf diese Weise verteidigen und fördern sie funktional definierte Anliegen von Akteuren, die sich auf Basis von Klassen-, Branchen- oder professionellen Interessen zusammenschließen. Verbände produzieren damit in erster Linie Güter, die ausschließlich ihren Mitgliedern zugute kommen, also „Clubcharakter" besitzen. Dabei handelt es sich um Lobbytätigkeiten gegenüber politischen Entscheidungsträgern, aber auch um „selektive Güter" wie die Bereitstellung von Informationen über Markt- und technologische Entwicklung. Als reine Dienstleistungsorganisationen entsprechen Verbände damit dem Idealbild pluralistischer Institutionen der Interessenvermittlung

Korporatistische
Verbände

Dass korporativ-verbandliche Akteure jedoch Leistungen erbringen können, die über den Kreis eigener Mitglieder hinaus auch Dritten zugute kommen und insofern den Charakter von Kollektivgütern besitzen, hat die Korporatismusdiskussion hervorgehoben. Verbände, die einen quasi-öffentlichen Charakter annehmen, der sie über bloße Lobbyorganisationen hinaushebt und zu „privaten Interessenregierungen" (Streeck/Schmitter 1985a) macht, verfügen über bestimmte Organisationseigenschaften wie ein (staatlich anerkanntes) Repräsentationsmonopol für eine bestimmte Klasse, einen Sektor oder einen Beruf sowie eine relative Autonomie gegenüber ihren Mitgliedern. Diese Autonomie wird durch staatliche Organisationshilfen wie beispielsweise eine garantierte Zwangsmitgliedschaft und deshalb abgesicherte Mitgliedsbeiträge unterstützt. Im Unterschied zu pluralistisch auftretenden pressure groups verfügen korporatistische Verbände deshalb über einen intermediären Status, der es ihnen erlaubt, zwischen Mitgliedern und Verbandsumwelt zu vermitteln und Vereinbarungen mit anderen Verbänden abzuschließen, auf deren Einhaltung sie ihre Mitglieder jedoch verpflichten müssen.

Klassisches Beispiel für Verbände mit Konzertierungsfunktionen sind die deutschen Dachorganisationen von Gewerkschaften und Arbeitgeberverbänden, die branchenbezogene Tarifabschlüsse, teils mit Vorbildcharakter für andere Wirtschaftssektoren, aushandeln. Als Vorteile einer korporatistischen Form der Lohnabstimmung gelten die zwischen Kapital und Arbeit symmetrischer verteilten Kosten und Nutzen der konjunkturellen Entwicklung, die lange Zeit gelungene Moderation makroökonomischer Größen wie Inflation und Arbeitslosigkeit sowie die nicht zuletzt deshalb niedrigen Streikraten. Gerade weil korporatistische Verbände nicht ständig um die Zustimmung ihrer Mitglieder werben müssen, um den Fortbestand ihrer Organisation zu sichern, besteht die Gefahr der Oligarchisierung der Verbandsspitze und ihrer Entkoppelung von der Mitgliederbasis.

Dass korporatistische Modelle der Konzertierung Integrationsleistungen auf Kosten Nicht-Organisierter erbringen, wird zudem sowohl von linken als auch neoliberalen Korporatismuskritikern thematisiert. Während die einen den „selektiven Charakter des Korporatismus" in der Ausgrenzung von Nicht-Arbeitsfähi-

gen oder -willigen bestätigt sehen (vgl. Offe 1984: 252; Esser/Fach 1981), kritisieren die anderen, dass „Leistungsträgern" die Kosten für konzertierte „Durch-
schnittslösungen" aufgebürdet werden. Die „Kollusion von Administration und
Spitzenverbänden" kann zudem zum Funktionsverlust der Parlamente beitragen
und dadurch weitere Legitimationsdefizite fördern (vgl. Offe 1984: 250) – ein
Effekt, der in den 1970er Jahren in der Debatte um ein mögliches „Gesetz zur
Kontrolle der Verbände" immer wieder thematisiert wurde (vgl. Alemann/Heinze
1979).

Im Spektrum der auf institutionelle Steuerung der Wirtschaft zielenden Ty- Staat
pen von Koordination ist der *Staat* ein zentrales Element. Ähnlich wie in der
Firmenhierarchie dominiert hier die auf Anordnung und Kontrolle ausgerichtete
Koordination der Mitglieder. Staatsbürger befolgen ebenso wie Mitglieder des
Staatsapparates festgelegte Regeln und Verfahren. Im Unterschied zu anderen
hierarchischen Organisationsformen kann sich der Staat jedoch auf sein legitimes
Monopol der physischen Gewaltanwendung stützen, um die Einhaltung dieser
Vorgaben in letzter Instanz zu erzwingen; damit verfügt er über Sanktionsmög-
lichkeiten, die weit über die privater Akteure hinausgehen. Der Staat spielt gegenüber allen anderen Koordinationstypen eine herausragende Rolle, weil er als
klassischer Produzent von Kollektivgütern die minimalen Bedingungen setzt und
erhält, ohne die Märkte, Unternehmen, Netzwerke oder Verbände nicht funkti-
onsfähig wären. Er definiert Eigentumsrechte, etwa solche der Privatautonomie
und der Vertragsfreiheit, und schafft somit die Voraussetzungen zur Teilnahme
am Markt. Mit wettbewerbspolitischen Mitteln kann er prinzipiell Marktstruktu-
ren beeinflussen und beispielsweise gegen Monopolbildungen ansteuern. Durch
weite oder enge Auslegung des Kartellrechts kann er zudem Unternehmenskooperationen, aber auch Formen verbandlicher Selbstregulierung fördern oder
unterbinden. Das Recht zur Steuererhebung verschafft ihm Einnahmen, die er zur
Bereitstellung von Infrastrukturmaßnahmen (wie Straßenbau), zur industriepolitisch motivierten Forschungs- oder Wirtschaftsförderung, für Bildungsinvestitio-
nen oder für Investitions- und Beschäftigungsprogramme aufwenden kann (vgl.
umfassend zu den staatlichen Steuerungsinstrumenten: Benz 2001: 203-222).

Indem der Staat Kollektivgüter produziert, die durch Private nicht oder nur
unter bestimmten Bedingungen bereitgestellt werden, absorbiert er ökonomische
Risiken, schafft Berechenbarkeit und Chancengleichheit unter den Nutzern.
Kehrseite staatlich-hierarchischer Koordination ist die Gefahr zunehmender
Bürokratisierung und Verselbständigung des Staatsapparates gegenüber den Bür-
gern und eine daraus resultierende Unkenntnis des Staates über die tatsächlichen
Problemlagen in Gesellschaft und Wirtschaft (vgl. zusammenfassend die nach-
folgende Tabelle 1 zu den verschiedenen Typen institutioneller Steuerung).

Tabelle 1:   Governance-Typen im Überblick

	Markt	Firmen-hierarchie	Netzwerk	Verband	Staat
Zentraler Koordinati-ons-modus	Preis, atomisti-sche Konkur-renz	Kontrolle, Anweisung	Vertrauen, Ressourcenaus-tausch auf Basis von Reziprozi-tät	Intra- und interorganisa-to-rische Konzertierung	Hierarchische Kontrolle; Befehl
Normative Basis der Mitgliedschaft	Verträge; Ei-gentumsrechte	Arbeitsverhält-nis	Komplementä-re Stärken	Formale Mit-gliedschaft	Bürgerstatus
Art der Tauschbezie-hung zwischen Mitgliedern	Symmetrisch und anonym; Tauschgegens-tand klar spezifiziert (tangible Güter)	Asymmetrisch und nicht-anonym; Verfügung über Arbeitskraft gegen Entloh-nung	Symmetrisch und nicht-anonym; Tauschgegen-stand unspezi-fisch (tacit knowledge, intangible Güter)	Asymmetrisch und nicht-anonym; Lobbying oder selektive Anreize gegen Folgebereit-schaft	Asymmetrisch und anonym; Produktion kollektiver Entscheidungen gegen Folgebe-reitschaft
Konfliktrege-lung durch	Abwanderung oder Gerichts-verfahren	Anweisung, Befehl; auch Anreiz; Loyali-tät	Diskurs, Ver-handlung	Paritätische Beteiligung, Paketabstim-mung	Zwang; staatli-ches Gewalt-monopol
Art des produ-zierten Gutes	Privates Gut	Privates Gut	Gruppen-/ Clubgut; Kollektivgut unter bestimm-ten Vorausset-zungen	Gruppen-/Clubgut; Kollektivgut unter bestimm-ten Vorausset-zungen	Kollektivgut
Potenzielle Vorteile	Effiziente Allokation, niedrige Trans-aktionskosten	Berechenbar-keit; Effizienz nur bei wieder-holten Transak-tionen, hoher Spezifizität der Ressourcen, großer Unsi-cherheit und hohen Skalen-erträgen	Flexibilität, Lernprozesse möglich	Symmetrische-re Verteilung von Vorteilen; Berechenbar-keit	Risikominimie-rung; Berechenbar-keit, gleiche Behandlung aller
Potenzielle Nachteile	„Marktversa-gen" erzeugt u.a. Externalitäten; Kollektivgüter, die für rei-bungsloses Funktionieren des Marktes verantwortlich sind, können nicht selbst produziert werden (Olson 1971)	Mangelnde Flexibilität; „X-Ineffizienz" (Leibenstein 1976, 1978)	Ausgrenzung, Tendenz zur Kartellbildung (Grabher 1993)	Oligarchisie-rung der Ver-bandsspitze; Ausgrenzung, Kartellbildung auf Kosten Nichtorga-nisierter; Fördert Entpar-lamen-tarisierung von Politik	„Staatsversa-gen"; Tendenz zur Bürokrati-sierung, Oligar-chisierung der politischen Führung, mangelnde Zielgenauigkeit

Quelle: eigene Zusammenstellung nach Powell 1996: 221; Streeck/Schmitter 1985b: 137, Hollings-worth u.a. 1994: 4-8; Hollingsworth/Boyer 1997: 15-17

7.3 Makro- und Mesoperspektiven in der Governance-Debatte

Governance-Studien, die den Blick auf die nationale *Makroebene* richten, sind in der auf ökonomische Strukturen gerichteten Governance-Debatte sicher die prominentesten. Konstitutiv ist hierbei die Vorstellung, dass eine nationale politische Ökonomie durch eine spezifische Konfiguration von Institutionen gekennzeichnet ist und dass es entsprechend nicht eine einheitliche Form von Kapitalismus gibt, sondern viele mögliche. Vergleichende institutionelle Governance-Ansätze ordnen nationale politische Marktwirtschaften mit hinreichender institutioneller Ähnlichkeit in dieselbe Kategorie. Michel Alberts „Capitalisme contre Capitalisme" (1991) brachte aus Sicht eines Praktikers erstmals den Begriff der „Varieties of Capitalism" in die Debatte ein. Albert unterscheidet zwei Grundtypen des Kapitalismus: das durch Prinzipien wie Individualismus, Präferenz für kurzfristige Erträge und Flexibilität gekennzeichnete angelsächsische Modell und das „rheinische" (auch Japan mit einschließende) Kapitalismusmodell, welches auf längerfristigen Verpflichtungen und Konsensorientierung basiert. Vivien Schmidts Typologie unterscheidet wiederum zwischen „market, managed and state capitalism" (Schmidt 2002), wohingegen Vertreter der Regulationsschule „marktbasierte, sozialdemokratische, kontinentaleuropäische, asiatische und Mittelmeermodelle" des Kapitalismus ausmachen (Amable 2003; Hollingsworth/ Boyer 1997). *(Makroperspektiven)*

Bei dem hinsichtlich seiner Heuristik am weitesten entwickelten, zugleich auch am heftigsten umstrittenen Ansatz handelt es sich um die „Varieties of Capitalism" (VoC)-Perspektive von Peter A. Hall und David Soskice (2001). Anknüpfend an die Institutionenökonomik werden kapitalistische Strukturen als Lösungen für Probleme kollektiven Handelns begriffen. Nationale Varianten des Kapitalismus begründen sich demnach durch die Art und Weise, wie Unternehmen ihre Koordinationsprobleme lösen. Letztere entstehen, wenn Firmen bestrebt sind, ihre Kernkompetenzen zu entwickeln, die es ihnen ermöglichen, Güter und Dienstleistungen profitabel auf dem Markt anzubieten. Die Förderung von Kernkompetenzen, so die Annahme, macht es erforderlich, erfolgreich Beziehungen zu anderen Akteuren zu unterhalten. Innerhalb des Unternehmens zählen hierzu Beschäftigte und Aktionäre; in den Außenbeziehungen spielen Kontakte zu Zulieferern, Kooperationspartnern im Bereich von Forschung und Entwicklung, Gewerkschaften, Verbänden oder auch zum Staat eine wichtige Rolle. *(„Varieties of Capitalism")*

Ausgehend von dieser „relationalen Sicht des Unternehmens" unterscheidet der VoC-Ansatz Produktionssphären, in denen Koordinationsprobleme zu lösen sind, die in engem Zusammenhang mit der Förderung unternehmerischer Kernkompetenzen stehen: Im Bereich der *industriellen Beziehungen* geht es um die Abstimmung mit Arbeitnehmern über Löhne und Arbeitsbedingungen; im Bereich der *Aus- und Weiterbildung* müssen Unternehmen sich der Frage stellen, wie sie die hinreichende Qualifikation ihrer Beschäftigten sicherstellen; die Sphäre der *Unternehmensverfassung und -kontrolle* umfasst die Beziehungen zwischen einem Unternehmen und seinen Eigentümern, aber auch externen Kapitalgebern. Bei den *zwischenbetrieblichen Beziehungen* sind Kontakte zu Zulieferern, Abnehmern, aber auch zu Forschungseinrichtungen oder solchen der *(Sphären der Produktion)*

Technologieförderung gemeint. Zusammengenommen bilden diese einzelnen Produktionssphären funktional zusammenhängende und einander komplementäre Subsysteme, die in ihrer nationalen Konfiguration einen komparativen Leistungsvorteil ausmachen. Nationale Marktwirtschaften unterscheiden sich, je nachdem, wie besagte Koordinationsprobleme institutionell bearbeitet werden. In den liberalen, unkoordinierten, angelsächsischen Ökonomien dominieren wettbewerbliche Marktmechanismen und hierarchische Kontrolle die Governance-Konfiguration; demgegenüber sind koordinierte, organisierte Ökonomien vorwiegend durch nicht-marktförmige Koordinationsformen gekennzeichnet, wobei das jeweilige Mischungsverhältnis zwischen Netzwerken, Verbänden und Staat national variieren kann.

Mesoperspektiven:

- Sektoren

Die auf *Sektoren* oder *regionale Produktionszusammenhänge* gerichtete Governance-Forschung hat verglichen mit der Diskussion um nationale Kapitalismustypologien bislang weniger Aufmerksamkeit erfahren. Bezogen auf Wirtschaftssektoren interessieren unter Governance-Aspekten die Normen und Institutionen, die die Koordination von Transaktionen und produktiven Tätigkeiten innerhalb von Sektoren und über Sektorgrenzen hinweg befördern. Die „Governance of Industries" wurde in der amerikanischen Wirtschaftssoziologie zu Beginn der 1990er Jahre ein Thema (Campbell u.a. 1991; Hollingsworth u.a. 1994). In Deutschland richtete sich das Interesse der sektoralen Governance-Forschung auf die Konfiguration und Transformation sogenannter „staatsnaher Sektoren", gesellschaftlicher Funktionsbereiche, die nicht zum Kernbestand hoheitlicher Staatsfunktionen gehören, für die der Staat jedoch ein Maß an Verantwortung übernommen hat, das weiter geht als eine ordnungs-, konjunktur- oder strukturpolitische Intervention, aber weniger weit geht als eine unmittelbare Leistungserbringung durch den Staatsapparat (Mayntz/Scharpf 1995: 13; Czada/Lehmbruch 1998). Inhaltlich handelt es sich dabei um höchst heterogene Dienstleistungsbereiche wie Bahn, Post, Telekommunikation, Energieversorgung, Rundfunk und Fernsehen, vom Bildungswesen über die Verkehrssysteme bis zur Agrarwirtschaft. Quantitativ – gemessen in Anteilen an der Gesamtbeschäftigung oder im Beitrag zum Sozialprodukt – haben diese Sektoren in den hochentwickelten westlichen Gesellschaften während der Nachkriegsjahrzehnte ein Gewicht erreicht, das dem der marktwirtschaftlich verfassten Sektoren nahe kommt.

- Regionen

Mit Bezug auf regionale Produktionszusammenhänge hat sich seit Mitte der 1990er Jahre ein international vergleichend ausgerichteter Forschungszweig herausgebildet, der regionale Ökonomien als lokale Produktionssysteme begreift, in denen überwiegend mittelständische Firmen mit komplementären Teilaufgaben kooperieren. Durch den Verbund können sich kleine und mittlere Unternehmen (KMU) als komplexe Einheit gegenüber der denkbaren Alternative eines vertikal integrierten Großunternehmens behaupten. Allerdings mangelt es Klein- und Mittelbetrieben häufig an spezifischen Ressourcen (wie etwa Know-How bei der Technologieeinführung, Informationen über Kapitalbeschaffung oder Marktentwicklungen), um ihre Wettbewerbsvorteile auch tatsächlich zur Geltung zu bringen. Im Rahmen einer regionalen Ökonomie lassen sich solche Defizite jedoch durch die Bereitstellung „kollektiver Wettbewerbsgüter" ausgleichen, die auf diese Weise zur Erhöhung der Wettbewerbsfähigkeit der beteiligten Unternehmen beitragen (Glassmann/Voelzkow 2006; Crouch u.a. 2001 und 2004).

7.4 Historische Vorläufer und Verlauf der Governance-Diskussion

Die Erkenntnis, dass kapitalistische Strukturen immer auch durch nicht-marktförmige Institutionen organisiert sind, ist für die Soziologie und politische Ökonomie nicht neu. Max Webers Theorie einer fortschreitenden Rationalisierung der westlichen Kultur und Zivilisation lieferte Argumente für eine institutionalistische Perspektive auf die moderne Ökonomie. In seiner „Wirtschaftsgeschichte" (1923) zeigte Weber, dass die Entstehung des rationalen Kapitalismus die Entwicklung institutioneller Regelungen im Hinblick auf Eigentum, Recht und Finanzen zur Voraussetzung hatte. Karl Polanyi (1944) wiederum argumentierte, dass der angeblich sich selbst regulierende Markt des 19. Jahrhunderts bereits durch staatliche Rahmenbedingungen bedingt war, die sowohl für die Entstehung als auch für die Bändigung des Marktsystems als konstitutiv erscheinen.

Rudolf Hilferding (1910) und Andrew Shonfield (1965) legten wichtige Grundlagen für eine Typisierung nationaler Marktwirtschaften auf der Basis ihrer institutionellen Verfasstheit. Beide argumentierten, dass ökonomische Planungs- und Lenkungskapazitäten sowohl durch Selbstorganisation von Wirtschaft und Finanzkapital als auch durch Intervention des Staates in das Wirtschaftsgeschehen aufgebaut werden konnten. Andrew Shonfields Klassiker „Modern Capitalism" (1965) zeigte, dass westliche Industriestaaten den Wiederaufbau der Wirtschaft in den ersten beiden Nachkriegsjahrzehnten nicht dem freien Spiel der Marktkräfte überließen, sondern auf vielfältige Weise planend in den Marktprozess eingriffen und auf diese Weise zu stetig steigenden Wachstumsraten beitrugen. Je nach Staatstradition und dem Grad an verbandlicher oder gesellschaftlicher Selbstorganisation unterschied Shonfield divergierende nationale Stile der Intervention in die Wirtschaft. Den deutschen Kapitalismus charakterisierte Shonfield als hochgradig verbandlich organisiert und die Steuerung der Wirtschaft als kooperativ. Demgegenüber waren in Frankreich die Planungsphilosophie sowie die dazugehörigen Institutionen traditionell sehr ausgeprägt. Der britische Staat bevorzugte in aller Regel eine „arms length"-Beziehung zur Wirtschaft und verzichtete deshalb auf formalisierte, industriepolitisch motivierte und vor allem längerfristig koordinierte Formen der Intervention.

Während Andrew Shonfield die Diversität in der Organisation kapitalistischer Systeme maßgeblich in unterschiedlichen Formen und Graden staatlicher Intervention ins Marktgeschehen sah, entwickelte Alfred Chandler (1978 und 1990) eine Kapitalismustypologie, die den Akzent eher auf Strukturen ökonomischer Organisation und Produktion legte. Demnach entspricht die Struktur der amerikanischen Wirtschaft einem hochgradig wettbewerblichen *managerial capitalism*, der durch autarke und stabile Firmenhierarchien gekennzeichnet ist. Das bürokratische Großunternehmen verdanke seinen Aufstieg nicht zuletzt dem Siegeszug der Massenproduktion, denn es erwies sich (ganz im Sinne der Neuen Institutionenökonomik) als die ideale Organisationsform, um standardisierte Güter zu produzieren und sie auf großen, homogenen Märkten zu vertreiben. In Großbritannien verblieben Unternehmen nach dem Zweiten Weltkrieg ausgeprägter als in den USA im Familienbesitz und das Management in der Hand der Firmengründer (*personal capitalism*). In Deutschland wiederum investierten

Andrew Shonfield
(1965)

Alfred Chandler
(1978 und 1990)

Firmengründer im verarbeitenden Gewerbe ähnlich wie in den USA in den Ausbau von Unternehmenshierarchien, die Produktions-, Marketing- und Vertriebskapazitäten integrierten. Während die amerikanischen Firmenhierarchien untereinander aggressiv um Marktanteile konkurrierten, bevorzugten die deutschen Unternehmen die Kooperation, schlossen sich zu Kartellen oder in Verbänden zusammen. Zudem zeigte sich das Management im deutschen Modell des *cooperative managerial capitalism* aufgeschlossener für die Belange der eigenen Arbeitnehmer als in den USA.

Alfred Marshall (1919)

Für die Regionalökonomie waren die Arbeiten von Alfred Marshall wegweisend. Bereits 1919 argumentierte dieser entgegen dem damaligen „mainstream" in der Ökonomie, dass selbst in Zeiten der Massenproduktion nicht nur der Großbetrieb und damit die Firmenhierarchie ein Modell zur Sicherstellung von Produktivität und Profitabilität war. Frühindustrielle Wirtschaftsregionen in Mittelengland waren nicht zuletzt deshalb überdurchschnittlich erfolgreich, weil hier eine Vielzahl von Kleinbetrieben ihr Warenangebot durch arbeitsteilige Kooperation kundenorientiert ausdifferenzieren konnte (Marshall 1919). Angeregt durch industriesoziologische Arbeiten zu neuen, flexiblen Produktionskonzepten rückte Mitte der 1980er Jahre die Region als Wirtschaftszusammenhang in den Vordergrund. Michael Piore und Charles Sabel formulierten in ihrem 1985 erschienenen Buch „Das Ende der Massenproduktion" die These, dass sich im Zuge des ökonomischen Strukturwandels flexible Produktionstechniken etwa in Baden-Württemberg oder der italienischen Emilia Romagna entwickeln, die denen ähneln, welche Mitte des 19. Jahrhunderts (etwa in der amerikanischen Textilindustrie) bereits existierten. Zielt die standardisierte Massenproduktion auf große und stabile Produktmärkte und arbeitet mit weitgehend standardisierten Prozesstechnologien, so richtet sich die „flexible Spezialisierung" auf die Bereitstellung von Produkten für unterschiedliche Konsumentenwünsche und operiert mit schnell wandelnden Technologien. Flexible Produktionsformen benötigen nicht nur höherqualifiziertere Arbeitnehmer als die standardisierte Massenproduktion, sondern auch stabile Kontakte zu Zulieferern und Kunden, um über Kundenwünsche und Bedingungen ihrer Umsetzung informiert zu bleiben. Daraus ergibt sich ein Bedarf an Einbettung in ein stabiles Kooperationsnetzwerk, das zur räumlichen Zusammenballung funktional interdependenter Betriebe in Form von Produktionsclustern führt.

Michael Piore/ Charles Sabel (1985)

Leistungsfähigkeit dezentraler Steuerungsformen

In den 1980er Jahren rückte die Frage nach der Leistungsfähigkeit dezentraler Steuerungsformen auch in den Mittelpunkt der auf die Ebene einzelner Wirtschaftssektoren gerichteten Governance-Debatte. Die deutsche „Modell Deutschland"-Diskussion richtete den Blick auf Fragen industrieller Strukturanpassung in Branchen wie der Stahlindustrie und auf institutionelle Muster der dortigen Krisenregulierung (vgl. Esser u.a. 1983). Demgegenüber nahm die angelsächsische Neokorporatismusdiskussion (vgl. Streeck/Schmitter 1985b; Cawson 1985) die Leistungsfähigkeit korporatistischer Verbände in den Blick und thematisierte damit die Arten von Kollektivgütern, die Verbände dann produzieren können, wenn sie organisatorisch stabilisiert sind und als „private Interessenregierungen" auftreten. Hierzu zählen Maßnahmen der Aus- und Weiterbildung, die Festlegung von Produkt- und Prozessstandards oder auch die Preisfestsetzung in wettbewerbsbeschränkten Branchen wie der pharmazeutischen Industrie. Weitergeführt wurde die Analyse sektoraler Governance-Strukturen dann in der amerikanischen Wirtschaftssoziologie und der bereits genannten Diskussion um „governance of industries" (Campbell u.a. 1991; Hollingsworth u.a. 1994) sowie in der auf sektorale Wandlungsprozesse fokussierten Europa- und Transformationsforschung (vgl. Schmidt 2006; Beyer 2006).

7.5 Stabilität oder Wandelbarkeit des Kapitalismus – die aktuelle Debatte

Kapitalistische Ökonomien können also mehr oder weniger stark von nicht-marktförmigen Governance-Formen durchdrungen sein. In den 1970er- und frühen 1980er Jahren wuchs das wissenschaftliche Interesse an der Ausgestaltung kapitalistischer Diversität, weil gerade die „institutionenreicheren" Industrieländer offenbar besser in der Lage waren, Probleme von Inflation und Arbeitslosigkeit zu bewältigen. Aus Sicht der Neokorporatismusdiskussion lag die Ursache für den wirtschaftlichen Erfolg organisierter Ökonomien in den skandinavischen Ländern, den Niederlanden oder in Österreich maßgeblich in der zentralisierten Organisationsstruktur von Gewerkschaften und Arbeitgeberverbänden, welche eine über verschiedene Industriesektoren hinweg koordinierte Industrie- und Arbeitsmarktpolitik unterstützte, die dem keynesianischen Leitbild einer gesamtwirtschaftlichen Nachfragesteuerung verhaftet war (Goldthorpe 1984; Lehmbruch/Schmitter 1982).

„Institutionen-reichere" Industrieländer wirtschaftlich erfolgreicher

Im Zuge der Wende zu einer „angebotsorientierten" Wirtschaftspolitik in den 1980er Jahren wurden die Möglichkeiten für Nationalstaaten eingeschränkt, kompensatorische Wirtschaftspolitik keynesianischer Prägung zu betreiben. Deregulierung und Privatisierung der Wirtschaft wurden zunächst in liberalen Ökonomien wie Großbritannien und den USA zum Programm und avancierten zur Leitlinie des europäischen Binnenmarktes wie auch zum Leitmodell der Wirtschaftstransformation in Osteuropa. Zu Beginn der 1990er Jahre hatten sich die Vorzeichen verkehrt – die Länder des früheren kontinentaleuropäischen Erfolgsmodells haben seitdem mit hohen Arbeitslosenraten, steigender Inflation und wachsenden Haushaltsdefiziten zu kämpfen, während sich die amerikanische Wirtschaft wieder belebte.

Wende zur angebotsorientierten Wirtschaftspolitik

Welche Chancen bestehen vor dem Hintergrund des offenkundigen Vordringens des Marktes jedoch für die Aufrechterhaltung kapitalistischer Vielfalt? Wie reagieren nationale Ökonomien auf den im Zuge der globalen Integration von Güter- und Kapitalmärkten gewachsenen Wettbewerb zwischen Produktionsregimen? Dies sind die Fragen, die im Mittelpunkt von Kontroversen in der jüngeren Governance-Debatte stehen.

Fortbestand kapitalistischer Vielfalt?

Vertreter der *Konvergenzthese* interpretieren die Veränderungen der 1990er Jahre als Prozess der Durchsetzung eines hegemonialen neoliberalen Kapitalismusmodells. Dieses werde nicht zuletzt durch soziale und politische Koalitionen, deren Diskurse und Praktiken weitergetragen, welche zur Restrukturierung heimischer Institutionen rund um den „Wettbewerbsstaat" führen. Zusammen mit den ökonomischen, durch Globalisierungsprozesse verursachten Restriktionen politischer Handlungsfähigkeit ergeben sich allenfalls „permissive Bedingungen"

Konvergenz

für Wandel, welche lediglich die Entstehung von „Varieties of Neoliberalism" und damit „Diversität innerhalb von Konvergenz" zulassen (vgl. Soederberg u.a. 2005).

Divergenz

Demgegenüber gehen Autoren, die der „Varieties of Capitalism"-Tradition eng verhaftet sind, eher von relativer Stabilität nationaler Institutionen gegenüber externem Anpassungsdruck aus. Diese resultiert u.a. aus der Vorstellung, die einzelnen Funktionselemente des Kapitalismus seien einander komplementär, weshalb einzelne Elemente auch nicht einseitig aus dem institutionellen Rahmen herausgelöst werden können. Hall/Soskice sehen institutionelle Komplementaritäten im Wesentlichen dann gegeben, wenn die Effizienz einer Institution durch eine komplementäre Institution gesteigert wird (Hall/Soskice 2001: 17). Die Koexistenz einander „passförmiger" Institutionen steigert die Fähigkeit der Akteure, ihre Ziele zu erreichen, und schafft insgesamt komparative Wettbewerbsvorteile. Unternehmen, die am Erhalt ihrer komparativen Vorteile interessiert sind, verlassen deshalb auch unter Bedingungen von Europäisierung und Globalisierung nicht einfach ihre nationalen institutionellen Kontexte. Zudem wird der Fortbestand bestehender Governance-Konfigurationen auch im Sinne des „historischen Institutionalismus" (vgl. Thelen/Steinmo 1992) mit historischen Pfadabhängigkeiten begründet. Weil diese Konfigurationen historisch gewachsen sind, etwa vom jeweiligen Zeitpunkt der Industrialisierung oder der Staatsentwicklung abhängen, konstituieren sie relativ beständige nationale Pfade, die den Weg der Anpassung einzelner Nationalstaaten an neue Rahmenbedingungen maßgeblich vorbestimmen (vgl. u.a. Zysman 1994). Nicht die Konvergenz hin zu stärkerer Marktförmigkeit von Governance-Strukturen, sondern vielmehr eine zunehmende *Divergenz* nationaler Anpassungsreaktionen sei die Antwort auf globale Herausforderungen (vgl. etwa Berger/Dore 1996; Kitschelt u.a. 1999; Soskice 1999).

Inkohärenz Grundlage für Pfadabkehr

Mittlerweile hat sich eine dritte Perspektive entwickelt, die die Wandlungsprozesse in kapitalistischen Ökonomien in den Mittelpunkt der Betrachtung rückt (vgl. die Beiträge in Hancké u.a. 2007) und den Blick auf die Mixturen von Governance-Mechanismen richtet, die sich in Governance-Konfigurationen unterschiedlichster Produktionszusammenhänge abzeichnen (Morgan u.a. 2004; Streeck/Thelen 2005). Eine Reorganisation kapitalistischer Institutionen erscheint umso wahrscheinlicher, je weniger von der internen Kohärenz und Komplementarität eines nationalen Kapitalismusmodells ausgegangen wird. Colin Crouch hat hervorgehoben, dass gerade die interne Differenzierung, Inkohärenz und letztlich die Heterogenität in institutionellen Strukturen die Grundlage für die Überwindung von Pfadabhängigkeiten darstellen kann. Akteure haben Alternativen zur Verfügung, wenn etablierte Wege blockiert sind, und können Ordnungselemente unterschiedlicher Pfade miteinander kombinieren (Crouch 2005; Crouch/Farrell 2002).

Dimensionen institutioneller Heterogenität:

- Kombinationen aus Governance-Mechanismen

Drei Dimensionen institutioneller Heterogenität in nationalen Modellen des Kapitalismus lassen sich unterscheiden: Heterogenität gerät *erstens* ins Blickfeld, wenn weniger der (angelsächsische oder rheinische) Idealtyp eines nationalen Kapitalismusmodells hervorgehoben wird, sondern vielmehr die Kombination aus Governance-Mechanismen, die einen Typ von Kapitalismus ausmacht. Praktisch stellen alle fortgeschrittenen Ökonomien Mischsysteme der drei elementaren Governance-Formen Markt, Unternehmenshierarchie und Staat dar. In Ökonomien des kontinentaleuropäischen Typs spielten bislang zudem Verbände und Netzwerke eine zentrale Rolle, wobei die Intervention des Staates sich auf einem Kontinuum von substantieller, mit Zwangsmitteln ausgestatteter Regulierung (Frankreich) bis hin zu eher prozeduraler, Verfahren und rechtliche Rahmenbedingungen vorgebender Steuerung (Deutschland) erstrecken kann. Selbst im minimalen Hybridmodell stünde Unternehmen also eine gewisse *requisite variety* an institutionellen Elementen zur Verfügung, die unter bestimmten Bedingungen rekombiniert werden können.

Institutionelle Heterogenität ergibt sich *zweitens* daraus, dass Governance-Modi nach Sektoren, regionalen Standorten oder Unternehmensgröße variieren können. So spielt die Unternehmenshierarchie (im Vergleich zu Märkten oder auch Netzwerken und Verbänden) dort eine geringere Rolle, wo hauptsächlich kleine Unternehmen agieren. In staatsnahen Sektoren (wie der Telekommunikation oder dem Elektrizitätssektor) hat der Staat nach wie vor eine größere Bedeutung als in anderen Sektoren, auch wenn sich hier ein Form- und Funktionswandel staatlicher Intervention vollzogen hat, der den Staat weniger als Eigentümer oder Gewährleister für die Bereitstellung von Infrastruktur, sondern vielmehr als Regulierer eines privatisierten Marktes unter Aspekten der Sicherung von Wettbewerb und Verbraucherschutz vorsieht (Grande/Eberlein 1999; Czada u.a. 2003). Und schließlich zeigen jüngere Arbeiten zur Governance regionaler Wirtschaftscluster, dass es auch auf regionaler Ebene institutionelle Abweichungen vom nationalen Kapitalismusmodell geben kann, die durchaus produktiv sind und die die Funktionsweise des Gesamtsystems nicht unbedingt gefährden müssen (Glassmann/Voelzkow 2006).

Drittens ergibt sich institutionelle Inkohärenz schließlich auch dann, wenn einzelne Funktionselemente eines Kapitalismusmodells durch unterschiedliche Governance-Modi strukturiert sind und sich Veränderungen in einem Subsystem auch unabhängig von der relativen Stabilität der anderen Subsysteme einstellen können. Beispiel hierfür wäre die bereits an anderer Stelle erwähnte Vermarktlichung des Subsystems der Unternehmensfinanzierung in Deutschland, die mit der relativen Stabilität des verbandlich organisierten Systems der Berufsbildung kontrastiert (Deeg 2006).

Zusammengenommen verweisen alle diese Punkte darauf, dass die dem Varieties of Capitalism-Ansatz zugrunde liegende Annahme der Komplementarität einzelner Produktionssphären und ihrer Institutionen in dieser Eindeutigkeit nicht aufrechterhalten werden kann. Nicht zufällig werden in der theoretischen Debatte um die Plausibilität der Komplementaritätsannahme (vgl. Crouch u.a. 2005) unterschiedliche Argumente für eine eher „lose Kopplung" einzelner kapitalistischer Subsysteme präsentiert. Wolfgang Streeck und Robert Boyer (in Crouch u.a 2005) beispielsweise betonen, dass Institutionen nicht als komplementär zueinander konzipiert werden, sondern oftmals durch einen Prozess der Improvisation, des Experimentierens und der stetigen Modifikation entstehen. Rückblickend mag das institutionelle Design kohärent und ökonomisch effizient erscheinen – dies ist jedoch noch keine Erklärung für die Art und Weise seiner Genese. Institutionen in unterschiedlichen Produktionssphären würden oftmals durch unterschiedliche Eliten kontrolliert, weshalb ein Konsens über erwünschte oder gar effiziente Formen institutioneller Komplementarität gar nicht bestehe.

Marginalien:

- Varianz von Governance-Modi

- Veränderung einzelner Subsysteme

Lockerung der Komplementaritätsannahme

Manche Sektoren oder auch Produktionssphären sind beispielsweise internationalisierter als andere, weshalb sich ein nationales Produktionsregime auch nicht leicht durch ein hierarchisches Zentrum steuern lasse (vgl. Crouch u.a. 2005).

Hybridisierung

Richard Deeg (2004) wiederum plädiert dafür, von „variablen Komplementaritäten" auszugehen, d.h. von der Annahme, dass Subsysteme einander auf verschiedene Weise und unter verschiedenen Bedingungen ergänzen können. Während ein Subsystem sich „pfadkonform" verhält, könnte sich ein anderes verändern. Gleichwohl könnte die Systemkohärenz insgesamt dann erhalten bleiben, wenn das pfadkonforme Element neue komplementäre Strukturen zu dem modifizierten Systemelement ausbildet (Deeg 2004: 34-35). Nationale politische Ökonomien, so der derzeitige Befund, scheinen unter zugespitztem Wettbewerbsdruck immer stärker zu *institutionellen Hybriden* (Beyer 2003; Dyson/ Padgett 2005; Lütz 2005; Lütz/Eberle 2008) zu mutieren, die in ihrer neuen Gesamtkonfiguration zwar wiederum einzigartig sind, in ihren Teilen jedoch anderen (liberalen) Modellen einer Marktwirtschaft ähnlicher werden.

7.6 Diskussion und zukünftige Forschungsperspektiven

Vorteile des Governance-Ansatzes:

Die derzeitigen Umbrüche im globalen Finanzsystem und der Weltwirtschaft zeigen einmal mehr die Grenzen des Marktparadigmas als dem in den letzten zwanzig Jahren dominierenden Leitbild für die Koordination ökonomischer Transaktionen auf. In nahezu allen westlichen Industrieländern beobachten wir eine „Rückkehr des Nationalstaates" in der Rolle des Krisenmanagers, Finanziers und des Garanten von Stabilität und Vertrauen in den globalen Markt. Ob dies nur von kurzer Dauer ist oder den Übergang zu einer neuen Form des „embedded liberalism" (Ruggie 1982) in Anlehnung an das internationale Ordnungsmodell der Nachkriegszeit markiert, werden die kommenden Jahre zeigen.

- Orientierungswissen zur Gestaltbarkeit von Institutionen

Der Governance-Ansatz kann in dieser Umbruchsituation Orientierungswissen liefern hinsichtlich der Funktionalität und Gestaltbarkeit institutioneller Arrangements zur Koordination wirtschaftlicher Aktivitäten, innerhalb derer der Markt nur ein Element unter anderen darstellt.

- Integration von wissenschaftlichen Debatten

Innerhalb des wissenschaftlichen Diskurses erlaubt es die Analyseperspektive des Governance-Ansatzes zudem, Debatten zusammenzuführen, die üblicherweise nicht voneinander Kenntnis nehmen. Dies gilt beispielsweise für die Regionalökonomie, die auf Sektortransformation fokussierte Governance-Debatte oder auch für die neuere sozialwissenschaftliche Corporate Governance-Forschung. Zwar behandeln diese Diskussionen unterschiedliche Untersuchungsgegenstände, jedoch steht in allen Debatten die Frage nach der Struktur von Governance-Konfigurationen, ihrer Performanz und/oder ihrer Transformation im Mittelpunkt des Interesses. Ansätze, die auf Ländertypologien abstellen, bieten zudem eine Heuristik, die als Ausgangspunkt für Ländervergleiche genutzt werden kann, auch wenn die mangelnde Vollständigkeit der bestehenden Systematik, wie beim VoC-Ansatz, immer wieder Anlass für Kritik bietet.

Schwächen des Governance-Ansatzes liegen sicherlich in der Erfassung und vor allem Erklärung von *Prozessen* kapitalistischer Transformation. Mit der Governance-Systematik lassen sich Mixturen von Governance-Elementen im Sinne „institutioneller Gleichgewichte" beschreiben, die den jeweiligen Anfangs- und Endpunkt von Transformationsprozessen markieren; nicht erfasst werden hingegen die Kausalmechanismen, die die Transformation von Punkt A nach Punkt B antreiben. Governance-Analysen sind oftmals durch einen impliziten Funktionalismus gekennzeichnet, der nicht zuletzt auf die institutionenökonomische Tradition des Ansatzes zurückgeht. Wenn Institutionen als „geronnene Lösung" für die Koordinationsprobleme wirtschaftlicher Akteure betrachtet werden, geraten die Prozesse, vor allem jedoch die Konflikte, welche zur Genese, Reproduktion, aber auch Transformation von Governance-Strukturen führen, leicht aus dem Blickfeld. Diese Sichtweise zeigt sich sehr ausgeprägt im „Varieties of Capitalism"-Ansatz, welcher einzelne kapitalistische Produktionssphären und deren Institutionen als systemisch miteinander verbunden und insofern als schwer veränderbar ansieht. Die Systemperspektive geht hier in einen Strukturdeterminismus über, welcher das Handeln der Akteure maßgeblich durch die Anreize und Restriktionen des nationalen Governance-Gefüges bestimmt sieht und wenig Raum für institutionelle Spannungen, Präferenzänderungen der Akteure oder Umbrüche von Leitbildern lässt. Allerdings zeichnet sich mittlerweile auch bei den Protagonisten des Ansatzes das Bestreben ab, diesen zu „dynamisieren", für die Analyse historischer Transformationsprozesse zu öffnen (vgl. etwa Hall 2007) und den Akteurbezug in den empirischen Studien zu stärken (vgl. die Beiträge in Hancké u.a. 2007). Der Weg, das betrachtete Variablenspektrum um Akteurstrategien und -koalitionen, Konflikte und nicht-intendierte Effekte zu erweitern und diese in Beziehung zu Prozessen und Typen institutionellen Wandels zu setzen, scheint mir sehr vielversprechend zu sein (vgl. in diesem Sinne auch Lütz/Eberle 2008).

Die mittelfristig größte Herausforderung für die auf die politische Ökonomie ausgerichtete Governance-Forschung liegt aus meiner Sicht jedoch darin, das Verhältnis zwischen globalen, nationalen, sektoralen, regionalen oder auch unternehmensbezogenen Produktionszusammenhängen und deren Governance-Strukturen zu beleuchten. Wenn im Zuge von Globalisierung nationale Institutionengefüge zunehmend inkohärenter werden, Unternehmensstrategien sich je nach Unternehmensgröße, -sektor und Weltregion zunehmend ausdifferenzieren und auch die politischen Spielräume, wirtschaftliche Rahmenbedingungen auszugestalten, je nach Politikfeld sehr unterschiedlich groß sein können, stellt sich die Frage nach der relevanten Ebene von Produktionsregimen. Betrachtet man nach wie vor die nationale Ebene und damit den nationalen Kapitalismustyp als prägendes Institutionengefüge und richtet den Blick auf die in diesem Modell entstehenden „Inkohärenzen"? Sollte im Mittelpunkt der Betrachtung eher der Wirtschaftssektor oder vielmehr ein global tätiges Unternehmen und deren national variierenden Konfigurationen von Governance-Elementen stehen? Nicht nur unter analytischen Gesichtspunkten, sondern auch unter dem Aspekt der politischen Gestaltbarkeit wirtschaftlicher Rahmenbedingungen ist die Identifikation der in Zukunft relevanten „Einheit" von Produktionsregimen eine zentrale Aufgabe der zukünftigen Governance-Forschung.

Marginal notes:

Schwäche des Governance-Ansatzes: Kausalmechanismen der Transformation unterbelichtet

Perspektiven:

- Fokus auf Akteurverhalten in Transformationsprozessen

- Frage nach der relevanten Ebene von Produktionsregimen

7.7 Literatur

Albert, Michel, 1991: Capitalisme contre capitalisme. Paris.

Alemann, Ulrich von/Heinze, Rolf G. (Hrsg.), 1979: Verbände und Staat. Opladen.

Amable, Bruno, 2003: The Diversity of Modern Capitalism. Oxford.

Benz, Arthur, 2001: Der moderne Staat. München/Wien.

Berger, Suzanne/Dore, Ronald (Hrsg.), 1996: National Diversity and Global Capitalism. Ithaca, NY.

Beyer, Jürgen (Hrsg.), 2003: Vom Zukunfts- zum Auslaufmodell? Die deutsche Wirtschaftsordnung im Wandel. Wiesbaden.

Beyer, Jürgen, 2006: Vom Sozialismus zu Demokratie und Marktwirtschaft – Systemtransformation als Governance-Problem, in: Susanne Lütz (Hrsg.), Governance in der politischen Ökonomie. Wiesbaden, 107-165.

Buchanan, James M., 1965: An Economic Theory of Clubs. In: Economica 32, 1-14.

Campbell, John L./Hollingsworth, J. Rogers/Lindberg, Leon L., 1991: Governance of the American Economy. Cambridge u.a.

Cawson, Alan (Hrsg.), 1985: Organized Interests and the State. Studies in Meso-Corporatism. London/Beverly Hills.

Chandler, Alfred D., 1978: The Visible Hand. The Managerial Revolution in American Business. Cambridge, MA./London.

Chandler, Alfred D., 1990: Scale and Scope. The Dynamics of Industrial Capitalism. Cambridge, MA./London.

Coase, Ronald,1937: The Nature of the Firm, in: Economica 4, 386-405.

Crouch, Colin, 2005: Die Bedeutung von Governance für Vielfalt und Wandel im modernen Kapitalismus, in: Max Miller (Hrsg.), Welten des Kapitalismus. Institutionelle Alternativen in der globalisierten Ökonomie. Frankfurt a.M., 101-127.

Crouch, Colin/Farrell, Henry, 2002: Breaking the Path of Institutional Development? Alternatives to the New Determinism. MPIfG Discussion Paper 02/5.

Crouch, Colin u.a., 2001: Local Production Systems in Europe: Rise or Demise? Oxford.

Crouch, Colin u.a., 2004: Changing Governance of Local Economies. Oxford.

Crouch, Colin u.a., 2005: Dialogue on „Institutional complementarity and political economy", in: Socio-Economic Review 3, 359-382.

Czada, Roland/Lehmbruch, Gerhard (Hrsg.), 1998: Transformationspfade in Ostdeutschland. Beiträge zur sektoralen Vereinigungspolitik. Frankfurt a.M.

Czada, Roland/Lütz, Susanne/Mette, Stefan, 2003: Regulative Politik. Zähmungen von Markt und Technik. Opladen.

Deeg, Richard, 2004: Path Dependency, Institutional Complementarity, and Change in National Business Systems, in: Glenn Morgan/Richard Whitley/Eli Moen (Hrsg.), Changing Capitalism? Internationalization, Institutional Change, and Systems of Economic Organization. Oxford, 21-52.

Deeg, Richard, 2006: Governance and the Nation-State in a Global Era, in: Susanne Lütz (Hrsg.), Governance in der politischen Ökonomie. Wiesbaden, 57-106.

Dyson, Kenneth/Padgett, Stephen (Hrsg.), 2005: The Politics of Economic Reform in Germany: Global, Rhineland or Hybrid Capitalism? Special Issue of German Politics 14 (2).

Esser, Josef/Fach, Wolfgang 1981: Korporatistische Krisenregulierung im „Modell Deutschland", in: Ulrich von Alemann (Hrsg.), Neokorporatismus. Frankfurt a.M., 158-179.

Esser, Josef/Fach, Wolfgang/Väth, Werner, 1983: Krisenregulierung. Zur politischen Umsetzung ökonomischer Zwänge. Frankfurt a.M.

Glassmann, Ulrich/Voelzkow, Helmut, 2006: Regionen im Wettbewerb: Die Governance regionaler Wirtschaftscluster, in: Susanne Lütz (Hrsg.), Governance in der politischen Ökonomie. Wiesbaden, 219-283.

Goldthorpe, John (Hrsg.), 1984: Order and conflict in contemporary capitalism. London/Oxford.

Grabher, Gernot, 1993: The weakness of strong ties: the lock-in of regional development in the Ruhr area, in: Gernot Grabher (Hrsg.), The embedded firm. On the socioeconomics of industrial networks. London/New York, 255-278.

Grande, Edgar/Eberlein, Burkard, 1999: Der Aufstieg des Regulierungsstaates im Infrastrukturbereich, in: Roland Czada/Hellmut Wollmann (Hrsg.), Von der Bonner zur Berliner Republik. Opladen, 631-651.

Granovetter, Mark, 1985: Economic Action and Social Structure: The Problem of Embeddedness, in: American Journal of Sociology 91, 481-510.

Hall, Peter A., 2007: The Evolution of Varieties of Capitalism in Europe, in: Bob Hancké/Martin Rhodes/Mark Thatcher (Hrsg.), Beyond Varieties of Capitalism. Conflict, Contradictions, and Complementarities in the European Economy. Oxford, 39-85.

Hall, Peter A./Soskice, David (Hrsg.), 2001: Varieties of Capitalism. The Institutional Foundations of Comparative Advantage. Oxford.

Hancké, Bob/Rhodes, Martin/Thatcher, Mark (Hrsg.), 2007: Beyond Varieties of Capitalism. Conflict, Contradictions, and Complementarities in the European Economy. Oxford.

Herrigel, Gary,1996: Industrial Constructions. The sources of German industrial power. Cambridge.

Hilferding, Rudolf, 1910: Das Finanzkapital. Eine Studie über die jüngste Entwicklung des Kapitalismus. Wien.

Hollingsworth, J. Rogers/Boyer, Robert (Hrsg.), 1997: Contemporary Capitalism. The Embeddedness of Institutions. Cambridge.

Hollingsworth, J. Rogers/Schmitter, Philippe C./Streeck, Wolfgang (Hrsg.), 1994: Governing Capitalist Economies. Performance and Control of Economic Sectors. New York/Oxford.

Kitschelt, Herbert/Marks, Gary/Lange, Peter (Hrsg.), 1999: Continuity and Change in Contemporary Capitalism. Cambridge.

Lehmbruch, Gerhard/Schmitter, Philippe C. (Hrsg.), 1982: Patterns of Corporatist Policy-Making. Beverly Hills.

Leibenstein, Harvey, 1976: Beyond Economic Man. A New Foundation in Microeconomics. Cambridge, MA.

Leibenstein, Harvey, 1978: General X-Efficiency Theory and Economic Development. New York.

Lütz, Susanne, 2005: Von der Infrastruktur zum Markt? Der deutsche Finanzsektor zwischen Deregulierung und Reregulierung, in: Paul Windolf (Hrsg.), Finanzmarktkapitalismus. Analysen zum Wandel von Produktionsregimen. Wiesbaden, 294-315.

Lütz, Susanne (Hrsg.), 2006: Governance in der politischen Ökonomie. Wiesbaden.

Lütz, Susanne/Eberle, Dagmar, 2008: Varieties of Change in German Capitalism. Transforming the Rules of Corporate Control, in: New Political Economy 13 (4), 377-395.

Marshall, Alfred, 1919: Industry and Trade. London.

Mayntz, Renate/Scharpf, Fritz W., 1995: Steuerung und Selbstorganisation in staatsnahen Sektoren, in: Renate Mayntz/Fritz W. Scharpf (Hrsg.), Gesellschaftliche Selbstregelung und politische Steuerung. Frankfurt a.M., 9-38.

Morgan, Glenn/Whitley, Richard/Moen, Eli (Hrsg.), 2004: Changing Capitalisms? Internationalization, Institutional Change, and Systems of Economic Organization. Oxford.

Offe, Claus, 1984: Korporatismus als System nichtstaatlicher Makrosteuerung?, in: Geschichte und Gesellschaft 10, 234-256.

Olson, Mancur, 1971: The Logic of Collective Action. Public Goods and the Theory of Groups. Cambridge, MA.

Ouchi, William, 1980: Markets, Bureaucracies, and Clans, in: Administrative Science Quarterly 25, 129-141.

Piore, Michael J./Sabel, Charles F., 1985: Das Ende der Massenproduktion. Berlin.

Polanyi, Karl, 1944: The Great Transformation: The Political and Economic Origins of Our Time. Boston, MA.

Powell, Walter W., 1996: Weder Markt noch Hierarchie. Netzwerkartige Organisationsformen, in: Patrick Kenis/Volker Schneider (Hrsg.), Organisation und Netzwerk. Institutionelle Steuerung in Wirtschaft und Politik. Frankfurt a.M./New York, 213-273.

Ruggie, John Gerard, 1982: International regimes, transactions and change: embedded liberalism in the postwar economic order, in: International Organization 36 (2), 379-415.

Schmidt, Susanne K., 2006: „Governance of Industries" – die Transformation staatsnaher Wirtschaftssektoren im Zuge von Liberalisierung und Europäisierung, in: Susanne Lütz (Hrsg.), Governance in der politischen Ökonomie. Wiesbaden, 167-217.

Schmidt, Vivien A., 2002: The Futures of European Capitalism. Oxford.

Shonfield, Andrew, 1965: Modern Capitalism. The Changing Balance of Public and Private Power. London/Oxford.

Soederberg, Susanne/Menz, Georg/Cerny, Philip C. (Hrsg.), 2005: Internalizing Globalization: The Rise of Neoliberalism and the Erosion of National Models of Capitalism. London.

Soskice, David, 1999: Divergent Production Regimes: Coordinated and Uncoordinated Market Economies in the 1980s and 1990s, in: Herbert Kitschelt u.a. (Hrsg.), Continuity and Change in Contemporary Capitalism. Cambridge, 101-134.

Streeck, Wolfgang/Schmitter, Philippe C., 1985a: Gemeinschaft, Markt und Staat – und die Verbände? Der mögliche Beitrag von Interessenregierungen zur sozialen Ordnung, in: Journal für Sozialforschung 25 (2), 133-159.

Streeck, Wolfgang/Schmitter, Philippe C. (Hrsg.), 1985b: Private Interest Government. Beyond Market and the State. London/Beverly Hills.

Streeck, Wolfgang/Thelen, Kathleen (Hrsg.), 2005: Beyond Continuity. Institutional Change in Advanced Political Economies. Oxford.

Thelen, Kathleen/Steinmo, Sven, 1992: Historical Institutionalism in comparative politics, in: Sven Steinmo u.a. (Hrsg.), Structuring Politics. Historical Institutionalism in Comparative Analysis. Cambridge, 1-32.

Weber, Max, 1923: Wirtschaftsgeschichte. Abriß der universalen Sozial- und Wirtschaftsgeschichte. München.

Williamson, Oliver E., 1985: The Economic Institutions of Capitalism. New York.

Zysman, John, 1994: How Institutions Create Historically Rooted Trajectories of Growth, in: Industrial and Corporate Change 1 (1), 243-283.

Kapitel 8:
Governance in der politischen Ökonomie II: Corporate Governance

Dagmar Eberle

8.1 Zum Begriff der „Corporate Governance"

Der angelsächsische Terminus „Corporate Governance", der mittlerweile in den deutschen Sprachgebrauch eingegangen ist, steht für ein hochaktuelles Themenfeld der ökonomischen Governance-Forschung (siehe dazu den Beitrag von Susanne Lütz in diesem Band). In einem allgemeinen Sinne bezeichnet der Begriff die Strukturen, Regeln und Praktiken der Steuerung und Kontrolle von Unternehmen (Aguilera/Jackson 2003: 450; Schmidt 2007: 34). Hier geht es um Governance-Probleme auf der Mikroebene des einzelnen Unternehmens – also um das „Steuern und Koordinieren […] mit dem Ziel des Managements von Interdependenzen" (Benz 2004: 25) zwischen verschiedenen am Unternehmensgeschehen beteiligten Akteursgruppen. Der Fokus liegt dabei vor allem auf börsennotierten Großunternehmen. Geprägt wurde der Begriff Corporate Governance in den späteren 1970er Jahren im Diskurs US-amerikanischer Rechtsexperten (Frentrop 2003: 7-12). Während in den USA Fragen der Unternehmensleitung und -kontrolle im folgenden Jahrzehnt vor dem Hintergrund wirtschaftlicher Krisenerscheinungen zum Gegenstand breit geführter Debatten wurden, setzte das aktuelle Interesse an dieser Thematik in Kontinentaleuropa – und anderen Teilen der Welt – erst in den späteren 1990er Jahren ein. Mit der rasant gestiegenen Aufmerksamkeit für Probleme der Corporate Governance nicht nur in der Wissenschaft, sondern auch in der Unternehmenspraxis und der Politik verbreitete sich auch der angelsächsische Begriff diesseits des Atlantiks.

> Fokus: Steuerung und Kontrolle von börsennotierten (Groß-) Unternehmen

Auch wenn die Wortprägung Corporate Governance vergleichsweise neu ist, gehen die damit umschriebenen Koordinations- und Regelungsfragen zurück bis in die Anfänge des modernen Kapitalismus. Die Aktiengesellschaft, wie sie sich im späten 19. Jahrhundert herausgebildet hat, stellt „eine der grundlegenden sozialen Innovationen der europäischen Neuzeit" dar (Streeck/Höpner 2003: 12). Sie kann als juristische Person eigenständig Vermögen besitzen, Verträge eingehen, Kredite aufnehmen und unabhängig vom Ausscheiden oder dem Tod ihrer Gründer solange existieren, wie sie Kapital besitzt. Auch haftet sie nur mit ihrem eigenen Vermögen; die Anteilseigner können beispielsweise im Falle eines Bankrotts nicht individuell von Gläubigern belangt werden, so dass ihr Risiko immer auf die Höhe ihres Investments beschränkt bleibt (Monks/Minow 2004: 11-13). Die Aggregation von für sich genommen zu kleinen Kapitalbeständen und die Begrenzung der Haftung für unternehmerische Risiken bildeten zentrale institutionelle Grundlagen für die Entstehung der modernen (Groß-)Industrie.

Governance-
Probleme zwischen
Eigentümern und
Managern

Doch fallen in Aktiengesellschaften Eigentum und Verfügungsmacht im Unternehmen typischerweise auseinander, da angestellte, professionelle Manager Entscheidungsgewalt über das von den Investoren eingebrachte Kapital innehaben. Damit ergibt sich ein Governance-Problem zwischen den Aktionären als Eigentümern des Unternehmens und dessen Spitzenmanagern: Wie können erstere verhindern, dass letztere potenziell abweichende Eigeninteressen verfolgen statt die Interessen der Eigentümer? Diese Problemlage stellt sich umso schärfer, je größer ein Unternehmen und je fragmentierter seine Eigentümerstruktur ist. Bei Großunternehmen, die sich im Streubesitz befinden, fehlt es dem einzelnen Kleinanleger sowohl an Anreizen wie an Mitteln zur direkten Kontrolle des Managements. Ist die Eigentümerstruktur dagegen stärker konzentriert, so vermag ein Anteilseigner oder eine kleine Gruppe von Anteilseignern mit größeren Anteilspaketen die Manager zu überwachen. Somit reduziert sich zwar das Problem der fehlenden Kontrolle des Managements. Allerdings kann sich die zugrundeliegende Governance-Problematik dann in anderer Form äußern, da Großaktionäre ihre Einflussmöglichkeiten auf die Manager möglicherweise zu Ungunsten der Minderheitsaktionäre nutzen (Gourevitch/Shinn 2005: 28-39; Mann 2003: 23-24).

Interessen anderer
Stakeholder

In angelsächsischen Ländern wie den USA und Großbritannien konzentriert sich die politische wie die wissenschaftliche Corporate Governance-Diskussion auf die Interessenkonflikte zwischen Managern und Anteilseignern. Mithin geht es um Governance-Mechanismen, mit denen sichergestellt werden kann, dass das Unternehmen im Interesse der (Minderheits-)Aktionäre geführt wird. Obgleich diese Perspektive auch hierzulande den aktuellen Diskurs stark prägt, greift sie mindestens aus empirischer Sicht zu kurz. In modernen Aktiengesellschaften treffen eine Vielzahl von Ansprüchen und Belangen gesellschaftlicher Akteure zusammen. Nicht nur Anleger und Manager, sondern auch weitere Stakeholder, also wesentliche Bezugsgruppen von Unternehmen, insbesondere die Arbeitnehmer, Fremdkapitalgeber, Kunden und Lieferanten sowie nicht zuletzt der Staat selbst haben ein beträchtliches Interesse am Agieren von Großunternehmen. In vielen kontinentaleuropäischen Ländern und in Japan, wo große Kapitalgesellschaften anders als im angelsächsischen Raum immer auch als „quasiöffentliche Einrichtungen" (Streeck/Höpner 2003: 11) wahrgenommen worden sind, kommt neben den Aktionären auch bestimmten anderen Stakeholdern Einfluss in der Unternehmenskontrolle zu, während die Interessen solcher Bezugsgruppen in angelsächsischen Ländern außerhalb der Corporate Governance durch Verträge, Gesetze und flexiblere Märkte geregelt werden (Schmidt 2007; Vitols 2004).

Politisch-
ökonomische Signifi-
kanz des Themas

Schon allein die national divergierenden Vorstellungen davon, welche Interessen in der Corporate Governance relevant sind oder sein sollten, machen deutlich, dass dieses Thema signifikante politisch-ökonomische Implikationen hat. Die Ausgestaltung der Corporate Governance bestimmt die Verteilung von Macht und Einfluss im Unternehmen. Weil damit der Rahmen für die Strategieentwicklung und die Ressourcenallokation des Unternehmens abgesteckt wird, ist die Corporate Governance – gerade großer Unternehmen – von eminenter Bedeutung für die Verteilung von Einkommen und Status, die Beschäftigungssituation und das Wirtschaftswachstum in nationalen politischen Ökonomien (Gourevitch/Shinn 2005: 3). Zwar finden sich in angelsächsischen Ländern mehr börsennotierte Großunternehmen als in Kontinentaleuropa, doch sie dominieren hier wie dort vielfach Industrie, Banken, Versicherungen und Handel. Der Zusammenbruch einer großen Kapitalgesellschaft vermag auf die ganze nationale Ökonomie auszustrahlen und, insbesondere wenn er mit betrügerischen Manipulationen einhergeht, das Vertrauen in die Kapitalmärkte zu untergraben (Streeck/Höpner 2003: 13).

Der vorliegende Beitrag skizziert im nächsten Abschnitt kurz die verschiedenen Corporate Governance-Modelle in westlichen Industriestaaten. Der dritte Abschnitt führt in die prominentesten Analyseperspektiven der Corporate Governance-Forschung ein. Der vierte Abschnitt widmet sich den Antriebskräften und der Konzeptualisierung der Umbruchsprozesse, die seit den 1980er Jahren in den Corporate Governance-Regimen der OECD-Welt zu beobachten sind. Der darauffolgende Abschnitt nimmt als Fallbeispiel die Wandlungen im deutschen System in den Blick. Ein Ausblick auf künftige Forschungsperspektiven schließt den Beitrag ab.

8.2 Nationale Corporate Governance-Systeme im Vergleich

Wie bereits angedeutet, fallen die institutionellen Muster der Unternehmenssteuerung und -kontrolle national durchaus unterschiedlich aus. Diese nationalen Corporate Governance-Regime haben sich aus dem Zusammenspiel von rechtlichen oder selbstregulativen Regelungen, v.a. des Gesellschafts-, Kapitalmarkt- und Arbeitsrechts, ökonomischen Kräften und Institutionen wie der Eigentümerstruktur und gesellschaftlichen Beziehungen entwickelt. Seit den 1990er Jahren ist eine umfangreiche vergleichende Literatur aus der Feder von Juristen, Wirtschafts- und Sozialwissenschaftlern entstanden, die die nationalen Varianten in westlichen Industrieländern systematisch erkundet (vgl. Franks/Mayer 1995; Hall/Soskice 2001; Schmidt 2007; Weimer/Pape 1999).

Unterschiedliche Corporate Governance-Regime

Mechanismen der Unternehmenskontrolle können in der Binnenorganisation des Unternehmens oder in seinen Marktumwelten verortet sein und – in der Terminologie von Albert O. Hirschman (1970) – entweder auf „Voice" oder „Exit" von Akteuren, also der Interessenartikulation oder der Abwanderung, beruhen (Mann 2003: 78-102; Teichmann 2001: 647-648; v. Werder 2003: 12-13). In der internen Corporate Governance geht es um „checks and balances" innerhalb des Unternehmens durch Bestimmungen zur Zusammensetzung, zu den Rechten und Pflichten der Unternehmensorgane und damit verbundene Informations-, Entscheidungs- und Kontrollmöglichkeiten für Stakeholder, über die diese „Voice"-Strategien ausüben können. Das wichtigste Organ der internen Kontrolle ist der Verwaltungs- bzw. Aufsichtsrat der Kapitalgesellschaft, der über die Geschäftsführung des Managements wacht. Dieses Gremium wird (zumindest zu einem bedeutenden Teil) von den Aktionären auf der Gesellschafterversammlung gewählt, in der in der Regel auch über grundlegende Unternehmensentscheidungen abgestimmt wird. Ein weiterer Kontrollmechanismus sind gesetzliche Regelungen, die Manager und Mitglieder des Kontrollgremiums für Pflichtverstöße haftbar machen und Aktionären in solchen Fällen Klagemöglichkeiten einräumen.

Mechanismen der Unternehmenskontrolle:

- Interne Corporate Governance

- Externe Corporate
Governance

Dagegen vollzieht sich die externe Corporate Governance über den Wettbewerbsdruck auf Kapital-, Güter-, und Arbeitsmärkten, der geschäftsschädigendes Verhalten des Managements eindämmt. Als zentraler Mechanismus gilt hier der Kapitalmarkt in seiner Funktion als Markt für Übernahmen. Bei unbefriedigenden Leistungen muss das Topmanagement mit einer (feindlichen) Übernahme durch ein anderes Unternehmen rechnen, in deren Folge es in der Regel ausgewechselt wird. Auch eine variable, an den Marktwert des Unternehmens gekoppelte Vergütung der Manager, insbesondere über Aktienoptions-Programme, ist ein wichtiger Steuerungsmechanismus.

- Publizität und
Prüfung

Elementar für das Funktionieren der externen wie der internen Kontrolle sind Pflichten zur Offenlegung von wichtigen Unternehmensentscheidungen und Unternehmensergebnissen. Rechnungslegung und -prüfung vermögen Informations- und Überprüfungsfunktionen nach innen für die Organe und Akteure im Unternehmen und nach außen für die Kapitalmarktteilnehmer zu erfüllen (Baetge/Thiele 1998).

Typen von Corporate
Governance-
Regimen:

Analog zur Unterscheidung zwischen dem „unkoordinierten" Kapitalismus der angelsächsischen Länder und dem „koordinierten" Kapitalismus, der in kontinentaleuropäischen Ländern und Japan zu finden ist (siehe dazu den Beitrag von Susanne Lütz in diesem Band), stellt die vergleichende Corporate Governance-Forschung marktorientierten „Outsider"-Systemen, in denen die Unternehmenskontrolle primär auf externen Mechanismen basiert, netzwerkorientierte „Insider"-Systeme gegenüber, die vor allem auf interne Formen der Einflussnahme und Überwachung setzen. Damit verbindet sich eine interessenmonistische bzw. eine mehr interessenpluralistische Ausrichtung. Im angelsächsischen

- Marktorientierte
„Outsider"-Systeme

Verständnis ist die Aktiengesellschaft eine Vereinigung zur Mehrung des Wohlstandes der Anteilseigner; das Management hat daher allein die (Finanz-)Interessen der Aktionäre zu verfolgen, und der rechtliche Schutz für (Minderheits-)Aktionäre ist stark ausgeprägt. Die Unternehmensfinanzierung erfolgt maßgeblich über den Kapitalmarkt, der die häufige Ausschüttung kurzfristig anfallender Gewinne an Aktionäre belohnt. So stellt der Aktienkurs den zentralen Bewertungsmaßstab der Arbeit des Managements dar. Der Anteilsbesitz ist breit gestreut unter einer Vielzahl von finanzorientierten Investoren, die in der Regel nicht direkt auf die Unternehmensführung einwirken. Sie bleiben „Outsider" und nehmen bei Missfallen mit der Performance des Managements die Exit-Option wahr, verkaufen also ihre Anteile, was den Preis der Aktie fallen lässt. Schwache Aktienkurse ziehen jedoch potenzielle Aufkäufer an. Die latente Gefahr einer feindlichen Übernahme und die wichtige Rolle von Aktienoptionen in der Managervergütung befördern die Ausrichtung der Unternehmenspolitik an hohen Aktienkursen und der Steigerung der Kapitalrendite der Aktionäre.

Für eine solche marktbasierte Outsider-Kontrolle bedarf es liquider Kapitalmärkte und strenger Publizitäts- und Transparenzvorschriften. Aktionärsfreundliche Rechnungslegungsstandards sind daraufhin orientiert, die finanzielle Lage des Unternehmens akkurat und transparent darzustellen und den Kapitalmarktteilnehmern entscheidungsrelevante Informationen zu liefern. Interne Kontrollen sind in marktbasierten Systemen dagegen nachrangig. Das Topmanagement dominiert vielfach den von den Aktionären gewählten Verwaltungsrat, in dem außer den geschäftsführenden Direktoren noch Experten von außen, oft

Manager anderer Unternehmen, sitzen. Den Mitarbeitern des Unternehmens werden keine Partizipationsrechte zugestanden. Als paradigmatisches Beispiel für das marktorientierte Modell sind in der vergleichenden Literatur in der Regel die USA und/oder Großbritannien behandelt worden.

Im Gegensatz zu den distanzierten, eher kurzfristig orientierten Beziehungen, die für das Outsider-System kennzeichnend sind, ist das Management im Insider-Modell der Corporate Governance in ein breiteres, vergleichsweise stabiles Netzwerk von Interessen und Akteuren eingebunden. Die Eigentümerstrukturen weisen eine hohe Konzentration auf, und Firmen sind nicht selten durch Kapital- und personelle Verflechtungen verbunden. Die Besitzer größerer Anteile – Familien, Banken, Versicherungen, andere Unternehmen oder auch der Staat – verfolgen mit ihren Investitionen in der Regel längerfristige strategische Ziele wie die Absicherung von Krediten oder die Festigung von anderen Geschäftsbeziehungen. Das Vorhandensein von „geduldigem Kapital" durch Großaktionäre und eine Unternehmensfinanzierung, die maßgeblich über Bankkredite statt über den Kapitalmarkt erfolgt, machen Preismechanismen weniger bedeutsam für die Unternehmensführung. Die Eigentümerstrukturen behindern, nicht selten in Kombination mit Stimmrechtsbeschränkungen, unerwünschte Übernahmen.

Mit der relativen Immunität vom Druck des Kapitalmarktes verbindet sich eine stärker kollektiv orientierte und längerfristig ausgerichtete Unternehmensstrategie. Die Großaktionäre, aber auch andere Stakeholder wie Banken oder Beschäftigte nehmen typischerweise aktiv Einfluss auf die Unternehmenspolitik, insbesondere durch die Vertretung im Aufsichtsgremium. Letzteres ist in solchen Systemen meist im Rahmen einer zweistufigen Leitungsstruktur als eigenständiges Organ verfasst. Die Unternehmensinsider verfügen über einen wesentlich besseren Zugang zu Unternehmensinformationen als Kleinaktionäre, welche nur vergleichsweise schwachen rechtlichen Schutz genießen. Bilanzen sind wenig transparent und mit dem Vorsichtsprinzip vor allem am Gläubigerschutz ausgerichtet. Als exemplarisch für dieses Modell hat die Forschung Deutschland und Japan betrachtet.

Die dichotomische Unterscheidung von Insider- und Outsider-Systemen hat den Vorteil, dass die den Modellen jeweils zugrundeliegende Funktionslogik sehr schön anschaulich wird. Naturgemäß stellt sie aber eine starke Vereinfachung dar, und viele Länder lassen sich nicht bruchlos in diese Typologie einordnen (vgl. Aguilera/Jackson 2003: 447). Schon die durchaus beträchtlichen Divergenzen zwischen den kontinentaleuropäischen Ländern machen nach Ansicht einiger Autoren eine weitere Unterteilung der netzwerkorientierten Corporate Governance-Regime in „Germanic systems" und „Latin systems", also die Regime der romanischen Länder, in denen Familieneigentümer und politisch-bürokratische Eliten eine wichtige Rolle spielen, notwendig (vgl. Rhodes/Apeldoorn 1998; Weimer/Pape 1999).

- Netzwerkorientierte „Insider"-Systeme

Vor- und Nachteile der Insider-/Outsider-Typologie

8.3 Analytische Perspektiven auf die Corporate Governance

Berle/Means:
Trennung von Eigen-
tum und Verfügungs-
gewalt

Der unbestrittene Klassiker der Corporate Governance-Literatur ist die Studie „The Modern Corporation and Private Property" des Rechtswissenschaftlers Adolf Berle und des Ökonomen Gardiner Means aus dem Jahr 1932 (Berle/Means 1932). Berle und Means fassten den Wandel der Eigentümerstrukturen in amerikanischen Unternehmen hin zum Streubesitz in die berühmte Formel der „separation of ownership and control". Sie gehörten zu den ersten Autoren, die auf die daraus resultierende Machtverschiebung von den im Unternehmen weitgehend einflusslosen Investoren zur Gilde der Manager aufmerksam machten.

Agency-Theorie

Governance-Fragen waren jedoch lange ein fast exklusives Tummelfeld von Juristen, die sich mit Regeln des Gesellschafts- und Kapitalmarktrechts befassten. Die neoklassische Ökonomie behandelte die Firma als Produktionseinheit, die der Profitmaximierung dient. Ihr Inneres blieb eine „black box" (Frentrop 2003: 23-24; Jensen/Meckling 1976: 3). Dies änderte sich, als die „goldenen" Nachkriegsjahrzehnte in die Rezession der 1970er Jahre übergingen. Michael C. Jensen und William H. Meckling reformulierten das Verhältnis zwischen Anteilseignern und Managern in einem für die amerikanische Diskussion wegweisenden Paper aus dem Jahr 1976 als Prinzipal-Agent-Beziehung: Demnach beauftragen die Anteilseigner als Prinzipale die Manager als Agenten mit der Führung des Unternehmens. Da beiden Parteien nutzenmaximierendes Verhalten unterstellt wird, wird es als wahrscheinlich angenommen, dass der Agent die ihm übertragenen Verfügungsrechte nicht immer im besten Interesse des Prinzipals einsetzt, sondern seinen persönlichen Nutzen verfolgt, was ihm durch seine Informationsvorsprünge erleichtert wird (Jensen/Meckling 1976).

Während die Aktionäre an der Maximierung ihrer Kapitalrendite interessiert sind, mag das Management etwa Wege finden, sich auf Kosten des Unternehmens finanzielle oder andere Vorteile zu verschaffen, schlechte Leistungen zeigen oder liquide Mittel zur Expansion und Diversifizierung nutzen statt sie an die Aktionäre auszuschütten (Gourevitch/Shinn 2005: 32; Shleifer/Vishny 1997: 742-744). Der Prinzipal kann opportunistisches Verhalten des Managements eindämmen, indem er entsprechende Anreize für den Agenten schafft und ihn überwacht („monitoring"). Auch mag sich der Agent unter Umständen selbst verpflichten, bestimmte Handlungen zu unterlassen, die dem Prinzipal schaden würden („bonding"). Beides ist aber mit Kosten („agency costs") verbunden, und in der Regel werden sich Interessendivergenzen auch nicht vollständig vermeiden lassen.

Unternehmen als
Nexus von Verträgen

Aus Sicht der Agency-Theorie wird die Firma als Nexus von Verträgen begriffen. Daraus leitet sich eine spezifische Begründung für die Vorrangstellung der Anteilseigner in der Corporate Governance ab. Während anderen Stakeholdern – Arbeitnehmern, Lieferanten etc. – vertraglich feste Auszahlungen zugesichert sind, ist den Aktionären eine angemessene Rendite auf ihr investiertes Kapital nicht sicher. Sie erhalten nur das, was nach der Bezahlung aller anderen Ansprüche übrig bleibt. Als „residual claimants" tragen sie das Risiko, dass das Unternehmen Verlust macht, und haben ein besonderes Interesse an der optimalen Nutzung von Unternehmensressourcen. Gleichzeitig können sie aber ihr Risiko durch Diversifizierung ihrer Anlagen reduzieren. So ist es ökonomisch vorteilhaft, dass es spezifisch den Aktionären zukommt, im Unternehmen das Restrisiko zu tragen, und aus dieser Rolle heraus lassen sich ihre Kontrollrechte funktional begründen (Jensen/Meckling 1976; Fama/Jensen 1983a, b; O'Sullivan 2001: 43).

Im angloamerikanischen Raum hat die Agency-Theorie, die in der „neuen Institutionenökonomie" wurzelt, weitgehende Dominanz in den Wirtschafts- und Rechtswissenschaften erlangt. Auch hierzulande findet sie in diesen Disziplinen zunehmend Anklang. Gerade in den Sozialwissenschaften, in denen in jüngerer Zeit das Interesse am Thema Corporate Governance gewachsen ist, aber auch bei Wirtschaftswissenschaftlern stößt jedoch auf Kritik, dass der Ansatz einen verengten Fokus zugrunde legt und schon in den Prämissen implizit normative Standards etabliert (Streeck/Höpner 2003: 11-12; Schmidt/Weiß 2003: 110). *Kritik an verengtem Fokus der Agency-Theorie*

Als Reaktion auf die Vorherrschaft dieser oft als Shareholder-Ansatz bezeichneten Argumentationsmuster haben sich verschiedene Stakeholder-Konzepte entwickelt. Die Stakeholder-Perspektive wird allerdings oft mehr als politische Position denn als analytischer Ansatz formuliert (O'Sullivan 2001: 52). Aus ökonomischer Sicht argumentieren Reinhard H. Schmidt und Marco Weiß (2003), dass nicht nur Anteilseigner, sondern auch andere Stakeholder wie Arbeitnehmer und Banken mit dem Risiko unvollständiger Verträge konfrontiert sein können, vor allem wenn sie spezifische Investitionen, z.B. in Form unternehmensspezifischen Wissens, vorgenommen haben und daher nicht ohne Verlust die Exit-Option wählen können. Folglich kann die Zuweisung von Einflussrechten auch an solche Stakeholder, wie es im Rahmen des deutschen Insider-Systems der Fall ist, dazu beitragen, dass diese willens sind, für das Unternehmen wichtige spezifische Investitionen zu tätigen und längerfristige Bindungen einzugehen. Im Outsider-System sind solche Anreize dagegen nur gering ausgeprägt. *Stakeholder-Ansätze*

In den 1990er Jahren rückten die nationalen Divergenzen in der Corporate Governance zunehmend in den Blickpunkt der Aufmerksamkeit, und es entwickelte sich eine lebhaft geführte Diskussion über deren Ursachen. Ein Strang der Debatte fokussiert auf den Zusammenhang zwischen rechtlichen Regelungen und der Unternehmensfinanzierung und -kontrolle. Wegweisend, wenn auch umstritten waren hier die unter dem Label „quality of corporate law" firmierenden Arbeiten einer Gruppe von amerikanischen Ökonomen: La Porta u.a. (1998) konstatieren eine negative Korrelation zwischen der Konzentration der Eigentümerstrukturen und dem rechtlichen Schutz für Minderheitsaktionäre gegen eine Übervorteilung durch Manager oder Großaktionäre. Wie (klein-)aktionärsfreundlich Gesellschafts- und Kapitalmarktrecht sind und wie effektiv das Recht durchgesetzt wird, hängt von der Rechtstradition ab. Länder des „common law" sichern die Aktionäre besser ab als Länder, deren Rechtssystem auf dem römischen Recht beruht. In letzteren halten Investoren daher größere Anteilspakete, um direkten Einfluss auf das Management zu gewinnen, und die Nachfrage nach Aktien durch Kleinaktionäre ist schwach. Eine andere Argumentationslinie sieht den Zusammenhang zwischen dem Rechtsschutz von Aktionären und Streubesitz dagegen genau umgekehrt. John Coffee (2001) argumentiert, dass private Initiativen, nämlich die Bemühungen von Investmentbankern, glaubwürdige Bonding-Mechanismen zu entwickeln, und die Selbstregulierung der New Yorker Börse, welche sich in der weitgehenden Abwesenheit staatlicher Eingriffe in die Wirt- *Ursachen nationaler Unterschiede* *La Porta u.a.: Quality of Corporate Law* schaft entfalteten, entscheidend für die Diffusion der Eigentümerstrukturen in den USA im späten 19. und frühen 20. Jahrhundert waren. So entstand erst eine Klientel, die dann stärkere rechtliche Schutzmaßnahmen für Aktionäre forderte.

Mark Roe: Politischer Einfluss von Arbeitnehmerinteressen

Ein zweiter Strang der Debatte geht in doppelter Hinsicht über die „quality of corporate law"-These hinaus: Er fokussiert auf die hinter rechtlichen Regelungen liegenden Politics, erklärt also unterschiedliche Konfigurationen auf der Mikro-Ebene des Unternehmens wesentlich durch (makro-)politische Interessenkonstellationen, und nimmt eine weitere Analyseperspektive ein als der klassische Prinzipal-Agent-Ansatz. Der prominenteste Ansatz dieser Richtung stammt von dem amerikanischen Rechtswissenschaftler Mark Roe. Roe identifiziert den politischen Einfluss von Arbeitnehmerinteressen, manifestiert durch die Stärke linker, „sozialdemokratischer" Parteien, als zentrale Variable für die Persistenz von Insider-Systemen auf dem europäischen Kontinent. In Sozialdemokratien schützen formelle Beteiligungsmechanismen und rechtliche Regelungen zur Arbeitsplatzsicherheit die Position der Arbeitnehmer; Manager fühlen sich gedrängt, arbeitnehmer- statt aktionärsfreundliche Strategien zu verfolgen, sich auf Wachstum statt auf Rentabilität zu konzentrieren, Personalabbau und für die Arbeitsplatzsicherheit abträgliche Risiken zu vermeiden. Für die Anteilseigner steigen daher die „agency costs" in der Beziehung zum Management, zumal dessen eigene Präferenzen ohnehin für solche Unternehmensstrategien sprechen. Weil die Politik die Kluft zwischen Aktionären und Management vergrößert, stellen konzentrierte Eigentümerstrukturen für erstere den besten Weg dar, ihre Interessen im Unternehmen geltend zu machen (Roe 2003).

Roes Erklärungsmodell ist nicht nur als unterkomplex kritisiert worden; seine Argumentation wird auch in Frage gestellt durch Arbeiten von John Cioffi und Martin Höpner, die zeigen, dass es gerade Parteien des Mitte-Links-Spektrums waren, die in westlichen Industriestaaten in jüngerer Zeit aktionärsorientierte Reformen der Corporate Governance-Regulierung vorangetrieben haben, während Parteien der rechten Mitte eher als bremsende Kräfte agierten (Cioffi/Höpner 2006).

Gourevitch/Shinn: Unterschiedliche Koalitionen zwischen Eigentümern, Managern und Arbeitnehmern

In einem neueren politikwissenschaftlichen Werk von Peter A. Gourevitch und James J. Shinn (2005) werden die Politics der Corporate Governance differenzierter durchgespielt und politisch-institutionell einbettet. Die Autoren suchen, untermauert von Länderbeispielen, aufzuzeigen, dass die Gesetze und Regulierungsvorschriften, die Outsider- oder Insider-Regime der Corporate Governance formen, auf je drei unterschiedliche politische Konfigurationen der Trias Eigentümer, Manager und Arbeitnehmer zurückgehen können. Finden sich z.B. Manager und Arbeitnehmer gegen die Eigentümer zusammen, so können sich daraus unterschiedliche Varianten eines Insider-Modells ergeben: bei Erfolg der Allianz ein korporatistischer Kompromiss, im Falle einer Niederlage ein oligarchisches Modell direkter Eigentümerkontrolle. Arbeitnehmer mögen sich aber auch mit Minderheitsaktionären zu einer „Transparenzkoalition" gegen die Manager verbinden, insbesondere dann wenn sie durch Pensionsfonds selbst Anteilseigner sind. Welche Konstellationen sich in der politischen Arena durchsetzen, hängt von den politischen Strategien und Ressourcen der verschiedenen Gruppierungen ab wie von den politisch-institutionellen Mechanismen der Entscheidungsfindung.

Eine größere Zahl von politikwissenschaftlichen und soziologischen Studien zur Corporate Governance nimmt dagegen eine institutionelle, systemorientierte Perspektive als Ausgangspunkt (vgl. z.B. Höpner 2003). Der theoretische Ansatz, der hier dominiert, ist der „Varieties of Capitalism" (VoC)-Ansatz von Peter A. Hall und David Soskice (Hall/Soskice 2001). Der VoC-Ansatz geht davon aus, dass sich eine Marktwirtschaft aus einer Reihe von einander komplementären und funktional zusammenhängenden Subsystemen zusammensetzt, die in ihrer nationalen Konfiguration einen komparativen Leistungsvorteil ausmachen. Die Corporate Governance ist eine dieser Teilsphären, dazu zählen des Weiteren das System der industriellen Beziehungen, die Aus- und Weiterbildung und die zwischenbetrieblichen Beziehungen. In unkoordinierten, liberalen Ökonomien sind die Relationen zwischen und innerhalb von Firmen in allen Teilbereichen vorrangig durch wettbewerbliche Marktmechanismen und hierarchische Organisationsformen charakterisiert, im koordinierten, kontinentaleuropäischen Kapitalismus herrschen dagegen nicht-marktförmige Koordinationsmuster vor. Hall/Soskice arbeiten – mit breiterem Fokus, aber mit ähnlichem Ergebnis wie die vergleichende wirtschafts- und rechtswissenschaftliche Literatur – die Funktionsmechanismen und -bedingungen unterschiedlicher Corporate Governance-Regime heraus und offerieren Prognosen zu deren Entwicklungsdynamik.

Hall/Soskice: Varieties of Capitalism

8.4 Die aktuelle Corporate Governance-Diskussion

Warum ist die Corporate Governance in jüngerer Zeit zum Thema breiterer öffentlicher Debatten und Gegenstand politischer Reformbemühungen in westlichen Industriestaaten – und zunehmend auch in Schwellen- und Entwicklungsländern – geworden? Kurzfristig boten immer wieder aufsehenerregende Unternehmensschieflagen und Bilanzmanipulationen, etwa die Fälle Metallgesellschaft und Bremer Vulkan in den späten 1990er Jahren in Deutschland sowie Enron und Worldcom Anfang des Jahrtausends in den USA, oder der öffentliche Unmut über exorbitant hoch erscheinende Managervergütungen den Anlass, bestehende Kontrollarrangements in Frage zu stellen. Doch die Corporate Governance-Regime der westlichen Industrieländer sehen sich seit den 1980er Jahren mehr noch durch strukturelle ökonomische Veränderungen und Probleme herausgefordert.

Reformdruck durch Skandale und strukturelle Veränderungen

Zu nennen sind hier insbesondere die Liberalisierung und Internationalisierung der Finanzmärkte und der Aufstieg institutioneller Investoren. Institutionelle Investoren wie Investment-, Pensionsfonds und Versicherungen sammeln Sparbeträge von Individuen und Unternehmen und legen diese an den Finanzmärkten an. Solche professionellen Vermögensverwalter sind besonders stark in den USA und Großbritannien, wo die private Altervorsorge schon lange eine große Rolle spielt. In den 1990er Jahren gingen Fonds aus diesen Ländern, gerade amerikanische Pensionsfonds, dazu über, ihre Anlagen zu internationalisieren. Auch in kontinentaleuropäischen Ländern nahm das Wachstum institutioneller Investoren im Zuge eines veränderten Sparverhaltens der Bevölkerung und Reformen des Rentensystems zu. Mit der Professionalisierung der Verwaltung des Streubesitzes sind somit sehr wirkungsmächtige Akteure entstanden, die in der

Veränderungen auf den Finanzmärkten

Regel selbst einem harten Konkurrenzdruck unterliegen und von den Unternehmen hohe Kapitalrenditen erwarten. Ihr Einfluss auf Unternehmen manifestiert sich vor allem über Kauf-, Verkauf- oder Nichtkaufentscheidungen in einem globalen Markt. Insbesondere die großen angloamerikanischen Pensionsfonds verfolgen seit den späten 1980er Jahren aber auch zunehmend Strategien des „shareholder activism", suchen also aktiv auf aktionärsorientierte Corporate Governance-Praktiken und -Regeln hinzuwirken. Auch z.B. in Deutschland haben mittlerweile einige größere Fondsgesellschaften diesen Trend adaptiert. Sehr aggressive Fälle der Einflussnahme auf die Politik von Unternehmen mit dem Ziel hoher kurzfristiger Renditen sind in letzter Zeit durch Hedge Fonds und Beteiligungsgesellschaften zu beobachten gewesen (Beckmann 2007: 60-62, 116-118; Höpner 2003: 93-104; Jürgens 2005: 53-55).

Ökonomische und demographische Herausforderungen und Einfluss der EU

Als weiterer wichtiger Faktor ist der verschärfte internationale Wettbewerb auf den Produktmärkten zu sehen, welcher den Druck auf die Unternehmen zu Anpassungen und Umstrukturierungen erhöht hat. Zudem kämpften viele westliche Länder mit Wachstumsschwächen, die mit Haushaltsproblemen und wachsender Arbeitslosigkeit einhergingen. Die Privatisierungswelle in Westeuropa, die wesentlich von diesen ökonomischen Problemen vorangetrieben wurde, schuf einen weiteren Anreiz für die Regierungen, sich Fragen der Corporate Governance zu widmen. Auch der demographische Wandel beförderte das Interesse der Politik an der Stärkung der Aktie als Anlageinstrument. Generell stieg in den westlichen Ländern der Anteil der Aktienbesitzer an der breiten Bevölkerung. Veränderungsdruck ging in den Mitgliedstaaten auch von der EU aus, die seit den späten 1990er Jahren im Rahmen ihrer Bemühungen um einen integrierten europäischen Kapitalmarkt verstärkt auf eine Harmonisierung von Kapitalmarkt- und Gesellschaftsrecht hinzuwirken sucht (Deeg 2006: 86; Cioffi /Höpner 2006: 485-486).

Konvergenz hin zum angelsächsischen Modell?

Weithin wird angenommen, dass diese Veränderungen vor allem die netzwerkorientierten Corporate Governance-Regime unter Veränderungsdruck setzen. Vor diesem Hintergrund hat sich in den letzten fünfzehn Jahren die Frage einer möglichen Konvergenz dieser Systeme hin auf das angelsächsische Modell zu einem zentralen Thema der Corporate Governance-Forschung entwickelt. Die Positionen in dieser Debatte oszillieren zwischen Thesen einer weitreichenden Konvergenz – besonders provokant vorgetragen in einem Aufsatz mit dem Titel „The End of History for Corporate Law" (Hansman/Kraakman 2004) – und auf Überlegungen institutioneller Pfadabhängigkeit beruhenden Prognosen einer fortbestehenden Divergenz nationaler Regime, wie sie beispielsweise der VoC-Ansatz postuliert.

Finanzmarkt-Kapitalismus

Eine andere Argumentationslinie diagnostiziert dagegen übergreifende Umwälzungsprozesse, die beide Typen von Corporate Governance-Regimen erfasst haben. Paul Windolf (2005) spricht von einem „Finanzmarkt-Kapitalismus" als neuem Produktionsregime, das den Fordismus ablöst und wohl – ebenso wie dieser – national unterschiedliche Ausprägungen annehmen wird. Das grundsätzlich Neue dieses Produktionsregimes liegt demnach darin, dass die operative Logik der Aktienmärkte unmittelbarer auf die Strategien und Strukturen von Unternehmen durchschlägt. Damit erhöht sich auch das Risiko bestimmter Formen des Opportunismus – auf Seiten der Investmentfonds als neuen Eigentümern die Verfolgung einer kurzfristigen Renditemaximierung und auf Seiten der zunehmend in Aktienoptionen entlohnten Manager die Anreize zur Manipulation des Aktienkurses wie z.B. im Fall des US-Unternehmens Enron. Windolf konstatiert zudem eine Zunahme der sozialen Ungleichheit.

Diese Interpretation der gegenwärtigen Transformationsprozesse verweist auf einen wichtigen Punkt, der gerade in der vergleichenden Corporate Governance-Forschung tendenziell aus dem Blick zu geraten droht: Auch in den USA hat sich, obschon der Primat der Aktionäre im Gesellschaftsrecht verwurzelt ist, eine streng auf die Maximierung des „Shareholder Value" ausgerichtete Unternehmenspolitik erst seit den 1980er Jahren durchgesetzt. Für die Nachkriegsjahrzehnte, die durch die von Berle und Means (1932) beschriebene Trennung von Eigentum und Kontrolle gekennzeichnet waren, lässt sich das US-Regime treffender als „Managerherrschaft" bezeichnen. Auch wenn große US-Unternehmen in dieser Phase schon im internationalen Vergleich hohe Dividenden ausschütteten, verfolgten sie doch primär eine Wachstumsstrategie statt eine Politik der Profitmaximierung (vgl. O'Sullivan 2001; Windolf 2005). Aus dieser Perspektive vollzieht sich folglich seit Mitte der 1990er Jahre in den kontinentaleuropäischen Ländern ein grundsätzlich gleichgerichteter, wenn auch zeitversetzter Wandel hin zu stärker finanzmarktorientierten Praktiken und Standards der Corporate Governance.

Andreas Nölke, Henk Overbeek und Bastiaan van Apeldoorn (2007) suchen aus der Perspektive der kritischen Politischen Ökonomie den politischen Charakter des Wandels herauszuarbeiten. Sie konstatieren für die OECD-Welt eine zunehmende Vermarktlichung der Regulierung von Corporate Governance sowohl hinsichtlich des Inhalts wie auch der Form und eine wachsende Transnationalisierung, insbesondere durch die EU. Als zentrale Antriebskräfte identifizieren sie eine Koalition aus globalen Kapitalmarktakteuren, insbesondere institutionellen Investoren, professionellen Dienstleistungsfirmen wie den großen Wirtschaftsprüfergesellschaften und supranationalen öffentlichen Akteuren, vor allem der EU-Kommission.

Vermarktlichung und Transnationalisierung der Corporate Governance-Regulierung

Als archetypischen Fall dieser Verschiebungen beschreiben die Autoren die Verlagerung der Setzung von Rechnungslegungsstandards auf ein privates internationales Gremium, das *International Accounting Standards Board* (IASB). Eine Verordnung der EU von 2002 verpflichtete alle börsennotierten europäischen Unternehmen dazu, ihre Konzernabschlüsse ab 2005 gemäß der von diesem Gremium formulierten, kapitalmarktorientierten *International Financial Reporting Standards* (IFRS) aufzustellen (Lütz/Eberle 2008b). Auch die USA planen derzeit die Übernahme dieser Standards. Die wachsende Bedeutung privater (Selbst-) Regulierung zeigt sich auch in der internen Corporate Governance. Dem Vorbild des britischen Cadbury Code von 1992 folgend, sind mittlerweile in vielen Märkten freiwillige Verhaltenskodizes entstanden, die vor allem auf Fragen der Transparenz sowie auf die Zusammensetzung und die Pflichten des Verwaltungs- bzw. Aufsichtsrates fokussieren. Die darin formulierten Standards spiegeln in der Regel die Forderungen großer institutioneller Investoren nach einer Stärkung der Überwachungsfunktion des Kontrollgremiums, insbesondere durch die Ernennung von „unabhängigen" Mitgliedern ohne engere Verbindungen zu den Topmanagern und/oder dem Unternehmen. Einfluss auf die Schaf-

Wachsende Bedeutung privater (Selbst-) Regulierung

fung dieser nationalen Kodizes hatten auch die OECD *Principles of Corporate Governance* von 1999. Darüber hinaus haben viele institutionelle Investoren, vor allem aus dem angelsächsischen Raum, eigene Corporate Governance-Richtlinien verfasst (Cadbury 2000: 9-13; Monks/Minow 2004: 297-304).

Rolle der EU Auf EU-Ebene hatten sich die Erfolge früherer, bis in die späten 1960er Jahre zurückreichender Versuche der EU-Kommission, das Gesellschaftsrecht der Mitgliedsstaaten anzugleichen, in engen Grenzen gehalten. Geplante Richtlinien scheiterten entweder an der Kluft zwischen den unterschiedlichen Kapitalismus- und Corporate Governance-Modellen oder wurden in einer Form verabschiedet, die die Charakteristika der nationalen Regime unangetastet ließ (Rhodes /Apeldoorn 1998: 422). Mit ihren jüngeren, klar markt- und aktionärsorientierten Initiativen erzielte die Kommission dagegen vor dem Hintergrund veränderter Rahmenbedingungen deutliche Integrationsfortschritte (Beckmann 2007: 134-142; Apeldoorn/Horn 2007). Doch der Grad der Harmonisierung gestaltet sich in den einzelnen Feldern der Corporate Governance sehr unterschiedlich (vgl. Lütz/ Eberle 2008a).

Lediglich in der Rechnungslegung ist mit der Übernahme von IFRS eine weitreichende Angleichung zu verzeichnen. Im Feld der internen Corporate Governance optierte die Kommission in ihrem Aktionsplan von 2003, nicht zuletzt aufgrund ihrer früheren Erfahrungen, für einen flexiblen Ansatz, der auf einer Kopplung von „soft law" mit wenigen, gezielten legislativen Maßnahmen beruhte. Sie knüpfte damit an die bereits vorhandenen Reformtrends in vielen Mitgliedsstaaten an, respektierte aber gleichzeitig fortbestehende Unterschiede in den institutionellen Strukturen. Dass die Fähigkeit der Kommission, die Vermarktlichung der Corporate Governance in Europa voranzutreiben, auch in der Ära des Finanzmarkt-Kapitalismus noch stark restringiert ist, zeigt sich besonders deutlich an ihrem umstrittensten Projekt, der Richtlinie zur Regulierung von Übernahmen, die 2003 in stark entschärfter Form verabschiedet wurde (Callaghan/Höpner 2005). Die divergierenden Harmonisierungspfade und -ergebnisse in den verschiedenen Bereichen der Corporate Governance-Regulierung lassen erkennen, dass Nölke u.a. (2007) die Rolle und Gestaltungskraft der EU-Kommission in den gegenwärtigen Transformationsprozessen überschätzen.

Reformprozesse auf nationaler Ebene Auch wenn die nationalen Corporate Governance-Regime längst porös geworden sind für transnationale Einflüsse, ist der Nationalstaat insgesamt bislang noch die dominante Ebene der Regulierung. Wie John Cioffi und Martin Höpner (2006) in ihrem Vergleich der Entwicklungen in Deutschland, Frankreich, Italien und den USA zeigen, vollzogen sich in allen vier Ländern seit Mitte der 1990er Jahre ähnlich gelagerte Reformprozesse im Kapitalmarkt- und Unternehmensrecht, die die Position der Aktionäre stärkten und das Management restringierten. In allen Fällen ging dies auch mit einer Ausweitung und Intensivierung der staatlichen Regulierung einher. Trotz der vergleichbaren Reformdynamiken bleibt allerdings festzuhalten, dass die Aufwertung von Finanzinteressen auf der Ebene des Unternehmens wie der Regulierung für die Corporate Governance-Strukturen und normativen Orientierungen in den kontinentaleuropäischen Systemen einen fundamentaleren Wandel darstellt, als dies in den angelsächsischen Systemen der Fall ist. Politisch konfliktfrei waren diese Verschiebungen in keinem der beiden Systemtypen, und hier wie dort wurde und wird über mögliche problematische

Auswirkungen von Shareholder Value-Strategien auf längerfristiger Investitions- und Personalentwicklungsprogramme sowie über deren Verteilungswirkungen debattiert (vgl. Jürgens 2005; O'Sullivan 2001).

8.5 Der Wandel des deutschen Corporate Governance-Regimes

Wie hat sich das deutsche Corporate Governance-Regime vor dem Hintergrund des wachsenden Veränderungsdrucks entwickelt? Traditionell zeichnete sich das deutsche System vor allem durch konzentrierte Eigentümerstrukturen, enge personelle und Kapitalverflechtungen zwischen Großunternehmen sowie die starke Rolle von Banken und Arbeitnehmern in der Unternehmenskontrolle aus. Die Banken waren nicht nur Kreditgeber, sondern hielten auch größere Aktienpakete an Industrieunternehmen, übten die Depotstimmrechte von Kleinaktionären aus und waren in vielen Aufsichtsräten repräsentiert. Den Beschäftigten gewährte das Mitbestimmungsgesetz von 1976 das Recht, in größeren Unternehmen bis zur Hälfte der Aufsichtsratssitze zu besetzen; zudem können sie über die Institution des Betriebsrates Einfluss nehmen. Im Rahmen der für deutsche Aktiengesellschaften verpflichtenden zweistufigen Führungsstruktur ist der Aufsichtsrat für die Ernennung und Kontrolle des Topmanagements zuständig und an bestimmten Unternehmensentscheidungen mitbeteiligt, während der Vorstand das Tagesgeschäft verantwortet (Cioffi/Höpner 2006; Vitols 2004).

Charakteristika des traditionellen deutschen Corporate Governance-Regimes

Auf der Eigentümerseite haben seit Mitte der 1990er Jahre ausländische und einheimische institutionelle Investoren signifikant an Bedeutung gewonnen, während sich das Netzwerk aus personellen und Kapitalverflechtungen – oft als Deutschland AG bezeichnet – mehr und mehr aufgelöst hat. Insbesondere die großen Privatbanken zogen sich im Zuge ihrer Umorientierung zum Investmentbanking zurück. Umgekehrt suchten deutsche Großunternehmen Zugang zu den internationalen Kapitalmärkten und übernahmen zunehmend Shareholder Value-Praktiken (Beyer 2006; Lütz 2005). Ablesbar ist dies am Einsatz kapitalmarktorientierter Steuerungskonzepte und der Vorgabe von Renditezielen, der Konzentration auf Kerngeschäftsfelder, der Intensivierung von Investor-Relations-Aktivitäten und der Übernahme internationaler Rechnungslegungsstandards, der „Kurspflege" durch den Aufkauf eigener Aktien und dem Auflegen von Aktienoptionsprogrammen. Untersuchungen haben eine positive Korrelation zwischen der Shareholder Value-Orientierung von DAX-Unternehmen und den von institutionellen Investoren gehaltenen Aktienanteilen sowie dem Grad der Exportorientierung der Unternehmen nachgewiesen (Höpner 2003). Zudem wurden feindliche Übernahmen, wie der Fall Mannesmann Anfang des neuen Jahrtausends zeigte, nunmehr zu einer realen Gefahr für deutsche Blue Chip-Unternehmen, obschon deren Anzahl bisher gering blieb. Ein Anreiz für eine kapitalmarktorientierte Unternehmensführung ergab sich aber auch durch die zunehmende Nutzung von Aktien zur Akquisition anderer Unternehmen (Streeck/Höpner 2003: 29-33). Überdies gibt es Anzeichen dafür, dass sich Manager auch unabhängig von externem Druck selbst für eine Shareholder Value-Strategie entschieden haben mögen, sei es aufgrund von deren nunmehr hoher Reputation unter Top-

Seit Mitte der 1990er Jahre: Internationalisierung, Entflechtung und wachsende Kapitalmarktorientierung

managern oder der damit verbundenen Aussicht auf eine höhere Bezahlung, insbesondere in Gestalt von Aktienoptionen (Beyer/Höpner 2003: 181-182).

Damit ist die Bedeutung der externen Unternehmenskontrolle über den Kapitalmarkt stark gewachsen, während die Überwachung durch traditionelle Insider zurückgegangen ist. Allerdings ist die Eigentümerkonzentration nach wie vor vergleichsweise hoch (Vitols 2007: 82-83). Aus der Reorientierung der Unternehmensführung resultierte im Verlauf der 1990er Jahre eine sichtliche Veränderung in der Wertschöpfungsverteilung zu Gunsten der Aktionäre und zuungunsten der Beschäftigten. Im Vergleich lag aber der Anteil der Aktionäre an der Wertschöpfung in Unternehmen Ende der 1990er Jahre noch weit hinter angelsächsischen Standards zurück (Beyer/Hassel 2003).

Auch die Politik nahm die nationalen Corporate Governance-Strukturen seit den späteren 1990er Jahren mehr und mehr als Wettbewerbsfaktor wahr. Eine Reihe von gesetzlichen Maßnahmen hat die auf der Unternehmensebene sichtbare Entflechtung und Vermarktlichung unterfüttert und befördert (Beyer/Höpner 2003; Cioffi/Höpner 2006; Klages 2006; Lütz/Eberle 2008b). So zielte die Abschaffung der Körperschaftssteuer auf Gewinne aus Beteiligungsveräußerungen im Jahr 2000 darauf, die Erosion des Unternehmensnetzwerks voranzutreiben. In

der internen Corporate Governance stärkten mehrere gesetzliche und selbstregulative Reformen zwischen 1998 und 2005 den Aufsichtsrat und führten die deutschen Regelungen an angelsächsische Standards der Transparenz, Unabhängigkeit des Kontrollorgans, Aktionärsdemokratie und der Verantwortlichkeit der Unternehmensleitung gegenüber allen Aktionären heran. Insbesondere mit Blick auf die Erwartungen angelsächsischer Investoren trat 2002 ein selbstregulativer Corporate Governance-Kodex zum Gesellschaftsrecht hinzu. Gleichwohl sind die deutschen Regeln hinsichtlich der Haftung der Unternehmensleitung und der Unabhängigkeit des Aufsichtsrates nach wie vor weniger streng als die in den USA geltenden Vorschriften, und die institutionellen Charakteristika der deutschen Unternehmensverfassung – das dualistische System der Unternehmensführung mit Vorstand und mitbestimmtem Aufsichtsrat – sind bislang im Kern stabil geblieben.

Was die externe Corporate Governance über den Markt für Übernahmen angeht, so entstand 2002 mit der Verabschiedung des Übernahmegesetzes ein regulativer Rahmen, der ein faires und transparentes Verfahren für den Umgang mit Übernahmeangeboten etabliert, jedoch unter bestimmten Bedingungen Verteidigungsmaßnahmen des Zielunternehmens erlaubt. Gegenüber dem aktionärsfreundlichsten Vorbild, das hier nicht durch die amerikanischen, sondern die britischen Regeln verkörpert wird, ist dieses Gesetz klar marktbeschränkender.

Während in diesen beiden Feldern ein moderater Grad an Konvergenz zu beobachten ist, hat sich das deutsche Modell der Rechnungslegung zu einem hohen Maß dem angelsächsischen Modell angenähert, sowohl was die Hinwendung zu angelsächsischen Normen der Offenlegung und des Anlegerschutzes wie auch die institutionelle Verankerung der Standardsetzung und ihrer Prüfung angeht. So gestattete die deutsche Regierung 1998 börsennotierten Unternehmen befristet die Anwendung amerikanischer oder internationaler statt nationaler Rechnungslegungsstandards für den Konzernabschluss. Für die Aufstellung von Unternehmenseinzelabschlüssen wurde zwar an den nationalen Standards festgehalten, doch auch in diese wurden Prinzipien angelsächsischer Rechnungslegung eingeführt. Institutionell wurde 1998 nach amerikanischem Vorbild ein privates Standardsetzungsgremium etabliert, und 2005 wurde diesem ein zweistufiges System der Bilanzkontrolle zur Seite gestellt.

Die variierenden Grade der Annäherung an das aktionärsorientierte angelsächsische Modell in den einzelnen Feldern der Corporate Governance-Regulierung lassen sich primär durch das Zusammenspiel zweier Faktoren erklären: (1) den jeweils unterschiedlichen Grad an exogenem, vorwiegend von der EU ausgehenden Druck auf nationale Reformen und (2) den Varianzen in der Haltung traditioneller Schlüsselakteure des deutschen Corporate Governance-Regimes, insbesondere der Großunternehmen und Gewerkschaften, hinsichtlich der Wünschbarkeit und perzipierten Dringlichkeit von Veränderungen (Lütz/Eberle 2008b). So hatten die nationalen Akteure im Fall der Rechnungslegung aufgrund der EU-Verordnung zur Anwendung von IFRS und dem damit verbundenen Aufbau entsprechender EU-Gremien wenig Handlungsspielraum. Gleichzeitig setzten sich global orientierte deutsche Unternehmen aktiv für eine Abkehr vom traditionellen deutschen Modell ein, weil es sie bei der Aufnahme von Kapital auf dem amerikanischen Kapitalmarkt behinderte. Im Feld der internen Corporate Governance spielte die EU dagegen bislang keine große Rolle in den nationalen Umbauprozessen. Die deutschen Großunternehmen nahmen zwar wachsenden Druck wahr, den Erwartungen internationaler institutioneller Investoren entgegenzukommen und sich für angelsächsische Standards zu öffnen, um deutsche Unternehmen für diese Anleger attraktiver zu machen. Doch der Investorendruck manifestierte sich primär in indirekter Form, da internationale Investoren kaum direkt an nationalen Reformprozessen beteiligt waren. So wurde die Reichweite der Anpassung stark durch die heimischen Reformer bestimmt; und die Großunternehmen und Gewerkschaften verhinderten weitergehende Reformen, die ihre traditionelle Schlüsselposition gefährdet hätten.

Variierende Grade der Annäherung an das Outsider-Modell

Insgesamt hat sich das deutsche Corporate Governance-Regime in den letzten fünfzehn Jahren nachhaltig verändert. In der Forschung hat sich mittlerweile ein weitgehender Konsens darüber herausgebildet, dass man es sowohl mit Blick auf die regulative wie auf die Unternehmensebene mit einem Prozess der Hybridisierung zu tun hat, also der Verbindung neuer, aktionärsorientierter Governance-Praktiken und Strukturen mit traditionellen Elementen (vgl. Klages 2006; Vitols 2007). So zeichnet sich das deutsche System nun durch eine Mischung markt- und verhandlungsförmiger Kontrollmechanismen aus. Sigurt Vitols (2004) diagnostiziert auf der betrieblichen Ebene die Entstehung eines deutschen Modells des „verhandelten Shareholder Value": Die Einführung von Shareholder Value-Maßnahmen (wie beispielsweise Aktienoptionsprogrammen) muss hierzulande in einer erweiterten Stakeholder-Koalition verhandelt werden, in der institutionelle Investoren zu traditionell wichtigen Akteuren, insbesondere Großaktionären und Beschäftigten, hinzugetreten sind. Ohnehin betreffen die beschriebenen Veränderungen vor allem große, börsennotierte und weniger kleine und mittlere Firmen. Ob die neue potenziell spannungsreiche Mixtur von Governance-Mechanismen in Deutschland längerfristig stabil sein wird, ist in der Forschung noch umstritten (Vitols 2007).

Hybridisierung des deutschen Corporate Governance-Regimes

8.6 Forschungsperspektiven

Bessere Erfassung und Konzeptualisierung von Hybridisierungsprozessen

Wie die Vertreter der Hybridisierungsthese darlegen, ist die Dichotomie zwischen Insider- und Outsider-Systemen, zwischen Konvergenz und fortbestehender Divergenz zu starr, um die aktuellen Transformationsprozesse gerade in netzwerkorientierten Regimen zu erfassen, sind diese doch von der Gleichzeitigkeit von Stabilität und Wandel gekennzeichnet (vgl. Aguilera/Jackson 2003: 461-462; Vitols 2004: 358). Künftig gilt es jedoch, über den Befund der Hybridisierung hinauszugehen – und zwar in zweifacher Hinsicht. Einmal wäre insbesondere in ländervergleichender Perspektive herauszuarbeiten, wie sich das Verhältnis von Kontinuität und Wandel in den einzelnen Feldern der Corporate Governance-Regulierung gestaltet und welche Akteure jeweils Wandel vorangetrieben bzw. verhindert haben. So könnten die Bedingungen institutionellen Wandels und seiner unterschiedlichen Verlaufsprozesse systematischer fassbar gemacht werden. Zweitens wäre es erstrebenswert, über die Dichotomie zwischen Insider- und Outsider-Systemen hinaus zu nuancierteren Typologien von Corporate Governance-Regimen zu gelangen, in denen sich auch die neuen hybriden Systeme verorten lassen (vgl. für einen möglichen Ansatz Aguilera/Jackson 2003).

Öffnung für neue Themen und Akteure

Thematisch muss sich die empirische Corporate Governnace-Forschung stärker öffnen für neue globale und nationale Aktivitäten zur Durchsetzung sozialer und ökologischer Prinzipien in der Unternehmensführung. In gewissem Maße gegenläufig zu den Vermarktlichungsprozessen in der Corporate Governance, hat sich im vergangenen Jahrzehnt eine zunehmend wirkungsmächtige „Corporate Social Responsibility"-Bewegung entwickelt, die bislang vor allem mit freiwilligen Instrumenten operiert, wie Partnerschaftsinitiativen zwischen NGOs und Unternehmen bzw. Verbänden, Verhaltenskodizes, z.B. dem von der UNO initiierten „Global Compact", bei dem sich teilnehmende Unternehmen auf die Einhaltung von Mindeststandards in punkto Umwelt-, Menschenrechtsschutz und Arbeitsbedingungen verpflichten, und Nachhaltigkeits-Ratings (Jürgens 2005; Vogel 2005). Auch öffentliche Akteure, z.B. die EU, befördern mittlerweile diesen Trend durch Offenlegungsanforderungen für geschäftlich bedeutsame Umwelt- und Arbeitnehmerbelange. Auf der Nachfrageseite gibt es Anzeichen dafür, dass Fondsmanager und Analysten sozialen und ökologischen Aspekten zunehmend Aufmerksamkeit schenken. Aus Sicht der Corporate Governance scheinen sich damit die Mitspieler in markt- wie netzwerkorientierten Regimen mit den Vorkämpfern der Bewegung, sozialen und ökologischen NGOs, um eine neue Akteursgruppe zu erweitern. Nachzuhalten wäre, ob und wie sich die „Corporate Social Responsibility"-Debatte in Veränderungen von Standards und Praktiken der Corporate Governance niederschlägt und über welche Kanäle dies geschieht, also inwieweit sich z.B. NGOs auch aktiv in Reformen der Corporate Governance-Regulierung einbringen.

Stärkere Berücksichtigung von Entwicklungs- und Schwellenländern

Regional gesehen, lag der Fokus der Corporate Governance-Forschung lange überwiegend auf der OECD-Welt und im Besonderen auf den USA und Großbritannien. Auch wenn in jüngster Zeit das Interesse an den Corporate Governance-Praktiken und -Strukturen in Entwicklungs- und Schwellenländern gestiegen ist, sollten diese Länder noch mehr Berücksichtigung in der Forschung finden. Dies gilt gerade für die Frage, inwieweit Theorien und Konzepte, die anhand der Industrieländer entwickelt wurden, auch außerhalb dieser Ländergruppe tragfähig sind. Insbesondere Vergleiche zwischen den Transformationsprozessen in entwickelten und Entwicklungsländern könnten höchst instruktiv sein.

8.7 Literatur

Aguilera, Ruth V./Jackson, Gregory, 2003: The Cross-National Diversity of Corporate Governance: Dimensions and Determinants, in: Academy of Management Review 28, 447-485.

Apeldoorn, Bastiaan van/Horn, Laura, 2007: The transformation of corporate governance regulation in the EU: From harmonization to marketization, in: Henk Overbeek/Bastiaan van Apeldoorn/Andreas Nölke (Hrsg.), The Transnational Politics of Corporate Governance Regulation. London/New York, 77-97.

Baetge, Jörg/Thiele, Stefan, 1998: Disclosure and Auditing as Affecting Corporate Governance, in: Hopt, Klaus u.a. (Hrsg.): Comparative Corporate Governance. The State of the Art and Emerging Research. Oxford, 719-741.

Beckmann, Martin, 2007: Das Finanzkapital in der Transformation der europäischen Ökonomie. Münster.

Benz, Arthur, 2004: Einleitung, in: Arthur Benz (Hrsg.), Governance – Regieren in komplexen Regelsystemen. Eine Einführung. Wiesbaden, 11-28.

Berle, Adolf A./Means, Gardiner C., 1932: The Modern Corporation and Private Property. New York.

Beyer, Jürgen, 2006: Vom „kooperativen Kapitalismus" zum Finanzmarktkapitalismus – eine Ursachenanalyse, in: Ulrich Brinkmann/Karoline Krenn/Sebastian Schief (Hrsg.), Endspiel des Kooperativen Kapitalismus? Institutioneller Wandel unter den Bedingungen des marktzentrierten Paradigmas. Wiesbaden, 35-56.

Beyer, Jürgen/Hassel, Anke, 2003: Die Folgen von Konvergenz. Der Einfluss der Internationalisierung auf die Wertschöpfungsverteilung in großen Unternehmen, in: Jürgen Beyer (Hrsg.), Vom Zukunfts- zum Auslaufmodell?: Die deutsche Wirtschaftsordnung im Wandel. Wiesbaden, 155-184.

Beyer, Jürgen/ Höpner, Martin, 2003: The Disintegration of Organised Capitalism: German Corporate Governance in the 1990s, in: West European Politics 26, 179-198.

Cadbury, Sir Adrian, 2000: The Corporate Governance Agenda, in: Corporate Governance 8, 7-15.

Callaghan, Helen/Höpner, Martin, 2005: European Integration and the Clash of Capitalisms. Political Cleavages over Takeover Liberalization, in: Comparative European Politics 3, 307-332.

Cioffi, John W./Höpner, Martin, 2006: The Political Paradox of Finance Capitalism: Interests, Preferences, and Center-Left Party Politics in Corporate Governance Reform, in: Politics & Society 34, 463-502.

Coffee, John C., 2001: The Rise of Dispersed Ownership: The Roles of Law and the State in the Separation of Ownership and Control, in: The Yale Law Journal 111, 1-82.

Deeg, Richard, 2006: Governance and the Nation-State in a Global Era, in: Susanne Lütz (Hrsg.), Governance in der politischen Ökonomie. Struktur und Wandel des modernen Kapitalismus. Wiesbaden, 57-106.

Fama, Eugene F./Jensen, Michael C., 1983a: Agency Problems and Residual Claims, in: Journal of Law and Economics, Vol. XXVI, 327-349.

Fama, Eugene F./Jensen, Michael C., 1983b: Separation of Ownership and Control, in: Journal of Law and Economics, Vol. XXVI, 301-325.

Franks, Julian/Mayer, Colin, 1995: Ownership and Control, in: Horst Siebert (Hrsg.), Trends in Business Organization: Do Participation and Cooperation Increase Competitiveness? Tübingen, 171-195.

Frentrop, Paul, 2003: A History of Corporate Governance, 1602-2002. Amsterdam.

Gourevitch, Peter A./Shinn, James J., 2005: Political Power and Corporate Control: The New Global Politics of Corporate Governance. Princeton/ Oxford.

Hall, Peter A./Soskice, David W., 2001: An Introduction to Varieties of Capitalism, in: Peter A. Hall/David W. Soskice (Hrsg.), Varieties of Capitalism. The Institutional Foundations of Comparative Advantage. Oxford, 1-68.

Hansman, Henry/Kraakman, Reinier, 2004: The End of History for Corporate Law, in: Jeffrey N. Gordon/Mark J. Roe (Hrsg.), Convergence and Persistence in Corporate Governance. Cambridge, 33-68.

Hirschman, Albert O., 1970: Exit, Voice, and Loyalty: Responses to Decline in Firms, Organizations, and States. Cambridge.

Höpner, Martin, 2003: Wer beherrscht die Unternehmen? Shareholder Value, Managerherrschaft und Mitbestimmung in Deutschland. Frankfurt a.M.

Jensen, Michael C./Meckling, William H., 1976: Theory of the Firm: Managerial Behavior, Agency Costs and Ownership Structure, in: Journal of Financial Economics 3, 305-360.

Jürgens, Ulrich, 2005: Corporate Governance – Anwendungsfelder und Entwicklungen, in: Gunnar Folke Schuppert (Hrsg.), Governance-Forschung: Vergewisserung über Stand und Entwicklungslinien. Baden-Baden, 47-71.

Klages, Philipp, 2006: Zwischen institutioneller Innovation und Reproduktion. Zum Wandel des deutschen Corporate Governance-Systems in den 1990ern, in: Berliner Journal für Soziologie, 17, 37-54.

La Porta, Rafael u.a., 1998: Law and Finance, in: Journal of Political Economy 106, 1113-1155.

Lütz, Susanne, 2005: Von der Infrastruktur zum Markt? Der deutsche Finanzsektor zwischen Deregulierung und Reregulierung, in: Paul Windolf (Hrsg.), Finanzmarkt-Kapitalismus: Analysen zum Wandel von Produktionsregimen (Sonderheft 45 der Kölner Zeitschrift für Soziologie und Sozialpsychologie). Wiesbaden, 294-315.

Lütz, Susanne/Eberle, Dagmar, 2008a: The Limits of Supranationalization: Corporate Governance Regulation in the European Union. Paper presented at the ISA Annual Convention, San Francisco, CA., March 26-29, 2008.

Lütz, Susanne/Eberle, Dagmar, 2008b: Varieties of Change in German Capitalism. Transforming the Rules of Corporate Control, in: New Political Economy 13, 377-395.

Mann, Alexander, 2003: Corporate Governance Systeme. Funktion und Entwicklung am Beispiel von Deutschland und Großbritannien. Berlin.

Monks, Robert A./Minow, Nell, 2004: Corporate Governance. Malden, MA.

Nölke, Andreas/Overbeek, Henk/Apeldoorn, Bastiaan van, 2007: Marketization, Transnationalization, Commodification, and the Shifts in Corporate Governance Regulation, in: Henk Overbeek/Bastiaan van Apeldoorn/Andreas Nölke (Hrsg.), The Transnational Politics of Corporate Governance Regulation. London/New York, 201-219.

O'Sullivan, Mary A., 2001: Contests for Corporate Control. Corporate Governance and Economic Performance in the United States and Germany. Oxford.

Rhodes, Martin/Apeldoorn, Bastiaan van, 1998: Capital unbound? The transformation of European corporate governance, in: Journal of European Public Policy 5, 406-427.

Roe, Mark J., 2003: Political Determinants of Corporate Governance: Political Context, Corporate Impact. Oxford.

Schmidt, Reinhard H., 2007: Stakeholder-Orientierung, Systemhaftigkeit und Stabilität der Corporate Governance in Deutschland, in: Ulrich Jürgens u.a. (Hrsg.), Perspektiven der Corporate Governance. Bestimmungsfaktoren unternehmerischer Entscheidungsprozesse und Mitwirkung der Arbeitnehmer. Baden-Baden, 31-54.

Schmidt, Reinhard H./Weiß, Marco, 2003: Shareholder vs. Stakeholder: Ökonomische Fragestellungen, in: Peter Hommelhoff u.a. (Hrsg.), Handbuch Corporate Governance. Leitung und Überwachung börsennotierter Unternehmen in der Rechts- und Wirtschaftspraxis. Stuttgart, 107-127.

Shleifer, Andrei/Vishny, Robert W., 1997: A Survey of Corporate Governance, in: The Journal of Finance 52, 737-783.

Streeck, Wolfgang/Höpner, Martin, 2003: Einleitung: Alle Macht dem Markt?, in: Wolfgang Streeck/Martin Höpner (Hrsg.), 2003, Alle Macht dem Markt?: Fallstudien zur Abwicklung der Deutschland AG. Frankfurt a.M., 11-59.

Teichmann, Christoph, 2001: Corporate Governance in Europa, in: Zeitschrift für Unternehmens- und Gesellschaftsrecht 30, 645-679.

Vitols, Sigurt, 2004: Negotiated Shareholder Value: the German Variant of an Anglo-American Practice, in: Competition & Change 8, 357-374.

Vitols, Sigurt, 2007: Das „neue" deutsche Corporate Governance-System: Ein zukunftsfähiges Modell?, in: Ulrich Jürgens u.a. (Hrsg.), Perspektiven der Corporate Governance. Bestimmungsfaktoren unternehmerischer Entscheidungsprozesse und Mitwirkung der Arbeitnehmer. Baden-Baden, 76-93.

Vogel, David, 2005: The Market for Virtue. The Potential and Limits of Corporate Social Responsibility. Washington, D.C.

Weimer, Jeroen/Pape, Joost C., 1999: A Taxonomy of Systems of Corporate Governance, in: Corporate Governance: An International Review 7, 152-166.

Werder, Axel v., 2003: Ökonomische Grundfragen der Corporate Governance, in: Peter Hommelhoff/Dieter Feddersen/Klaus Pohle (Hrsg.), Handbuch Corporate Governance. Leitung und Überwachung börsennotierter Unternehmen in der Rechts- und Wirtschaftspraxis. Stuttgart, 3-27.

Windolf, Paul, 2005: Was ist Finanzmarkt-Kapitalismus?, in: Paul Windolf (Hrsg.), Finanzmarkt-Kapitalismus: Analysen zum Wandel von Produktionsregimen Sonderheft 45 der Kölner Zeitschrift für Soziologie und Sozialpsychologie). Wiesbaden, 20-57.

Kapitel 9:
Governance und Verwaltungspolitik: Leitbilder und Reformkonzepte

Werner Jann / Kai Wegrich

9.1 Einleitung

> „[Governance] is a description of the unintended consequences of corporate management and marketization. It is a response, therefore, to the perceived weaknesses of marketization" (Rhodes 2000: 54).

Governance bezeichnet, wie in diesem Band immer wieder deutlich wird, eine veränderte Sichtweise des Regierens, der Institutionen, Strukturen und Prozesse des „Politikmachens", des *Policy Making*, der Politikformulierung und -umsetzung. Neue Formen der Kooperation zwischen staatlichen und nicht-staatlichen Akteuren, der horizontalen Koordination und Integration, von Vertrauen und Legitimität sind verstärkt in das Aufmerksamkeitsfeld der Forschung geraten und gelten als Chance für die Gewinnung politischer Gestaltungsspielräume (und nicht mehr lediglich als Hindernis für die Durchsetzung gemeinwohlorientierter Politik). Governance als neuartiges Konzept des Regierens, aber auch als Kürzel für eine umfassendere Analyse von Regierungsstrukturen und -prozessen, stellt damit das traditionelle Verständnis und Instrumentarium politischer Verhaltensweise und Steuerung in Frage (Dose 2008). Diese Veränderungen, sowohl der tatsächlichen Strukturen und Mechanismen des Regierens, aber auch der veränderten analytischen und theoretischen Sichtweisen auf das Regieren, betreffen in besonderem Maße die öffentliche Verwaltung, denn ihr kommt im traditionellen Verständnis des *Policy Making* die Rolle der zentralen Instanz für die Vorbereitung und Umsetzung (und gerade auch Durchsetzung) von Politik(-inhalten) zu.

Die Besonderheit der Verwendung des Konzepts Governance im Kontext der öffentlichen Verwaltung besteht darin, dass diese Veränderungstrends in Bezug auf die Rolle der öffentlichen Verwaltung zum einen analytisch erfasst und beschrieben werden und dass zum anderen das Konzept und seine einzelnen Elemente aber auch dazu benutzt werden, Erfordernisse und Ansätze einer jeweiligen, „moderneren" Reform der Verwaltung zu begründen und mit theoretischen Konzepten zu unterlegen, bis hin zur aktuellen Diskussion über den „aktivierenden" oder „Gewährleistungsstaat". Das Konzept wird also sowohl deskriptiv analytisch, aber eben auch, insbesondere in Bezug auf Verwaltungsreformen und Verwaltungspolitik, präskriptiv normativ verwendet. Und diese Verwendung besteht, anders als die offen normativen Konzepte des *Good Governance* in der Entwicklungspolitik (siehe etwa Hill 2005), oft in einer impliziten Mischung von analytischen und programmatischen Argumenten (Blatter 2006: 51). Genau diese implizite Mischung soll im Folgenden analysiert werden. Es geht also

Verschränkungen analytischer und programmatischer Argumentationen

- zum einen um unterschiedliche, oft implizite Konzepte von Governance, die wir in der Abfolge unterschiedlicher verwaltungspolitischer Leitbilder darstellen,
- und zum anderen um ein spezifisches „modernes" Konzept von Governance, wie es in den aktuellen Leitbildern des aktivierenden oder Gewährleistungsstaates umgesetzt wird.

Governance als Reformkonzept

Governance als neuartiges Reformkonzept der Verwaltungspolitik – diese verstanden als die (versuchte) Steuerung der Inhalte, Verfahren und Stile sowie der Organisations- und Personalstrukturen der Verwaltung, also der institutionellen Grundlagen des Verwaltungssystems (Jann 2001b: 328; vgl. Böhret 1983: 141-142) – ist dabei nur im Kontrast zu dem die 80er und 90er Jahren prägenden Reformmodell des New Public Management (NPM) zu verstehen (König 2001). In kritischer Auseinandersetzung mit den Defiziten und Implementationsproblemen des in Deutschland seit Anfang der 90er Jahre als „Neues Steuerungsmodell" prominent gewordenen Managementansatzes kristallisierte sich seit Ende der 90er Jahre der „aktivierende Staat" als alternatives Reformkonzept der Verwaltungspolitik heraus. Dabei wurde zwar keine umfassende alternative „Modellvorstellung" für die Organisation der öffentlichen Verwaltung entwickelt, aber die mit der Governance-Debatte verbundenen veränderten Anforderungen an Form und Handlungsmuster von Verwaltungen treten deutlich hervor und korrigieren die bislang dominierende Managementperspektive.

Von Management zu Governance

Um diesen Wandel von Management zu Governance und die Kernpunkte von Governance als Reformkonzept darzustellen, werden im Folgenden zunächst die Veränderungen der verwaltungspolitischen Leitbilder in Deutschland und die darin zum Ausdruck kommenden Problemwahrnehmungen und Lösungsmuster nachgezeichnet, also unterschiedliche normative Governance-Konzepte skizziert (Abschnitt 2). Dabei spielt ein neues Verständnis von Governance in dem aktuellen Leitbild des „aktivierenden Staates" eine wesentliche Rolle. Anschließend geht es um die konkrete Verwendung des Konzepts in der Auseinandersetzung mit dem Managementansatz und der daraus entwickelten Governance-Perspektive als Reformkonzept (Abschnitt 3). In Abschnitt vier wird gezeigt, dass diese Entwicklung vor allem von einer Rezeption politik- und sozialwissenschaftlicher Debatten, insbesondere der Institutionentheorie geprägt ist (Abschnitt 4). Abschließend sollen die mit dem Governance-Konzept für die Verwaltungspolitik verbundenen Probleme und Chancen zusammengefasst werden (Abschnitt 5).

9.2 Veränderungen: Der Wandel verwaltungspolitischer Leitbilder

Verwaltungspolitische Leitbilder

Das stereotype Bild der öffentlichen Verwaltung ist das eines gegen Veränderungen weitgehend resistenten Systems. Wenn auch – positiv formuliert – die Stabilität vor allem der Verwaltungsstrukturen ein wichtiges Merkmal der öffentlichen Verwaltung in Deutschland ist, verstellt dies doch den Blick auf Entwicklungslinien, aber auch „Brüche" und fundamentale Veränderungen in den Anforderungen und Erwartungen an Verwaltung und Staat. Solche gewandelten Anforderungen kommen gebündelt in verwaltungspolitischen Leitbildern zum Ausdruck. Verwaltungspolitische Leitbilder sind zu verstehen als die jeweils dominierenden Annahmen, Argumente und Szenarien, mit denen aktuelle Reformen begründet

Abbildung 1:   Dominierende verwaltungspolitische Leitbilder

	Demokratischer Staat	Aktiver Staat	Schlanker Staat	Aktivierender Staat
	ab Beginn 50er Jahre	ab Mitte 60er Jahre	ab Ende 70er Jahre	ab Mitte 90er Jahre
Schlag-worte	Rechtsstaat Demokratie	Planung innere Reformen	Management Entbürokratisierung	Governance Zivil-/Bürger-gesellschaft
Probleme	Demokratie-versagen Obrigkeitsstaat	Marktversagen reaktive Politik	Staats-/Bürokratie-versagen Überregelung	Gemeinschafts-versagen Fragmentierung
Ziele	Rechtsstaat Demokratie	gesteigerte Problemverarbei-tungskapazität Effektivität	Verwaltungsverein-fachung Entbürokratisierung Dienstleistung	Inklusion Beteiligung Gemeinwohlverant-wortung
Theorien	Parlamentaris-mus Pluralismus Max Weber	Makro-Ökonomie Policy Science Korporatismus	Mikro-Ökonomie Public Choice New Public Man-agement	Neo-Institutionalismus Kommunitarismus Sozialkapital
Lösungen	Verwaltungs-recht Politische Beamte	Globalsteuerung Regierungs- und Verwaltungsreform PPBS	Rechtsvereinfachung Aufgabenkritik Output-Steuerung Outsourcing Privatisierung	Gewährleistungs-staat Verantwortungstei-lung Regulierungsstaat
Politik und Verwal-tung	legislative Pro-grammsteuerung exekutive Führerschaft	funktionale Ver-schränkung politisch-administratives System	Trennung „Was" und „Wie" Kontraktsteuerung	gekoppelte Systeme Verantwortungstei-lung
staatliche Steue-rung	Hierarchie Regeln Recht	Infrastruktur Information Verhandlung	Wettbewerb Anreize Geld	Kombination von Markt, Hierarchie und Gemeinschaft Vertrauen Regulierung

Quelle: Jann 2002a

oder abgelehnt werden – man kann daher auch von „Reformleitbildern" sprechen (Jann 2002a)[1]. Abbildung 1 gibt einen schematischen Überblick über die Abfolge

---

[1]   Die folgende kurze Darstellung verwaltungspolitischer Leitbilder basiert auf Jann (2002a), dort sind auch weitere Begründungen und Nachweise zu finden. Siehe auch Jann 2005b und Bogu-mil/Jann 2009: 44ff.

verwaltungspolitischer Leitbilder in Deutschland seit dem 2. Weltkrieg nach den zentralen Elementen jeglicher Verwaltungspolitik: den jeweils im Zentrum stehenden Problemen, Zielen, theoretischen Annahmen und vorgeschlagenen Lösungen.

9.2.1   Vom Demokratischen Rechtsstaat zum Aktiven Staat

Am Beginn der Entwicklung verwaltungspolitischer Leitbilder in der Bundesrepublik steht der Demokratische Rechtsstaat, der in der Nachkriegszeit bis etwa Mitte der 60er Jahre auch für die Verwaltungspolitik eine dominierende Rolle einnahm. Bekanntlich kam es bei der Gründung der Bundesrepublik nicht zu einem Bruch mit den klassischen deutschen Verwaltungtraditionen, vielmehr knüpfte man angesichts des vorherrschenden Interesses an einem raschen Wiederaufbau weitgehend am vorhandenen Organisations-, Personal-, Verfahrens- und Rechtsbestand der Verwaltung des Dritten Reiches an (ausführlich Jann 1999). Zugleich ging es in dieser Phase jedoch auch um die Durchsetzung der institutionellen Grundlagen von Rechtsstaat und Demokratie – in der Bevölkerung und gerade auch bei den Eliten in Staat und Verwaltung. Denn die erste deutsche Demokratie war vor allem, so die allgemeine Annahme, an ihren antidemokratischen Traditionen, an der mangelhaften Überwindung des vordemokratischen autoritären Obrigkeitsstaates und an fehlenden demokratischen Strukturen und Kulturen zu Grunde gegangen. Governance als analytisches und normatives Konzept war daher in dieser Zeit nichts anderes als *Government*, also die Etablierung einer demokratischen Regierung mit einem demokratischen und rechtsstaatlichen Apparat.

Hierarchische Verwaltung im demokratischen Staat

Für die Etablierung eines funktionierenden Parlamentarismus und einer pluralistischen Demokratie galt eine klassische weberianische, hierarchische Verwaltung nicht als Hindernis, sondern man sah darin eine wesentliche Voraussetzung – wobei die Steuerungskonzepte der „legislativen Programmsteuerung" und der „exekutiven Führerschaft" (Grauhan 1969) das Zusammenwirken einer hierarchischen Verwaltung mit Parlamentarismus und Demokratie regeln sollten. Das Verhältnis von Politik und Verwaltung gestaltet sich entsprechend dieser Vorstellung folgendermaßen: Der öffentlichen Verwaltung kommt im Wesentlichen die Rolle eines „Vollzugsagenten" für die Umsetzung von Entscheidungen zu, die durch demokratisch legitimierte Instanzen, also Parlamente und Regierungen, getroffen werden. Damit verbunden ist ein hierarchischer Steuerungsmodus, d.h. einerseits ist die Verwaltung der „Politik" hierarchisch unterstellt und an die Vorgaben (z.B. den Gesetzesauftrag) gebunden. Anderseits ist die Verwaltung selbst hierarchisch aufgebaut, um überhaupt eine Steuerung nachgeordneter Verwaltungseinheiten entsprechend demokratisch legitimierter Entscheidungen zu ermöglichen. Hierarchie und Recht waren damit die klassischen, prinzipiell nicht hinterfragten Steuerungsinstrumente dieses Verwaltungsmodells. Die wichtigste verwaltungspolitische Disziplin dieser Zeit war das Verwaltungsrecht, die umfassende Gewährleistung verwaltungsrechtlichen Rechtsschutzes das erste Ziel. Dieses verwaltungspolitische Leitbild wurde durch eine graduell anwachsende Anerkennung der politischen Funktionen der Verwaltung, z.B. der politischen Beamten, ergänzt. Gleichzeitig bestimmt dieses hierarchische Modell auch die Vorstellungen über die Beziehungen zwischen Staat und Gesellschaft, also wiederum ein normatives Governance-Modell. Der Staat steuert die Gesellschaft durch Gesetze und demokratisch legitimierte politische Führung, auch wenn dieser moderne Staat durch vielfältige demokratische Mechanismen mit der pluralistischen Gesellschaft verbunden ist.

Erst ab Mitte der 60er Jahre rückten veränderte Problemsichten – insbesondere die Steuerungsprobleme des modernen Interventions- und Wohlfahrtsstaats – zunehmend in den Vordergrund und bereiteten die Durchsetzung eines neuen verwaltungspolitischen Leitbildes vor. Entscheidend dafür war nicht nur der steigende Steuerungsbedarf, wie er am ständigen Anwachsen des staatlichen Aufgabenbestandes sichtbar wurde, sondern auch ein zunehmender Optimismus bezüglich der Möglichkeiten des Staates, umfassend und nachhaltig in gesellschaftliche Entwicklungen einzugreifen. Ausgangspunkt war das Konzept des „Marktversagens", das durch staatliche Interventionen verhindert oder korrigiert werden sollte. Inspiriert durch ökonomische Konzepte der Globalsteuerung und rationalistische Planungsansätze – wie das ökonomisch inspirierte PPBS (*planning-programming-budgeting-system*) – entwickelte sich eine Planungsdiskussion, die zunächst von konservativer Seite angestoßen, aber in der Folgezeit weitgehend von sozialdemokratischer Seite dominiert wurde und zeitweise in einer regelrechten „Planungseuphorie" kumulierte.

Planungsdiskussion und Aktiver Staat

Das neue verwaltungspolitische Leitbild des „aktiven Staates" oder der „aktiven Politik" – durchaus in Abgrenzung von zuvor dominierenden Staatstraditionen formuliert – richtete sich vor allem auf die Erhöhung der Informations- und Problemverarbeitungskapazitäten von Regierung und Verwaltung. Ein derartiges „Intelligentermachen des Apparates" galt als Voraussetzung für eine „aktive Politik", die durch umfassende innere Reformen nur inkrementalistisch-anpassende „reaktive" Politik überwinden sollte (Mayntz/Scharpf 1973). Politik und Verwaltung wurden nicht mehr als getrennte Sphären, sondern als funktional verschränkt gesehen und als politisch-administratives System (PAS) konzeptionalisiert. Entscheidend war, dass die Lösung der Probleme modernen Regierens vorrangig in der Stärkung der Problemlösungsfähigkeit des PAS gesehen wurde, dessen „Steuerungsfähigkeit" durch innere Reformen erhöht werden sollte. Auch aus diesem Governance-Modell, der Staat als aktiver Gestalter von Wirtschaft und Gesellschaft, folgten also verwaltungspolitische Annahmen und Konzepte.

„Intelligentermachen des Apparates"

Aber auch dieses Leitbild war natürlich nicht für die Ewigkeit. Es geriet zunehmend unter Druck, nachdem massive Implementationsprobleme planungspolitischer Reformen deutlich wurden (wie bei den Ansätzen einer zentralen Vorhabenplanung in der Bundesregierung oder einer integrierten Entwicklungsplanung auf Bundesebene, aber auch bei Ländern und Gemeinden) und angesichts neuer ökonomischer Krisen die Planungseuphorie einer Skepsis gegenüber staatlichen Steuerungskapazitäten wich. Während sich gerade im Zuge der Auseinandersetzung mit den Implementationsproblemen politischer Programme die sozialwissenschaftliche Steuerungsdiskussion entwickelte (ausführlich Mayntz 1996), nahm ein ganz anderes verwaltungspolitisches Leitbild Ende der 70er Jahre Gestalt an.

Umsetzungsprobleme politischer Planung

9.2.2 Vom Schlanken Staat zum Aktivierenden Staat

Staatsversagen und
Bürokratiekritik

Ausgangspunkt des neuen verwaltungspolitischen Leitbildes des „schlanken Staats" war eine international bereits Mitte der 70er Jahre und in Deutschland etwas später aufkommende neo-liberale Staatskritik, die als zentrales Problem sozio-ökonomischen Fortschritts nicht Marktversagen, sondern im Gegenteil Staats- und Bürokratieversagen identifizierte. International verkörperten *Thatcherism* (seit 1978) und *Reagonomics* (seit 1980) diesen Themenwechsel. In Deutschland wurde Bürokratisierung der Sammelbegriff für vielfältige Kritik am modernen Wohlfahrtsstaat. Kritisiert wurden zunehmende Gesetzesflut und Verrechtlichung, die stete Vermehrung staatlicher Aufgaben und damit der Staatsquote, das Wachstum des „bürokratischen Apparats", die damit einhergehende zunehmende Abhängigkeit der Bürger und privaten Organisationen von staatlicher Verwaltung bis hin zur Entmündigung der Klienten und schließlich die Tendenz zur Verselbständigung der Verwaltung.

Entbürokratisierung

Bereits vor der „Wende" 1982 gewann eine derartige Problemwahrnehmung an Bedeutung. Während für die kommunale Ebene schon 1976 erste Ansätze einer kontraktiven Aufgabenpolitik (die Aufgabenkritik der KGSt[2]) entwickelt wurden, dominierten Stichworte wie „Staatsversagen" und „Unregierbarkeit" die verwaltungspolitische Debatte. Nachdem zunächst die Parteien diese Thematik in Kongressen aufgriffen und zahlreiche Bundesländer Kommissionen einsetzten,[3] kam 1983, nach dem Regierungswechsel, schließlich auch auf Bundesebene eine „Unabhängige Kommission für Rechts- und Verwaltungsvereinfachung" hinzu. Zu diesem Zeitpunkt hatten die meisten Länderkommissionen ihre Arbeit allerdings bereits beendet.[4] Die Lösung der Probleme wurde in eher klassischen binnenorientierten Ansätzen – wie Aufgabenkritik, Deregulierung, Entbürokratisierungskommissionen, Rechtsbereinigung – gesucht. Die traditionellen Steuerungsmechanismen und Strukturprinzipien der öffentlichen Verwaltung blieben vorläufig weitgehend unberührt.

New Public
Management

Dies änderte sich erst gegen Ende der 80er Jahre, als die weiterhin dominierenden Ziele Verwaltungsvereinfachung, Entbürokratisierung und Entstaatlichung managerialistisch unterlegt wurden. Lösungen wurden jetzt zunehmend in den Erfahrungen des Privatsektors gesucht. Hintergründe waren die sich national wie international verschärfende Standortdebatte, in die ausdrücklich die Leistungsfähigkeit des öffentlichen Sektors als wichtiger Standortfaktor einbezogen wurde, und die anhaltenden Diskussionen über neue Managementkonzepte im privaten Sektor (*lean production, business-process-reengeneering, total quality management* etc.), die unter der Bezeichnung New Public Management auf den öffentlichen Sektor übertragen wurden. Während weder die klassische juristische Verwaltungslehre noch die sich seit den 70er Jahren herausgebildete sozialwissenschaftliche Verwaltungswissenschaft überzeugende Lösungen für die Effizienzproblematik des öffentlichen Sektors anbieten konnten, füllte die prä-

---

[2]   KGSt = Kommunale Gemeinschaftsstelle für Verwaltungsvereinfachung.
[3]   Auf Bundesebene führte das Innenministerium eine Anhörung zum Thema „Ursachen einer Bürokratisierung in der öffentlichen Verwaltung sowie zu ausgewählten Vorhaben zur Verbesserung des Verhältnisses von Bürger und Verwaltung" durch (Mayntz 1980).
[4]   Zur weiteren Geschichte dieses Diskurses siehe Jann/Wewer 1998.

skriptiv orientierte Managementlehre diese Lücke aus. In (durchaus nicht widerspruchsfreier) Verbindung mit ökonomischen Ansätzes der *public-choice*-Theorie entwickelte der betriebswirtschaftliche Managerialismus ein Instrumentenset für ein neues öffentliches Management (Kontraktmanagement, Output-Steuerung, Dezentralisierung, Outsourcing, Privatisierung; vgl. Jann 2005a). Für das Verhältnis von Politik und Verwaltung wurde, aus verwaltungswissenschaftlicher Sicht eher naiv, wiederum eine Trennung in die politische Bestimmung des „Was" und weitgehende administrative Eigenständigkeit bei der Umsetzung des „Wie" vorgeschlagen.

Schließlich ist seit Mitte der 90er Jahre wiederum ein neues verwaltungspolitisches Leitbild unter der Überschrift „aktivierender Staat" zu erkennen (vgl. Bandemer/Hilbert 2005; vgl. auch Dingeldey 2008), dessen Begründung nun nicht mehr „Management" sondern „Governance" lautet. Die Problemsicht dieses Leitbildes betont nicht nur Staats- und Bürokratieversagen, sondern richtet die Aufmerksamkeit auf die gesellschaftlichen Voraussetzungen und Restriktionen staatlicher Steuerung. Nicht allein der Staat ist für die Lösung gesellschaftlicher Probleme zuständig, sondern diese sollen, wo immer möglich, an die Zivil- oder Bürgergesellschaft zurückgegeben werden oder zumindest gemeinsam mit privaten und gesellschaftlichen Akteuren bearbeitet werden. Gesellschaften mit hohem Potenzial an Problemlösungskapazitäten der Zivilgesellschaft verfügen, so ein weiteres zentrales Stichwort, über ein hohes Maß an Sozialkapital. Der „aktivierende Staat" zielt vor allem auf eine programmatische Neubestimmung des Verhältnisses von Staat, Markt und Zivilgesellschaft. Es wird nicht mehr allein vom „Unternehmen Verwaltung" gesprochen, sondern verstärkt vom „Gewährleistungsstaat".[5]

Aktivierender Staat und Governance

Insgesamt zeigt sich in diesem kurzen Durchgang verwaltungspolitischer Leitbilder die doppelte und durchaus uneinheitliche Verwendung des Governance-Konzepts in der verwaltungswissenschaftlichen und -politischen Diskussion. Zum einen, als analytisches und eher „weites" Konzept, bezeichnen diese – hier sicherlich sehr zugespitzt skizzierten – Leitbilder unterschiedliche Vorstellungen über mögliche und sinnvolle Formen der Interaktionen zwischen Staat und Gesellschaft, vom hoheitlichen Handeln über verschiedene Zusammenarbeitsformen zwischen Staat, Wirtschaft und Zivilgesellschaft, also etwa Privatisierung oder Public-Private Partnerships, bis hin zu einer möglichst weitgehenden gesellschaftlichen Selbstregelung, in der kollektive Probleme möglichst ohne Staat gelöst werden (Mayntz in diesem Band), und daraus abgeleitete Vorstellungen über notwendige Verwaltungsreformen. Aber gleichzeitig geht es auch um „neue" Formen der kollektiven Handlungskoordination und -abstimmung, also vor allem um nicht-hierarchische, netzwerkartige, durch die systematische Einbeziehung nicht-staatlicher Akteure gekennzeichnete Steuerung und Interaktionsformen jenseits des klassischen Repertoires von Regierung und Verwaltung (so vor allem Rhodes 1997), also ein „enges Konzept" von Governance (Schuppert 2007a, Jann 2008). Genau diese Bedeutung kennzeichnet die normative und programmatische Verwendung des Konzepts in der aktuellen verwaltungswissen-

---

5   Als frühes Beispiel Behrens u.a. (1995), darin u.a. ein Beitrag des damaligen Ministerpräsidenten Niedersachsens Gerhard Schröder; zusammenfassend Bandemer/Hilbert (2005).

schaftlichen und vor allem verwaltungspolitischen Diskussion, um die es im Folgenden gehen soll.

9.3 Verwendung: Governance als Reformkonzept

Hinter den neuen Begriffen wie „aktivierender Staat" oder „Gewährleistungs-staat" verbirgt sich zum einen das Bedürfnis, dem von der liberal-konservativen Regierung propagierten Leitbild des schlanken Staates eine erkennbare Alternative entgegenzusetzen, zum anderen aber durchaus auch eine veränderte Sicht der Wirklichkeit und Möglichkeiten der Koordination und Interaktion zwischen Staat und Gesellschaft. Governance als verwaltungspolitisches Reformkonzept ist dabei vor allem als Reaktion auf eine als übertrieben binnenorientierte und managerialistische Ausrichtung der Verwaltungspolitik in den letzten Jahren zu interpretieren. Abbildung 2 fasst diese wesentlichen Unterschiede zwischen Management und Governance als Reformkonzepte zunächst schematisch zusammen. Anschließend werden diese Unterschiede ausführlicher dargestellt.

Abbildung 2:   Management und Governance als Reformkonzepte

	Management 1990er Jahre	**Governance** 2000er Jahre
Schlagworte	• Neues Steuerungsmodell • Unternehmen Verwaltung • Bürokratiekritik • Dienstleistungskommune • schlanker Staat	• Bürger-/Zivilgesellschaft • Sozialkapital • Gewährleistungsstaat • Bürgerkommune • aktivierender Staat
Probleme	• Staat/Bürokratie (-versagen) • Steuerungslücken • organisierte Unverantwortlichkeit	• Gesellschaft (-versagen) • Fragmentierung • externe Effekte • Exklusion
Ziele	• Effizienz, *value for money* • Dienstleistung • Kundenorientierung • Qualität	• soziale, politische und administrative Kohäsion • Beteiligung • bürgerschaftliches Engagement
Analysefokus	• einzelne Organisationen • Binnensteuerung • ergebnisorientiertes Management (z.B. einzelner Ämter) • Privatisierung, Outsourcing	• Koordination öffentlicher und gesellschaftlicher Akteure • Kombination verschiedener Steuerungsformen • Netzwerkmanagement • Steuerbarkeit

Quelle: nach Jann 2002a

9.3.1 Von Management zu Governance

Aus der Sicht der Verwaltungspolitik waren die 1990er Jahre international wie in Deutschland ohne Zweifel das Jahrzehnt des Managements. Zwar blieb Management als Reformkonzept in Deutschland nie unumstritten und die Frage, inwieweit die neue Orientierung zu dauerhaften Veränderungen geführt hat, ist durchaus kontrovers (Reichard 2002, Bogumil u.a. 2007). Dominant war das Leitbild aber dennoch in dem Sinne, dass es die Debatte über Verwaltungsmodernisierung definiert hat, sowohl bei Anhängern (Hill 1998) als auch Gegnern (König/Füchtner 2000). Zentrales Credo des New Public Management war und ist, dass die klassische bürokratische Steuerung der Verwaltung und damit auch die klassische Arbeitsteilung zwischen Staat und Gesellschaft zunehmend dysfunktionale Folgen zeitige und dass sich daher Konzepte eines modernen betriebswirtschaftlichen Managements mit Erfolg auf die öffentliche Verwaltung übertragen lassen. Dem negativ besetzten – und schon beinahe karikierten – Leitbild der bürokratischen und zentralistischen Steuerung (Stichwort „organisierte Unverantwortlichkeit", Banner 1991) wurde das neue Leitbild einer ergebnisorientierten, transparenten und dezentralen Steuerung entgegengesetzt: Motivation statt Alimentation für das Personal (z.B. leistungsgerechte Bezahlung), Eigenverantwortung statt Hierarchie für die Organisation (dezentrale Ressourcenverantwortung, flache Hierarchie etc.), Resultate statt Regeln für die Verfahren (Kontraktmanagement, Leistungsvergleiche, Produktorientierung) und Kostenrechnung statt Kameralistik für die Finanzen (vgl. Jann 2005a). So gesehen waren die einzelnen Elemente des managerialistischen Leitbildes zunächst nichts anderes als bloße – ideale – Gegenentwürfe zu den eklatanten oder behaupteten Mängeln der überkommenen Steuerungspraxis.

New Public Management

Diese Mängel wurden von der KGSt als sogenannte „Steuerungslücken" des öffentlichen Sektors zusammengefasst (Effizienz-, Strategie-, Management-, Attraktivitäts- und Legitimitätslücke). Nicht nur Instrumente, auch Ziele dieser neuen Verwaltungspolitik wurden zunehmend aus dem privaten Sektor übernommen, nämlich: Effizienz, die Notwendigkeit von *value for money* auch im öffentlichen Sektor, schließlich Kunden- und Qualitätsorientierung und das Konzept öffentlicher Dienstleistungen (im Gegensatz zu den klassischen öffentlichen Aufgaben). Auf der kommunalen Ebene entwickelte sich so das Leitbild der Dienstleistungskommune, auf Bundesebene wurde in Anlehnung an die Managementmoden der *lean production* und des *lean management* das Schlagwort vom „schlanken Staat" propagiert. Entscheidend ist für dieses Leitbild vor allem die vorherrschende „Binnensicht", im Zentrum stehen die Optimierung und Modernisierung einzelner Organisationen (Behörden, Ämter) und das Vertrauen in die Steuerungsinstrumente des privaten Sektors (Geld, Wettbewerb, Kontrakte, *incentives*).

„Steuerungslücken" des öffentlichen Sektors

Diese Dominanz des Management-Leitbildes ist seit Ende der 90er Jahre vorüber. Mit dem Umschwung der politischen Debatte vom „schlanken" zum „aktivierenden Staat" wurde der Managementansatz als verwaltungspolitisches Reformkonzept zunehmender Kritik ausgesetzt – und damit ergab sich auch die Notwendigkeit eines neuen Leitbildes. Genau dies ist der Hintergrund des Auf-

Vom Management zu Governance

stieges einer bestimmten, normativen Sicht von Governance zum neuen prägenden Leitbild.

„Gesellschaftsversa-
gen" als Problem

Ein zentrales Problem staatlicher Steuerung und Problemlösung im Sinne von Governance wird zunehmend in der Gesellschaft selbst gesehen. Es geht also, zugespitzt gesagt, nicht mehr nur um Bürokratie-, sondern auch um „Gesellschaftsversagen" – und darum, wie dies zu beheben wäre. Um dies an einem Beispiel – sicherlich zugespitzt und simplifiziert – zu verdeutlichen: Wenn öffentliche Parks und Spielplätze verwahrlosen, fragt das Management-Leitbild nach Möglichkeiten der Effizienzsteigerung der zuständigen Verwaltung, ggf. auch nach Möglichkeiten der Privatisierung und des Outsourcing der Grünflächenpflege. Das Governance-Leitbild problematisiert, inwieweit die *stakeholder* dieser öffentlichen Plätze – Bürgerinnen und Bürger, Vereine, Nachbarschaften – in die Erhaltung öffentlicher Plätze involviert werden können, ausgehend von der einfachen Überlegung, dass soziale Probleme auch durch eine noch so effiziente Verwaltung nicht grundlegend zu lösen sind. Wenn ein Museum oder ein Theater zunehmend rote Zahlen schreibt, soll nicht nur gefragt werden, wie es effizienter zu führen ist, sondern ob und wie gesellschaftliche Akteure in die Unterhaltung einbezogen werden können.

Einbindung gesellschaftlicher Akteure in die Problemlösung

Es kommt also darauf an, gesellschaftliche Akteure in die Problembewältigung einzubinden, sie zu motivieren und aktivieren, um sie nicht länger von oben herab, *top down*, zu steuern oder zu versorgen (und damit abhängig zu halten, wie dem klassischen Wohlfahrtsstaat vorgehalten wird). Ein zentrales Ziel wird daher die Überwindung der sozialen „Exklusion" gesellschaftlicher Gruppen, ganzer Nachbarschaften oder Regionen. Niemandem, weder am unteren Ende der Sozialskala (z.B. Langzeitarbeitslose, Obdachlose) noch am oberen Ende (Abschottung durch *„gated communities"*, Privatschulen, Steuerflucht etc.), soll erlaubt werden, sich aus der gesellschaftlichen Verantwortung zu stehlen. Die neuen Ziele lauten also – neben Effizienz und Dienstleistungsorientierung, die durchaus weiter gelten sollen – Stärkung von sozialer, politischer und administrativer Kohäsion, von politischer und gesellschaftlicher Beteiligung, von bürgerschaftlichem und politischem Engagement.

Neuausrichtung der Reformdebatte

Tatsächlich ist es überraschend, wie schnell dieses neue Konzept von der *policy-community* der Verwaltungsmodernisierer aufgegriffen wurde. Auf lokaler Ebene wurde das Modell der Dienstleistungskommune zu dem der Bürgerkommune weiterentwickelt (vgl. Banner 1998; siehe auch Hill 2000), das dann sehr schnell auch von der KGSt (Kommunale Gemeinschaftsstelle für Verwaltungsvereinfachung) – dem in Fragen der Verwaltungsreform sehr einflussreichen kommunalen Fachverband – aufgenommen wurde (KGSt 1999). Auch die „Speerspitze" der Managementbewegung in Deutschland, die Bertelsmann-Stiftung, erkannte die Zeichen der Zeit und schuf einen neuen Schwerpunkt und ein neues Netzwerk „bürgerorientierter Kommunen in Deutschland" (CIVITAS)[6].

Programm der Bundesregierung

Auch auf Bundes- und Landesebene wurde versucht, das Konzept des „aktivierenden Staates" mit Leben zu füllen (Blanke/Bandemer 1999). So wurden in dem zentralen verwaltungspolitischen Programm der rot-grünen Bundesregierung – „Moderner Staat – Moderne Verwaltung" vom 1. Dezember 1999 – die

---

[6]   www.buergerorientierte-kommune.de.

Stichworte „Neue Verantwortungsteilung", „Stärkung der Bürgergesellschaft" etc. ausdrücklich aufgegriffen:

> „Staat und Verwaltung müssen ihre Aufgaben und ihre Verantwortung unter veränderten gesellschaftlichen Bedingungen neu definieren. Der aktivierende Staat wird die Übernahme gesellschaftlicher Verantwortung dort fördern, wo dies möglich ist. So wird sich die Erfüllung öffentlicher Aufgaben nach einer neuen Stufung der Verantwortung zwischen Staat und Gesellschaft richten: ... Der Staat ist weniger Entscheider und Produzent, als vielmehr Moderator und Aktivator der gesellschaftlichen Entwicklungen, die er nicht allein bestimmen kann und soll. Aktivierender Staat bedeutet, die Selbstregulierungspotentiale der Gesellschaft zu fördern und ihnen den notwendigen Freiraum zu schaffen. Im Vordergrund muss deshalb das Zusammenwirken staatlicher, halbstaatlicher und privater Akteure zum Erreichen gemeinsamer Ziele stehen" (Bundesminister des Innern 1999: 8-9).

Unterstützt wurde diese Neuorientierung, die offensichtlich weit über verwaltungspolitische Implikationen hinausgeht, aber dennoch zunächst einmal in einem Programm zur Modernisierung von Staat und Verwaltung formuliert wurde, u.a. durch programmatische Artikel des Bundeskanzlers zur Bedeutung einer modernen Zivilgesellschaft (Schröder 2000). Weitere Anzeichen für diesen neuen Diskurs waren z.B. die Etablierung einer entsprechenden Enquete-Kommission des Bundestages (Enquete-Kommission 2002) oder die Errichtung einer Homepage zur „Bürgergesellschaft" mit Unterstützung der Bundesregierung.[7]

Auch international war der Umschwung von Management zu Governance unverkennbar, z.B. durch die Umbenennung des entsprechenden Schwerpunkts bei der OECD[8] von *Public Management* zu *Governance*, der durch eine programmatische Rede des Vorsitzenden des *Public Management Committee* (PUMA) der OECD auf der ersten EU-Konferenz über *Best Practices in Public Administration* in Lissabon im Mai 2000 unterstützt wurde (Wolf 2000). Symptomatisch war schließlich auch ein von der finnischen Regierung eingesetztes internationales Expertengremium, das Vorschläge für eine *Potential Governance Agenda for Finland* entwickelt hat (Bouckaert u.a. 2000). In allen diesen Dokumenten wird die Bedeutung von Konzepten wie Integration und Kohärenz (statt Fragmentierung), Effektivität (statt Effizienz), Vertrauen und Legitimität, Bürgerbeteiligung, Flexibilität, Responsivität u.ä. hervorgehoben. Die Abkehr von der klassischen Managementsicht ist unverkennbar und spiegelt sich auch in der aktuellen Projektarbeit der OECD zu Kernthemen von Public Management und Verwaltungsreform wider (OECD 2008).

Governance auf internationaler Ebene

9.3.2 Eckpunkte von Governance als Reformkonzept der Verwaltungspolitik

Im Unterschied zur Managementperspektive und vor allem zum „Neuen Steuerungsmodell" stellt diese „moderne" Sicht von Governance kein fertiges „Modell" für die Reform der Verwaltung zur Verfügung – zumindest nicht in

Governance als Konzept, aber nicht Modell

---

7   www.wegweiser-buergergesellschaft.de.
8   OECD Global Forum on Governance, siehe www.oecd.org/puma.

Deutschland.[9] Dies hängt einerseits damit zusammen, dass die in der frühen Phase dominierende *„one-size-fits-all"*-Philosophie des *New Public Management* bzw. Neuen Steuerungsmodells als einer der wesentlichen Gründe für massive Implementationsprobleme gilt – ein neues Reformmodell wäre unglaubwürdig. Auch stellt Governance keinen Gegenpol zum Managementansatz dar, so wie dies im Neuen Steuerungsmodell gegenüber dem „bürokratischen Steuerungsmodell" der Fall war. Stattdessen findet in der Governance-Debatte eine kritische Auseinandersetzung mit Konzepten und Erfahrungen des NPM statt, die zu einer Korrektur und Ergänzung der Verwaltungspolitik in folgenden Punkten führt:

- Inter- statt intra-organisatorische Perspektive

Verwaltung in inter-organisatorischen Netzen

Ein zentraler Kritikpunkt des Managementansatzes ist die Dominanz einer auf die internen administrativen Strukturen und Verfahren der Verwaltung konzentrierten Reformstrategie. NPM zielt auf die Schaffung effizienter Organisationen, die durch klare Zielvorgaben gesteuert und deren Leistungen eindeutig gemessen werden können. Reorganisationsstrategien, Ansätze zur Produktbildung, Budgetierungen u.a. sind auf die Optimierung des Anreizsystems der einzelnen Organisationen des Verwaltungssystems gerichtet. Dabei bleiben nicht nur andere normative Kriterien unberücksichtigt, wie z.B. verlässliche Leistungserbringung auf Grundlage öffentlichen Vertrauens und politischer Legitimation. Auch erscheint die auf einzelbetriebliche Effizienz und Leistungsmessung gerichtete Reformstrategie in vielen Fällen als unterkomplex – vor allem wenn Fragen der politischen Steuerung und der Einbindung der Verwaltung in das gesellschaftliche Umfeld berücksichtigt werden. Die öffentliche Verwaltung ist heute jedoch zunehmend in interorganisatorische Netzwerke der Leistungserstellung und Problemlösung eingebunden. Beispiele dafür sind die Verflechtung zwischen verschiedenen Verwaltungsebenen oder zwischen der „Kernverwaltung" und dem sich darum gruppierenden Umfeld staatlicher und halbstaatlicher Organisationen und auch Organisationen des Dritten Sektors von Wohlfahrtsverbänden bis hin zu Selbsthilfegruppen (vor allem auf kommunaler Ebene). Eine Konzentration auf Probleme der Binnensteuerung erscheint vor diesem Hintergrund unzureichend bzw. verfehlt eine zentrale Anforderung an moderne Verwaltungen.

Management interorganisatorischer Beziehungen

Während in der NPM-Perspektive die Anforderungen an Politik und Verwaltung hinsichtlich eines Managements interorganisatorischer Beziehungen unterbelichtet bleiben, wird darin aus Governance-Sicht die zentrale Herausforderung für Staat und Verwaltung erkannt – und weniger in der erfolgreichen Imitation interner Management-Methoden der Betriebswirtschaft (vgl. Mayntz 1997; Kickert 1997; Rhodes 2000). Governance setzt daher zuerst auf der interorganisatorischen Ebene an und thematisiert das Zusammenspiel unterschiedlicher Organisationen (innerhalb und außerhalb des öffentlichen Sektors) in Netzwerken. Zugleich gilt die Neugestaltung der Kooperationsbeziehungen von Akteuren des öffentlichen, privaten und Dritten Sektors als zentrale Reformperspektive. *Policy coherence*, die Kohärenz öffentlicher und privater Aktivitäten, wird damit wieder zum zentralen Problem; die *policy outcomes*, umfassendere Wir-

---

[9]   Die Verwendung des Begriffs im internationalen Rahmen – wie bei der EU, der OECD oder der Weltbank – führt hingegen durchaus zu modellartigen Reformkonzepten.

kungen und Auswirkungen, sind wichtiger als kurzfristige Outputs. In diesem Sinne geht es auch um eine Re-Integration von Policy-Forschung und Verwaltungspolitik.

- Netzwerke statt Markt und Hierarchie

Eine wesentliche Gemeinsamkeit der Sichtweisen von Governance und NPM besteht in der Skepsis gegenüber hierarchischen Steuerungsformen. Konzepte des Neuen Steuerungsmodells, die auf die Ergänzung oder Ablösung hierarchischer Instrumente der Verwaltungssteuerung zielen, stehen daher durchaus im Einklang mit dem Governance-Ansatz. Gleiches gilt für Vorschläge zur Enthierarchisierung der Verwaltungsstrukturen. Auch Formen der Outputsteuerung – wie beispielsweise Kosten- und Leistungsvergleiche – stehen nicht grundsätzlich im Widerspruch zu Governance. Ansätze des Outsourcing – die Auslagerung öffentlicher Dienstleistungen aus dem Kernbereich der Verwaltung bis hin zur materiellen Privatisierung – entsprechen sogar einem wesentlichen Element des „aktivierenden Staates", der sich stärker auf die Steuerung der Leistungserstellung konzentrieren und weniger selbst produzieren will. *(Enthierarchisierung)*

Allerdings wird im Rahmen von Governance nicht davon ausgegangen, dass der „Markt" – oder entsprechende Surrogate wie simulierte Wettbewerbe oder ergebnisorientierte Steuerungssysteme – die einzige Alternative zu hierarchischer Steuerung darstellt. Eher besteht eine gewisse Skepsis gegenüber den Erwartungen, dass mit der „richtigen" Implementation entsprechender Managementinstrumente und Anreize quasi automatisch die Leistungsfähigkeit des politisch-administrativen Handelns optimiert werden kann. Häufig – so die Kritik – werden bestehende Anreize und Funktionsmechanismen des öffentlichen Sektors ignoriert, so dass Versuche einer Steuerung über Geld oder entsprechende Surrogate zu nicht-intendierten Effekten führen. Entsprechende „Nebenwirkungen" sind insbesondere die Verbreitung von „Organisationsegoismen" und die Fragmentierung der öffentlichen Verwaltung – womit eine neue Koordinationsproblematik entsteht – sowie die Gefahr eines opportunistischen Verhaltens (von Individuen und Organisationen), das sich lediglich auf die messbaren Aspekte des Verwaltungshandelns beschränkt oder eine geschönte Darstellung des Outputs vornimmt.[10] So kann eine durch Ergebnisorientierung (gemessen in *performance evaluations*, die mit materiellen Anreizen verbunden werden) geförderte Konzentration auf die eigene „Produktivität" einer Organisation dazu führen, dass einzelne Verwaltungseinheiten gar keinen Anlass dazu sehen, ihr Handeln mit anderen zu koordinieren. „Die Segmentierung stützt also gerade das, was seit Jahren an der öffentlichen Verwaltung kritisiert wird, nämlich eine dysfunktionale Bildung von ‚Fachbruderschaften'," (König 2001: 620). *(Nicht-intendierte Effekte marktorientierter Steuerungsinstrumente)*

Die Initiative der Regierung Blair in Großbritannien zum *joined-up government* (Ling 2002; Bogdanor 2005) – die problemorientierte Kooperation zwischen *departments* und *agencies* – kann als Gegenbewegung zum atomistischen Modell des NPM aufgefasst werden (vgl. auch Dunleavy u.a. 2006). Eben- *(Koordination und Mobilisierung der Zivilgesellschaft)*

---

10 Wie das Beispiel der alten Bundesanstalt für Arbeit zeigt, ist der problematische Umgang mit Outputdaten jedoch kein exklusives Verhaltensmerkmal innerhalb des managementorientierten Steuerungsmodells, sondern auch innerhalb traditioneller Governance-Strukturen möglich.

so wird Privatisierung – zumal wenn lediglich ein öffentliches durch ein privates Monopol ersetzt wird – nicht als einzige Form der Auslagerung betrachtet, sondern gerade auch die Übernahme von Aufgaben durch die „organisierte Zivilgesellschaft" (Verbände, Selbsthilfegruppen etc.) als eine Option systematisch propagiert.

Kooperation, Netzwerke, Vertrauen

Das Governance-Konzept setzt daher nicht auf die „technisch" perfekte Optimierung von Managementsystemen – wie z.B. immer ausgefeiltere Definitionen und Messungen von Leistungsstandards und Verwaltungsqualität oder immer detailliertere und kompliziertere Verträge und Sanktionen –, sondern auf netzwerkartige Steuerungsformen als zweite Alternative zu traditioneller hierarchischer Steuerung. Controlling und Kontrolle wird nicht abgelehnt, aber auch die Bedeutung von Vertrauen und informellen Verhaltensnormen wird betont. Kooperative Handlungsformen und die Rolle der Verwaltung als Initiator, Moderator und Förderer von Netzwerken zwischen staatlichen und nicht-staatlichen Akteuren rücken dabei in den Mittelpunkt des Interesses.

Spezifische Verhaltensnormen im öffentlichen Sektor

Gleiches gilt für die individuelle Ebene: Monetäre Anreize zur Leistungssteigerung werden als sinnvoll angesehen, aber individuelle Leistungsanreize und -messungen sind mit zahlreichen nicht-intendierten Effekten verbunden, insbesondere die Abwertung von Teamarbeit und die Fixierung auf das Messbare. Dementsprechend geht der Trend in vielen OECD-Staaten im Design von Systemen von der leistungsbezogenen Bezahlungen ab in Richtung der Belohnung von Teamarbeit und sozialen „Skills" (OECD 2005). Gleichzeitig wird davor gewarnt, allein auf Geld als Regulierungsmodus von Beschäftigungsverhältnissen zu setzen. Der „öffentliche Dienst" wird eben auch durch spezifische Verhaltenserwartungen und -normen bestimmt, die keineswegs alle schriftlich fixiert sind. Was für einen öffentlich Beschäftigten „angemessenes Verhalten" ist, kann nicht allein durch finanzielle Anreize gesteuert und erst recht nicht nur durch formale Überwachung kontrolliert werden, wie die zu beobachtende Zunahme von Korruption und ähnlichen Verhaltensweisen verdeutlicht.

- Kombination von Steuerungsformen (*mix of modes*)

Positive Wechselwirkungen zwischen Steuerungsformen

Die wesentliche Neuerung der Governance-Perspektive besteht daher gerade darin, dass der Blick auf die Wechselwirkung unterschiedlicher Steuerungsformen gerichtet wird – und keine einseitige Beschränkung auf einen Modus wie Hierarchie im traditionellen Staatsverständnis oder Markt im Rahmen des NPM erfolgt. Vor allem steht weniger die Optimierung *eines* Steuerungsmodus im Vordergrund, sondern die Entfaltung von Potenzialen durch die Kombination der verschiedenen Modi. Stichworte in diesem Zusammenhang sind *Public-Private Partnerships* oder Koproduktion. Auch das Konzept der Bürgerkommune zielt auf das Zusammenspiel einer intern durchaus betriebswirtschaftlich „modernisierten" Kommunalverwaltung mit den demokratischen Prozessen in den repräsentativen Gremien und neuen Formen „bürgerschaftlichen Engagements" (vgl. z.B. Bogumil/Holtkamp 2001). Dabei wird davon ausgegangen, dass zwischen den unterschiedlichen Steuerungsmodi und Koordinationsformen positive Wechselwirkungen bestehen – auch unter Einbezug management- und wettbewerbsorientierter Steuerungsformen. Es kommt dabei allerdings auf das „Ausbalancieren" der verschieden Modi zu einem dem jeweiligen Problemfeld angemessenem *mix of modes* an.[11] Dabei ist sowohl ein Zuviel an Markt möglich, als auch ein Zuviel an Netzwerken oder Hierarchie. Auch können beispielsweise Netzwerke und Hierarchie negative Wechselwirkungen entfalten, wie dies im Fall der bekannten Seilschaften („Kölner Klüngel") bis hin zu mafiosen Netzwerken der Fall ist.

Wie bereits erwähnt, lassen sich aus diesen Eckpunkten von Governance als Reformkonzept keine implementationsreifen verwaltungspolitischen Maßnahmen ableiten – es handelt sich eher um grundlegende Orientierungshilfen. Insbesondere kommt es zu einer Verschiebung der Evaluationskriterien von Verwaltungsreformen (Jann 2002a; vgl. dazu Kickert u.a. 1997: 170-177; Bovaird/Löffler 2002, 2009). In Abbildung 3 sind unterschiedliche Bewertungskriterien von Management und Governance gegenübergestellt.

Abbildung 3:   Veränderte Kriterien

von Management	zu Governance
Transparenz und Kontrakte über Aufgaben- und Kostenteilung	Koproduktion von Leistungen
Verantwortungsübertragung	Verantwortungsteilung
Leistungsverlagerung Outsourcing Privatisierung	Leistungsaktivierung Selbsthilfe, Eigenverantwortung und Verpflichtung
Kontrakte (eher kurzfristig)	Kooperation (eher langfristig)
Geld und Konkurrenz als Anreize	Integration von Steuerungsinstrumenten (Markt, Gemeinschaft, Hierarchie)
ökonomische Austauschbeziehungen	gesellschaftliche und demokratische Dialoge
Organisation von Leistungs- und Prozessketten	Organisation der Interaktion zwischen Staat, Wirtschaft, Zivilgesellschaft und Individuen
Output einzelner Organisationen	Outcome vernetzter Akteure
vertikale Optimierung	horizontale Integration

Quelle: nach Jann 2002a

Bei der Bewertung von Leistungsprozessen wäre so nicht nur nach Effizienz und Transparenz von Aufgabenarrangements zu fragen, sondern auch, ob es gelingt, eine gesellschaftliche Ko-Produktion von Leistungen zu initiieren. Einfache Verantwortungsübertragung auf andere sollte nicht ausreichen, sondern erwünscht ist eine Verantwortungsteilung mit gegenseitigen Verpflichtungen. Leistungsverlagerungen, Outsourcing und Privatisierung sollten durch die Aktivierung von Selbsthilfe ergänzt werden. Im Hinblick auf die Steuerung zwischen

Kein implementationsreifes Reformmodell – aber veränderte Kriterien für Verwaltungspolitik

---

[11]   Schröter und Wollmann (1998) zeigen am Beispiel der lokalen Sozialpolitik, wie die verschiedenen Modi jeweils die Schwächen anderer Steuerungsformen ausgleichen können. Siehe auch Evers u.a. (2002) für zahlreiche Beispiele aus dem Bereich sozialer Dienstleistungen.

Organisationen geht es weniger um möglichst viele oder kurzfristige Kontrakte, sondern um die Etablierung langfristiger Kooperationen in variablen Netzwerken. Auch werden „grenzübergreifende" Kontrakte, die über zwei Organisationen in vertikalen Steuerungsbeziehungen hinaus gehen und auf horizontaler Ebene unterschiedliche Verwaltungszweige einschließen, denkbar. Ansätze in diese Richtung werden in Großbritannien erprobt (vgl. Flinders 2002), und auch die Bemühungen um eine Integration von Arbeitsmarkt- und Sozialpolitik in Deutschland (Stichwort Hartz IV Reformen), aber auch in anderen Ländern (Wiggan 2007; Christensen u.a. 2007a; Mattei 2007) gehen genau in diese Richtung. Schließlich sollen nicht nur Geld und Konkurrenz als Anreize öffentlicher und privater Institutionen Verwendung finden, sondern die Integration einer Vielzahl von Steuerungsinstrumenten ist das Ziel. Insgesamt ist Verwaltungspolitik unter Governance weniger auf das Design und Management von vertikal integrierten Leistungs- und Prozessketten als auf die Organisation vielfältiger Interaktionen zwischen Staat, Wirtschaft und Zivilgesellschaft gerichtet. Horizontale Integration, Kohärenz oder sogar *holistic mapping* (Wolf 2000) sind wichtiger als fragmentierte Optimierung.

Progressive Governance

Die Implikationen von Governance und das Leitbild des „aktivierenden Staates" bleiben allerdings nicht auf den eher engeren Rahmen der Verwaltungspolitik beschränkt. Über die Weiterentwicklung des Regierungsapparates hinaus wurden unter dem Stichwort *progressive* oder *modern governance* die bewusste Organisation und das Management der Interaktionen zwischen Staat, Wirtschaft, Zivilgesellschaft und Individuen durch institutionelle Steuerung und die Integration unterschiedlicher Steuerungsformen politisch propagiert, nicht zuletzt unterstützt durch eine Reihe hochrangig besetzter Konferenzen der Sozialdemokratie nahestehender Regierungschefs (Schröder 2002). Zugespitzt wurde so Regieren im Sinne von *modern governance* durch die Kombination von weniger Staat mit mehr Politik, sprich mehr gesellschaftlicher Beteiligung und Aktivität, gekennzeichnet (Evers/Leggewie 1999). Und diese Kombination ist sicherlich neu, denn sie ist eine echte Alternative zu den bekannten Konzeptionen des schlanken Minimalstaats (weniger Staat, weniger Politik), des aktiven Wohlfahrtstaats (mehr Staat, mehr Politik) und, nota bene, auch des technokratischen und autoritären Sozialstaats (mehr Staat, weniger Politik).

9.4 Grundlagen: Integration sozialwissenschaftlicher Steuerungs- und Institutionentheorien

Governance als verwaltungspolitisches Reformkonzept hat sich also mit der als zu eng und einseitig betrachteten Managementperspektive auseinandergesetzt und versucht, in Abgrenzung, aber auch durch Aufnahme und Weiterentwicklung von Ansätzen des NPM, einen neuen Reformansatz zu entwickeln. Wesentliche Ideenquelle für diesen fast klassisch dialektisch erscheinenden Prozess der Kritik und Weiterentwicklung der Managementperspektive sind verschiedene sozialwissenschaftliche Ansätze, vor allem aus den Politik- und Verwaltungswissenschaften.

Die Managementorientierung der neunziger Jahre war inspiriert und domi- *Institutionenöko-*
niert durch neoliberale Institutionenökonomie und Managerialismus. Wie bereits *nomie und Manageri-*
erwähnt, war der Analysefokus des *New Public Management*, insbesondere sei- *alismus*
ner deutschen Variante, die Binnensteuerung einzelner öffentlicher Organisationen. Ziel war das „ergebnisorientierte Management" einzelner Ämter oder Behörden, durchaus als Alternative zum *Outsourcing* von Aufgaben bis hin zur
formellen oder materiellen Privatisierung, die in einer umfassenden Leistungstie-
fenbetrachtung ausdrücklich einbezogen wurden (Naschold u.a. 1996). Das
grundlegende Problem öffentlicher Organisationen wurde in fehlenden Anreizen
zu wirtschaftlichem und/oder ergebnisorientiertem Handeln gesehen, in der un-
zureichenden „Anreizkompatibilität" bürokratischer Strukturen. Aus dieser Prob-
lemdiagnose ergaben sich die bevorzugten Lösungen, nämlich die Dezentralisierung von Aufgaben- und Ressourcenverantwortung, die Verselbständigung von
Einheiten und die Steuerung durch Kontrakte. Der bevorzugte Koordinationsmechanismus war der Markt mit dem Medium Geld. Dies hieß, wo immer möglich,
die Etablierung von Wettbewerb oder zumindest wettbewerbsähnlichen Strukturen (z.B. *benchmarking*). Die grundlegende Problemstellung für Verwaltungsmodernisierer wurde „*getting prices right*" oder auch „*getting contracts right*" –
also wie den Akteuren über „richtige" Preise und Kontrakte die „richtigen" Anreize vermittelt werden können.

Abbildung 4:   Theoretische Zugänge

	Management	**Governance**
Wissenschaft	• Institutionenökonomie • Managerialismus	• Neo-Institutionalismus • Politikwissenschaft
Kausalität	• fehlende Anreize • Anreizkompatibilität	• Interdependenz • Konformität
Handlungsmodell	• Dezentralisierung • Verselbständigung • Kontraktsteuerung	• neue Aufgabenteilung • Gewährleistung • Koproduktion

Koordinations-
mechanismen
	• (Quasi)Markt und
	  Wettbewerb
	• Geld
		• Selbstregelung
		• autonome, selbststeuernde
		  Akteursnetze
		• Institutionen

Quelle: Jann 2002a mit Ergänzungen

Auch dieser theoretische Zugang ist alles andere als überholt, er hat sich auch *Institutionalismus*
keineswegs überall durchgesetzt, aber dennoch ist unverkennbar, dass in den *und Steuerungs-*
letzten Jahren wieder andere wissenschaftliche Sichtweisen, Annahmen und *debatte*
Lösungen an Bedeutung gewonnen haben. In der Diskussion über Staats- und
Verwaltungsmodernisierung kommen die aktuellen Konzepte nicht mehr ausschließlich oder vorrangig aus der Ökonomie und Betriebswirtschaftslehre, sondern zunehmend wieder aus den Sozialwissenschaften, insbesondere aus der
sozialwissenschaftlichen Institutionen- (March/Olsen 1989) und Steuerungstheo-

rie (vgl. z.B. Mayntz 1996; Luhmann 1989; Scharpf 1989; Benz 1994) bis hin zur Kommunitarismusdebatte (Bandemer/Hilbert 2005; vgl. Budäus/Grüning 1997). Der Analysefokus wechselt von der einzelnen Organisation oder Behörde zum Problem der Koordination unterschiedlicher öffentlicher und privater, gesellschaftlicher und ökonomischer Akteure und von ökonomischen und regulativen Anreizen und Sanktionen zu normativen oder kognitiven Weltbildern.

Gesellschaftliche Selbstregelung

Im Zentrum des Interesses stehen nicht mehr nur die Steuerungsmedien Markt/Geld/Wettbewerb, sondern es interessiert die Kombination unterschiedlicher Steuerungsformen – bis hin zur Problematisierung von Solidarität, Vertrauen und ähnlichen „weichen" Steuerungsmodi.[12] Ausgangspunkt ist ein umfassenderes Verständnis institutioneller Steuerung (Christensen u.a. 2007b; Jann 2008). Das typische Problem ist die Interdependenz öffentlicher und privater Akteure, die Vermeidung negativer und die Etablierung positiver externer Effekte. Bevorzugte Handlungsmodelle und Lösungen sind Ko-Produktionen verschiedener Akteure, eine neue Aufgabenteilung zwischen Staat, Wirtschaft und Gesellschaft, die ausdrücklich gesellschaftliche Organisationsformen einbezieht, und schließlich das Denken in Verantwortungsstufen (Schuppert 1998) sowie das Konzept des Gewährleistungsstaates (Schuppert 1999, 2007b). Der bevorzugte Koordinationsmechanismus ist die institutionell eingebettete gesellschaftliche Selbstregelung, sind autonome, selbst-steuernde Akteursnetze, möglichst ohne oder zumindest mit möglichst wenig Staat, die insbesondere gesellschaftliche Akteure aus der Zivilgesellschaft einschließen sollen und die am besten „im Schatten der Hierarchie" (Fritz Scharpf) gedeihen (vgl. zur Übersicht Kenis/Schneider 1996).

Institutionelle Regeln und Normen

Die problematischen Folgen rein kontraktueller, ökonomistischer Steuerung werden betont (Verlust traditioneller verhaltensregulierender Normen und Werte des „öffentlichen Dienstes", zunehmende Gefahr rein opportunistischen oder gar kriminellen Verhaltens, Fragmentierung und Koordinationsdefizite), und es geht daher um die Frage „*getting institutions right*", wobei Institutionen eben nicht nur als rein formelle Anreizsysteme gesehen werden. Wie sollten institutionelle Arrangements aussehen, deren formelle und nicht zuletzt auch informelle Regeln gemeinwohlverträgliches Verhalten unterstützen und ermöglichen? Durch welche institutionellen Regeln und Normen wird eigentlich „angemessenes Verhalten" (*appropriate behaviour*, March/Olsen 1989, 2006) unterstützt und kontrolliert?

Kritik der klassischen Regierungs- und Verwaltungslehre

Diese neuartige oder zumindest modifizierte Konzeption politischer Steuerung führt daher unweigerlich zu Fragen nach den Voraussetzungen und Folgen neuartiger institutioneller Arrangements. Die traditionelle Regierungslehre, das traditionelle Governance-Konzept von *Government*, so der Vorwurf, konzipiere den modernen Staat und die öffentliche Verwaltung „zentripetal", d.h. als Machtzentrum und Quelle aller relevanter institutioneller Arrangements. Der Staat ist – zumindest in der Theorie – nach innen und außen souverän, und er übt seine Steuerungsfunktionen gegenüber der Gesellschaft durch die horizontale und vertikale Integration von Leistungsketten aus. Demgegenüber sehen die neuen Governance-Konzeptionen Staat und Verwaltung eher zentrifugal, charakterisiert durch die Erosion traditioneller innen- und außenpolitischer Autorität. Der Staat

---

[12]   Siehe stellvertretend für die internationale Diskussion, die ausdrücklich auf den verschiedenen neo-institutionalistischen Debatten der letzten Jahre aufbaut, Pierre 2000.

ist ein gesellschaftliches System neben anderen, zwar mit besonderen Aufgaben und Instrumenten, aber Staat und Verwaltung sind eben nicht einfach hierarchisch integriert und der Gesellschaft übergeordnet, sondern in plurale Leistungsnetzwerke eingebunden.

Während in der traditionellen Regierungslehre, der das Managementleitbild noch weitgehend verpflichtet ist, die Artikulation und Koordination kollektiver Interessen traditionell als staatliches Monopol gesehen werden, das durch klassische politische Institutionen wie Parteien, Parlamente und Interessengruppen wahrgenommen wird (Politik bestimmt das „Was"), gehen die neuen Governance-Konzeptionen von der Existenz vielfältiger gemeinwohlfähiger Arrangements aus. Institutionelle Arrangements werden nicht mehr nur verfassungsmäßig und rechtlich definiert, sondern sind auch und nicht zuletzt Ergebnis von Verhandlungen öffentlicher und gesellschaftlicher Akteure. Artikulation und Koordination von Interessen erfolgt zunehmend durch direkte Beteiligung, durch „negotiated patterns of public-private coordination". Dies beinhaltet offensichtlich auch und gerade neue Aufgabenstellungen und Funktionen für die öffentliche Verwaltung.

Und dies wiederum bedeutet die zunehmende Auflösung der klassischen Trennung zwischen öffentlich und privat, zwischen öffentlichem und privatem Sektor. Die Grenzen zwischen beiden Sektoren werden undeutlich und verschwimmen. Gleichzeitig wird die klare Trennung zwischen staatlichen und politischen Inputs und Outputs, also zwischen Politikformulierung in klassischen politischen Institutionen (z.B. Parlamente, Regierungen) und Politikdurchführung und Leistungserstellung durch Verwaltungen, wie sie ja gerade noch einmal vom Neuen Steuerungsmodell propagiert wurde, weiter in Frage gestellt. Da Bürger und der Dritte Sektor als Ko-Produzenten öffentlicher Güter agieren oder deren Produktion sogar vollständig der gesellschaftlichen Selbststeuerung überlassen werden sollen, wird auch das „Wie" der öffentlichen Leistungserstellung politisch und soll daher keineswegs nur der Verwaltung überlassen werden. Informelle Arrangements, die es zwar immer gegeben hat, die aber die klassische Regierungslehre mit Skepsis und im Prinzip als irregulär betrachtet hat, sollen daher anerkannt und im Sinne umfassender institutioneller Arrangements genutzt werden.

Im Ergebnis führt diese theoretische Neuorientierung zu einer veränderten analytischen Sicht auf öffentliche Verwaltung. Es wird nicht mehr davon ausgegangen, dass Verwaltung durch einen einzigen Governance-Modus – Hierarchie – gesteuert wird und sie ihre Entscheidungsprämissen allein aus der Politik erhält oder dass dieser Steuerungsmodus, wo immer es geht, durch einen anderen – Markt – abgelöst werden soll. Vielmehr wird anerkannt, dass selbst in hierarchisch strukturierten Organisationen auch Gemeinschaft (Vertrauen, Kollegialität) und Markt (z.B. interner Markt für Aufstiegsmöglichkeiten bis hin zu konkurrierender Aufgabenerfüllung) wirken, Verwaltungen also hochgradig institutionalisiert und dazu durch vielfältige Netzwerke mit ihrer gesellschaftlichen Umwelt verbunden sind. Die Kombination und die Wechselwirkung unterschiedlicher Governance-Mechanismen rücken in das Zentrum der Debatte – wobei davon ausgegangen wird, dass jeder Modus besondere Vorteile und Defizite hat, die nicht durch Erhöhung des „Reinheitsgrades", sondern nur durch einen adä-

Auflösung der Trennung von öffentlich und privat

Pluralität von Koordinationsformen

quaten Mix der Koordinationsprinzipien überwunden werden können. Allerdings sind auch negative Wechselwirkungen denkbar – beispielsweise wenn Managementinstrumente mit Hierarchie kombiniert werden und es im Ergebnis zur Stärkung von bürokratischen Formen kommt (z.B. bei der Einführung des Neuen Steuerungsmodells mit ihren exzessiven Produktkatalogen in der deutschen Verwaltung) oder wenn die Einbindung in Netzwerke zu einer weiteren Autonomisierung der Verwaltung führt.

9.5 Kritik und Schlussfolgerungen

In dem vorliegenden Kapitel wurde argumentiert, das Governance-Konzept trage in der öffentlichen Verwaltung nicht nur zur analytischen Erfassung veränderter Realitäten bei, sondern werde vor allem als Leitbild benutzt, mit dem Verwaltungspolitik konzipiert und angeleitet werden soll. Es sei also in vielen Fällen mehr ein Reformkonzept als ein Analyseinstrument. So kann man die verschiedenen verwaltungspolitischen Leitbilder der bundesdeutschen Geschichte auch als unterschiedliche Governance-Konzepte interpretieren, und insbesondere die aktuellen Reformkonzepte sind durch die wissenschaftliche Governance Diskussion beeinflusst.

Governance als Entstaatlichung? Selbstverständlich sind mit neuen Reformkonzepten auch immer andere Interessen und Motive verbunden als öffentlich artikuliert werden, wie beispielsweise die Entlastung der Politik von ressourcenintensiven Forderungen und Erwartungen oder auch von den enttäuschenden Ergebnissen bisherige Reformen. Akteure, Politiker wie Bürokraten, brauchen und benutzen Leitbilder und Konzepte, um inhaltliche politische Ziele zu formulieren und Strategien zu legitimieren, aber auch, um sich zu entlasten. So kann die Debatte über Governance, aktivierenden Staat, Zivilgesellschaft und soziales Kapital durchaus im Sinne von Staats- und Regierungsentlastung interpretiert werden, als „Weichspüler" neoliberaler Entstaatlichung, oder auch nur zur Legitimation begrenzter politischer und administrativer Handlungsspielräume.

Verwaltungspolitische Lernprozesse und Desillusionierung der Management-Mode Ein damit zusammenhängender beliebter Vorwurf gegen das aktuelle Governance-Konzept lautet daher, es handle sich nur um eine weitere postmoderne (Berater-) Mode ohne eigentlichen Erkenntnisgewinn. Unsere Skizze legt allerdings die Vermutung nahe, dass es nicht ausreicht, den Wandel verwaltungspolitischer Leitbilder, etwa von Management zu Governance, als mehr oder weniger erratische Verwaltungsmode zur Legitimation jeweils aktueller Politiken zu interpretieren. Die Abfolge der zentralen Schlagworte und Probleme in der bundesrepublikanischen Geschichte – vom demokratischen über den aktiven, schlanken bis hin zum aktivierenden Staat und die damit verbundene steile Karriere des Governance-Konzepts – verdeutlichen vielmehr Veränderungen der Problemsichten und damit auch Lernprozesse der verwaltungspolitischen Akteure. Der Aufstieg des Governance-Konzepts hängt unverkennbar mit Desillusionierungen der Management-Mode zusammen, aber auch mit einer veränderten Sicht moderner Staatlichkeit.

Vor allem der politische Wettbewerb sorgt dafür, dass solche veränderten, „besseren" Problemsichten und Lösungsansätze kontinuierlich nachgefragt werden. Der Prozess ist eher nachfrage- als angebotsgesteuert. Eine interessante Frage ist dabei, inwieweit Leitbilder wie hier das verwaltungspolitische Leitbild Governance bewusst zur politischen Steuerung, z.B. zur Organisationsentwicklung eingesetzt werden. Dies scheint in einigen typischen „Reformländern", z.B. in Großbritannien und vor allem Skandinavien durchaus mit Erfolg praktiziert zu werden, während die Erfahrungen in Deutschland eher gemischt sind, obwohl systematische empirisch vergleichende Untersuchungen, wie so oft, nicht vorliegen.

Veränderte Perspektiven und Lösungsansätze

Das Governance-Konzept hat der Verwaltungspolitik aber offensichtlich neue Impulse gegeben. Die zeitweise verengte Managementperspektive wurde erweitert hinsichtlich

- der Problemsicht – über Effizienz hinaus auf Effektivität und Kohärenz,
- der Perspektive – über einzelne Organisationen hinaus auf interorganisatorische Beziehungen und nicht-staatliche Akteure,
- der Lösungen – über den Markt hinaus auf Netzwerke, Gemeinschaft, die Kombination aller Governance-Formen und die Bedeutung institutioneller Arrangements.

Gleichwohl wird das Schlagwort Governance auf Grund der interorganisatorischen Perspektive als Reformkonzept und Leitidee vermutlich nicht die gleiche Dominanz ausüben wie die Managementperspektive in den neunziger Jahren. Zumal mit dem Regulierungsstaat bzw. „better regulation" inzwischen ein weiteres Reformleitbild Anspruch auf politische und administrative Aufmerksamkeit erhebt (vgl. Wegrich 2009). Durch die Überzeugungskraft des privatwirtschaftlichen Referenzmodells und den Zuschnitt als implementationsreifes Reformkonzept wurde die Managementperspektive phasenweise zum *one-best-way* – und damit aber auch für den differenzierten und durch ein breites Spektrum von Aufgaben, Strukturen und Verfahren geprägten öffentlichen Sektor zu einem unrealistischen Reformkonzept. Ihr Scheitern war damit vorprogrammiert.

Governance weniger dominant als NPM

Gegenüber einer gleichzeitig zu engen und zu weitgehenden Managementperspektive haben Governance-Konzepte vor allem eine Korrekturfunktion. Diese Rolle ist zugleich die wesentliche Schwäche von Governance in der öffentlichen Verwaltung, denn die Kohärenz des Managementmodells wird Governance als Reformkonzept nicht erreichen, was weniger am Entwicklungsstadium der Debatte, sondern in dem Charakter des Konzepts liegt, das sich einer simplifizierenden Vermarktungsstrategie – eine zentrale Erfolgsbedingung des Neuen Steuerungsmodells und aller Management-Moden – systematisch entzieht.

Korrekturfunktion von Governance

Dadurch ist Governance als Reformkonzept anfällig für ganz unterschiedliche Interpretationen. Die verschiedenen Akteure und *Advocavy*-Koalitionen im Politikfeld Verwaltungspolitik (vgl. Jann 2001b) werden versuchen, ihre jeweils eigene Interpretation von Governance durchzusetzen. Diesem üblichen Mechanismus in politischen Diskursen bietet Governance auf Grund seiner Unschärfe erheblichen Spielraum. In Deutschland besteht daher eine gewisse Gefahr, dass das Konzept vorrangig dazu genutzt wird, den Managementansatz zu kritisieren

Unterschiedliche Lesarten

und weiter reichende Verwaltungsreformen zu verhindern. Da auf der Implementationsebene – trotz der Dominanz des Managementansatzes im Diskurs der 90er Jahre – kaum von einer Durchsetzung des Public Management in Deutschland gesprochen werden kann, ist nicht auszuschließen, dass die erneute „Diskursverschiebung" (Wollmann 1996) vor allem zur Verfestigung traditioneller Governance-Strukturen in der deutschen Verwaltung führen wird.

Realistische und weitreichende Reformstrategie

Das alternative – und optimistischere – Szenario ist allerdings, dass durch die Rezeption von Governance eine realistischere und gleichzeitig weitergehende – d.h. nicht binnenadministrativ verengte – Reformstrategie in Deutschland größere Durchsetzungschancen hat als ein pures Managementmodell. Die dogmatische Verabsolutierung eines Steuerungsprinzips – und die dadurch ausgelöste Gegenreaktion – könnte durch ein kreatives Ausbalancieren unterschiedlicher Modi abgelöst werden. Genau dies ist ja die Argumentation der Debatte um die Möglichkeit und Wünschbarkeit neo-weberianischer Governance-Modelle (Bouckaert 2006).

9.6 Literatur

Bandemer, Stefan von/Hilbert, Josef, 2005: Vom expandierenden zum aktivierenden Staat, in: Bernhard Blanke/Stephan von Bandemer/Frank Nullmeier /Göttrick Wewer (Hrsg.), Handbuch zur Verwaltungsreform. 3. Aufl., Opladen, 26-35.

Banner, Gerhard, 1991: Von der Behörde zum Dienstleistungsunternehmen: Die Kommunen brauchen ein neues Steuerungsmodell, in: Verwaltung, Organisation, Personal (VOP) 1, 6-11.

Banner, Gerhard, 1998: Von der Ordnungskommune zur Dienstleistungs- und Bürgerkommune. Kommunale Verwaltungsmodernisierung zwischen Bürgerschaft, Markt und Staat, in: Der Bürger im Staat 48, 179-186.

Behrens, Fritz/Heinze, Rolf G./Hilbert, Josef/Stöbe, Sybille/Walsken, Ernst M. u.a. (Hrsg.), 1995: Den Staat neu denken. Reformperspektiven für die Landesverwaltung. Berlin.

Benz, Arthur, 1994: Kooperative Verwaltung. Voraussetzungen, Funktionen und Folgen. Baden-Baden.

Blanke, Bernhard/Bandemer, Stephan von, 1999: Der „aktivierende Staat", in: Gewerkschaftliche Monatshefte 50, 321-331.

Blatter, Joachim, 2006: Governance als transdisziplinäres Brückenkonzept für die Analyse von Formen und Transformationen politischer Steuerung und Integration, in: Jörg Bogumil/Werner Jann/Frank Nullmeier (Hrsg.), Politik und Verwaltung (PVS-Sonderheft 37). Wiesbaden, 50-76.

Böhret, Carl, 1983: Politik und Verwaltung. Beiträge zur Verwaltungspolitologie. Opladen.

Böhret, Carl/Konzendorf, Götz, 1997: Ko-Evolution von Gesellschaft und funktionalem Staat. Opladen/Wiesbaden.

Bogdanor, Vernon (Hrsg.), 2005: Joined-up Government. Oxford.

Bogumil, Jörg/Holtkamp, Lars, 2001: Kommunale Verwaltungsmodernisierung und bürgerschaftliches Engagement, in: Rolf G. Heinze/Thomas Olk (Hrsg.), Bürgerengagement in Deutschland: Bestandsaufnahme und Perspektiven. Opladen, 549-568.

Bogumil, Jörg u.a., 2007: Zehn Jahre Neues Steuerungsmodell: Eine Bilanz kommunaler Verwaltungsmodernisierung, Berlin.

Bogumil, Jörg/Jann, Werner 2009: Verwaltung und Verwaltungswissenschaft in Deutschland. Einführung in die Verwaltungswissenschaft. 2. Aufl., Wiesbaden.

Bouckaert, Geert, 2006: Auf dem Weg zu einer neo-weberianischen Verwaltung. New Public Management im internationalen Vergleich, in: Jörg Bogumil /Werner Jann/Frank Nullmeier (Hrsg.), Politik und Verwaltung (PVS-Sonderheft 37). Wiesbaden, 354-372.

Bouckaert, Geert/Ormond, Derry/Peters, Guy, 2000: A 90° Turn in the Administration's Task and Functions: Potential Governance Agenda for Finland. Manuskript o.O.

Bovaird, Tony/Löffler, Elke, 2002: Moving form excellence models of local service delivery to benchmarking good local governance, in: International Review of Administrative Sciences 68, 9-24.

Bovaird, Tony/Löffler, Elke, 2009: Public Management and Governance. London/ New York.

Budäus, Dietrich/Grüning, Gernod, 1997: Kommunitarismus – eine Reformperspektive? Berlin.

Bundesministerium des Innern, 1999: Moderner Staat – Moderne Verwaltung. Das Programm der Bundesregierung. Berlin.

Christensen, Tom/Fimreite, Anne Lise/Laegreid, Per, 2007a: Reform of the employment and welfare administrations — the challenges of co-coordinating diverse public organizations, in: International Review of Administrative Sciences 73, 389-408.

Christensen, Tom/Laegreid, Per/Roness, Paul G./Røvik, Kjell Arne, 2007b: Organization Theory and the Publc Sector. Instrument, Culture and Myth. London/New York.

Dingeldey, Irene, 2008: Governance und Sozialpolitik: Der aktivierende Wohlfahrtsstaat als Gewährleistungsstaat, in: Gunnar-Folke Schuppert/Michael Zürn (Hrsg.), Governance in einer sich wandelnden Welt (PVS Sonderheft 41). Wiesbaden, 313-329.

Dose, Nicolai, 2008: Governance als problemorientierte Steuerung. Steuerung angesichts alter Probleme und neuer Herausforderungen, in: Gunnar Folke Schuppert/Michael Zürn (Hrsg.), Governance in einer sich wandelnden Welt PVS Sonderheft 41). Wiesbaden, 77-94.

Dunleavy, Patrick/Margetts, Helen/Bastow, Simon/Tinkler, Jane, 2006: New Public Management Is Dead. Long Live Digital-Era Governance, in: Journal of Public Administration Research and Theory 16, 3, 467-494.

Enquete-Kommission „Zukunft des Bürgerschaftlichen Engagements" Deutscher Bundestag, 2002: Bericht. Bürgerschaftliches Engagement: Auf dem Weg in eine zukunftsfähige Bürgergesellschaft (Schriftenreihe Band 4). Opladen.

Evers, Adalbert/Leggewie, Claus, 1999: Der ermunternde Staat. Vom aktiven Staat zur aktivierenden Politik, in: Gewerkschaftliche Monatshefte 50, 332-341.

Evers, Adalbert/Rauch, Ulrich/Stitz, Uta, 2002: Von öffentlichen Einrichtungen zu sozialen Unternehmen. Hybride Organisationsformen im Bereich sozialer Dienstleistungen. Berlin.

Flinders, Matthew, 2002: Governance in Whitehall, in: Public Administration 80, 51-75.

Grauhan, Rolf-Richard, 1969: Modelle politischer Verwaltungsführung, in: Politische Vierteljahresschrift 10, 269-284.

Hill, Herrmann, 1998: Potentiale und Perspektiven der Verwaltungsmodernisierung, in: Klaus Lüder (Hrsg.), Öffentliche Verwaltung der Zukunft (Schriftenreihe der Hochschule für Verwaltungswissenschaften Speyer, Band 124). Berlin, 129-135.

Hill, Hermann, 2000: Über Binnenmodernisierung zu Good Governance. Aktivierung und Einbezug gesellschaftlicher Mitglieder als Staatsaufgabe, in: Verwaltung, Organisation, Personal (VOP) 12, 9-12.

Hill, Hermann, 2005: Good Governance – Konzepte und Kontexte, in: Gunnar Folke Schuppert (Hrsg.), Governance-Forschung. Vergewisserung über Stand und Entwicklungslinien. Baden-Baden, 220-250.

Jann, Werner, 1999: Zur Entwicklung der öffentlichen Verwaltung, in: Thomas Ell-
    wein/Everhard Holtmann (Hrsg.), 50 Jahre Bundesrepublik Deutschland (PVS-
    Sonderheft 30). Opladen, 520-543.
Jann, Werner, 2001a: Leistungsmessung beim Übergang von Management zu Governan-
    ce, in: Albert Hofmeister (Hrsg.), Bewerten – Vergleichen – Gewinnen. Self-
    Assessment, Benchmarking, Quality Awards. Bern, 17-35.
Jann, Werner, 2001b: Verwaltungsreform als Verwaltungspolitik: Verwaltungsmo-
    dernisierung und Policy-Forschung, in: Eckhard Schröter (Hrsg.), Empirische Poli-
    cy- und Verwaltungsforschung. Lokale, nationale und internationale Perspektiven.
    Opladen, 321-344.
Jann, Werner, 2002a: Der Wandel verwaltungspolitischer Leitbilder: Von Management zu
    Governance, in: Klaus König (Hrsg.), Deutsche Verwaltung an der Wende zum 21.
    Jahrhundert. Baden-Baden, 279-303.
Jann, Werner, 2002b: Verwaltungskultur, in: Klaus König (Hrsg.), Deutsche Verwaltung
    an der Wende zum 21. Jahrhundert. Baden-Baden, 425-447.
Jann, Werner, 2005a: Neues Steuerungsmodell, in: Bernhard Blanke/Stephan von Bande-
    mer/Frank Nullmeier/Göttrick Wewer (Hrsg.), Handbuch zur Verwaltungsreform. 3.
    Aufl., Opladen, 74-83.
Jann, Werner, 2005b: Governance als Reformstrategie. Vom Wandel und der Bedeutung
    verwaltungspolitischer Leitbilder, in: Gunnar Folke Schuppert (Hrsg.), Governance-
    Forschung. Vergewisserung über Stand und Entwicklungslinien. Baden-Baden, 21-
    44.
Jann, Werner, 2008: Regieren als Governance Problem: Bedeutung und Möglichkeiten
    institutioneller Steuerung, in: Werner Jann./Klaus König (Hrsg.), Regieren zu Be-
    ginn des 21. Jahrhunderts. München.
Jann, Werner/Wewer, Göttrik, 1998: Helmut Kohl und der „schlanke Staat". Eine verwal-
    tungspolitische Bilanz, in: Göttrick Wewer (Hrsg.), Bilanz der Ära Kohl: Christlich-
    liberale Politik in Deutschland 1982-1998. Opladen, 229-266.
Kenis, Patrick/Schneider, Volker, 1996: Verteilte Kontrolle: Institutionelle Steuerung in
    modernen Gesellschaften, in: Patrick Kenis/Volker Schneider (Hrsg.), Organisation
    und Netzwerk. Institutionelle Steuerung in Wirtschaft und Politik. Frankfurt
    a.M./New York, 9-43.
KGSt (Kommunale Gemeinschaftsstelle für Verwaltungsvereinfachung), 1999: Bürgeren-
    gagement – Chance für Kommunen, KGSt-Bericht 6/1999, Köln.
Kickert, Walter, 1997: Public Governance in the Netherlands: An Alternative to Anglo-
    American „Managerialism", in: Public Administration 75, 731-752.
Kickert, Walter/Klijn, Erik-Hans/Koppenjan, Joop F.M., 1997: Managing Complex
    Networks. Strategies for the Public Sector. London u.a.
König, Klaus, 2001: Öffentliches Management und Governance als Verwaltungskonzepte.
    Zehn Thesen, in: Die Öffentliche Verwaltung 54, 617-625.
König, Klaus/Füchtner, Natascha, 2000: „Schlanker Staat" – eine Agenda der Ver-
    waltungsmodernisierung im Bund. Baden-Baden.
Ling, Tom, 2002: Delivering joined-up government in the UK: dimensions, issues and
    problems, in: Public Administration 80, 615-642.
Luhmann, Niklas, 1989: Politische Steuerung: Ein Diskussionsbeitrag, in: Politische
    Vierteljahresschrift 30, 4-9.
March, James G./Olsen, Johan P., 1989: Rediscovering Institutions. The Organizational
    Basis of Politics. New York.
March, James G./Olsen, Johan P., 2006: The Logic of Appropriateness, in: Michael
    Moran/Martin Rein/Robert Goodin (Hrsg.), The Oxford Handbook of Public Policy.
    Oxford, 689-708.

Mattei, Paola, 2007: Managerial and political accountability: the widening gap in the organization of welfare, in: International Review of Administrative Sciences 73, 365-387.

Mayntz, Renate, 1980: Gesetzgebung und Bürokratisierung: Wissenschaftliche Auswertung der Anhörung zu den Ursachen einer Bürokratisierung in der öffentlichen Verwaltung. Bonn.

Mayntz, Renate, 1996: Politische Steuerung: Aufstieg, Niedergang und Transformation einer Theorie, in: Klaus von Beyme/Claus Offe (Hrsg.), Politische Theorien in der Ära der Transformation (PVS-Sonderheft 26). Opladen, 148-168.

Mayntz, Renate, 1997: Verwaltungsmodernisierung und gesellschaftlicher Wandel, in: Edgar Grande/Rainer Prätorius (Hrsg.), Modernisierung des Staates? Baden-Baden, 65-74.

Mayntz, Renate/Scharpf, Fritz W. (Hrsg.), 1973: Planungsorganisation. Die Diskussion um die Reform von Regierung und Verwaltung des Bundes. München.

Naschold, Frieder/Budäus, Dietrich/Jann, Werner/Mezger, Erika/Oppen, Maria/ Picot, Arnold/Reichard, Christoph/Schanze, Erich/Simon, Nikolaus, 1996: Leistungstiefe im öffentlichen Sektor. Erfahrungen, Konzepte, Methoden. Berlin.

OECD, 2005: Performance-related Pay Policies for Government Employees. Paris.

OECD, 2008: Ireland: Towards an integrated Public Service. OECD Public Management Review. Paris.

Pierre, Jon (Hrsg.), 2000: Debating Governance. Oxford.

Reichard, Christoph, 1997: Deutsche Trends der kommunalen Verwaltungsmodernisierung, in: Frieder Naschold/Maria Oppen/Alexander Wegener (Hrsg.), Innovative Kommunen. Stuttgart u.a.

Reichard, Christoph, 2002: Verwaltung als öffentliches Management, in: Klaus König, Deutsche Verwaltung an der Wende zum 21. Jahrhundert. Baden-Baden, 255-277.

Rhodes, Rod A.W., 1997: Understanding Governance. Policy Networks, Governance, Reflexibility and Accountability. Buckingham, Philadelphia.

Rhodes, Rod A.W., 2000: Governance and Public Administration, in: Jon Pierre, Debating Governance. Oxford, 54-90.

Scharpf, Fritz W. 1989: Politische Steuerung und politische Institutionen, in: Politische Vierteljahresschrift 30, 10-21.

Schröder, Gerhard 1995: Der aktivierende Staat aus der Sicht der Politik: Perspektiven für die Zukunftsfähigkeit von Wirtschaft und Politik, in: Fritz Behrens/Rolf G. Heinze/ Josef Hilbert/Sybille Stöbe/Ernst M. Walsken u.a. (Hrsg.), Den Staat neu denken. Berlin, 277-291.

Schröder, Gerhard, 2000: Die zivile Bürgergesellschaft. Anregungen zu einer Neubestimmung der Aufgaben von Staat und Gesellschaft, in: Die Neue Gesellschaft – Frankfurter Hefte, Heft 4, 200-207.

Schröder, Gerhard (Hrsg.), 2002: Progressive Governance for the XXI Century. Contributions to the Berlin Conference. München.

Schröter, Eckhard/Wollmann, Hellmut, 1998: Der Staats-, Markt- und Zivilbürger und seine Muskeln in der Verwaltungsmodernisierung. Oder: Vom Fliegen- zum Schwergewicht?, in: Dieter Grunow/Hellmut Wollmann (Hrsg.), Lokale Verwaltungsreform in Aktion: Fortschritte und Fallstricke. Basel, 145-170.

Schuppert, Gunnar Folke, 1998: Die öffentliche Verwaltung im Kooperationsspektrum staatlicher und privater Aufgabenerfüllung. Zum Denken in Verantwortungsstufen, in: Die Verwaltung 31, 415-447.

Schuppert, Gunnar Folke (Hrsg.), 1999: Jenseits von Privatisierung und „schlankem" Staat. Verantwortungsteilung als Schlüsselbegriff eines sich verändernden Verhältnisses von öffentlichem und privatem Sektor. Baden-Baden.

Schuppert, Gunnar Folke, 2007a: Was ist und wozu Governance?, in: Die Verwaltung 40, 465-512.

Schuppert, Gunnar Folke, 2007b: Staatstypen, Leitbilder und politische Kultur: Das Beispiel des Gewährleistungsstaates, in: Ludger Heidbrink/Alfred Hirsch (Hrsg.), Staat ohne Verantwortung? Zum Wandel der Aufgaben von Staat und Politik. Frankfurt a.M., 467-498.

Wegrich, Kai, 2009: Better Regulation? Grundmerkmale moderner Regulierungspolitik im internationalen Vergleich (Reihe „Zukunft Regieren"). Gütersloh.

Wiggan, Jay, 2007: Reforming the United Kingdom's public employment and social security agencies, in: International Review of Administrative Sciences 73, 409-424.

Wolf, Adam, 2000: Trends in public administration – a practitioner's view, in: International Review of Administrative Science 66, 689-696.

Wollmann, Hellmut, 1996: Verwaltungsmodernisierung. Ausgangsbedingungen, Reformverläufe und aktuelle Modernisierungsdiskurse, in: Christoph Reichard/Hellmut Wollmann (Hrsg.), Kommunalverwaltung im Modernisierungsschub? Basel u.a., 1-49.

Kapitel 10:
Good Governance als Leitkonzept für Regierungshandeln: Grundlagen, Anwendungen, Kritik

Roland Czada

„Powerful definitions are the definitions of the powerful"
(De Maria 2008b: 778)

Wenn von „Governance" die Rede ist, kann Unterschiedliches gemeint sein, darunter Institutionen und Praktiken der Unternehmenskontrolle (Corporate Governance), die Analyse institutioneller Steuerungsformen und sozialer Koordinationsmechanismen oder das kooperative Regieren mit zivilgesellschaftlichen Akteuren und in politischen Mehrebenensystemen. Anders als diese Begriffsvarianten lässt sich die Rede von Good Governance nicht auf einen wissenschaftlichen Diskurs zurückführen. Good Governance ist weniger ein analytisches als ein normativ-praxeologisches Konzept, das auf entwicklungspolitische Erfahrungen der 1970er und 80er Jahre zurückgeht.

Obschon das Governance-Konzept aus zahlreichen Quellen und Diskursen gespeist wurde, gilt die 1989 veröffentlichte Afrikastudie der Weltbank als Ausgangspunkt einer entwicklungspolitischen Good Governance-Debatte (World Bank 1989). Sie setzte sich mit sub-saharischen Entwicklungsproblemen auseinander und konstatierte als deren Hauptursache eine *„crisis of governance"*. Die Studie kommt zu der Erkenntnis, dass Wirtschaftshilfen ihren Zweck verfehlen, wenn sie nicht im Rahmen gut funktionierender öffentlicher Institutionen administriert und kontrolliert werden. Im Weiteren führte dies zur Entwicklung von Kriterien „Guten Regierens", die im Folgenden vorgestellt und in ideologiekritischer Absicht diskutiert werden.

Crisis of Governance in der Entwicklungspolitik

Die Leitbildfunktion von Good Governance-Konzepten erstreckt sich heute auch auf entwickelte Industrieländer. Sie kommt in den „Grundsätzen des Guten Regierens" der Europäischen Union (Kommission 2001) und in den Governance-Prinzipien der OECD (1995) ebenso zum Ausdruck wie zum Beispiel in den fünf Kriterien „Guter Regierungsführung" des deutschen Bundesministeriums für wirtschaftliche Entwicklung und Zusammenarbeit (BMZ 1996). Ganz allgemein kann von einem Normenkatalog gesprochen werden, der die Teilnahme an politischen Kooperationsbeziehungen mit bestimmten Verhaltenserwartungen verbindet.

10.1 Normativer und praxeologischer Governance-Begriff

Praktische politische und administrative Verhaltensnormen

Das in der Forschung verbreitete normative Verständnis von Good Governance täuscht leicht darüber hinweg, dass wir es hier ausdrücklich nicht mit normativer Wissenschaft zu tun haben. „Was man normative Wissenschaft nennt, ist tatsächlich nur Wissenschaft vom Normativen. Sie selbst normiert nichts, sondern sie erklärt nur Normen und ihre Zusammenhänge" (Simmel 1892: 321). Im Unterschied dazu werden im Rahmen von Good Governance-Programmen politische Verhaltensnormen gesetzt. Die Träger dieser Programme – internationale Regime und Organisationen sowie Akteure der Entwicklungszusammenarbeit und Politikberatung – verfolgen einen überwiegend praxeologischen Ansatz. Das heißt: Nicht die Begründung von normativen Handlungskriterien, Instrumenten und Verfahren steht im Vordergrund, sondern deren Wirksamkeit bei der Lösung praktischer Probleme. Aus der Perspektive normativer Wissenschaft wären demgegenüber die Geltungsgründe der zugrunde liegenden Normen zu hinterfragen. Aus einer empirisch-analytischen Perspektive werden Probleme der Anwendung und Praktikabilität aufgeworfen. Wie lässt sich Good Governance begründen, wie messen und wie kann man mit dem Konzept erfolgreich arbeiten? Diese Fragen sollen nach einer Vorstellung der Konzepte im Folgenden behandelt werden.

10.1.1 Die praktische Herausforderung

Die Entwicklungszusammenarbeit der ersten Jahrzehnte nach dem II. Weltkrieg bestand im Wesentlichen aus technischer Entwicklungshilfe. Die Vorstellung, mit Infrastruktur- und Industrieinvestitionen nachhaltige Wachstums- und Wohlstandseffekte erreichen zu können, erwies sich jedoch bald als illusionär. Warum solche Investitionen oftmals ihren Zweck nachhaltiger Entwicklung verfehlten, blieb gleichwohl lange umstritten. Warum sollten Anlageinvestitionen, die im Norden erprobt waren, in den Ländern des Südens scheitern? Selbst ausgeklügelte Kontrollen der Mittelverwendung, Investitionen in die Ausbildung des technischen Personals und laufende Ersatzteillieferungen konnten die Defizite der auf technische und finanzielle Hilfe abgestellten Entwicklungszusammenarbeit nicht beseitigen. Wasserversorgungen und Abwasserkanalisationen, die – kaum in Betrieb genommen – schon wieder verfielen, Fabriken, die ihr Produktivitätsziel nie erreichten und als Industrieruinen ein unrühmliches Ende fanden, Rundfunksender, die –von deutschem Steuergeld gebaut – Hassparolen aussendeten und sogar zu Völkermord beitrugen, kündeten über Jahrzehnte hinweg das Unvermögen eines von Ökonomie und Technik beherrschten entwicklungspolitischen Ansatzes. Der Engpass bestand darin, dass Wasser- und Kanalisationsnetze, Industrieanlagen und Rundfunksender gebaut wurden, ohne die dazugehörigen Governance-Institutionen: ohne Wasserwirtschaftsverwaltungen, ohne zureichende Eigen-tums-, Wirtschafts- und Handelsgesetze, ohne Wirtschaftskontrollbehörden, ohne Organe der Medienkontrolle.

Die ökonomische Bedeutung von Governance-Institutionen

Das Problem der Enwicklungszusammenarbeit bestand also nicht nur darin, dass Mittel aufgrund unzureichender Organisationsgrundlagen versickerten oder ineffizient verausgabt wurden. Selbst erfolgreiche Projekte erwiesen sich über die Zeit als Fehlschlag, weil die zu ihrer nachhaltigen Nutzung notwendigen

Governance-Institutionen bzw. Verwaltungseinrichtungen nicht bedacht wurden. Erst in den 1990er Jahren gerieten die institutionellen politischen und sozialen Voraussetzungen nachhaltiger ökonomischer Entwicklung ins Blickfeld wissenschaftlicher Analysen. Es waren zunächst weniger Theorien, etwa die institutionentheoretischen Erkenntnisse der Transaktionskostenökonomik und das in der Politikwissenschaft neu erwachende Interesse am Staat (Evans u.a. 1985), die Entwicklungsökonomen zum Umdenken brachten. Aufsehen erregten vielmehr die frappierenden Entwicklungserfolge der ostasiatischen „Tigerstaaten" Südkorea, Singapur, Taiwan und Hongkong. Entgegen der neoliberalen Orthodoxie des „Washington Consensus" (Williamson 1989)[1], die bis in die 1990er Jahre die Entwicklungspolitik bestimmte, war der Erfolg dieser Länder auf ein erhebliches Ausmaß staatlicher Intervention sowohl im Bereich der Marktschaffung als auch der Marktkontrolle zurückzuführen.

Während die Entwicklungs- und Armutsbekämpfungspolitik der Weltbank und des Internationalen Währungsfonds noch ganz vom neoliberalen „Washington Consensus" bestimmt war, begann ein Umdenken, das dann im Verlauf der 1990er Jahre zur Neuorientierung der Entwicklungspolitik mit dem Ziel der Verbesserung politischer und administrativer Strukturen und Handlungskapazitäten führen sollte. Insbesondere der spätere Chefökonom der Weltbank, Joseph Stiglitz, kritisierte früh die stereotypen „Empfehlungen" der neoklassischen Agenda. Diese umfasste im Wesentlichen drei Hauptpunkte: Liberalisierung, Deregulierung und Haushaltsdisziplin. Die bis dahin in den internationalen Finanzorganisationen vorherrschenden Vertreter der ökonomischen Neoklassik waren überzeugt, dass die Misserfolge der Entwicklungspolitik allein von Marktversagen durch staatliche Überregulierung verursacht waren. Sie hielten den Staat prinzipiell für unfähig, die Probleme der Entwicklungsländer zu lösen, und hielten den freien Markt für die wesentliche Quelle des Wohlstandes, wenn man ihn nur lässt. Marktversagen kam in dieser Ideologie nicht vor. Stiglitz (2005) hat die Gegenüberstellung entwicklungspolitischer Desaster in einigen von radikalen neo-liberalen Reformen heimgesuchten lateinamerikanischen Ländern mit dem Erfolg südostasiatischer Entwicklungsstaaten als eine historische Erfahrung geschildert und daraus die Forderung nach einer ausgewogenen Balance von Staat und Markt abgeleitet. Der so formulierte „Post Washington Consensus" (Stiglitz) der internationalen Entwicklungspolitik beinhaltet eine Politikempfehlung, die den aktuellen Good Governance-Konzepten von Weltbank und Internationalem Währungsfonds sowie der meisten Geberländer zugrunde liegt.

Verbesserung politischer und administrativer Strukturen

10.1.2 Der theoretische Rahmen

Im Einklang mit der allgemeinen Verwendung des Begriffes „Governance" sind auch die Vorstellungen von Good Governance neo-institutionalistisch begründet. Im Kern geht es um die institutionelle Koordination von sozialen, politischen und

Ermöglichung wechselseitiger Erwartungssicherheit

---

[1] Benannt nach den in der amerikanischen Bundeshauptstadt residierenden, in der globalen Entwicklungsfinanzierung einflussreichsten Institutionen Weltbank, Internationaler Währungsfonds und US-Treasury, markiert der „Washington Consensus" die mit Beginn der 1980er Jahre vollzogene Abkehr von einer Politik staatlich initiierter Industrialisierung und Importsubstitution hin zu globaler Marktöffnung und restriktiver Budgetpolitik.

ökonomischen Austauschbeziehungen. Gemeint sind spezifische Ordnungsformen des Staats- und Wirtschaftslebens, die das Handeln von Akteuren koordinieren oder steuern. Der Vorteil und Nutzen solcher Strukturen liegt in der Ermöglichung wechselseitiger Erwartungssicherheit, ohne die kollektives Handeln, besonders wenn es auf Dauer angelegt ist, scheitern würde. Es handelt sich insofern um soziale Lenkungsstrukturen beziehungsweise Regelungsstrukturen. „To govern" heißt neben „regieren", „herrschen" eben auch „lenken", „leiten", „regeln" – und in genau diesem Sinne institutioneller Lenkungsformen der Wirtschaft durch Märkte, Unternehmen (private Hierarchien) sowie öffentliche und halböffentliche Instanzen (staatliche Hierarchien, Kammern, Verbände) wird der Governance-Begriff in der neo-institutionalistischen Literatur zunächst gebraucht.

Während die neoklassische Theorie des Marktes Koordination als spontanes Ergebnis von Wahlhandlungen betrachtet, die von dem Ziel unmittelbarer Nutzenmaximierung geleitet sind, betont der Governance-Ansatz das Langfristinteresse von Akteuren an der Verlässlichkeit und Berechenbarkeit ihrer Austauschbeziehungen. Institutionen können als „gut" erachtet werden, wenn sie diesem Interesse in zweifacher Hinsicht gerecht werden: Sie müssen, erstens, dem Risiko entgegenwirken, in sozialen Beziehungen getäuscht und übervorteilt zu werden (Williamson 1990: 51-55) und, zweitens, begrenzte kognitive Fähigkeiten zur Kalkulation von Handlungsfolgen (bounded rationality; Simon 1961) ausgleichen. Institutionen verbessern auf diese Weise nicht nur die Rationalitätsgrundlagen individuellen Handelns. Sie dienen darüber hinaus der Sicherung von kollektiven Langfristinteressen gegenüber kurzfristigen individuellen Nutzenkalkülen.[2]

Aus institutionentheoretischer Sicht lassen sich problemlos allgemeingültige Maßnahmen und Regeln zur Verbesserung von Governance-Strukturen aufstellen. Solche Grundprinzipien sind durchaus in die Normenkataloge internationaler Organisationen eingeflossen. Sie werden aber auch dort nicht weiter problematisiert oder im Sinne einer normativen Wissenschaft begründet.

„Gute" Institutionen [margin note]

10.2 Kriterien guten Regierens

Der Praxisbezug des Good Governance-Konzeptes zeigt sich in einer Flut von empirisch erhobenen Indikatoren, wie sie zu Zwecken des *Benchmarking* und der politischen Beratung und Steuerung zwischenzeitlich für alle Staaten der Welt vorliegen (Übersicht in Abb. 1).

Im Falle der Weltbank lauten die Grundforderungen an die Regierungs- und Verwaltungssysteme der Empfängerländer von Wirtschaftshilfen:

Good Governance-Kriterien der Weltbank [margin note]

---

[2]   In dieser Hinsicht erinnert der Neo-Institutionalismus an die ältere, auf Burke zurückgehende „organische Institutionentheorie". Demnach sind Institutionen überindividuelle und überzeitliche Einrichtungen, die *beneficial restraints* beinhalten und dabei - emphatisch ausgedrückt - „eine Partnerschaft nicht nur zwischen den Lebenden, sondern zwischen ihnen und den Toten und denen, die noch geboren werden" herstellen (Burke 1887: 359). In dieser Aussage kommt nicht nur ein konservatives Moment zum Vorschein, das historisch gewachsenen Institutionen höhere moralische Vernunft und Stabilität zubilligt als den von Unstetigkeit getriebenen Subjekten. Es verweist auch auf die sozialevolutorische Qualität, begrenzte Gestaltbarkeit, Langfristigkeit und Zählebigkeit institutioneller Entwicklung.

- Partizipation und Verantwortlichkeit (Voice and Accountability),
- politische Stabilität und Gewaltkontrolle (Political Stability and No Violence),
- Effektivität des Regierens (Government Effectiveness),
- Qualität regulativer Politik (Regulatory Quality),
- Rechtsstaatlichkeit (Rule of Law),
- Korruptionskontrolle (Control of Corruption).

Abbildung 1:   Good Governance – Übersicht über internationale
                   Indexkonstruktionen

Indices	Fokus / Indikatoren	Methode / Reichweite	Quelle
Human Development Index (HDI)	Kaufkraft pro Kopf in PPP-Dollar, Lebenserwartung bei Geburt, Alphabetisierungs- und Einschulungsraten	Aggregatdaten verschiedener Quellen 179 Länder	UNDP (United Nations Development Programme)
Governance Matters-Index Governance and Corruption Index (World Bank Index, WBI)	Rechtsstaatlichkeit, Politische Stabilität und Abwesenheit von Gewalt, Effektives Regieren, Verantwortlichkeit der Regierenden, Korruptionskontrolle, Respektierung der Menschenrechte	Aggregatdaten verschiedener Quellen, insbesondere Expertenbefragungen 212 Länder	Weltbank
Polity IV Index	Demokratie (Parteienwettbewerb. Wahlen, Verantwortlichkeit der Regierenden), Semidemokratie/Autokratie bei fehlenden Demokratiestandards	Teilindices, zusammengeführt in einem Gesamtindex 162 Länder	University of Maryland
Freedom in the World Index	Skala für Bürgerrechte: Rechtsstaatlichkeit, Religionsfreiheit, Pressefreiheit, Koalitionsfreiheit, Skala für politische Rechte: freie und faire Wahlen	Bewertung durch Experten, zusammengeführt in einem Gesamtindex in 7 Bewertungsstufen 193 Länder (+ 15 Territorien)	Freedom House, Washington, D.C.
Political Terror Scala (PTS)	Rechtsstaatlichkeit, Freiheit von Folter	Berichte von Amnesty International und des US State Department 183 Länder	University of North Carolina
Failed States Index (FSI)	Fragilitätsniveau aufgrund ökonomischer, politischer und sozialer Daten.	Erhebung von Länderdaten 177 Länder	Fund for Peace
Corruption Perception Index (CPI)	Korruption in Regierung und Verwaltung.	Einschätzungen durch lokale Experten. 180 Länder	Transparency International
Bertelsmann Transformation Index (BTI) Bertelsmann Sustainable Governance Index (SGI)	Zweigeteilt: 1. Status Index zur sozialen und ökonomischen Performanz 2. Management Index zur Beurteilung effektiven Regierens.	Bewertung mittels 17 Kriterien und 52 Indikatoren (BTI) Erstellung von Ländergutachten Abgleichung durch Regionalexperten; Ermittlung und Aggregation von Mittelwerten. BTI: 125 Transformationsländer SGI: 30 Länder (OECD)	Bertelsmann Stiftung mit Unterstützung eines wiss. Beirates: BTI- und SGI – Boards.

Quelle: Nuscheler 2009: 42 ff. mit Ergänzungen

Wenngleich die Weltbank-Kriterien große Ähnlichkeit mit denen der OECD, der Europäischen Union oder der deutschen Entwicklungszusammenarbeit aufweisen, fällt auf, dass die Weltbank die Begriffe „Demokratie" und „Menschenrechte" sowie Hinweise auf ethische Grundsätze des Regierungs- und Verwaltungshandelns weniger emphatisch gebraucht und in jüngster Zeit auf Korruptionskontrolle gesteigerten Wert legte. Ihr offizielles Programm lautet heute „Governance & Anti-Corruption". Der Ansatz lässt einen Bezug zum Konzept des *developmental state* (vgl. Evans 1995) erkennen, in dem Demokratie nicht unbedingt als Voraussetzung, sondern als Folge ökonomischer Entwicklung erachtet wird. Ein Grund liegt darin, dass sehr hohe Anforderungen an die Demokratiequalität der Empfängerländer den Aktionsradius der Weltbank empfindlich beschränken würden. Ihre Unterstützung ist daher an Staatsqualität – Recht, effektives Regieren und administrative Steuerungs- und Kontrollkapazitäten – mehr interessiert als an Demokratiequalität.

OECD-Prinzipien guter Regierungspraxis

Die Prinzipien der OECD für Good Governance (OECD 1995) betonen die Verantwortlichkeit des Regierens gegenüber demokratisch gewählten Institutionen, ebenso die ethischen Anforderungen an das Regierungshandeln. Die OECD ist ein internationales Regime liberal-demokratisch verfasster, westlich-universalistisch orientierter Staaten. Das Konzept an starken normativen Kriterien der Staatsqualität, des Regierens und der Demokratiequalität zu messen, erscheint insofern naheliegend:

- Rechtsstaatlichkeit (Respect for the rule of law),
- Offenheit, Transparenz und Rechenschaftspflicht gegenüber demokratisch gewählten Institutionen (Openness, transparency and accountability to democratic institutions),
- Fairness und Gleichheit politischer Beteiligung (Fairness and equity in dealings with citizens, including mechanisms for consultation and participation),
- effiziente und effektive (öffentliche) Dienstleistungen (efficient, effective services),
- klare, transparente und anwendbare Gesetze und Regeln (clear, transparent and applicable laws and regulations),
- Konsistenz und Kohärenz der Politikentwicklung (Consistency and coherence in policy formation),
- hohe ethische Verhaltensstandards (high standards of ethical behaviour).

Im Vergleich zum Good Governance-Verständnis von Weltbank/IWF und OECD wird die auf Beteiligung, kooperatives und kohärentes Regieren abgestellte Position der Europäischen Union besonders deutlich.

Weißbuch Europäisches Regieren

Die Europäische Kommission hat zum Jahrtausendwechsel die Reform europäischen Regierens zu einem ihrer vier strategischen Ziele erklärt und in diesem Zusammenhang im Jahr 2001 ihr Weißbuch „Europäisches Regieren" veröffentlicht. Darin nehmen Good Governance-Kriterien breiten Raum ein. Die Ausgangslage, vor der das Konzept zu sehen ist, wird so geschildert:

„Die europäischen Politiker sind mit einer paradoxen Situation konfrontiert. Zum einen erwarten die Europäer von ihnen die Lösung der grundlegenden Probleme unserer Gesellschaft, zum anderen misstrauen sie zunehmend der Politik und den Institutionen, oder wenden sich ganz einfach desinteressiert davon ab. Dieses Problem wird von den nationalen Parlamenten und den Regierungen durchaus erkannt. Besonders akut aber ist es für die Europäische Union. Viele Menschen trauen einer komplexen Maschinerie, die sie kaum verstehen, immer weniger zu, die Politik zu betreiben, die sie erwarten. Die Union wird als bürgerfern, gleichzeitig aber auch als allzu ‚aufdringlich' empfunden" (Kommission 2001: 3).

Die Reformvorschläge gehen dahin, die Gemeinschaftsmethode so zu erneuern, dass sie weniger Eingriffe „von oben" erfordert und ihre klassischen Politikinstrumente durch *kooperatives Regieren* im Zusammenwirken von europäischen und nationalen Regierungsorganen und Akteuren der Zivilgesellschaft ergänzt, dabei aber zugleich dem Kohärenzziel europäischer Politik entgegenkommt. Die *„ Grundsätze des guten Regierens"* der Europäischen Union (Kommission 2001: 13) umfassen die folgenden Forderungen:

> EU-Grundsätze des guten Regierens

- *Offenheit*: Die Organe sollten offener arbeiten und gemeinsam mit den Mitgliedstaaten erklären, was die EU tut und wie Entscheidungen zustande kommen. Sie sollten eine Sprache verwenden, die jedermann verstehen kann. Offenheit ist deshalb so wichtig, weil sie helfen kann, das Vertrauen in komplexe Institutionen zu stärken.
- *Partizipation*: Wie gut, sachgemäß und wirksam die Politik der Union ist, hängt davon ab, inwieweit die Akteure in den Politikgestaltungsprozess – von der Konzipierung bis hin zur Durchführung – einbezogen werden. Verstärkte Teilhabe bewirkt größeres Vertrauen in das Endergebnis und die Politik der Institutionen. In welchem Umfang die Einbindung erfolgt, hängt ganz entscheidend davon ab, ob die zentralen Regierungsebenen in den Mitgliedstaaten bei der Entwicklung und Durchführung ihrer Politik nach einem „einschließenden" Konzept vorgehen.
- *Verantwortlichkeit*: Die Rollenverteilung bei Gesetzgebung und Durchführung muss klar sein. Jede Institution der EU muss den Bürgern erklären, was sie in Europa tut, und dafür die Verantwortung übernehmen. Diese größere Klarheit und Zurechenbarkeit gilt auch für die Mitgliedstaaten und all jene, die – auf welcher Ebene auch immer – an der Entwicklung und Durchführung der EU-Politik mitwirken.
- *Effektivität*: Die Politik der EU muss wirksam sein, zur richtigen Zeit kommen und auf der Grundlage von klaren Zielen, Folgenabschätzungen und gegebenenfalls Erfahrungswerten das Nötige vorsehen. Die Wirksamkeit bestimmt sich auch danach, ob die Politik in einer Weise durchgeführt wird, die im Verhältnis zu ihren Zielen angemessen ist, und ob die Entscheidungen auf der geeigneten Ebene ergriffen werden.
- *Kohärenz*: Politik und konkretes Handeln müssen kohärent und leicht nachvollziehbar sein. Der Bedarf an Kohärenz in der Union wächst: Es gilt, immer mehr Aufgaben zu bewältigen. Die Ost-Erweiterung hat die Vielfalt noch vergrößert. Herausforderungen wie Klimawandel und Bevölkerungsentwicklung machen nicht an den Grenzen der sektoralen Politiken halt, auf

denen die Union beruht, die regionalen und lokalen Körperschaften werden immer stärker in die Politik der EU eingebunden. Kohärenz erfordert politische Führung und eine starke Verantwortlichkeit der Organe, damit innerhalb des komplexen Systems ein in sich schlüssiger Ansatz zum Tragen kommt.

Die Prinzipien guten Regierens der Europäischen Union entsprechen den besonderen Bedürfnissen eines komplexen Mehrebenensystems. Während die Weltbank noch die gesellschaftliche und innerstaatliche Gewaltkontrolle im Blick hat, sieht sich die EU mit Legitimationsproblemen konfrontiert, denen sie mit der Forderung nach politischer Kohärenz und Beteiligung begegnet. Die jeweiligen Governance-Konzepte verraten einiges über das Selbstverständnis und die spezifischen Herausforderungen der institutionellen Akteure, die sie vertreten. Dies gilt auch für die fünf BMZ-Kriterien „guter Regierungsführung" der deutschen Bundesregierung.

Deutsche Kriterien „guter Regierungsführung"

Bereits 1996 veröffentlichte die Bundesregierung ihr entwicklungspolitisches Konzept zur Förderung von Menschenrechten, Demokratie und Rechtsstaatlichkeit. Die Präambel dieses Dokuments enthält fünf Kriterien, die fortan die internationale wirtschaftliche Zusammenarbeit und Entwicklung leiten sollten. Obwohl sie sich in ihren Grundzügen dem auf internationaler Ebene von Weltbank und IWF propagierten Begriff der Good Governance anlehnen, lässt sich doch eine Schwerpunktsetzung ausmachen. Das mit einem umfassenden Reformanspruch eingeführte Konzept wurde mit dem Ausdruck „gute Regierungsführung" nicht nur begrifflich eingedeutscht. Die fünf BMZ-Kriterien transportieren ein besonderes Verständnis der Voraussetzungen „nachhaltigen Regierens", das den Schutz der Menschenrechte, das Demokratieprinzip und das Rechtsstaatsprinzip sowie das Ziel einer sozialen Marktwirtschaft in den Vordergrund rückt.

Die Präambel der entwicklungspolitischen Konzeption zur Förderung von Menschenrechten, Demokratie und Rechtsstaatlichkeit enthält nicht nur die Kriterien selbst, sondern auch bereits eine erste Antwort auf die Frage, warum solche Kriterien gerade zu diesem Zeitpunkt – ab Mitte der der 1990er Jahre – international eine so hohe Bedeutung erhalten haben. Dort heißt es:

> „Die Erfahrungen der letzten Entwicklungsdekaden haben gezeigt, daß für Entwicklungsfortschritte oder Mißerfolge in erster Linie die internen politischen und wirtschaftlichen Rahmenbedingungen in den Partnerländern entscheidend sind. Die veränderten weltpolitischen Rahmenbedingungen zu Beginn der 90er Jahre eröffneten neue Möglichkeiten, Konsequenzen aus dieser Erkenntnis zu ziehen und die Entwicklungszusammenarbeit stärker zu konditionieren. So erhob die Bundesregierung die fünf wichtigsten entwicklungsfördernden internen Rahmenbedingungen zu Kriterien für den Einsatz von Instrumenten und Mitteln der Entwicklungszusammenarbeit. Sie haben Einfluß sowohl auf den Umfang als auch auf die Art der Zusammenarbeit. Die fünf Kriterien sind: 1. Beachtung der Menschenrechte, 2. Beteiligung der Bevölkerung an politischen Entscheidungen, 3. Rechtsstaatlichkeit und Gewährleistung von Rechtssicherheit, 4. Einführung einer sozialen Marktwirtschaft sowie 5. Entwicklungsorientierung staatlichen Handelns" (BMZ 1996: 8f.).

Es ist kein Zufall, dass die Aufmerksamkeit der internationalen Entwicklungszusammenarbeit gerade nach dem Ende des „Kalten Krieges" auf die Governance-Qualität der Empfängerländer gelenkt wurde. Die damit verbundene Konditionalität von Hilfeleistungen war erst mit dem Ende des zuletzt vor allem in den Ländern des Südens ausgetragenen Systemkonfliktes zwischen Ost und West möglich geworden.

Die BMZ-Kriterien bestimmen mit kleineren redaktionellen Änderungen – so ist der Begriff „Soziale Marktwirtschaft" zwischenzeitlich durch „marktorientierte soziale Wirtschaftsordnung" ersetzt worden (BMZ 2003: 57) – bis heute nicht nur die Entwicklungspolitik, sondern zunehmend auch die Außenpolitik Deutschlands. Das Auswärtige Amt „bekennt sich implizit zu den fünf BMZ-Kriterien und der damit einhergehenden Konditionalität bei der Kooperation. Der Demokratieförderung wird dabei breiter Raum eingeräumt. Bei Verstößen gegen Menschenrechte und Demokratie sollen Sanktionen wie die Aussetzung der Kooperation, Handelsembargos, Visa-Restriktionen und Einsatz internationaler Tribunale zur Verfolgung massiver Menschenrechtsverletzungen allerdings erst nach einem Dialog mit den betroffenen Regierungen erfolgen" (Schmidt 2007: 541). Insgesamt ist festzustellen, dass die Kriterien gegenüber afrikanischen Ländern ausgeprägter angewandt werden als anderswo. Weil insgesamt weniger wirtschaftliche Interessen im Spiel sind, „wurde negative Konditionalität (Aussetzung von Hilfsleistungen, Beendigung der EZ etc.) oft angewandt" (Schmidt 2007: 537).

Leitlinie der Außenpolitik

10.3 Drei Kritikpunkte

Während Good Governance auf der einen Seite als Erfolg versprechender, innovativer Ansatz euphorisch begrüßt wird, sparen Kritiker auf der anderen Seite nicht mit Einwänden. Die wesentlichen lauten:

Methodische und konzeptuelle Einwände

- Good Governance-Prinzipien sind nur schwer operationalisierbar. Die bislang erhobenen Indikatoren guten Regierens basieren auf zumeist von Wirtschaftsexperten geäußerten, subjektiven Einschätzungen der Qualität von Institutionen (z.B. Glaeser u.a. 2004; Arndt/Oman 2006).
- Good Governance ist ein universalistisches Konzept, das die nationale Souveränität und demokratische Selbstbestimmung der adressierten Staaten schmälert. Als eine versteckte Form von Neo-Kolonialismus wirkt es kontraproduktiv (z.B. Al-Jurf 1999; De Maria 2008a, b).
- Bad Governance wird zum „Sündenbock" aller fortbestehenden Fehlleistungen globaler und regionaler Entwicklungs- und Integrationspolitiken. Die Industrieländer und internationalen Regime immunisierten sich auf diese Weise im Verein mit willfährigen Nichtregierungsorganisationen (NGOs) gegen Selbst- und Fremdkritik (George/Sabelli 1995; Guilhot 2005).

Die Einwände sind u.a. methodologisch begründet, wenn etwa die Validität der Messkonzepte und Indikatoren kritisiert wird. Weiterhin ist die auf den westlichen Wertehorizont beschränkte, universalistische Ausrichtung des Programms umstritten: Sozio-kulturelle und historische Eigenheiten der Empfängerländer bleiben weitgehend unberücksichtigt (Czada/Weilenmann 2004). In diesen Bereichen könnte der Ansatz durchaus verfeinert werden.[3] Indessen scheinen die Verfechter und Träger von Good Governance-Programmen bemüht, deren Praxistauglichkeit zu verbessern. So hat zum Beispiel die Weltbank die Kritiker ihrer Messkonzepte beziehungsweise Verfahren der Gewinnung und Anwendung von Good Governance-Indikatoren zu einem „Runden Tisch" geladen, um ihren Ansatz zu verteidigen und gegebenenfalls anzupassen (Kaufmann/Kraay 2007). Einen viel versprechenden, allerdings auf die OECD-Welt begrenzten Ansatz enthält der im März 2009 vorgestellte *Sustainable Governance Index* der Bertelsmann-Stiftung. Durch eine Fülle von transparent erfassten politischen Systemmerkmalen eignet er sich besonders für eine politikwissenschaftliche ländervergleichende Analyse (SGI 2009: www.sgi-network.org).

Schlagworte statt Reformen?

Eine verbesserte Datengrundlage ändert allerdings wenig an der wissenschaftlich und politisch begründeten Fundamentalkritik, die den Nutzen von Governance-Indikatoren für die Politikberatung und politische Steuerung abstreitet. Bezeichnend dafür ist die von Nicolas Guilhot in Le Monde Diplomatique unter dem Titel „Die Weltsanierer vom Dienst" (Guilhot 2000) veröffentlichte Polemik, in der es über die Good Governance-Maßnahmen der Weltbank heißt: „Mit Schlagworten wie ‚Bürgerbeteiligung', ‚Transparenz der Institutionen', Achtung ‚rechtsstaatlicher Grundsätze' und Entfaltung der ‚Zivilgesellschaft' hat sich die Bank ein demokratiefreundliches Vokabular zugelegt, und die NGOs können sich einreden, das sei ihrem Einfluss zu verdanken". In einer umfangreichen empirischen Studie kann Guilhot (2005) zeigen, dass im Umfeld von Good Governance-Maßnahmen ein weitläufiges, nahezu unüberschaubares Netz von Nichtregierungsorganisationen geknüpft wurde, die offenbar mehr der legitimatorischen Absicherung des Konzeptes als der substantiellen Partizipation und Expertise in den betroffenen Ländern dienen. Diese NGOs sind im unmittelbaren Umfeld von Global Governance-Institutionen tätig sowie in deren Projekte vor Ort eingebunden. Nicht selten liegen die Einkommen von NGO-Aktivisten und örtlichen Beratern in den Empfängerländern über denen der Staatsbediensteten. Das Ziel, die Staatskapazität zu stärken, kann dadurch empfindlich konterkariert werden. Es entstehen zudem Beteiligungsformen, die demokratisch nicht legitimiert sind, den Aufbau klarer Verantwortungsstrukturen behindern können und insgesamt mehr zur Intransparenz des Regierens als zu dessen Transparenz beitragen. Ob damit konkrete Ziele wie Rechtsstaatlichkeit und weniger Korruption erreicht werden, bleibt fragwürdig. Letztlich, so der Vorwurf, erweise sich die Forderung nach Beteiligung der Betroffenen als ein partizipatorisches Inputmanagement, mit der transnationale und in der Entwicklungszusammenarbeit tätige Akteure ihr Demokratiedefizit zu kaschieren glauben (Guilhot 2005).

Tatsächlich fällt es schwer, hinter der allenthalben gebräuchlichen Governance-Rhetorik eine substantielle Neuorientierung oder gar Qualitätsverbesse-

---

[3] Dabei geht es nicht um fragwürdige, die Menschenwürde verletzende Kulturpraktiken, sondern um Institutionen der Sozialintegration. Ein Beispiel sind Traditionen gegenseitiger Hilfeleistung, die Wohlfahrtseffekte erzielen können und differenziert vom westlichen Begriff der Korruption abzugrenzen wären (De Maria 2008a, b).

rung der Politik und des Regierens zu entdecken. So wurden im Umfeld der Weltbank alte Programme der Privatisierung und globalen Marktschaffung im neuen Gewand, „administratively relabelled", fortgesetzt (Guilhot 2005: 221).[4] Wie zutreffend die Kritik ist, kann in vielen Politikfeldern demonstriert werden. Das Programm der Entstaatlichung, Privatisierung von Leistungen der Daseinsvorsorge genießt in der Entwicklungspolitik größere Priorität als je zuvor. Die auf öffentliche Dienstleistungen (Public Service) ausgerichtete und gemischtwirtschaftliche, von kooperativen Staat-Wirtschaftsbeziehungen (Mixed Economy) gekennzeichnete Wirtschaftspolitik ist nicht zuletzt im Kontext von Good Governance-Konzepten diskreditiert worden. Eine Folge dieser Entwicklungsstrategie ist zum Beispiel, dass arme Bevölkerungsteile von der Wasserversorgung ausgeschlossen bleiben, weil sie die Anschluss- und Verbrauchskosten nicht bezahlen können. Dabei wird übersehen, dass Wasserzähler in den privaten Haushalten entwickelter Industriestaaten flächendeckend erst vor wenigen Jahrzehnten gebräuchlich wurden, und bis dahin Wasser als ein auf lokaler Ebene verwaltetes öffentliches Gut galt. Auf diese Weise werden nicht nur historische Erfahrungen ignoriert, sondern auch Prozesse politischer Selbstverwaltung und Gemeinschaftsbildung auf lokaler Ebene behindert.

Die „Public-Service"-Orientierung und Selbstverwaltungtradition, die entscheidend zum Erfolg nachholender Industrialisierung und der Wohlfahrtspolitik europäischer Staaten beitrug, fand im Good Governance-Diskurs bislang keinen Niederschlag. Stattdessen wird die aktuelle Verfassung und Politik der Industriestaaten zum Vorbild von Ländern und Gesellschaften erklärt, deren Entwicklungsstand zuallererst ein Phänomen von Ungleichzeitigkeit darstellt. Vielversprechender erschiene ein Ansatz, der von einer Vielfalt der Modernen (*multiple modernities*; Eisenstadt 2002) ausgeht. Damit würden freilich Entwicklungsziele fragwürdig, die auf eine in absehbarer Zeit herstellbare ökonomische, soziale, kulturelle und politisch-administrative Welteinheit abzielen. Im Good Governance-Konzept sind diese Ziele offen oder unausgesprochen enthalten. Auch darin erweist sich die Normativität des Ansatzes. Sie herauszuarbeiten und im Dialog mit den Betroffenen zu rechtfertigen, steht noch aus. Auch wenn Good Governance-Konzepte *prima facie* hohe Überzeugungskraft ausstrahlen, sind die politischen Konflikte über ihren Geltungsanspruch und ihre praktische Umsetzung nicht beseitigt.

Wenngleich Maßnahmen zur Förderung von Good Governance die ihnen zugeschriebene Wirkung nur selten erzielen, bleibt die Governance-Rhetorik nicht gänzlich wirkungslos: „Obwohl das Governance Konzept wolkig, vage und undeutlich blieb, war es gerade erfolgreich, weil es auf diese Weise viele unterschiedliche Formen der Expertise und Einflussnahme begünstigte, die in Fragen der Neubestimmung des Staates und seiner Rolle miteinander konkurrieren konnten" (Guilhot 2005: 214). Um den Good Governance-Diskurs für ein substantiell wirksames politisches Programm fruchtbar zu machen, müssen indessen nicht nur konzeptionelle, sondern auch praktische Probleme überwunden werden.

Universelle Werte versus Vielfalt der Moderne

---

[4] Die institutionalistische Umetikettierung („administrative relabeling") der laufenden Entwicklungsprogramme ist eine in der Weltbank geläufige Bezeichnung für den Übergang zum Good Governance-Konzept (Kapur u.a. 1997: 369).

10.4 Ein praxistaugliches Konzept?

Die konstruktive, an den Grundprinzipien festhaltende und auf praktische Erfolge ausgerichtete Kritik von Good Governance-Politiken müsste an den folgenden Fragen ansetzen:

- Wie lässt sich Good Governance so operationalisieren und messen, dass daraus praxistaugliche politische Programme entstehen können? Was bedeuten zum Beispiel Begriffe wie „politische Offenheit und Transparenz", „Fairness und Beteiligung", „verantwortliches Regieren" oder „Effektivität öffentlicher Dienstleistungen"?
- Wie können die abstrakten Ziele des Konzeptes in der Praxis dauerhaft erreicht werden? Wie entsteht aus Bad Governance Good Governance?
- In welchen Fällen und warum scheitert das Konzept? Warum hat der neue Ansatz die in ihn gesetzten Erwartungen bislang nicht oder nur unzureichend erfüllt?

Fragwürdige Über-tragung westlicher Vorbilder

In Frage stehen also die konzeptuellen Grundlagen und Operationalisierungen von Good Governance und die Möglichkeiten der Implementation effektiver politischer Steuerungsinstitutionen unter den Bedingungen kultureller Differenz und defizitärer Staatlichkeit. Die Implementation politischer Programme setzt funktionierende administrative Strukturen voraus. Da solche Voraussetzungen gerade in *failed states* oder in Systemen von Bad Governance nicht gegeben sind, können die in westlichen Industrieländern gewonnenen Erkenntnisse der Regierungs- und Implementationsforschung kaum weiterhelfen. Man wird also auf die empirische Transformationsforschung zurückgreifen müssen, und zwar auf Forschungen zur Regierungs- und Verwaltungstransformation, die – anders als Studien zur demokratischen und marktwirtschaftlichen Transformation – eher dünn gesät sind.

Verantwortlichkeit der Regierung

Allein die Frage, was das in Good Governance-Konzepten stets betonte Prinzip verantwortlicher Regierungsführung und Verwaltung bedeutet, ist keineswegs trivial. Ohne Klarheit darüber, was Verantwortlichkeit in Politik und Administration bedeutet, ohne begriffliche Anstrengung, die in dieser Frage einen Rückgriff auf die Theorie politischer Systeme voraussetzt, erscheint es geradezu müßig, entsprechende Programme in Angriff zu nehmen. Wem gegenüber sind gewählte Regierungen verantwortlich? Millionen von Wählern können eine Regierung nicht effektiv kontrollieren. Auch NGOs, die ihre Existenz und ihr Überleben den Programmen verdanken, die sie kritisch begleiten sollen, sind dazu ungeeignet. Daher sind neben allgemeinen Wahlen, Abstimmungen und zivilgesellschaftlichen Aktivitäten vor allem Institutionen der staatlichen Interorgankontrolle von entscheidender Bedeutung. Effektive, auf operatives Regierungshandeln gerichtete politische Kontrolle ist nur zwischen verfassten Organen möglich, kaum aber in einem demokratischen Repräsentationsverhältnis. Hier sind nämlich die Kontrollmöglichkeiten allein schon durch die große Zahl der Auftraggeber (Wähler) beschränkt (Saladin 1984: 49).

Es sind demnach vor allem politische Systemmerkmale, die verantwortliches Regieren gewährleisten: Verfassungsgerichte, Rechnungshöfe, Zweikammersysteme, parlamentarische Geschäftsordnungen (zur Sicherstellung von Informations- und Mitwirkungsrechten von Oppositionsparteien), Zentralbankautonomie und dergleichen. Daher sollten Regierungs- und Verfassungsfragen den Ausgangspunkt einer zielführenden Good Governance-Debatte bilden. Ein funktionierendes System der politischen Interorgankontrolle erscheint vor allem dann wichtig, wenn die politische Teilnahme der Bevölkerung durch einen niedrigen Bildungsstand oder gar Analphabetismus erschwert wird – ein Sachverhalt, der in den Ländern des Südens häufig zutrifft und nicht zuletzt durch „Bad Governance" verursacht und perpetuiert wird. Auch Merkmale der Gesellschaftsstruktur wie sprachlich-kulturelle oder religiöse Segmentierung wirken sich auf die Legitimationsgrundlagen und Effektivität politischer Beteiligung und Repräsentation aus. Die Verfassung und Betriebsweise des politischen Systems gewinnt vor diesem Hintergrund entscheidende Bedeutung für den Erfolg von Good Governance-Programmen.

10.4.1 Politisches System und Good Governance

Die Bedeutung politischer Systemmerkmale für „gutes Regieren" kann am Beispiel afrikanischer Staaten illustriert werden. Die rasch anwachsende Literatur zu politischen Systemen subsaharischer Staaten verweist nicht selten auf deren vorgeblich „rätselhafte Eigenschaften" (Mozaffar u.a. 2003: 379), darunter auf die immer wieder anzutreffende Ausbildung reiner Mehrheitsherrschaft mit Ein-Parteien-Dominanz. Daraus entstehen stark repressive Züge: Oppositionsparteien und zivilgesellschaftliche Aktivitäten werden nicht selten unter Gewaltandrohung ausgebremst. Bei näherem Hinsehen können diese „Rätsel" im Einklang mit Erkenntnissen der Demokratietheorie und politischen Systemlehre durchaus erklärt werden. Um dies zu tun, müssen wir auf das für die Stabilität von Demokratien bedeutsame Zusammenspiel von Merkmalen politischer Systeme und jeweiliger Gesellschaftsstrukturen näher eingehen.

Die Stabilität von Demokratien hängt wesentlich davon ab, ob eine politische Legalordnung auf die gegebenen sozialen Verhältnisse abgestimmt ist und wie vor diesem Hintergrund die institutionellen Schnittstellen und Akteursnetzwerke zwischen Staat und Gesellschaft beschaffen sind. Ob ein politisches System – eine präsidiale oder parlamentarische Demokratie, eine reine Mehrheitsherrschaft oder ein System politischer Machtteilung, ein pluralistisches oder korporatistisches Verfahren sozialer Interessenvermittlung, ein unitarisches oder föderativ verfasstes Gemeinwesen – im intendierten Sinne funktioniert, ist nicht zuletzt eine Frage der gesellschaftlichen Verhältnisse: der Bevölkerungsstruktur, sozio-kultureller Spannungslinien (*cleavages*), Werte und Einstellungen, Geschichte, Wirtschaftsstruktur etc. Dies wird an den eigentümlichen gesellschaftlichen Voraussetzungen des Westminster-Modells deutlich, das außer in Großbritannien offenbar nur noch in Neuseeland seine Funktionstüchtigkeit beweisen kann, aber in zahlreichen anderen Ländern und insbesondere in Afrika gescheitert ist (vgl. Lijphart 1999). Die gesellschaftlichen Voraussetzungen der Demokratie und die Risiken ihres Scheiterns lassen sich eindrucksvoll am Beispiel der Weimarer Republik zeigen. Die fehlende Übereinstimmung von Verfassung und Gesellschaft der Weimarer Republik kommt im Diktum von Otto Kirchheimer,

Zusammenhang von politischen und gesellschaftlichen Faktoren

deren Verfassungsnormen seien den sozialen Verhältnissen „vorausgehinkt", pointiert zum Ausdruck. Ähnliche *mismatches* lassen sich für die aus Westeuropa (Großbritannien, Frankreich, Portugal) in das koloniale und post-koloniale Afrika übertragenen politischen Systeme feststellen.

Constitutional re-engineering

Politische Verfassungsordnungen lassen sich nicht einfach auf beliebige gesellschaftliche Verhältnisse übertragen. Das Wissen darüber hat Forderungen nach einem „*constitutional re-engineering*" in den gescheiterten Demokratien des Südens ausgelöst (sehr früh und wenig rezipiert: Lewis 1965; in den 1990er Jahren: Lijphart/Waisman 1996; Lijphart 1999; Sartori 1994; Norris 2004). Die an Verfassungsrevisionen und politische Systemreformen geknüpften Hoffnungen sind allerdings zumeist enttäuscht worden. Dies mag vor allem daran gelegen haben, dass die in Ermangelung lokaler Expertise herangezogenen westlichen Berater mit den sozialen und kulturellen Verhältnissen vor Ort nur bedingt vertraut waren. Einzig die südafrikanische Verfassung von 1997 ist von heimischen und internationalen Experten mit Blick auf die kulturelle Vielfalt des Landes (Regenbogenation) vorbildlich konstruiert worden.

Beteiligung politischer Minderheiten

Die Erwartung, das Wählerverhalten, die Parteiensysteme sowie die Regierungsbildung würden sich auch in abweichenden soziokulturellen Kontexten theoretisch konsistent, so wie wir es aus den reifen Demokratien kennen, aus dem systematischen Zusammenspiel von Wahlrecht und bestehenden Cleavage-Strukturen entwickeln, blieb unerfüllt (Basedau 2002; Mozaffar u.a. 2003). In afrikanischen Staaten kam es immer wieder zur Ausbildung einer Ein-Parteien Dominanz – nahezu unabhängig davon, wie die Parteiensysteme beschaffen waren, wie autokratische Traditionen fortwirkten, wie weit die demokratische Transformation fortgeschritten war oder welche Wahlsysteme zum Einsatz kamen.

Empirische Analysen deuten darauf hin, dass dies von einer verbreiteten ethnopolitischen Mobilisierung des Elektorates herrührt (Mozaffar u.a. 2003).[5] Anstelle von legislativen Parteienkoalitionen organisieren Wahlkreisabgeordnete ethnopolitische Wählerkoalitionen, um sich ihren Parlamentssitz zu sichern (Mozaffar u.a. 2003: 388f.). Ein Grund für diese wahlpolitische Strategie liegt in der organisatorischen und programmatischen Schwäche der politischen Parteien. Wechselnde legislative Parteienkoalitionen setzen einen breiten organisatorischen Unterbau sowie ausreichende ideologische und materielle Ressourcen der Parteien voraus, an denen es in den meisten afrikanischen Ländern mangelt. Die dadurch begünstigte ethnopolitische Mobilisierung führt – nahezu unabhängig von sonstigen politischen Systemmerkmalen – zu einer strukturellen Mehrheitsherrschaft ergänzt durch Verhandlungen und Kompromisslösungen innerhalb der zumeist informellen Mehrheitskoalitionen; nicht selten begleitet von einer massiven Unterdrückung der darin nicht repräsentierten oppositionellen Kräfte. Die

---

[5]   Auf Probleme bei der Übertragung liberal-demokratischer, westlicher Verfassungen auf „Stammesgesellschaften" hatte bereits Lewis (1965) hingewiesen. Er stieß indes vielfach auf Ablehnung: vor Ort in Afrika, weil sich die dortigen Eliten seinerzeit selbst an westlichen Standards orientierten, im Westen, weil die Vorstellung einer indigenen Demokratieentwicklung politisch nicht opportun erschien. Ethnologen konnten zudem mit Lewis' Begriff von Ethnizität als Basis politischer Konfliktlinien wenig anfangen. Ihre Annahme, dass tribale Identitäten konstruiert und daher für Veränderung offen seien, vertrug sich nicht mit deren Anerkennung als exogener politischer Machtfaktor. Anders als die Ethnologie interessierte sich der Ökonom Lewis für die politischen Folgen ethnischer Zuschreibungen, nicht aber dafür, wie sie sich endogen herausbilden.

Repräsentation und Beteiligung politischer Minderheiten ist eine wichtige Voraussetzung für gesellschaftliche Versöhnung *(reconciliation)* und einen stabilen demokratischen Verfassungsfrieden. Damit stellt sich umso mehr die Frage nach dem Stellenwert und den Realisierungschancen nichtmajoritärer und gegenmajoritärer, verhandlungsdemokratischer Elemente politischer Repräsentation und guten Regierens, die gesellschaftlichen Minderheiten und oppositionellen Kräften Entfaltungsspielräume eröffnet.

Ohne leistungsfähige, den gesellschaftlichen Verhältnissen gerecht werdende demokratische Regierungssysteme sind nachhaltige Erfolge im Kampf gegen Amtsmissbrauch, für Transparenz und Beteiligung kaum zu erwarten. Dies spräche dafür, Fragen der Verfassungsreform, der Wahlrechtsreform, des Parteienrechts, der Verwaltungsorganisation etc. in den Good Governance-Diskurs einzuführen. Anders als die Vorgabe von fragwürdigen quantitativen Zielgrößen in Form von Governance-Rankings, würde dieser Ansatz zu einem insgesamt besseren Verständnis für demokratisches und verantwortliches Regieren beitragen.

10.4.2 Zur Qualität von Good Governance-Indikatoren

Die 2008 zum Ausbruch gekommene globale Finanzmarktkrise ließ an der Brauchbarkeit gängiger Indikatoren zur Qualität von Institutionen erhebliche Zweifel aufkommen. Die Krise zeigt, wie fragwürdig es ist, ökonomisches und politisches Handeln an quantitativen Rankings und *Benchmarks* auszurichten. Zahlreiche Unternehmen, denen erstklassige Corporate Governance-Praktiken und finanzielle Bonität bescheinigt wurden, erwiesen sich als schlecht verwaltet. Manche Finanzmarktakteure verkauften noch im Wissen um ihre drohende Insolvenz wertlose Anleihen an ahnungslose Kunden, um so ihren Zusammenbruch hinauszuzögern. Länder, denen die Weltbank Spitzennoten für die Qualität ihrer Finanzmarktregulierung erteilt hatte, mussten im Herbst 2008 ihre Banken verstaatlichen. Andere, die sich in der Anpassung an Governance-Moden zurückhaltender gezeigt und schlechtere Rankings erhalten hatten, erwiesen sich in der Krise als weniger verletzlich.

Island, das im Good Governance-Index der Weltbank Spitzenplätze in politischer Stabilität, Effektivität des Regierens, Regulierungsqualität, Rechtsstaatlichkeit, politischer Verantwortlichkeit und Korruptionskontrolle verbuchen konnte (Abb. 2), war Ende 2008 zahlungsunfähig. Ein Staatsbankrott konnte vorerst nur mit ausländischer Hilfe vermieden werden, er hätte zusammen mit dem global agierenden isländischen Bankensystem weitere Akteure des internationalen Finanzmarktes in den Abgrund gezogen. Hatte das Land noch 1996 schlechteste Noten für die Qualität seiner Finanzmarktregulierung erhalten, so entwickelte es sich in den Folgejahren zu einem viel zitierten Vorbild. Begleitet wurde diese Entwicklung von der Liberalisierung der isländischen Wirtschaft und von zahlreichen Auftritten isländischer Politikerinnen vor UN-Gremien und in internationalen Wirtschaftsforen, bei denen sie mit Verve für die Good Governance-Kriterien von IWF und Weltbank eintraten und in gleichlautenden Formulierungen die ökonomische Globalisierung als sozialen Fortschritt rühmten. Ein kurzer Blick auf *statements* isländischer Politiker offenbart ein gebetsmühlenhaf-

Fehleinschätzungen der Governance-Qualität

tes Bekenntnis zu Wirtschaftsliberalismus und Good Governance.[6] Dabei waren die isländischen Minister und selbst der Notenbankgouverneur, die sich in dieser Weise äußerten, fachlich keineswegs ausgewiesen. Anstelle von Good Governance herrschten Dilettantismus, institutionelle Kontrolldefizite und „Vettern-wirtschaft":

> „Im Gegensatz zu Deutschland, wo oft das Fachidiotentum beklagt wird, hat Island ein Problem mit dem Dilettantismus. Die Menschen sind fleißig und tatkräftig, übernehmen aber manchmal Aufgaben, von denen sie einfach nichts verstehen. Der jetzige Ministerpräsident war früher Außenminister und auch mal Finanzminister – zu der Zeit, als der Notenbankchef, der zwischendurch auch mal Außenminister war, Ministerpräsident war und der jetzige Finanzminister das Amt des Fischereiminis-ters bekleidete. Diese nun wirklich ländliche Art von Vetternwirtschaft war der Auf-sicht von international agierenden Banken nicht gewachsen. Das System funktio-nierte, solange die wenigen wichtigen Akteure allesamt in Reykjavik wohnten und sich früher oder später ohnehin auf einer Konfirmation oder im Theater über den Weg liefen. Doch in dem Moment, in dem so einflussreiche Männer wie Landsban-ki-Chef Björgolfur Thor Björgolfsson nach London zogen, konnte soziale Kontrolle die institutionelle nicht mehr ersetzen" (Magnusson 2008: 25).

Abbildung 2:   Good Governance-Indikatoren: World Bank Index (WBI) für Island, Deutschland, Japan und Italien (2007 und 1996)

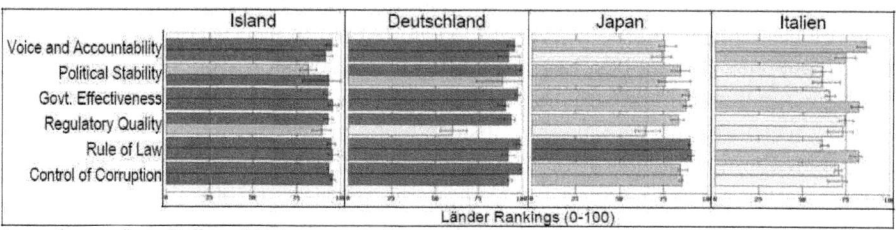

Anmerkung: obere Balken: 2007, untere Balken: 1996.

Dominanz der Ökonomen

Wie konnte es zu derartigen Fehleinschätzungen der Governance-Qualität eines Landes kommen? Die Hauptursache liegt im Widerspruch von Realität und Rhe-torik, der die Good Governance-Debatte seit geraumer Zeit begleitet und der mit dem Ausbruch der Krise schlagartig erkennbar wurde. Die mangelnde Objektivi-tät von Governance-Indikatoren tritt bereits in den zugrunde liegenden Messkon-zepten deutlich zu Tage. Daten zur Governance-Qualität basieren vor allem auf Expertenumfragen bei multinationalen Unternehmen und Wirtschaftswissen-schaftlern. Hinzu kommen Meinungsumfragen bei „Think Tanks", NGOs und Internationalen Organisationen. Diese Umfragen repräsentieren offenbar nicht

---

[6]   Vgl. Statement by Mr. Geir H. Haarde Minister of Finance of Iceland, International Monetary and Financial Committee Meeting, Washington, D.C., September 28, 2002; http://www.imf. org/external/am/2002/imfc/state/eng/isl.htm (2.2.2009). UN General Assembly: Statement by H.E. Mrs. Valgerður Sverrisdóttir Minister for Foreign Affairs of Iceland, 26.9.2006; http://www. iceland.org/be/the-embassy/news/nr/3166, (2.2.2009). Mr. Hjälmar W. Hannesson, Permanent Representative of Iceland to the United Nations. Substantive Session of the Economic and Social Council. Annual Ministerial Review, 4 July 2007; http://www.un.org/ecosoc/docs/stats/AR-M451N_20070705_113158.pdf (2.2.2009).

mehr als die herrschende Meinung von globalen Wirtschaftseliten und Ökonomen. Die Vielzahl der Datenquellen[7] ist keineswegs Zeichen eines von Pluralität und akademischen Kontroversen gekennzeichneten wissenschaftlichen Diskurses. Ihre Interpretation und Auswahl signalisiert vielmehr ein ausgeprägtes Konformitätsbedürfnis der im Benchmarking-Geschäft tätigen Einrichtungen und Beratungsakteure. Zu den Folgen bemerkt De Maria (2008b: 783): „This monochromatic flow of data significantly trims down informational diversity".

Der World Bank Index erweist sich vor diesem Hintergrund als ein einseitig informiertes Ideologiekonstrukt. Er zeigt, wie weit die Politik und der institutionelle Status eines Landes mit dem von Weltbank, Internationalem Währungsfonds und der amerikanischen Treasury formulierten „Washington Konsensus" übereinstimmt. Dies wird besonders an Ländern wie Island erkennbar, die diese Policy-Doktrin rhetorisch offensiv vertreten haben und damit hohe Rangplätze erreichen konnten.

10.4.3 Demokratisches Regieren und Zivilgesellschaft

Eine wesentliche Neuerung des Good Governance-Ansatzes ist die Entdeckung der Zivilgesellschaft als Agens gesellschaftlicher und ökonomischer Entwicklung. Regieren wurde in weniger entwickelten Ländern ebenso wie in den Industrieländern historisch als Aufgabe eines zwar demokratisch kontrollierten, in seinen Alltagsgeschäften aber autonomen Verwaltungsstaates betrachtet, bis hin zu der obrigkeitsstaatlichen Vorstellung, nicht politische Einmischung, sondern Ruhe sei die erste Bürgerpflicht. Heute wissen wir: Die institutionellen Schnittstellen zwischen dem arbeitenden Staat und einer in Verbänden und bürgerschaftlichen Initiativen organisierten Gesellschaft sind von entscheidender Bedeutung für die wirtschaftliche und soziale Entwicklung von Ländern und Regionen. Neben der parlamentarischen demokratischen Repräsentation, die einen diffusen politischen Richtungskonsens erzeugt, besteht ein weiteres Subsystem politischer Interessenvermittlung, das unter Beteiligung gesellschaftlicher Gruppen den für das alltägliche Regieren notwendigen Handlungskonsens hervorbringt (Habermas 1996; Lehmbruch 1977).

Die eminente Bedeutung der Funktionsweise dieses politischen *two tier systems* lässt sich aus einer Vielzahl politisch-ökonomischer Analysen der vergangenen Jahrzehnte herauslesen. Zum einen hat die Neo-Korporatismusforschung gezeigt, wie die Einbindung gesellschaftlicher Verbände in die staatliche Politikentwicklung die Ergebnisse der Politik beeinflusst. Internationale Vergleichsstudien belegen, dass eine Reihe von Wohlfahrtsindikatoren wie zum Beispiel Ar-

Die Bedeutung der Beziehungen zwischen Staat und Gesellschaft

---

[7]   Kaufmann/Kraay (2007) geben folgende Datenquellen an: 1. Cross-Country Surveys of Firms: Global Competitiveness Survey; World Business Environment Survey; World Competitiveness Yearbook, BEEPS; Cross-Country Surveys of Individuals: Gallup International Voice of the People; Latinobarometro; Afrobarometer. 2. Expert Assessments from Commercial Risk Rating Agencies: DRI, PRS, EIU; World Markets Online, Merchant International Group; IJET Travel Consultancy, PERC. 3. Expert Assessments from NGOs and Think Tanks: Reporters Without Borders; Heritage Foundation; Freedom House; Amnesty International; Bertelsmann Foundation; Columbia University; International Research and Exchanges Board. 4. Expert Assessments from Governments; Multilaterals: World Bank CPIA, EBRD, AFDB, ADB, State Dept; Human Rights Report; Trafficking in Persons Report.

beitslosenquoten, soziale Sicherheit, nachhaltige Wirtschaftsentwicklung, gesamtwirtschaftliche Produktivität und Verteilungsgerechtigkeit von kooperativen Mustern der politischen Interessenvermittlung positiv beeinflusst werden (Alvarez u.a. 1991; Czada 1983). Die sozialwissenschaftliche Governance-Forschung hat diese Befunde institutionentheoretisch untermauert sowie auf die Existenz und Auswirkungen verschiedener nationaler, sektoraler und regionaler Muster institutioneller Steuerung kapitalistischer Systeme hingewiesen (Hall/Soskice 2001; Voelzkow 2007; Kleinfeld u.a. 2006). Parallel dazu erschloss sich die Bedeutung gesellschaftlicher Verbände und ihrer Vernetzung im Zuge der von Putnam (1993) angeregten Sozialkapitalforschung. Theoretische und normative Unterstützung für diese Befunde finden sich zudem in den Debatten zum Kommunitarismus und zur assoziativen Demokratie.

Staat und Gesellschaft galten in der politischen Theorie oft als nicht nur analytisch, sondern real getrennte Sphären, die sich zueinander nicht komplementär verhalten. Die Betonung des Gegensatzes von staatlicher Souveränität und gesellschaftlichem Gruppeneinfluss hat die Staats- und politiktheoretische Forschung so nachhaltig und holzschnittartig geprägt, dass die Feinheiten von Staat-Gesellschaftsbeziehungen häufig nur verzerrt wahrgenommen werden. Diese in der politischen Ideengeschichte einflussreich gewordene Auffassung ist in der modernen politischen Theorie etwa bei Mancur Olson (1985) weiterhin präsent. Die gesamte rechtswissenschaftliche Staatstheorie ist davon geprägt. Man gelangt in dieser Perspektive leicht zur Vorstellung einer einfachen, das Verhältnis von Staat und Gesellschaft bestimmenden politischen Kräftemechanik. Ihr liegt die Überlegung zugrunde, dass Autonomiegewinne der einen Seite notwendig mit Autonomieverlusten der anderen verknüpft sind. Eine wohl organisierte, mit großen politischen Einflusspotenzialen ausgestattete Gesellschaft erscheint dann als Herrschaft der Verbände und drohende „Kolonisierung" des Staates (Kaiser 1956), ein starker, autonomer Staat als Hemmnis für die Entfaltung der Organisationsgesellschaft.

Administrative
Interessenvermittlung

Dass dies nicht notwendigerweise zutrifft, zeigen neben zahlreichen Beiträgen der Korporatismusforschung die von Lehmbruch (1987) als „Administrative Interessenvermittlung" bezeichneten Fälle, in denen „Regierung und Verwaltung als Organisatoren gesellschaftlicher Interessen" (Czada 1991) auftreten. Dass Regierungen in vielfältiger Weise die Gesellschaft organisieren oder deren Organisation befördern, ist eine im öffentlichen Bewusstsein wenig bekannte und selbst in der Politikwissenschaft noch kaum erforschte Tatsache. Sie geht über die Einrichtung des Kammerwesens in kontinentaleuropäischen Staaten weit hinaus und umfasst die Gründung von Bauernverbänden, energiepolitischen Foren, Innovationsnetzwerken, Aidshilfevereinen (vgl. Czada 1991) und neuerdings in Deutschland den „Integrationsgipfel" und die „Islamkonferenz" der Bundesregierung (Musch 2008), die Struktur bildend auf die Organisationsgesellschaft einwirken. Die im Ländervergleich beobachtbaren großen Unterschiede gesellschaftlicher Organisation und Interessenvermittlung lassen sich vor allem auf eigentümliche, historisch gewachsene Staats- und Verwaltungstraditionen zurückführen (vgl. Lehmbruch 1991).

Die Struktur und Stabilität der Beziehungsnetzwerke zwischen politisch-administrativen Steuerungsinstanzen und Akteuren der Zivilgesellschaft – Unternehmen, Gewerkschaften, Kirchen, NGOs etc. – erweist sich in vergleichenden empirischen Studien immer wieder als ein maßgeblicher Erklärungsfaktor für die soziale, politische und ökonomische Entwicklung einer Region oder eines Landes. In der sozialwissenschaftlichen Governance-Debatte (z.B. Lindberg u.a. 1991; Kleinfeld u.a. 2006) kommt diese Erkenntnis durchaus zum Ausdruck. Sie hat allerdings bislang die Entwicklung von Governance-Indikatoren kaum beeinflusst.

10.5 Fazit

Good Governance-Programme zielen auf die Einrichtung funktionierender politisch-administrativer Strukturen, die zugleich die wichtigste Voraussetzung einer erfolgreichen Implementation solcher Programme bilden. Dies gleicht dem Versuch, ein Schiff in stürmischer See zu bauen. Wie alle Entwicklungs- und Transformationskonzepte kann auch das Vorhaben, leistungsfähige Regierungs- und Verwaltungsinstitutionen rasch und nahezu aus dem Nichts zu schaffen, diesem Teufelskreis kaum entrinnen. Gleichwohl hat das Good Governance-Konzept dem früheren Leitbild ökonomisch-technischer Entwicklung voraus, an den Grundfunktionen staatlicher Organisation und Steuerungsfähigkeit im Verein mit einer aktiven, politisch adressierbaren Gesellschaft anzusetzen.

Wie gut oder schlecht Regieren im Sinne der Fähigkeit ist, kollektive Problemlösungen zu finden, zu formulieren und umzusetzen, hängt überwiegend davon ab, wie das Interaktionsverhältnis zwischen staatlichen und gesellschaftlichen Akteuren beschaffen ist. Als politische Integrations- und Steuerungsinstanz ist der Staat auf die Unterstützung und Mitwirkung seiner Bürger in dreifacher Weise angewiesen: Zuerst benötigt er ein Mindestmass ideeller Zustimmung. Ohne einen Grundvorrat von Einverständnis, das einer politischen Ordnung die Chance zwangloser Befolgung sichert, müsste jede politische Gemeinschaft früher oder später an ausufernden Überwachungs- und Erzwingungskosten scheitern. Effektives staatliches Handeln hängt über diese ideelle Unterstützung hinaus, zweitens, von der Zufuhr materieller Ressourcen – vor allem Steuern – aus der Gesellschaft ab. Nicht zuletzt daraus resultiert der auf die gesellschaftlichen Verhältnisse gerichtete Steuerungs- und Gestaltungsanspruch des Staates, der sein eigenes Bestandsinteresse an die materielle Wohlfahrt seiner Bürger knüpft. Schließlich sieht sich ein derart motiviertes staatliches Handeln mit einer ungleichen Verteilung von steuerungsrelevanten Informationen, Steuerungswissen, konfrontiert. Welche Maßnahme geeignet ist, ein gesellschaftliches Problem zu beheben, wissen in der Regel die Betroffenen besser als Politiker und Beamte; sei es, weil sie über Erfahrungen und technische Expertisen verfügen, die diesen aufgrund ihrer besonderen Stellung verschlossen sind, sei es, weil die Reibungslosigkeit der Implementation eines politischen Programms maßgeblich vom Verständnis und der Mitwirkung gesellschaftlicher Normadressaten beeinflusst wird. Diese für staatliches Handeln ungünstige Situation asymmetrischer Information kann nur durch demokratische Beteiligung und darüber hinausgehende dauerhafte Austauschbeziehungen politischer Verwaltungsakteure mit gesellschaftlichen Gruppen und Adressaten staatlicher Normenproduktion gemildert

Staat ist auf Kooperation angewiesen

werden. Jenseits der Vorgaben politischer Verfassungen haben sich daher in allen Industrieländern komplexe Beziehungsnetzwerke zwischen politisch-administrativen und gesellschaftlichen Akteuren herausgebildet (Lehmbruch 1991).

Rechtsstaatlichkeit und Verantwortlichkeit der Regierens

Das Good Governance-Konzept legt besonderen Wert einerseits auf die Rechtsstaatlichkeit und Verantwortlichkeit des Regierens, andererseits auf den Schutz der Menschenrechte und die Beteiligung der Bevölkerung an der Politik. In gängigen, oft auf subjektiven Einschätzungen beruhenden Governance-Indikatoren kommen diese Zielgrößen allerdings nur unzureichend zum Ausdruck. So bleibt die mit der Forderung nach verantwortlichem Regieren aufgeworfene Frage nach dessen institutionellen verfassungspolitischen und politisch systemischen Voraussetzungen weitgehend ausgeklammert. Als Beteiligungsindikatoren werden die Aktivitäten von Nichtregierungsorganisationen besonders hoch gewertet, ohne deren Repräsentativität und Expertise ernsthaft in Frage zu stellen. Kritiker dieses Vorgehens sehen im Nexus von Regierenden und NGO-Aktivisten eine *Good Governance-Industrie*, die an den Bedürfnissen der Bevölkerung vorbeizielt.

Demokratie, Staat und Zivil-gesellschaft

Gleichwohl besteht der Vorzug des Good Governance-Konzeptes nicht zuletzt darin, dass es dem Zusammenwirken von Demokratie, Staat und Zivilgesellschaft eine besondere Bedeutung zumisst. Die daran geknüpften politiktheoretischen Überlegungen zu den institutionellen sowie kulturellen Voraussetzungen sind freilich bislang nur ansatzweise entwickelt. Franz Nuscheler bemängelt am Konzept des Bundesministeriums für Wirtschaftliche Zusammenarbeit (BMZ):

> „Ein großes analytisches und strategisches Manko der BMZ Materialien liegt darin, dass sie nur technokratische Lösungen anbieten und wichtige gesellschaftliche und kulturelle Faktoren völlig ausblenden, die Good Governance ermöglichen, fördern oder behindern" (Nuscheler 2009: 55).

Die Struktur und Funktionsweise der institutionellen Schnittstellen von Staat und Gesellschaft und deren Auswirkungen auf die soziale Integration und Wohlfahrtsentwicklung sind in den weniger entwickelten Ländern kaum erforscht. Historische Erfahrungen westlicher, insbesondere spät industrialisierter Industrieländer deuten darauf hin, dass die Koevolution von staatlicher Problemlösungskapazität und gesellschaftlicher Selbststeuerung zunächst von einem „starken" Rechts- und Interventionsstaat ausgeht, der die Organisation der Zivilgesellschaft etwa durch die Gründung von Kammern und Selbstverwaltungsorganen sowie durch Anreize zur Verbandsbildung vorantreibt (Czada 1991).

Medien- und Meinungsfreiheit

Rechtsstaatlichkeit heißt dabei zuvörderst auch Medien- und Meinungsfreiheit, deren Bedeutung etwa für die Einhaltung der Menschenrechte oder für die Korruptionskontrolle gerade in Good Governance-Konzepten nicht die gebührende Beachtung findet (Nuscheler 2009: 56). Ob sich die wirtschaftsliberal ausgerichteten Good Governance-Ansätze zu einer solchen, die relative Autonomie öffentlicher Diskurse und des Staates betonenden Sichtweise durchringen können, erscheint fraglich. Dazu müssten ein neuer staats- und gesellschaftstheoretischer Referenzrahmen und neue Good Governance-Indikatoren entwickeln werden, die berücksichtigen, dass die nachhaltige Funktionstüchtigkeit von Märkten und

Demokratien von ihrer soziokulturellen Einbettung ebenso wie von Staats- und Verwaltungskapazitäten bestimmt wird.

Ohne funktionierende Staatlichkeit kann es weder funktionierende Märkte noch Demokratien geben. Diese Erkenntnis ist trotz einer Fülle historischer Belege und empirisch fundierter Forschungsergebnisse in den dominanten marktliberalen und auf zivilgesellschaftliche Autonomie ausgerichteten Diskursen vielfach als normativer Etatismus diskreditiert worden. Hinzu kommt: Auch wenn wissenschaftliche Teildisziplinen wie die Sozio-Ökonomik oder die Wirtschaftssoziologie Märkte als Gegenstand sozialer und kultureller Einbettung, öffentlicher Diskurse und vor allem staatlicher Aktivität behandeln, ändert dies nichts an den politisch einflussreichen Modellen der ökonomischen Neoklassik. Deren emphatisch vorgetragene Rhetorik „freier" Märkte basiert nicht nur auf hochgradig normativen Modellannahmen. Ihre Zählebigkeit verdankt sie vielmehr der Interessenlage von Marktakteuren, für die der „freie" Markt eine vor allem nützliche Fiktion darstellt.

Staat und Markt

Das Good Governance-Konzept und die zu seiner Anwendung entwickelten Indikatoren sind das Konstrukt eines wirtschaftswissenschaftlichen Expertendiskurses, der aus der neo-liberalen Kritik vorangehender, entwicklungspolitischer Erfahrungen hervorging. Sie beziehen sich vor allem auf das von politischer Fehlsteuerung und Vollzugsversagen begleitete Scheitern großer Entwicklungsprojekte. Good Governance zielte vor diesem Hintergrund auf die „Zurückdrängung des Staates und eine Stärkung der Autonomie des Marktes (…). Dabei soll die Zivilgesellschaft die durch den Rückzug des Staates in der Wirtschafts- und Demokratieförderung hinterlassene Lücke füllen" (Mathur 2001: 1).

Der Ansatz geht von einer einfachen politischen Kräftemechanik aus, in der das Verhältnis von Staat, Wirtschaft und Gesellschaft als Nullsummenrelation erscheint. Diese der neoliberalen *Chicago-School* entstammende Vorstellung eines Staat-Markt Antagonismus hat den Good Governance-Diskurs so nachhaltig geprägt, dass die eminente Bedeutung historisch-kultureller Feinheiten und Pfadabhängigkeiten für das Verhältnis von politischer Gemeinschaft und (Markt-)Gesellschaft aus dem Blick geriet. Damit entsteht die Gefahr, mit dem unbedachten Transfer universell normierter Strukturen in weniger entwickelte Länder gewachsene Strukturen zu zerstören, die im Sinne multipler Entwicklungspfade durchaus Anknüpfungspunkte für Modernisierungsprozesse in Staat und Gesellschaft bieten könnten.

Multiple Entwicklungspfade

Anwendungsdefizite von Good Governance-Programmen lassen sich vor diesem Hintergrund zumeist auf konzeptionelle und methodologische Probleme zurückführen (vgl. De Maria 2008a, b; Arndt/Oman 2006; Besançon 2003; Knack 2007; Nuscheler 2009). Vieles deutet darauf hin, dass ein ursprünglich innovativer Ansatz institutioneller Aufklärung und moderner Staatlichkeit von einer primär auf die Kräfte des Marktes setzenden Ideologiekonjunktur vereinnahmt wurde und dabei nicht zuletzt bei den unmittelbar Betroffenen in die Kritik geraten ist. Gegenwärtige Good Governance-Politiken sind, obwohl sie rhetorisch dem Staat eine besondere Rolle zuschreiben, immer noch am ökonomischen Paradigma des prinzipiellen Staatsversagens orientiert. Ob sich daran etwas ändern wird, hängt weniger von wissenschaftlichen Forschungsergebnissen und Diskursen ab als vom Verlauf der 2008 beginnenden weltweiten Finanzmarktkrise, in der erstmals nach Jahrzehnten wieder die Forderung nach „mehr Staat" aufscheint, insbesondere aber nach Governance-Institutionen, die für nachhaltige globale Problemlösungen gerüsteten sind.

10.6 Literatur

Al-Jurf, Saladin, 1999: Good Governance and Transparency: Their Impact on Development, in: Transnational Law & Contemporary Problems 9, 175-191.

Alvarez, Michael/Garett, Geoffrey/Lange, Peter, 1991: Government Partisanship, Labor Organization and Macro-Economic Performance, in: American Political Science Review 85, 539-556.

Arndt, Christiane/Oman, Charles, 2006: Uses and Abuses of Governance Indicators. Paris: Organization for Economic Cooperation and Development, Development Centre Series.

Basedau, Matthias, 2002: Zum Zusammenhang von Wahlsystem, Parteiensystem und Demokratiestabilität in Afrika. Kritische Anmerkungen zum Potential von „electoral engineering", in: Afrika Spectrum 37, 311-333.

Besançon, Marie, 2003: Good Governance Rankings: The Art of Measurement. World Peace Foundation Reports, 36. Cambridge.

BMZ 1991: Rede von Bundesminister Carl-Dieter Spranger vor der Bundespressekonferenz über „Neue politische Kriterien des BMZ". Bonn (10.10.1991).

BMZ 1996: Entwicklungspolitisches Konzept der Bundesregierung (BMZ-aktuell 72), Bonn; Bundesministerium für Wirtschaftliche Zusammenarbeit.

BMZ 2003: Recht – Demokratie – Frieden. Politik für Entwicklung. Bundesministerium für Wirtschaftliche Zusammenarbeit. Berlin.

Burke, Edmund, 1887: The Works of the Right Honourable Edmund Burke, Bd. III: Reflections on the Revolution in France 1790. London. (Nachdruck 1975, Hildesheim/New York) (deutsch: Betrachtungen über die Französische Revolution, Frankfurt a.M. 1995).

Czada, Roland, 1983: Konsensbedingungen und Auswirkungen neokorporatistischer Politikentwicklung, in: Journal für Sozialforschung 23, 421-440 (www.politik.uos. de/POLSYS/Archive/CZADA – Neokorporatismus.pdf, Zugriff am 11.03.2009).

Czada, Roland, 1991: Regierung und Verwaltung als Organisatoren gesellschaftlicher Interessen, in: Hans-Hermann Hartwich/Göttrik Wewer (Hrsg.), Regieren in der Bundesrepublik Bd. 3: Systemsteuerung und Staatskunst. Opladen, 150-173.

Czada, Roland/Weilenmann, Markus, 2004: Good Governance und Demokratieförderung zwischen Anspruch und Wirklichkeit – Ein Diskussionspapier. GTZ, Eschborn (www.gtz.de/de/dokumente/de-SVMP-czada-weilenmann-2004.pdf, Zugriff am 08.01.2009).

De Maria, William 2008a: Neo-colonialism through Measurement: A Critique of the Corruption Perceptions Index, in: Critical Perspectives on International Business 4, 184-202.

De Maria, William 2008b: Measurements and markets: deconstructing the corruption perception index, in: International Journal of Public Sector Management 21, 777-797.

Eisenstadt, Shmuel N. (Hrsg.), 2002: Multiple Modernities. New Brunswick/ London.

Evans, Peter, 1995: Embedded autonomy: states and industrial transformation. Princeton.

Evans, Peter/Rueschemeier, Dietrich/Skocpol, Theda (Hrsg.), 1985: Bringing the State Back. New York/Cambridge.

George, Susan/Sabelli, Fabrizio, 1995: Kredit und Dogma. Ideologie und Macht der Weltbank. Hamburg.

Glaeser, Edward/LaPorta, Rafael/Lopez-de-Silanes, Florencio/Shleifer, Andrei, 2004: Do Institutions Cause Growth?, in: Journal of Economic Growth 9, 271-303.

Guilhot, Nicolas, 2000: Die Weltsanierer vom Dienst. Weltbank und IWF. In: Le Monde diplomatique Nr. 6246 vom 15.09.2000, 16-17.

Guilhot, Nicolas, 2005: The Democracy Makers: Human Rights and the Politics of Global Order. New York.

Habermas, Jürgen, 1996: Legitimationsprobleme im Spätkapitalismus. Frankfurt a.M.

Hall, Peter A./Soskice, David (Hrsg.), 2001: Varieties of Capitalism: The Institutional Foundations of Comparative Advantage. New York.

Kaiser, Joseph H., 1956: Die Repräsentation organisierter Interessen. Berlin.

Kapur, Devesh/Lewis, John P./Webb, Richard, 1997: The World Bank. Its First Half Century. The Brookings Institution, Washington, DC.

Kaufmann, Daniel/Kraay, Aaart, 2007: On Measuring Governance: Issues for Debate. Presentation at DEC/WBI Roundtable on Measuring Governance. Worldbank. Washington, D.C., January 11th, 2007.

Kleinfeld, Ralf/Plamper, Harald/Huber, Andreas (Hrsg.), 2006: Regional Governance. 2 Bde. Göttingen.

Knack, Stephen, 2007: Measuring Corruption: A Critique of Indicators in Eastern Europe and Central Asia, in: Journal of Public Policy 27, 255-291.

Kommission der Europäischen Gemeinschaften, 2001: Europäisches Regieren. Ein Weissbuch. Brüssel (http://eurlex.europa.eu/LexUriServ/site/de/com/2001/com2001_04 28de01.pdf, Zugriff am 09.02.2009).

Latin American experience in the 1930's and the postwar world. In G. Gereffi/D.L. Wyman (Hrsg.), Manufacturing miracles, paths of industrialization in Latin America and East Asia. Princeton.

Lehmbruch, Gerhard, 1977: Liberal Corporatism and Party Government, in: Comparative Political Studies 10, 91-126.

Lehmbruch, Gerhard, 1987: Administrative Interessenvermittlung, in: Adrienne Windhoff-Héritier (Hrsg.), Verwaltung und ihre Umwelt. Opladen, 11-43.

Lehmbruch, Gerhard, 1991: The organization of society, administrative strategies, and policy networks, in: Roland Czada/Adrienne Windhoff-Héritier (Hrsg.), Political Choice: Institutions, Rules and the Limits of Rationality. Frankfurt a.M., 121-158.

Lewis, Arthur W., 1965: Politics in West Africa. London/Toronto.

Lijphart, Arend, 1999: Patterns of Democracy. Government Forms and Performance in Thirty-six countries. New Haven/London.

Lijphart, Arend/Waisman, Carlos H., 1996: The Design of Democracies and Markets – Generalizing Across Regions, in: Arend Lijphart/Carlos H. Waisman, Institutional Design in New Democracies. Eastern Europe and Latin America.Boulder/Oxford.

Lindberg, Leon N./Campbell, John L./Hollingsworth, J. Rogers, 1991: Economic Governance and the analysis of structural change in the American economy, in: John L. Campbell/J. Rogers Hollingsworth/Leon N. Lindberg (Hrsg.), Governance of the American economy. Cambridge.

Magnusson, Kristof, 2008: Einfaltsinsel Island, in: Financial Times Deutschland vom 13.10.2008, 25.

Mathur, Kuldeep, 2001: Good Governance State and Democracy. Ms. Conference „Beyond the Post Washington Consensus: Governance and the Public Domain in Contrasting Economies- the Cases of India and Canada". Chandigarh (Indien) (http://www.yorku.ca/robarts/archives/chandigarth/pdf/mathur_delhi. pdf, Zugriff am 03.03.2009).

Mozaffar, Shaheen/Scarritt, James R./Galaich, Glen, 2003: Electoral Institutions. Ethno-political Cleavages and Party Systems in Africa's Emerging Democracies, in: American Political Science Review 97, 379-390.

Musch, Elisabeth, 2008: Politische Beteiligung durch Dialog? Konsultationsstrukturen zwischen Staat und Migrantenverbänden im deutsch-niederländischen Vergleich. DVPW-ÖGPW-SVPW Tagung „Die Verfassung der Demokratien", 21.-23. November 2008, Universität Osnabrück (https://www.dvpw.de/ fileadmin/docs/2008 WS3Musch.pdf, Zugriff am 12.02.2009).

Norris, Pippa, 2004: Electoral Engineering. Cambridge.

Nuscheler, Franz, 2009: Good Governance. Ein universelles Leitbild von Staatlichkeit und Entwicklung? Duisburg: Institut für Entwicklung und Frieden, Universität Duisburg Essen (INEF-Report 96/2009).

OECD, 1995: Participatory Development and Good Governance. Paris.

Olson, Mancur, 1985: Aufstieg und Niedergang von Nationen. Ökonomisches Wachstum, Stagflation und soziale Starrheit. Tübingen.

Putnam, Robert D., 1993: Making Democracy Work. Civic Traditions in Modern Italy. Princeton.

Saladin, Peter, 1984: Verantwortung als Staatsprinzip. Ein neuer Schlüssel zur Lehre vom modernen Rechtsstaat. Bern/Stuttgart.

Sartori, Giovanni, 1994: Comparative Constitutional Engineering. Houndmills.

Schmidt, Sigmar, 2007: Afrika südlich der Sahara, in: Sigmar Schmidt u.a. (Hrsg.), Handbuch zur deutschen Außenpolitik. Wiesbaden, 532-544.

Schmidt, Siegmar/Hellmann, Gunther/Wolf, Reinhard (Hrsg.), 2007: Handbuch zur deutschen Außenpolitik. Wiesbaden.

Simmel, Georg, 1892: Einleitung in die Moralwissenschaft. Eine Kritik der ethischen Grundbegriffe, Band I. Stuttgart/Berlin.

Simon, Herbert, 1961: Aministrative Behavior. 2. Aufl., New York.

Stiglitz, Joseph E., 2005: The post Washington Consensus consensus. Working paper series, Initiative for Policy Dialogue, Washinton: Columbia University (http://www0.gsb.columbia.edu/ipd/pub/Stiglitz_PWCC_English1.pdf, Zugriff am 02.01.2009).

Voelzkow, Helmut, 2007: Jenseits nationaler Produktionsmodelle? Die Governance regionaler Wirtschaftscluster. International vergleichende Analysen. Marburg.

Williamson, John, 1989: What Washington Means by Policy Reform, in: John Williamson (Hrsg.), Latin American Readjustment: How Much has Happened, Washington: Institute for International Economics, 7-38.

Williamson, Oliver E., 1990: Die ökonomischen Institutionen des Kapitalismus. Tübingen.

World Bank, 1989: Sub-Saharan Africa. From Crisis to Sustainable Growth. A Long-term Perspective Study. Washington (DC).

Kapitel 11:
Governance und Demokratie[*]

Yannis Papadopoulos

11.1 Zur Entwicklung der Problematik

Politikwissenschaftler betonen zunehmend, dass politische Entscheidungen im öffentlichen Sektor häufig in Governance-Strukturen getroffen und umgesetzt werden. Der Begriff Governance wird dabei oft mit normativen Konnotationen verwendet, zuerst von der Weltbank, die vor einigen Jahren allgemeine Prinzipien von *Good Governance* zur Voraussetzung für die Vergabe von Finanzhilfen erklärte (Rechtsstaatlichkeit, unbestechliche Verwaltung, Marktwirtschaft, politischer Pluralismus und Zivilgesellschaft; World Bank 1989). Den folgenden Ausführungen liegt ein engerer und analytischer Begriff von Governance zugrunde. Selbst mit dieser Einschränkung lassen sich in der Literatur noch ein Dutzend verschiedene Definitionen finden (Kooiman 2002). Ich verstehe hier Governance als besondere Form der politischen Steuerung, wobei im politisch-administrativen System keine souveräne Autorität existiert, die in der Lage wäre, effektive und legitime öffentliche Politiken in hierarchischen und vertikalen Strukturen durchzusetzen. Vielmehr müssen verschiedene Akteure aus Staat und Gesellschaft miteinander kooperieren, um diese Ziele zu erreichen. Daraus folgt:

> „Decision-making, rather than being centralized, occurs within an amorphous set of subgovernments. Whether the parties involved are characterized as interest groups, iron triangles, advocacy coalitions, issue networks, or policy networks, the point is the same: small networks of policy specialists congregate to discuss specific issues, set agendas, and formulate policy alternatives outside the formal bureaucratic channels, and they also serve as brokers for admitting new ideas into decision-making circles of bureaucrats and elected officials" (Haas 1992: 31).

Wenn man nach der Beziehung zwischen Governance und den für demokratische Staaten typischen repräsentativen Regierungssystemen fragt, so verdienen die folgenden Merkmale des Konzepts besondere Aufmerksamkeit:

- An die Stelle eines dirigistischen Politikstils tritt ein eher „horizontaler" Modus kollektiven Entscheidens in Politiknetzwerken. Diese Netzwerke umfassen Akteure aus dem öffentlichen Sektor, aus Regierungen und insbesondere Verwaltungen[1] ebenso wie Experten und Vertreter gesellschaftlicher Interessen, die durch öffentliche Politiken betroffen sind (*stakeholders*).

Randnotizen:
- Begriff von Governance
- Merkmale des Konzepts
- Horizontale Beziehungen

---

[*] Aus dem Französischen übersetzt von Arthur Benz.
[1] Im Falle von *Multilevel Governance* vertreten die Akteure aus dem öffentlichen Sektor verschiedene territoriale Ebenen: die europäische, die nationale, die regionale und/oder die lokale Ebene (vgl. den Beitrag von Arthur Benz in diesem Band).

Kooperative Interak-   ■ Interaktionen in öffentlichen Politiknetzwerken sind in der Regel kooperationen   tiv. Zwar sind Meinungs- und Interessenkonflikte zwischen Akteuren nicht
                           ausgeschlossen, in jedem Fall aber tendieren die Beteiligten in Entschei-
                           dungsarenen dazu, ihre Positionen einander wechselseitig anzupassen und
                           Kompromisse zu schließen, wenn nicht sogar in Lernprozessen ihre Interes-
                           sen neu zu definieren und so einen Konsens zu erreichen. Wissenschaftler,
                           welche die Funktionsweise von Governance empirisch untersucht haben,
                           sind sich nicht ganz einig über die Verhaltensmotivationen und Interakti-
                           onsmodi der Akteure. Allem Anschein nach sind aber für Entscheidungen
                           arguing (deliberative Prozesse der Konsensfindung in Orientierung am ge-
                           meinsamen Interesse der Beteiligten) und *bargaining* (Suche nach einem
                           Kompromiss, der allen die möglichst weitgehende Verwirklichung ihrer in-
                           dividuellen Interessen erlaubt)[2] wichtiger als – am Ende durchaus mögliche
                           – Abstimmungsverfahren nach der Mehrheitsregel.

Politik außerhalb   ■ Die Arenen der Governance sind oft von den Institutionen der repräsentati-
demokratischer   ven Demokratie, insbesondere von der parlamentarischen Arena, abgekop-
Institutionen   pelt. Politiknetzwerke sind oft kaum kodifiziert und formalisiert, sie bilden
                           sich häufig ad hoc und arbeiten in einer für die Öffentlichkeit wenig trans-
                           parenten Weise.[3]

Entwicklungen in   Vor allem in (OECD) Ländern mit einem zentralisierten politischen System und
einzelnen Staaten   einem etatistischen Politikstil wird die Veränderung von *government* zu Gover-
                       nance als ein neues Phänomen wahrgenommen. In Frankreich etwa scheint die
                       Dezentralisierung seit den 1980er Jahren breite Reformimpulse ausgelöst zu
                       haben, die Verhandlungen, Verträge und Partnerschaften bei der Erfüllung öffent-
                       licher Aufgaben förderten (Duran 1999; Gaudin 1999) und insbesondere in gro-
                       ßen Stadtzentren zur Entstehung von Netzwerken der Governance führten (Le
                       Galès 1995). Im Vereinigten Königreich, dessen Länder dem Typus der Mehr-
                       heitsdemokratie mit Dominanz des Kabinetts („Westminster-System") zugerech-
                       net werden (Lijphart 1999), machten empirische Untersuchungen auf der Grund-
                       lage „dichter Beschreibungen" und einer veränderten analytischen Perspektive
                       (Rhodes 2000) auf weniger formelle Entscheidungsverfahren (Einfluss von Inte-
                       ressengruppen, Rolle der höheren Verwaltung etc.) aufmerksam und lassen auf
                       eine erhebliche Bedeutung von Governance schließen (Rhodes 1997). In
                       Deutschland – dem „semi-souveränen Staat" (Katzenstein 1987) – kann die Pra-
                       xis der kooperativen Steuerung kaum als neues Phänomen betrachtet werden, sei
                       es wegen der durch den kooperativen Bundesstaat induzierten Verhandlungssys-
                       teme (Benz u.a. 1992) oder wegen der Konzertierung von Verbandsinteressen in
                       neo-korporatistischen Strukturen in den Bereichen der Wirtschafts- und Sozial-

---

[2] Nach den Begriffen von Jon Elster 1998. Ob die Akteure zum Modus des *arguing* (oder *problem-
     solving*) oder des *bargaining* neigen, hängt von vielen Faktoren ab wie der Art der Verhandlungs-
     situation, dem Ablauf des Entscheidungsprozesses oder den Ressourcen der Akteure (Benz 1994;
     Elgström/Jönsson 2000; Holzinger 2001).
[3] Ein typisches Beispiel ist die Entwicklung der wenig transparenten „Komitologie" in der Euro-
     päischen Union (Rhinard 2002), der informellen Netzwerke der Mitglieder nationaler Regulie-
     rungsagenturen (Eberlein/Grande 2005), der neuerdings angewandten „soft modes of governan-
     ce" (Borras/Conzelmann 2008) wie etwa der „Offenen Methode der Koordinierung" (Büchs
     2008).

politik. Hier reflektierten neuerdings vor allem Arbeiten, die den „akteurszentrierten Institutionalismus" anwenden (Mayntz/Scharpf 1995; Werle/Schimank 2000), die Grenzen staatlicher Steuerung. In den kleinen europäischen Staaten, die der Gruppe der Konkordanzdemokratien bzw. den neokorporatistischen Systemen zugerechnet werden, gelten Verhandlungen und Kooperation seit langem als vorherrschende Modi der Politik.[4]

Die Diffusion von Governance, als Alternative zur dirigistischen *top-down*-Steuerung, scheint unabdingbar für das Regieren moderner Gesellschaften zu sein (Papadopoulos 2001). Vereinfacht gesprochen bildet sie eine Reaktion[5] auf funktionale Erfordernisse komplexer Gesellschaften, die durch eine ausgeprägte Differenzierung gekennzeichnet sind.[6] Staatliche Institutionen bleiben die Instanzen, denen grundsätzlich die Steuerung der fragmentierten Gesellschaft obliegt, sei es der Konflikte zwischen Klassen, Berufsgruppen, kulturellen Gemeinschaften oder unterschiedlichen Lebensstilen. Renate Mayntz (1997) drückte dies in angemessener Weise aus, als sie den Staat als einzigen legitimen „Spezialisten für das Allgemeine" bezeichnete. An ihn richten sich Erwartungen im Hinblick auf das „Interdependenzmanagement" zwischen den differenzierten sozialen Einheiten, die angesichts ihrer Unabhängigkeit (besonders hinsichtlich der Ressourcenverwendung) ihre eigenen Ziele verfolgen und oft Externalitäten ihres Handelns ignorieren. Häufig jedoch fehlt es den staatlichen Stellen an den notwendigen Mitteln, die für eine erfolgreiche Regulierung erforderlich sind. Ganz besonders gilt dies für Fachkenntnisse (die Kausalitätszusammenhänge der zu verwaltenden Aufgaben sind vielfältig, unsicher und veränderlich), für Durchsetzungsmacht (die Zielgruppen der Steuerung können mit *exit* oder *voice* drohen, wenn sie mit unerwünschten Entscheidungen konfrontiert sind, und sind oft in der Lage, belastende Entscheidungen zu umgehen) oder für notwendige Organisationskapazitäten, um Entscheidungen zu implementieren. Staatliche Steuerungsinstanzen sind zudem selbst abhängig von Ressourcen, die von Akteuren in anderen Gesellschaftssektoren kontrolliert werden. Daher muss verhindert werden, dass diese Ressourcen den öffentlichen Institutionen entzogen oder gegen sie eingesetzt werden. Diesem Ziel dient die Beteiligung von Akteuren, die formal den Entscheidungen unterworfen sind, in öffentlichen Entscheidungsprozessen.

All dies stellt staatliche Institutionen vor zwei schwierige Herausforderungen:

- Zum einen müssen sie mit der Tatsache fertig werden, dass bei der Verwirklichung staatlicher Aktivitäten oft widersprüchliche Sonderinteressen aufeinander abgestimmt werden müssen.

Marginalien:

Erklärung für die Entstehung von Governance

Herausforderungen an staatliche Steuerung

---

[4] Diese beiden Kategorien überlappen sich teilweise. Der Konsozialismus impliziert zunächst die Lösung von Sprachen- und Religionskonflikten zwischen Parteieliten, während der Neokorporatismus sich auf die Lösung von wirtschaftlichen Interessenkonflikten zwischen den Sozialpartnern und Vertretern der Regierung bezieht.

[5] Tatsächlich handelt es sich nicht um eine einfache funktionale Anpassung des politischen Systems an seine Umwelt (gemäß dem *stimulus-response*-Modell), sondern um durchdachte Aktivitäten der Politikgestaltung, in welcher Ideen und Interessenkalküle der politischen Akteure eine zentrale Rolle spielen.

[6] Vgl. die Arbeiten von Willke 1992 und 1997 über die Notwendigkeit der Kontextsteuerung als Folge der begrenzten Steuerungskapazitäten des Staates.

- Zum anderen ist dafür zu sorgen, dass die für Entscheidungen erforderlichen Ressourcen, die in der Realität zwischen verschiedenen Akteuren aufgeteilt sind, für Zwecke des Gemeinwohls genutzt werden.

Aufbau des Textes Ausgehend von dieser Erklärung der Relevanz und der Funktionen von Governance erörtere ich im Folgenden, ob diese neue Form staatlicher Steuerung mit den anerkannten Normen der demokratischen Legitimation vereinbar ist. Dabei gehe ich in drei Schritten vor:

- Zunächst beschreibe ich vorwiegend im Kontext von Nationalstaaten[7] die Gründe, warum durch Governance Demokratieprobleme aufgeworfen werden (Papadopoulos 2003).
- Danach setze ich mich kritisch mit dem Argument auseinander, dass der Verlust an Demokratie durch eine Verbesserung der Qualität politischer Entscheidungen, der Problemlösungsfähigkeit und Effektivität des politischen Systems kompensiert würde.
- Ich schließe mit einer kurzen Erörterung des Demokratieproblems bei Governance jenseits des Nationalstaats auf der Ebene der Europäischen Union und der transnationalen Politik.

11.2 Horizontale Beziehungen sind nicht gleichbedeutend mit Demokratie

Problem des angemessenen Demokratiebegriffs Kenis und Raab schrieben in einem kürzlich veröffentlichten Text:

> „Darüber hinaus dominiert derzeit innerhalb des (internationalen) Mainstreams der Politik- und Verwaltungswissenschaft eine Perspektive, die eher positivistisch ist und Politik aus einer eher technokratischen Perspektive betrachtet. In einer solchen Situation sind Fragen, die normative Erwägungen verlangen, nicht wirklich en vogue" (Kenis/Raab 2008: 138).

Die Analyse der Beziehungen zwischen Governance und Demokratie setzt tatsächlich einen der Problematik angemessenen normativen Demokratiebegriff voraus. Manche normativen Konzepte sehen Formen einer Demokratisierung politischer Herrschaft vor, die Ähnlichkeiten mit der *Network Governance* haben. Sie postulieren eine stärkere Rolle zivilgesellschaftlicher Akteure in staatlichen Entscheidungen. Unter den Vertretern der Theorie der „deliberativen Demokratie" vertritt etwa Young (2000: 46) ein Modell, nach dem „democratic communication and influence flows between non-state institutions of civil society and state institutions", und eine ähnliche Forderung findet sich in der normativen Theorie der „assoziativen Demokratie" (Cohen/Rogers 1992; Hirst 1994).

---

[7] Die Erörterung ist auch relevant für Governance auf der subnationalen (regionalen und lokalen) Ebene, sofern sich hier Elemente repräsentativer Demokratie finden. Wir werden im letzten Kapitel sehen, dass sich die Frage der Beziehungen zwischen Governance und Demokratie auf der supranationalen Ebene anders stellt, weil dort diese Elemente viel weniger (Europäische Union) oder gar nicht (transnationale Governance) entwickelt sind.

Es wäre gleichwohl voreilig, wenn nicht irreführend, würde man die Entscheidungsfindung im öffentlichen Sektor gemäß einem „partnerschaftlichen" Politikmodus mit Demokratisierung gleichsetzen. Wenngleich man eine Tendenz zur partizipativen Demokratie vermuten kann (Mayntz 2008: 47), geht es bei Governance vorrangige darum, Zielgruppen von öffentlicher Politik in Entscheidungsprozesse zu integrieren, um die Akzeptanz von Entscheidungen zu erhöhen. Gbikpi und Grote (2002: 23) betonen zu Recht, dass

> „ (…) participatory governance is definitely less a matter of democracy in the sense of institutionalizing a set of procedures for electing those in charge of the policy-making, than it is a kind of second best solution for approaching the question of effective participation of the persons likely to be affected by the policies design (…). (P)articipation can be effective in the realisation of policy objectives because it can help to overcome problems of implementation by considering motives and by fostering the willingness of policy addressees to comply as well as through the mobilisation of the knowledge of those affected."

Tatsächlich muss man die Vereinbarkeit von Governance-Regimen mit einigen fundamentalen Grundsätzen der Legitimation öffentlicher Entscheidungen kritisch hinterfragen. Zu erinnern ist hierbei zunächst daran, dass selbst eine minimalistische Definition von Demokratie, wie sie Joseph Schumpeter 1946 in seinem Buch „Kapitalismus, Sozialismus und Demokratie" formulierte, als wesentlichen Aspekt die Autorisierung von Regierenden durch die Bürger betont, und zwar unter der Bedingung, dass jene aus miteinander konkurrierenden Parteien gewählt werden. In Governance-Arenen stehen nun diese regierenden Akteure in Konkurrenz mit anderen Akteuren, die nicht über diese demokratische Legitimation verfügen (Experten) oder sich lediglich auf sektor-spezifische Autorisierung (Vertreter von Interessengruppen) oder auf Delegation (höhere Verwaltungsbeamte) berufen können. Im Übrigen erfordert die demokratische Repräsentation, dass Regierende ihre Entscheidungen öffentlich rechtfertigen (*accountability*), dass die Bürger die Herrschenden durch Abwahl sanktionieren können und dass diese eine solche Möglichkeit antizipieren und deshalb die Präferenzen der Bürger beachten (Responsivität). Nun sollte man sich zwar keine zu großen Illusionen über die effektive Verwirklichung dieser Prinzipien der in modernen Staaten realisierten Demokratie machen (Papadopoulos 2003: 486-492). Dies belegen zahlreiche Kritiken an der Verselbständigung gewählter Regierenden gegenüber den Regierten (die in politikwissenschaftlichen Diskursen als „Krise der Repräsentation" oder „Politikverdrossenheit" thematisiert wurde) oder an der Inszenierung von Politik durch Parteiführer oder populistische Gruppen.

Grundsätze demokratischer Legitimation

Man sollte dennoch das Risiko ernst nehmen, dass Governance die Tendenz zu einer demokratischen Elitenherrschaft zusätzlich verschärfen wird. Das wird deutlich, wenn wir die wichtigsten Probleme von Demokratie in Governance-Strukturen zusammenfassen.

Probleme demokratischer Governance

Zunächst ist auf das Problem der Selektivität der Beteiligten in Governance hinzuweisen. Zwar ist diese nicht strukturell bedingt, sondern muss im Einzelfall empirisch untersucht werden. So können wir bei den Netzwerken im Bereich öffentlicher Politiken unterscheiden zwischen *policy communities*, die stabil sind und deren Akteure eng kooperieren und gemeinsamen Wahrnehmungs- und In-

Problem der Selektivität

terpretationsschemata folgen, sowie *issue networks*, die eher variabel und heterogen sind und eine Vielfalt von Interessen, Ideen und Perspektiven einschließen. Aber Governance zielt in erster Linie auf Legitimität von Politik und weniger auf Demokratie im Sinne von Partizipation (Wolf 2002: 40). Deshalb impliziert sie die Rechtfertigung von Entscheidungen in einer Weise, die nicht zwingend demokratischen Kriterien entspricht. In Politiknetzwerken werden jene Akteure einbezogen, von denen öffentliche Entscheidungsträger abhängig sind. Diese Abhängigkeit beruht auf der Kontrolle gesellschaftlicher oder privater Akteure über

…wegen ungleicher Verteilung relevanter Ressourcen

- Finanzmittel, die insbesondere Akteure aus der Wirtschaft zurückhalten können, wenn sie sich durch staatliche Entscheidungen zu stark belastet fühlen;
- Expertenwissen, das Akteure verweigern können, ohne deren Kenntnisse Entscheidungen auf der Basis falscher Wirkungshypothesen oder unter Vernachlässigung von unerwünschten Folgen getroffen werden müssen;
- Organisationskapazitäten, über die Akteure verfügen, die in der Lage sind, Widerstand gegen öffentliche Politik zu mobilisieren.

…wegen ungleicher Organisierbarkeit

Diese Ressourcen sind offensichtlich nicht gleich verteilt. Es genügt an dieser Stelle der Hinweis auf Mancur Olsons (1965) Theorem über das Paradox kollektiven Handelns: Am besten organisierbar sind solche Interessen, die spezifisch sind und von kleinen Gruppen vertreten werden, weil die Mitglieder dieser Gruppen relativ starken Anreizen zur Mitwirkung unterliegen, seien sie positiver (Gewinnanteil aus gemeinsamen Aktivitäten) oder negativer Art (Missbilligung von „Trittbrettfahrer"-Verhalten). Es ist daher wahrscheinlich, dass der Pluralismus von Governance-Netzwerken bestenfalls unvollständig den gesellschaftlichen Pluralismus widerspiegelt. Ebenso wahrscheinlich ist, dass *policy networks* durch kollektive Akteure kontrolliert werden, welche die am besten organisierten Interessen repräsentieren und die ihren Zugang zum politischen System nutzen, um ihre Vorrechte zu erhalten bzw. ihren Gegnern den Zugang zu öffentlichen Ressourcen zu verwehren. Olson hat diese Gruppen von Akteuren in einem späteren Werk als „Verteilungskoalitionen" bezeichnet (Olson 1982).

Probleme der Kooptation von Verbänden

Dennoch behalten die staatlichen Institutionen Handlungsspielräume, um solche Verzerrungen zu vermeiden. Die Anerkennung einer Organisation als offizielle Gesprächspartnerin der Regierung oder Verwaltung stellt für diese einen Mehrwert an sich dar[8], und indem ihnen ein öffentlicher Status zugeschrieben wird, können Regierungen und Verwaltungen von ausgewählten Interessengruppen verlangen, dass sie staatliche Ziele berücksichtigen (Offe 1981). Im Fall von Governance sind organisierte Interessen daher geneigt, sich in „verantwortlicher" Weise zu verhalten, was die Probleme des Trittbrettfahrer-Verhaltens und des *rent-seeking* (Ausbeutung öffentlicher Mittel für private Zwecke) verringern kann. Aber die Integration in den Staat kann ihrerseits den Pluralismus behin-

---

[8] Dies gilt umso mehr, als die staatliche Anerkennung mit einer Delegation von Regulierungsaufgaben verbunden sein kann (Umsetzung von staatlichen Entscheidungen, Formulierung von sektorspezifischen Normen etc.) und zur Bildung von *private interest governments* (Streeck/Schmitter 1985) führen kann.

dern. Sie kann zur „Normalisierung" und Anpassung des Handelns der betroffenen kollektiven Akteure führen (Fung/Wright 2001: 34) oder innerhalb der Organisationen dieser Akteure Spaltungen erzeugen zwischen denen, die von der
Beteiligung profitieren, und denen, die sie ablehnen. So betonen etwa Jenson und
Phillips (2001), dass die Partnerschaften, die zur Umstrukturierung des kanadi-
schen Wohlfahrtsstaats entstanden waren, innerhalb der beteiligten gesellschaftlichen Organisationen Identitätskrisen bewirkten und ein Machtungleichgewicht
schufen zwischen Gruppen, die zur Restrukturierungspolitik beitrugen, und jenen, die sie bekämpft haben.[9]

Allerdings kann man aus der reichhaltigen Literatur zum Korporatismus
lernen, dass Regierungen und Verwaltungen lediglich solche Organisationen
kooptieren, die hinreichend umfassende Interessen vertreten und mit Recht ein
Vertretungsmonopol in einem Gesellschaftssektor beanspruchen können. Dies
zeigt übrigens, dass staatliche Verwaltungen eine wichtige Gestaltungsrolle in
dem Prozess übernehmen, den man als „meta-governance" bezeichnet. Sie leiten
die Ausarbeitung von Verfahrensweisen und Verfahrensregeln. Hinzu kommt,
dass private Interessen geschwächt werden, wenn der Wettbewerb um die Inte-
ressenvertretung nicht mehr funktioniert. Dann können die Mitglieder eines Verbandes nicht mehr wirksam mit *exit* drohen, sollten sie mit der Politik der Ver-
bandsführung nicht zufrieden sein. Die Folge ist, dass ihre Stimme (*voice*) in
interorganisatorischen Prozessen an Gewicht verliert. Die Schwächung der intra-
organisatorischen Demokratie kann ebenfalls den interorganisatorischen Pluralismus beschränken. Ein institutionelles „Design", das die Verhandlungsspielräume der Leiter von Interessenverbänden vergrößert, erleichtert Kompromisse
und erlaubt es, Konflikten zwischen divergierenden Interessen auszuweichen.
Tatsächlich scheint die Lösung von Verteilungskonflikten nach den Grundsätzen
der sozialen Gerechtigkeit nur möglich, indem Verhandlungen innerhalb der
beteiligten Organisationen zentralisiert und innerorganisatorische Prozesse demokratischer Willensbildung beschränkt werden (Scharpf 1997). Wenn *policy
networks* pluralistischer werden, so verbessert dies also sicher die Vertretung
organisierter Interessen und reduziert die Selektivität des *inputs*. Aber dadurch
wird ein politisches System keineswegs demokratischer, zumal dadurch das
Problem der Distanz zwischen der Basis und der Führung in Organisationen
nicht gelöst wird.

Problem der Repräsentation

Dieses Problem ist nun weder neu noch spezifisch für Governance-Strukturen. Seit Edmund Burke (und wenig später den amerikanischen „Föderalisten")
impliziert das moderne Konzept von Repräsentation, dass Repräsentanten untereinander in Prozessen der öffentlichen „Deliberation" stehen sollen mit dem Ziel,
das Gemeinwohl gemeinsam zu definieren. Dies ist aber nur möglich, wenn die
Vertreter nicht an zu enge Mandate gebunden sind (Benz 2000). An die Stelle
einer Sichtweise, dass Repräsentation einen „Transmissionsriemen" darstelle und
die Vertretung nichts anderes als ein „Mikrokosmos" der Interessen der Gesellschaft bilden sollte, ist ein Verständnis demokratischer Repräsentation getreten,

Repräsentation als trust

---

[9] Es sei daran erinnert, dass die Konstruktion von Politik als „moderat" oder „extremistisch" Teil
der symbolischen Auseinandersetzungen ist, welche Prozesse des *policy-making* begleiten
(Young 2000: 47).

nach dem die Repräsentanten als Vertrauenspersonen (*trustees*) von den Repräsentierten beauftragt werden und für diese verantwortlich, aber relativ unabhängig handeln (Pitkin 1971). Diese Konzeption schließt jeden Zwang eines imperativen Mandats aus, damit die Vertreter sich ohne die ständige Drohung der Abberufung der notwendigen Reflexion und Erörterung von Problemen (*brainstorming*; Elster 1998) widmen können.

Interessenausgleich
durch Deliberation

Deliberation zwischen freien Repräsentanten ist notwendig, um gemeinsames Lernen mit dem Ziel der Bewältigung von Interdependenzen zu ermöglichen. Sie beinhaltet allerdings unvermeidlich einen undemokratischen Zug, da sie in geschlossenen und begrenzten Gremien stattfinden muss (Fishkin 1991). Wenn politische Führer kooperative Praktiken entwickeln, wenn sie ihrem Verhalten Normen der Reziprozität zugrunde legen und wenn sie künftige Folgen von Entscheidungen berücksichtigen, so liegt dies daran, dass sie untereinander in dauerhaften Beziehungen (Axelrod 1984) und im Dialog stehen. Dagegen unterliegen gewöhnliche Bürger kaum solchen Bindungen, und die geheime Wahl – die als Ausdruck ihrer Autonomie verstanden wird – veranlasst sie weder zur Begründung ihrer Entscheidungen noch zum Lernen (Buchstein 2000).

Autonomie und
Bindung der
Repräsentanten

Der Handlungsspielraum, über den Repräsentanten verfügen sollen, und das Vertrauen, das Repräsentierte ihnen übertragen, unterliegen allerdings ständigen Kontroversen. Die Probleme in den Beziehungen zwischen „Prinzipalen" (Organisationsmitgliedern, Vertretenen) und „Agenten" (Vertreter) im Rahmen von Repräsentationsverhältnissen fanden in der ökonomischen Theorie besondere Aufmerksamkeit. Hier wurde auf Informationsasymmetrien hingewiesen, welche die Autonomie der Agenten begünstigten. Soziologische Theorien machten zudem auf Zielverschiebungen in Organisationen aufmerksam, deren politische Führer ihre eigenen Interessen verteidigen und die sich an eine unsichere „Umwelt" anpassen müssen.[10] Auch in der Literatur zum Neokorporatismus finden sich Hinweise darauf, dass Organisationsführer durch die „Einflusslogik" (Schmitter/Streeck 1999) geprägt werden, d.h. sich in Verhandlungen mit öffentlichen und privaten Organisationen konzessionsbereit verhalten, dabei aber den Widerstand seitens ihrer Organisationsmitglieder riskieren, sofern diese andere Ziele bevorzugen und über ausreichende Gegenmacht verfügen. Wenn die negativen Folgen der Repräsentation glaubhaft angeprangert werden können, bieten sich populistischen Bewegungen Gelegenheiten, die politischen Eliten als korrupt oder als Verräter der Interessen der Bevölkerung zu denunzieren. Diese Kritik kann die Legitimität der demokratischen Institutionen untergraben, gleichgültig ob sie sich gegen Verfahren der Governance oder direkt gegen parlamentarische Institutionen wendet.[11]

Problem der elitären
Deliberation

In jüngster Zeit wird das Ideal der Deliberation wegen seiner elitären Konnotationen auch im Rahmen der Demokratietheorie in Frage gestellt. Lynn San-

---

[10] Zu nennen sind hier die klassischen Arbeiten von Robert Michels und Philip Selznick.

[11] Deshalb scheinen die Konsensdemokratien, in denen Entscheidungen in Verhandlungen getroffen werden, einen fruchtbaren Boden für Bewegungen gegen das „Establishment" zu bieten (Belgien, Österreich, Schweiz, Skandinavische Länder, Niederlande, Frankreich während der *cohabitation*; siehe Papadopoulos 2005), obwohl eine vergleichende Untersuchung zeigte, dass in Verhandlungsdemokratien die Präferenzen der Wählerschaft besser in politische Entscheidungen übersetzt werden (Lijphart 1999: 287-288).

ders (1997) hat, inspiriert vor allem durch die Kritik an der *domination linguistique* des französischen Soziologen Pierre Bourdieu, in den Regeln der Deliberation (Rationalität, Mäßigung) einen Druck zur Normalisierung erkannt. Sie hat ferner auf den exklusiven Charakter dieses Verfahrens hingewiesen, weil nur gesellschaftliche Gruppen mit einem ausreichenden kulturellen Kapital fähig seien, diese Regeln zu erfüllen und in deliberativen Prozessen mitzuwirken. Sie setzt dem ein Partizipationsmodell entgegen, das die beherrschten Gruppen zur Bekundung von Widerspruch ermuntert – ein Modell, das den Vorschlägen anti-elitistischer Bewegungen ähnelt. Diese Kritik kann sich auf empirische Untersuchungen stützen, ohne dass die Forschung schon allgemeine Schlussfolgerungen zulassen würde. So zeigte Gaudin für Frankreich, dass Vertreter von Verbänden und öffentliche Amtsträger sich in Verhandlungen als institutionelles Sprachrohr der nicht beteiligten Bevölkerung verstehen (Gaudin 1995: 52 und 55). In ähnlicher Weise bestätigen Arbeiten aus Dänemark nicht nur den Ausschluss der allgemeinen Interessen aus Governance-Strukturen, sondern auch die Tendenz, dass die in Politiknetzwerken engagierten Aktivisten zum Anwalt der „gewöhnlichen" Bürger werden und sich veranlasst sehen,

> „to turn away from the ‚big' politics of experts in governance networks and to concentrate on ‚small' projects related to daily life in their locality" (Bang/Dyrberg 2000: 150).

Schließlich darf man nicht vergessen, dass es schwierig ist, gegenüber der Öffentlichkeit eventuell bestehende Demokratiedefizite von Governance mit den Vorteilen der Deliberation zu rechtfertigen, da diese von den gewöhnlichen Bürgern weder wahrgenommen noch geschätzt wird (Hermet 2001: 16).

Diese Kritik am selektiven und elitären Charakter von Governance (die, wie wir gesehen haben, sich nicht nur auf diese bezieht) wird ergänzt durch die Kritik an der Intransparenz und am Problem der Zurechnung von Verantwortlichkeit der Entscheidungen auf Akteure (*accountability*).[12] Um sie besser verstehen zu können, muss man bedenken, dass Demokratien in Wirklichkeit gleichzeitig zwei Legitimationsprinzipien unterliegen, deren Koexistenz sich als problematisch erweisen kann (Riker 1982): Gemäß dem ersten Prinzip, das Riker als „populism" bezeichnet, bedeutet Demokratie in erster Linie die Verwirklichung der Volkssouveränität. Gemäß dem zweiten Prinzip des „liberalism" hingegen legitimiert sich Herrschaft in der Demokratie durch Rechtsstaatlichkeit, die Bürger gegen Machtmissbrauch schützt. Diese Grundsätze haben enge Bezüge zu den Begriffen der positiven und negativen Freiheit, wie sie der Philosoph Isaiah Berlin unterschied. Nun haben neuere Arbeiten bereits auf ein Defizit hinsichtlich des Prinzips der Volkssouveränität in der institutionellen Architektur demokratischer Staaten hingewiesen, etwa die Entwicklung „nicht-majoritärer" Institutionen (wie unabhängige Verwaltungsbehörden), die bewusst dem Druck der kurzfristig orientierten Mehrheit entzogen werden sollen (Mény/Surel 2000). Governance impliziert allerdings oft nicht nur Defizite hinsichtlich des ersten Prinzips, sondern auch hinsichtlich der Rechtsstaatlichkeit (Papadopoulos 2002). Tatsächlich sind die

Problem der Kontrolle

---

[12] Zu den Problemen der „accountability" in Mehrebenen-Governance siehe Benz u.a. 2007.

Institutionalisierung und die Kodifizierung von Verfahren, die ja willkürliche Machtausübung vermeiden sollen, hier oft unzureichend. Gleichzeitig geht die Praxis von Governance nicht selten durch eine Entformalisierung des Rechts (*soft law*) einher, weil die Blockademacht bestimmter Akteure die verantwortlichen staatlichen Akteure dazu zwingt, Normen mit diesen auszuhandeln. Diese Abkehr von den klassischen Formen des Rechtsstaats kann, sofern sie erkannt wird, verständlicherweise auf Kritik der Bürger treffen. Man kann tatsächlich einen Mangel an Verfahrenslegitimität feststellen, gleichsam ein Defizit an „throughput legitimacy", das Governance-Forscher vermutlich unterschätzten, wenn sie die durch die Qualität von output erzeugte Legitimität betonten.

Schwächung der Parlamente
Ein ähnliches Problem ergibt sich aus der Tatsache, dass die Arenen der Governance größtenteils von den Institutionen der repräsentativen Demokratie, den Parlamenten, abgekoppelt arbeiten. Um es nochmals zu betonen: Dieses Problem ist keinesfalls neu. Seit mehreren Jahrzehnten wird der Aufstieg der Technokratie als Ursache des Niedergangs der Parlamente oder die überlegene Macht der Wirtschaft gegenüber den öffentlichen Institutionen beklagt.[13] Heute bestätigen empirische Untersuchungen aus verschiedenen Ländern (Schneider 2000; Kriesi 2006), dass nicht die Parlamente oder Parteien die einflussreichsten Akteure bzw. Institutionen in Politiknetzwerken sind, wie dies das Ideal der repräsentativen Demokratie vorsehen würde, sondern, wie oben betont wurde, Bürokratien und organisierte Interessen. Es ist zweifellos übertrieben, deswegen von einer Aushöhlung des Staates (*hollowing out of the state*) zu sprechen,[14] denn Regierungen und Parlamente können nach wie vor ihr Veto gegen Entscheidungen in Politiknetzwerken einlegen (Voelzkow 2000). Dennoch muss man die Frage stellen, unter welchen Bedingungen der dadurch hergestellte „Schatten der Hierarchie" für die Akteure im Governance-Netzwerk eine glaubwürdige Drohung darstellt. Regierungen sind in hohem Maße abhängig vom Fachwissen der Verwaltung, die ihrerseits auf Informationen von denen angewiesen ist, die im Prinzip staatlichen Entscheidungen unterworfen sind (Pierre 1998: 48). Was die Parlamente anbelangt, so sollte man ihre Fähigkeit nicht unterschätzen, über eine bloße Ratifikation von Vorentscheidungen in Politiknetzwerken hinaus ihre eigene Politik zu verwirklichen. Zwar fehlt es den meisten Abgeordneten an dem notwendigen Fachwissen in komplexen Materien, aber sie unterhalten enge Beziehungen zu Interessengruppen, die wiederum in den Governance-Arenen vertreten sind. Über den Handlungsspielraum von Parlamenten entscheiden zudem nicht nur Ressourcen und das Profil der Abgeordneten, sondern auch die gesamten institutionellen Konfigurationen der Politik. Wie Arend Lijphart (1999) gezeigt hat, sind Parlamente in Konsensdemokratien weniger abhängig von der Exekutive als in Mehrheitsdemokratien. Zudem macht es einen Unterschied, ob kooperative Govenance-Formen im Gesetzgebungsprozess, also

---

[13] Vgl. z.B. die Kritik des Elitismus im amerikanischen Regierungssystem, die von Charles Wright Mills formuliert wurde, oder später vertretene Thesen einer privilegierten Position der Unternehmen bzw. einer strukturellen Abhängigkeit des Staates von Kapitalinteressen.

[14] Interessant ist hierbei die Erkenntnis, die aus einer großen vergleichenden Untersuchung gewonnen wurde. Sie zeigte, dass öffentliche Politiken dann am effektivsten sind, wenn ein gewisses Ressourcengleichgewicht zwischen dem politisch-administrativen System und den gesellschaftlichen Akteuren existiert (Bovens u.a. 2001).

bei Entscheidungen über Prinzipien, Normen und Regeln einer Politik, eingesetzt werden oder im Implementationsprozess, wenn also das Recht auf konkrete Sachverhalte angewandt wird. Im ersten Fall ist es wahrscheinlicher, dass Präferenzen von gewählten Politikern beachtet werden, weil sie die Zielgruppe binden, die es zu überzeugen gilt. Im zweiten Fall kooperieren hauptsächlich Verwaltungsakteure, meistens Vertreter von regionalen oder lokalen Behörden, mit zivilgesellschaftlichen Akteuren, und dies geschieht in einer Distanz von Politikern, die Ziele und Normen definieren.[15]

11.3 Mehr Gemeinwohl durch Governance, aber weniger Demokratie?

Man sollte nicht verkennen, dass Governance wenigstens durch eine Art „manageriale" Legitimität gestützt wird, die Entscheidungen (und dadurch Entscheidungsträger) durch die Effektivität des *outputs* rechtfertigt statt durch die formalen Verfahren der repräsentativen Demokratie, also durch jenes Demokratieideal, aus dem unsere politischen Systeme ihre Legitimität ableiten. Die Zufriedenheit der Bürger mit der Tätigkeit der Regierung ist sicherlich für die Anerkennung der bestehenden demokratischen Institutionen entscheidend. Es besteht ein Zusammenhang zwischen der „spezifischen Unterstützung" öffentlicher Politiken, weil Adressaten sie als vorteilhaft betrachten, und der „diffusen Unterstützung" des politischen Systems, das diese Politiken erzeugt. Die Geschichte belegt, dass Regierungen immer wieder wegen der schlechten Performanz bei der Bekämpfung der Inflation oder der Arbeitslosigkeit destabilisiert wurden. Wenn wir die Demokratiedefizite von Governance untersuchen, so sollten wir aber auch fragen, welche demokratischen Verfahren geeignet sind, die Angelegenheiten in der komplexen Gesellschaft zu steuern. Bedauerlicherweise wurde diese Frage nach dem Verhältnis von Demokratie und Komplexität selten vertieft behandelt (vgl. aber Zolo 1992), es sei denn in einer elitentheoretischen Perspektive, nach der man leicht zu der einfachen Schlussfolgerung kommt, dass die politischen Aufgaben und Verfahren zu kompliziert seien, als dass man sie in die Verantwortung der vermeintlich inkompetenten „Normal"-Bürger legen sollte.

    Die Komplexität hängt mit der Differenzierung und Fragmentierung von Gesellschaften zusammen, aus der die Notwendigkeit zur politischen Steuerung partikularer Gruppen ebenso resultiert wie die Widerstände gegen diese Steuerung. Die Differenzierung stellt erhebliche Herausforderungen an demokratische Verfahren. Vor allem Vertreter der *rational-choice*-Theorie behaupteten, dass die Partizipation von Individuen wenig vernünftig sei, wenn diese zu Lasten der individuellen Interessenverfolgung im privaten Bereich gehe. Die Zwänge (etwa der Spezialisierung), denen Individuen in den verschiedenen Subsystemen der Gesellschaft ausgesetzt sind (Wirtschaft, Gesundheitswesen, Wissenschaft etc.), erfordern eine Professionalisierung der Aufgabenerfüllung und zudem eine Dif-

Marginalien: Legitimität durch effektive Politik; Demokratie und Komplexität

---

[15] Vgl. am Beispiel der Implementation der Strukturfonds (ein typischer Fall von *Multilevel-Governance*) in South Yorkshire (United Kingdom) Bache/Chapman 2008.

ferenzierung des politischen Systems.[16] Neuerdings weisen sogar Vertreter der Theorie partizipativer Demokratie darauf hin, dass ein Verständnis, wonach demokratische Repräsentation gleichsam ein Abbild der Gesellschaft erzeugen müsse, illusorisch ist, zumal die repräsentierten gesellschaftlichen Bezugsgruppen ihrerseits heterogen geworden sind (Young 2000: 121). Und dies zeigt sich ja nicht nur in den territorial definierten Wählerschaften der Parlamente, sondern auch in der Repräsentation sektoraler Interessen. Man muss hier nur an die wachsende Heterogenität der Arbeiterschaft denken, die an Gewerkschaften oft widersprüchliche Ansprüche stellt, etwa wegen Interessenkonflikten zwischen Arbeitern im zweiten und dritten Sektor, im öffentlichen und im privaten Bereich oder in staatlich geschützten und offenen Märkten.

Kriterien „guter" Politik

Angesichts dieser Schwierigkeiten, in der praktischen öffentlichen Politik Repräsentativität herzustellen, ist nun die Qualität der Politikergebnisse mit Blick auf das „Interdependenzmanagement" zu erörtern (vgl. den Beitrag von Renate Mayntz). Dazu bedarf es offenkundig Kriterien, mit denen die Qualität bestimmt werden kann. Sie kann danach eingeschätzt werden, inwieweit Politik sich als *fact-, future-* und *other-regarding* erweist (Offe/Preuss 1991). Sie muss also folgende Grundsätze erfüllen:

- das Prinzip der Realitätsnähe, damit sich politische Interventionen im Rahmen der verfügbaren Ressourcen halten;
- die Anforderung an die Nachhaltigkeit, weil politische Entscheidungen häufig Folgen für künftige Generationen haben, welche über keine Stimme in gegenwärtigen Verfahren verfügen;
- den Grundsatz der Solidarität innerhalb einer gegebenen Gemeinschaft, weil eine Gesellschaft nicht überleben kann, wenn sich jeder als „Trittbrettfahrer" verhält.[17]

Realitätsnähe und Nachhaltigkeit

Betrachten wir zunächst die Fragen der *fact- and future-regardingness* in Entscheidungen, die miteinander zusammenhängen, da sie auf der gleichen Problematik der Regierbarkeit von Gesellschaften beruhen. Das Konzept der Regier-

---

[16] Zur „rationalen Ignoranz", die man weder als unmoralisch noch verantwortungslos, sondern einfach als Folge der Arbeitsteilung und damit als Bedingung von Wohlfahrt betrachten solle; vgl. Hardin 2000: 166-169.

[17] Vgl. auch die ähnliche Definition einer „verantwortlichen Governance" von Haskell: „a big-picture view of public policy – how one policy might affect another or be integrated rationally with other policies; fiscal responsibility – essentially the idea that government should live within its means short of catastrophe or emergency; taking into consideration the interests of all citizens, whether they are well-connected or not, in the making of public policy" (Haskell 2001: 113). Die umfassende Perspektive der Politik enthält die *fact-regardingness*, aber mit einem besonderen Akzent auf der Koordination, die fiskalische Verantwortung ist Ausdruck der *future-regardingness*, und die Beachtung aller Interessen ähnelt der *other-regardingness*. Diese Kriterien können von normativen Standpunkten aus bestritten werden (zum Beispiel wird die Solidarität manchmal als Ursache für verantwortungsloses Handeln der Begünstigten denunziert) und sie bieten Anlass für politische Kontroversen: Darüber, welche Ressourcen für staatliche Interventionen verfügbar sind oder wer legitimerweise von der Solidarität profitieren sollte, gibt es keinen Konsens (Offe 2008). Unter diesem Vorbehalt kann man dennoch die Qualität der öffentlichen Politik, die Performanz der demokratischen Entscheidungsstrukturen bzw. der Verfahren von Governance untersuchen.

barkeit wurde oft als konservativ kritisiert unter der Annahme, dass es auf ein Gleichgewicht und die Stabilität des politischen Systems ziele. Tatsächlich schlossen manche Analysen (insbesondere Arbeiten, die in den 1970er Jahren von der „Trilateralen Kommission" in Auftrag gegeben wurden) zu schnell auf die Unregierbarkeit unserer Gesellschaften. Dabei wurde ignoriert, dass öffentliche und private Akteure durch *institutional engineering*, d.h. durch institutionelle Reformen, zu kooperativen Problemlösungen veranlasst werden können. Demgegenüber zeigten schon in dieser Zeit Arbeiten zum Neokorporatismus, dass die Institutionalisierung von Repräsentation gesellschaftlicher Interessengruppen in Ergänzung zur parlamentarischen Repräsentation durch Parteien (bei allen bereits genannten Nachteilen für die Demokratie) sich im Hinblick auf die Realitätsnähe und die Zukunftsbezogenheit politischer Entscheidungen als vorteilhaft erweisen kann. Denn ohne den Druck der kurzfristigen Wahlen können Akteure unverantwortliche Versprechungen vermeiden und sich auch weniger ignorant gegenüber realen Zwängen verhalten (Lehmbruch 1977). Aus den gleichen Gründen werden neuerdings (vor allem in wirtschaftlichen Angelegenheiten) unabhängige Regulierungsinstanzen favorisiert, die sich nicht an Wählerschaften orientieren müssen, und man verstärkt die Autonomie der Zentralbanken, um zu gewährleisten, dass die Entscheidungen über die Geldpolitik eher *fact-* und *future-regarding* getroffen werden als Entscheidungen der dem Parlament verantwortlichen Ministerien.

Diese Gremien und Instanzen erlauben es den in ihnen tätigen Akteuren in der Tat, ohne Rücksicht auf die Wählermärkte ihre Entscheidungen zu diskutieren. Verständlicherweise hat die unabhängige Deliberation einen positiven Effekt auf die Entscheidungsqualität, sofern sie betrachtet wird als

Gefahr kurzfristiger Entscheidungen in exklusiven Governance-Netzwerken

> „a particular way of thinking: quiet, reflective, open to a wide range of evidence, respectful of different views. It is a rational process of weighing the available data, considering alternative possibilities, arguing about relevance and worthiness, and then choosing about the best policy or person" (Walzer 1999: 58).

Dennoch bleibt die Frage, ob derartige Ausprägungen der Deliberation in den Politiknetzwerken von Governance verwirklicht sind. Manche *policy networks* nehmen die Form der *policy communities* an, die im Hinblick auf die Werteberücksichtigung selektiv und gegenüber äußeren Einflüssen und Lernprozessen verschlossen sind. Dies wirkt sich nicht nur wegen der mangelnden Berücksichtigung des gesellschaftlichen Pluralismus auf die Regierbarkeit nachteilig aus, sondern auch, weil die Geschlossenheit notwendige Anpassungsprozesse verhindert. Auch ist die Ausprägung deliberativer Prozesse in Strukturen der Governance zu relativieren, da hier Entscheidungen oft aus Tauschgeschäften zwischen Akteuren resultieren. In ihren Kalkülen antizipieren die Akteure nur die sichtbaren Vorteile, wobei die kurzfristigen und konzentriert anfallenden Vorteile mit einiger Wahrscheinlichkeit besondere Aufmerksamkeit erlangen, während die Zukunftsorientierung in den Hintergrund tritt. So lässt die Untersuchung von Elgström und Jönsson (2000: 701) den Schluss zu, dass in der europäischen Governance deliberative Prozesse nur unter sehr spezifischen Bedingungen stattfinden: Sie entwickeln sich nur, wenn der Politisierungsgrad der betroffenen

Entscheidungsmaterie niedrig ist. Deliberation beschränkt sich ferner auf die Phasen des politischen Prozesses, die der Vorbereitung von Entscheidungen dienen, findet sich aber nicht in den entscheidungsrelevanten Phasen. In redistributiven Politiken oder bei der Festlegung verbindlicher Regeln schließlich ist sie kaum festzustellen. Darüber hinaus hatten wir gesehen, dass deliberative Verfahren einen Normalisierungsdruck für Widerstandsbewegungen erzeugen, deren Beteiligung wegen des gesellschaftlichen Pluralismus erforderlich ist, und dass sozial benachteiligte Gruppen den Anforderungen an die Artikulationsfähigkeit nicht immer gewachsen sind.

Solidarität   Wenn Entscheidungen ausschließlich auf Sachzwänge und künftige Folgen ausgerichtet werden, riskiert man, bei einer technokratischen Konzeption von Politik zu enden. Deswegen müssen Entscheidungsverfahren auch im Hinblick auf die *other-regardingness* bewertet werden, und zwar besonders in gespaltenen Gesellschaften. Ob fortgeschrittene Gesellschaften generell an einem Mangel an Solidarität leiden oder nicht, ist schwer zu sagen, wenngleich dies immer wieder behauptet wird. Die Vermutung eines Niedergangs des „Sozialkapitals" und einer damit verbundenen Individualisierung ist nicht hinreichend belegt (vgl. die kritische Bilanz in Pharr/Putnam 1999). In einzelnen Regionen – etwa im so genannten „dritten Italien" oder im alemannischen Plateau der Schweiz – gibt es Anzeichen eines ausgeprägten Sozialkapitals und gleichzeitig starker regionalistischer oder national-populistischer Bestrebungen, deren Erfolg maßgeblich auf ihre engen und exklusiven Solidaritätskonzeptionen zurückgeführt werden kann („bonding" statt „bridging" Sozialkapital). Generell scheint man heute den Kreis der berechtigten Empfänger sozialer Leistungen an bestimmte Bedingungen (Nationalität, Moralvorstellungen etc.) zu binden. Auch dies hängt mit der zunehmenden Heterogenität der Gesellschaften zusammen, die einerseits den Sinn für kollektive Identität reduziert, andererseits *exit*-Optionen für diejenigen bietet, welche die Kosten der Solidarität nicht tragen wollen.[18] Die Gewährleistung der *other-regardingness* in kollektiven Entscheidungen dürfte unter diesen Bedingungen generell sehr schwierig sein.

Mehr Gemeinwohl durch Governance?   Anders als in den „Räumen begrenzter Staatlichkeit" (Risse 2008) sind Politiker in OECD-Ländern in der Regel nicht korrupt und suchen nicht nach persönlicher Bereicherung. Politische Gewinne unterscheiden sich klar von ökonomischen Gewinnen. Das schließt aber nicht aus, dass sie mit ihren Entscheidungen partikulare Interessen begünstigen, sei es weil sie sich dadurch Unterstützung durch Wähler sichern oder weil sie mit sektoralen Gruppen verbunden sind. Die Forschung zu Governance ignoriert oft, dass es in der Politik darum geht, wer was bekommt („who gets what"; vgl. Mayntz 2008; Offe 2008). Wenige Gründe sprechen dafür, dass der „Staat" sich am Gemeinwohl orientiert, was viele Beiträge zu Governance annehmen, übrigens im Allgemeinen ohne hinreichende theoretische Begründung. Selbst wenn der „Schatten der Hierarchie" auf Beteiligte in Netzwerken disziplinierend wirkt (Börzel 2008: 123-127), folgt daraus noch nicht dass dieser Schatten für die Befriedigung des Gemeinwohls sorgt.

Vergleich zu Mehrheitsentscheidungen   Des Weiteren ist zu betonen, dass die Governance-Mechanismen sich im Hinblick auf das Gemeinwohl als vorteilhafter erweisen können als Entschei-

---

[18] Vgl. Cerny 1999 sowie die Beiträge in Streeck 1998.

dungen nach der Mehrheitsregel im repräsentativem *Government*. Zwar wird Governance oft als defizitärer Modus von Demokratie betrachtet, weil man glaubt, nur die Mehrheitsregel ermögliche die Ausübung der Volkssouveränität, ohne dass sie durch Kompromisse zwischen Eliten denaturiert wird. Angesichts der Fragmentierung der Gesellschaft ist aber eine einfache Aggregation der Präferenzen durch die Mehrheitsregel schädlich, weil sie die Intensitäten von Präferenzen nicht erfasst. Es wäre aus normativer Sicht sehr fragwürdig und würde die Legitimation untergraben, wenn eine Mehrheit wenig betroffener Bürger (die oft schlecht informiert sind) eine Entscheidung gegen vitale Interessen von sektoralen, regionalen oder kulturellen Minderheiten treffen würde. Die Mehrheitsregel muss selbst legitimiert werden, was in differenzierten Gesellschaften nicht selbstverständlich ist. Die Erfinder von „konsoziativen" politischen Systemen haben dies verstanden und darauf geachtet, dass die Macht zwischen den Gruppen einer differenzierten Gesellschaft proportional aufgeteilt wird.[19] In der Praxis führt dies zu einer Konfliktregelung zwischen den Führern dieser Gruppen, die eine rein mathematische Aggregation von Interessen überwinden kann. In einer konsensuellen Weise kann festgelegt werden, welche Interessen legitimerweise für sich beanspruchen können, Gehör zu finden.

Das Risiko eines Legitimitätsdefizits bei Mehrheitsentscheidungen ist besonders groß, wenn sich Bürgerinnen und Bürger ausschließlich am eigenen Nutzen orientieren, dies umso mehr, als das Wahlgeheimnis ihnen die Möglichkeit eröffnet, sich Regierungen zu wählen (in der repräsentativen Demokratie) oder Entscheidungen zu treffen (in der direkten Demokratie), ohne sich der möglichen negativen Externalitäten gegenüber anderen Bürgern oder nicht beteiligten Minderheiten bewusst zu werden.[20] Wenn Bürger kein Empfinden für die Interdependenzen und kollektiven Belange haben (wie es die Kommunitaristen in den USA behaupten; Etzioni 1993), so drohen Mehrheitsentscheidungen gegen die Solidarität und die Verteilungsgerechtigkeit zu wirken. Diese Gefahr ist besonders in der Europäischen Union groß, wo die Solidarität schwächer ist als auf nationaler Ebene. Das Fehlen einer „Wir-Identität" weckt Zweifel, ob es zweckmäßig ist, Governance – trotz des kritisierten Demokratiedefizits – durch eine partizipative Demokratie zu ersetzen, in der Mehrheitsentscheidungen die Regel sind (Scharpf 1999). Aber selbstverständlich ist es auch möglich, dass die *other-regardingness* in kleinen Gemeinschaften nicht sehr ausgeprägt ist. Dies zeigen lokale Volksabstimmungen in der Schweiz, die im Vergleich zu „technokratischen" Entscheidungen in Governance-Strukturen für sozial benachteiligte Gruppen weniger günstig sind (Papadopoulos 1998: 290-295).

Die Konzeption einer „aggregativen" Demokratie, die auf der Zählung von Stimmen und dem Sieg der größeren Zahl beruht, erweist sich also als zu wenig komplex, um in differenzierten Gesellschaften für ein geeignetes Interdependenzmanagement zu sorgen. Dieses erfordert Deliberation, um einen gewissen Grad des Interessenausgleichs zu erreichen, anstatt dass ein Interesse, nämlich das der Mehrheit, gegen ein anderes durchgesetzt wird. Aber auf der anderen Seite ist schwer zu erkennen, wie diese Deliberation in demokratischer Weise

---

19   Zum Beispiel der Niederlande vgl. das klassische Buch von Lijphart 1974.
20   Zum Gegensatz zwischen deliberativen Verfahren und geheimer Wahl vgl. Schauer 1999: 20.

erfolgen kann, trotz des übertriebenen Optimismus der Theoretiker der deliberativen Demokratie. Untersuchungen zur Politikverflechtung in Bundesstaaten und zu Multilevel Governance zeigen, dass Entscheidungsblockaden infolge einer komplexen institutionellen Architektur und vieler „Vetopunkte" und Machtdiffusion zwischen Vetospielern durch Deliberation verhindert werden können. Aber sie zeigen gleichzeitig, dass dies auf Kosten der Transparenz der Verhandlungen und Diskussionsverfahren geht (Benz 2003). Tatsächlich wird die Entkopplung zwischen der *politique d'opinion* (Parteienwettbewerb, Wahlkämpfe) und der *politique des problèmes* (Entscheidungsfindung, Problemlösung) (Leca 1996) vor allem dadurch verursacht, dass erstere erheblich durch Medien beeinflusst wird (*audience democracy*; Manin 1997), während letztere häufig erfordert, die Öffentlichkeit zu unterlaufen.[21]

Ambivalenz von Governance   Ist die Demokratie der Preis für Solidarität in komplexen Gesellschaften? Wenn die Akteure in Mehrheitsentscheidungen sich ausschließlich instrumentell verhalten, sind dann möglicherweise Solidarität und Verteilungsgerechtigkeit leichter durch Beschränkung der Demokratie zu gewährleisten? Es ist durchaus denkbar, dass die Netzwerke der Governance, so elitär sie zweifellos sind, durch Konzertierung von Interessen und Deliberation der Förderung des Gemeinwohls (Suche nach Pareto-Optimum) besser dienen als die Verfahren der repräsentativen und der direkten Demokratie (Goodin 1996: 340). In den Governance-Arenen ist zum Beispiel die Gefahr der Tyrannei der Mehrheit gebannt, zumal die Intensität der Betroffenheit durch die behandelten Probleme ein Kriterium für die Inklusion von Akteuren ist und weil zu erwarten ist, dass diese Akteure ein deliberatives Verhalten annehmen und auf eine gegenseitige Empathie hinwirken. Auf der anderen Seite stellt sich dennoch das Problem, dass die Definition der Betroffenheit selten nach transparenten und unstrittigen Kriterien erfolgt. Zudem darf man den selektiven Charakter der Deliberation nicht unterschätzen, sie kann die Dominanz von etablierten Sonderinteressen mehr fördern als ihr entgegen zu wirken und zur Externalisierung der Entscheidungskosten auf marginalisierte Akteure führen (Benz 1998: 206; Pierre/Peters 2000: 20).

Im Idealfall mögen Vergleiche und quasi-experimentelle Politik notwendig sein, um zu bestimmen, ob Entscheidungen, die in Governance-Netzwerken getroffen oder implementiert werden, sich als eher am Gemeinwohl orientiert erweisen als Entscheidungen, in denen Akteure aus dem repräsentativ-parlamentarischen Bereich die Führungsrolle übernehmen. In der Praxis sind derartige vergleichende Untersuchungen jedoch schwer zu realisieren und quasi-experimentelle Situationen können komplexe Situationen kaum angemessen abbilden. Obwohl in der Governance-Literatur der positive Effekt von Kooperation hervorgehoben wird, finden sich wenig empirische Untersuchungen, die diese Vermutung bestätigen (Kenis/Raab 2008), wobei die Begriffe Effektivität und Effizienz selten klar definiert werden. Governance wird beurteilt am Beitrag zur Problemlösungsfähigkeit des politischen Systems. Man darf aber Folgendes nicht vergessen: Politische Entscheidungen zeichnen sich dadurch aus, dass sie Kontroversen über Problemdefinitionen und -lösungen auslösen. Wenn

---

[21]   Das bedeutet nicht, dass Governance-Akteure nicht untereinander um Aufmerksamkeit in den Medien konkurrieren (Blatter 2007: 278).

man dies bedenkt, so ist nicht sicher, ob der mögliche Verlust an Demokratie, der durch Governance hervorgerufen wird, durch Vorteile im „Management von Interdependenzen" kompensiert wird.

11.4 Governance und Demokratie jenseits des Nationalstaats[22]

Obwohl es nicht zentrales Thema dieses Artikels ist, soll doch hier nicht übergangen werden, dass Governance in den Gegenwartsgesellschaften nicht nur im Nationalstaat praktiziert wird (vgl. die Beiträge vom Markus Jachtenfuchs/Beate Kohler-Koch und Maria Behrens). Natürlich stellt sich hier die Frage der Beziehungen zwischen Demokratie und Governance besonders, weil, anders als in modernen Nationalstaaten, auf internationaler Ebene keine demokratischen Institutionen existieren. Aber in den Mitgliedstaaten der Europäischen Union werden verbindliche Entscheidungen inzwischen oft in Brüssel getroffen. Im Prozess der zunehmenden Globalisierung sind vielfältige Strukturen der transnationalen Governance entstanden. Probleme der Kongruenz zwischen *policy-makers* und *policy-takers*, der Repräsentation und Delegation (*principal-agent*), oder der Verantwortlichkeit (*accountability*) stellen sich auf diesen Ebenen noch deutlicher. *(Unterschiede zu Governance im Staat)*

Angesichts ihrer – im Vergleich zu nationalen Regierungssystemen – schwachen und sich noch immer entwickelnden Institutionenordnung steht die EU dem Modell der *Network Governance* (Kohler-Koch/Eising 1999) näher als dem klassischen Modell des Staates. Hinzu kommt die intergouvernementale Struktur der Union in wichtigen Politikfeldern, in denen Entscheidungen nur durch Kompromisse möglich sind, die Regierungen der Mitgliedstaaten untereinander aushandeln.[23] Aber welchen Strukturtypus der EU man auch immer betrachtet, die Beziehungen zwischen Bürgerschaft und Institutionen sind sehr verschieden von denen in Nationalstaaten: In der europäischen Governance sind diese Beziehungen schwach, weil die Europäische Kommission mit ihren Dienststellen, Experten und nationale Verwaltungen sowie eine Vielzahl von Interessengruppen die entscheidenden Akteure darstellen. In der intergouvernementalen Staatenzusammenarbeit sind die Beziehungen bestenfalls indirekt, weil unterstellt wird, dass die Interessen der Bürger durch die Regierungen vertreten werden (Etzioni-Halevy 2002: 205).[24] *(Governance in der EU)*

Bevor man generell von einem Demokratiedefizit der EU spricht, sollte man über-prüfen, inwieweit dies in der Praxis tatsächlich zutrifft (Lord 2001: 644). Eine Reihe von Demokratieproblemen ist allerdings unbestritten. Ausgehend von drei Demokratieprinzipien (das Entscheidungssystem muss transparent sein, Entscheidungsverfahren müssen deliberative Prozesse unterstützen und Bürger müssen die Politik kontrollieren können) stellt etwa Rhinard (2002) fest, dass im Ausschusswesen der EU keines verwirklicht ist, weil informelle Verfahren domi- *(Demokratiedefizite der EU)*

---

[22] Vgl. im Einzelnen dazu Benz/Papadopoulos 2006.

[23] Ob das Konzept der Governance oder das Modell der intergouvernementalen Politik die Funktionsweise der EU besser erklären können, ist umstritten. Die Gültigkeit dieser Modelle variiert aber nach Politikfeldern (Peterson 2001).

[24] Autoren, die den intergouvernementalen Charakter des europäischen Entscheidungssystems betonen, halten diesen Repräsentationsmodus für ausreichend (Moravcsik 2002).

nieren, die Partizipation selektiv ist und Kontrolle verantwortlicher Akteure nicht möglich ist. Gravierende Probleme bestehen ferner durch Entscheidungsstrukturen, die in eine Institutionenordnung einer Föderation im Werden eingebettet sind, sowie aufgrund des Fehlens einer europäischen Bürgernation. Dies zeigt sich darin, dass intermediäre Institutionen der Interessenvermittlung, die sowohl nationale und regionale Gemeinschaften als auch sektorale Interessengruppen integrieren könnten, auf europäischer Ebene von geringer Bedeutung sind. Ferner sind die Beziehungen zwischen dem institutionalisierten politischen System der EU und den kooperativen Politikmustern (z.B. Komitologie, Sozialpartnerschaft) vermutlich weniger klar als in Nationalstaaten mit ihren eingespielten Entscheidungsroutinen. Das System einer zusammengesetzten Repräsentationsstruktur (Benz 2003; Héritier 2001) schwächt zusätzlich die Transparenz und Kontrollmöglichkeit (Lodge 1994), zumal die Mechanismen der demokratischen Repräsentation (Europäisches Parlament) *eine andere Funktion* erfüllen als die entsprechenden Institutionen im Nationalstaat. Verbindungen zwischen Wählern und Entscheidungsträgern in der EU sind schwach, und repräsentative Institutionen sind von Governance-Formen weitgehend abgekoppelt, weil Experten und private Interessenvertreter sowie die rechtsprechende Gewalt in der Gesetzgebung dem Europäischen Parlament und den Parteien *deutlich überlegen* sind. Obwohl die Kompetenzen des Europäischen Parlaments und sein Einfluss in der Gesetzgebung der EU im Laufe der Jahrzehnte gewachsen sind, sind sie schwächer als dies für Legislativen in einem richtigen parlamentarischen System zutrifft. Und obwohl die parlamentarischen Gruppen sich nach dem Links-Rechts-Schema organisieren (Hix u.a. 2007), haben die Wahlen zum Europäischen Parlament nach wie vor den Status von *„second-order elections"*: Sie werden geprägt durch die politischen Auseinandersetzungen in den Nationalstaaten und dienen der Wählerschaft vor allem dazu, nationale Regierungen zu sanktionieren. Da eine Debatte über Fragen der europäischen Integration in einem echten öffentlichen Raum fehlen, bleibt die demokratische Legitimation des Europäischen Parlaments im Vergleich zu nationalen Parlamenten defizitär. Andersen/Burns (1996) sprechen von einer „postparlamentarischen Demokratie" in Europa, die oft schon deshalb kritisiert wird, weil sie nicht den traditionellen Vorstellungen von demokratisch legitimierten Entscheidungsstrukturen entspricht.

Transnationale Governance   Noch kritischer zu bewerten ist die Demokratie in der transnationalen (oder globalen) Governance. Die Internationalisierung der Märkte sowie das Aufkommen transnationaler Informations- und Kommunikationsnetzwerke untergraben die Autonomie der Nationalstaaten und ihre Fähigkeit, öffentliche Güter zu definieren und bereitzustellen (Knill/Lehmkuhl 2002: 41). Gleichzeitig entwickeln sich auf transnationaler Ebene Organisationen, die diese Leistungen erfüllen. Aber es gibt keine dem Staat vergleichbare zentrale Instanz mit der Autorität, über Kompetenzzuweisungen zu entscheiden. Horizontale Verhandlungs- und Kooperationsverfahren ergänzen hier nicht, sondern ersetzen hierarchische Steuerungsstrukturen. Regelbefolgung wird primär durch intergouvernementale Verpflichtungen gesichert. Mayntz (2008: 47) spricht deswegen zu Recht von der Koexistenz im internationalen Kontext zwischen Verhandeln und Hierarchie, da eine nicht-hierarchische Konstellation mit hierarchischer Regelung verbunden ist. Zusammenfassend spricht Wolf (2002: 37) von *„governance among govern-*

ments", deren „funktionale Selbststeuerung" im Wesentlichen durch ihre Effektivität legitimiert wird (*output*-Legitimität). Anerkannte internationale Normen
und Regeln resultieren aus der Arbeit internationaler Institutionen (wie etwa die
WTO), die formell auf intergouvernementaler Basis eingerichtet wurden, die
aber in der Tat „Hybride aus einem autonom handlungsfähigen globalen Akteur
und einem Verhandlungssystem aus Regierungsvertretern" sind (Mayntz 2008:
52). Sie resultieren auch aus Regulierungsaktivitäten zahlreicher privater transnationaler Organisationen, die häufig in Formen des *private interest government*
an der Norm- und Standardsetzung mitwirken.

Wenn sich also auf globaler Ebene Governance-Strukturen trotz des Fehlens
einer übergeordneten Autorität ausbreiten, so sind die traditionellen Elemente
von Staatlichkeit hier noch weniger festzustellen als in der EU. Probleme der
Repräsentation, denen sich die EU gegenüber sieht, sind in der transnationalen
Politik noch gravierender, weil die „Delegationskette" viel länger ist und die
Regeln des demokratischen Prozesses weniger institutionalisiert sind. Kein institutioneller Rahmen lenkt die Entscheidungen über den Einschluss oder Ausschluss von Gruppen in zufriedenstellender Weise. Es gibt keinen institutionalisierten Wettbewerb, der als Indiz für Pluralismus gelten kann. Während Strukturen der Interessenvermittlung in der EU wenigstens in embryonaler Form vorhanden sind (Parteibündnisse, Lobbygruppen), entstand bisher nichts Vergleich-
bares auf transnationaler Ebene (sieht man von der wachsenden Rolle von Nichtregierungsorganisationen ab). Ein weiteres Problem besteht darin, dass die Legitimität der Entscheidungsträger wesentlich auf funktionalistischen Begründungen, die auf Politiksektoren bezogen sind, beruht, während die Entscheidungen
der betreffenden internationalen Organisationen nicht nur sektoral wirken. Programme des IMF oder der Weltbank haben beispielsweise regelmäßig Folgen für
territoriale Einheiten. Dennoch sind Parlamente und Bürger dieser Einheiten –
deren Beteiligung als Maßstab für die Bewertung der Demokratiequalität gilt – in
transnationalen politischen Räumen nicht präsent (zu Bemühungen um parlamentarische Verantwortlichkeit der Regierungen in der Weltbank vgl. Stiglitz
2003). Verantwortlichkeit gegenüber einem „Demos" gibt es nicht, die Kontrolle
durch betroffene Gruppen ist unzureichend, und die Beziehungen zwischen
Machtinhabern und Adressaten von Entscheidungen sind „nebulös" (Abromeit
2002: 156). Wolf stellt daher fest, dass

Demokratieprobleme transnationaler Governance

> „only representatives of national governments have guaranteed access to the institu-
> tions of international governance, the involvement of other actors is at best selective
> and subject to state review" (Wolf 2002: 40).

In internationalen Verhandlungen beeinflusst das Zusammenwirken von transnationalen Organisationen, Unternehmen und Nichtregierungsorganisationen
(NGOs) die Entwicklung von Verhaltensnormen (Ronit/Schneider 2000). Aber
auch diese sind nicht institutionalisiert und sie resultieren aus der Kooperation
von Eliten, deren Verbindungen zur Öffentlichkeit begrenzt sind, insbesondere
soweit sozial benachteiligte Gruppen der Gesellschaft betroffen sind. Etzioni-
Halevy (2002: 203-204) nennt sie Eliten zweiter Ordnung: „While national elites
are once removed, transnational elites are twice removed from the public". Man

Transnationale Eliten

kann zwar argumentieren, dass Vertreter nationaler Regierungen durch ihre Parlamente kontrolliert werden können und dass Funktionäre von Verbänden die Austrittsmöglichkeit ihrer Mitglieder berücksichtigen müssen. Aber es gibt kaum Hinweise darauf, dass durch diese Kontrollen die Verantwortlichkeit effektiv eingefordert werden könnte. Wir beobachten tatsächlich, dass sich Regierende in der internationalen Politik durch eine Kombination aus „horizontaler" Verantwortlichkeit gegenüber Verhandlungspartnern und der zunehmenden Kontrolle durch NGOs legitimieren. Aber die schwache Resonanz in den Medien für Entwicklungen von *Global Governance* bewirkt, dass deren Bedeutung der breiten Öffentlichkeit kaum bewusst wird. Diejenigen Gruppen, die globale Akteure verpflichten könnten, ihre Belange aufzugreifen, leiden unter einer Informationsasymmetrie, die ihren Einfluss behindert.

NGOs   Möglicherweise bewirken soziale Bewegungen und die wachsende Beteiligung von NGOs in der transnationalen Governance trotzdem, dass sich die Diskussion nicht nur über die Politikinhalte, sondern auch über Entscheidungsprozesse verändert. Die Frage der demokratischen Legitimation steht jedenfalls heute auf der transnationalen Agenda. Diese Debatten fördern Veränderungen in der Struktur internationaler Regime und Organisationen in Richtung auf eine Öffnung der Prozesse für Gruppen, die für Frieden, Entwicklung, Menschenrechte, Umweltbelange, Verbraucherinteressen, feministische Anliegen etc. eintreten. Oft wird festgestellt, diese Gruppen würden die allgemeine Öffentlichkeit einschließen, gegenüber der transnationale Regime und Institutionen verantwortlich sein sollten. Ob diese Hoffnungen berechtigt sind, ist allerdings zu bezweifeln, und zwar vor allem aus zwei Gründen: Solange in Europa keine Öffentlichkeit existiert, ist diese auch nicht auf transnationaler Ebene zu erwarten, und das Konzept einer *„transnational civil society"*, die als *„accountability forum"* wirken würde, bleibt unklar. Zudem kommen Vertreter der NGOs tendenziell aus der nördlichen Hemisphäre und sind nicht immer unabhängig von Regierungen (Tarrow 2001: 16). Obwohl sie beanspruchen, die Verantwortlichkeit der *global players* einzufordern, sind sie selbst kaum verantwortlich, weder gegenüber der Bevölkerung, für die sie sprechen wollen, noch gegenüber den Mitgliedern oder Unterstützern ihrer eigenen Organisation.

11.5 Fazit

Wir haben gesehen, dass Strukturen von Governance auf nationaler Ebene die Wirksamkeit demokratischer Institutionen schwächen können, aber dass sie gleichzeitig zu einer höheren Qualität von politischen Entscheidungen beitragen können. Entscheidungen in geschlossenen Netzwerken, die organisierten Interessen bessere Beteiligungschancen bieten als nicht-organisierbaren Interessen, die schwer zu kontrollieren sind und Institutionen der demokratischen Repräsentation schwächen, können Legitimität beanspruchen, weil ihre Effektivität höher ist als Entscheidungen von Institutionen, in denen nach der Mehrheitsregel entschieden wird. Netzwerke der Governance können deswegen gegen demokratische Institutionen stabilisiert werden, erzeugen damit aber ein Legitimitäts- und „Accountability-"Problem im politischen System. Oberhalb des Nationalstaats stellt sich ein solches Dilemma nicht wirklich, weil keine demokratischen Institutionen vorhanden sind und weil sich in der EU Governance parallel zu Bemühungen um eine Demokratisierung des politischen Systems entwickelt. Während also auf nationaler Ebene Probleme der Verknüpfung zwischen Governance und demokratischen Institutionen auftreten, besteht jenseits des Nationalstaats ein strukturelles Ungleichgewicht zu Lasten der Demokratie. Und wenn man sich des wachsenden Einflusses supranationaler Entscheidungen auf unser Leben bewusst wird, dann wird deutlich, welche Bedeutung der Frage nach der demokratischen Qualität von Governance zukommt, und zwar in der praktischen Politik wie in der Politikwissenschaft.

11.6 Literatur

Abromeit, Heidrun, 2002: Wozu braucht man Demokratie? Die postnationale Herausforderung der Demokratietheorie. Opladen.

Andersen, Svein S./Burns, Tom R., 1996: The European Union and the Erosion of Parliamentary Democracy: A Study of Post-parliamentary Governance, in: Svein S. Andersen/Kjell J. Eliassen (Hrsg.), The European Union: How Democratic Is It? London, 226-251.

Axelrod, Robert, 1984: The Evolution of Cooperation. New York.

Bache, Ian/Chapman, Rachael, 2008: Democracy through Multilevel Governance? The Implementation of the Structural Funds in South Yorkshire, in: Governance 21, 397-418.

Bang, Henrik P./Dyrberg, Torben B., 2000: Governance, Self-representation and Democratic Imagination, in: Michael Saward (Hrsg.), Democratic Innovation. London/New York, 146-157.

Benz, Arthur, 1994: Kooperative Verwaltung. Funktionen, Voraussetzungen, Folgen. Baden-Baden.

Benz, Arthur, 1998: Postparlamentarische Demokratie? Demokratische Legitimation im kooperativen Staat, in: Michael Th. Greven (Hrsg.), Demokratie – eine Kultur des Westens? Opladen, 201-222.

Benz, Arthur, 2000: Politische Steuerung in lose gekoppelten Mehrebenensystemen, in: Raymund Werle/Uwe Schimank (Hrsg.), Gesellschaftliche Komplexität und kollektive Handlungsfähigkeit. Frankfurt a.M., 97-124.

Benz, Arthur, 2003: Compounded Representation in EU Multilevel Governance, in: Beate Kohler-Koch (Hrsg.), Linking EU and National Governance. Oxford, 82-110.

Benz, Arthur/Harlow, Carole/Papadopoulos, Yannis (Hrsg), 2007: Accountability in the EU Multi-level System. Sonderheft des European Law Journal 13 (4).

Benz, Arthur/Papadopoulos, Yannis (Hrsg.), 2006: Governance and Democracy. Comparing National, European and International Experiences. London.

Benz, Arthur/Scharpf, Fritz W./Zintl, Reinhard, 1992: Horizontale Politikverflechtung: Zur Theorie von Verhandlungssystemen. Frankfurt a.M./New York.

Blatter, Joachim, 2007: Demokratie und Legitimation, in: Arthur Benz/Susanne Lütz/Uwe Schimank/Georg Simonis, (Hrsg.), Handbuch Governance. Theoretische Grundlagen und empirische Anwendungsfelder. Wiesbaden: 271-284.

Börzel, Tanja, 2008: Der „Schatten der Hierarchie" – Ein Governance-Paradox?, in: Gunnar Folke Schuppert/Michael Zürn, Governance in einer sich wandelnden Welt (PVS-Sonderheft 41). Wiesbaden, 118-131.

Borras, Susanna/Conzelmann, Thomas, 2008: Democracy, Legitimacy and Soft Modes of Governance in the EU: The Empirical Turn, in : Journal of European Integration 29, 531-548.

Bovens, Mark/t'Hart, Paul/Peters, B. Guy, 2001: Success and Failure in Public Governance: A Comparative Analysis. Cheltenham.

Buchstein, Hubertus von, 2000: Öffentliche und geheime Stimmabgabe. Baden-Baden.

Büchs, Milena, 2008: How Legitimate is the Open Method of Co-ordination?, in: Journal of Common Market Studies 46, 756-786.

Cerny, Philip G., 1999: Globalization and the erosion of democracy, in: European Journal of Political Research 36, 1-26.

Cohen, Joshua/Rogers, Joel, 1992: Secondary associations and democratic governance, in: Politics and Society 20, 393-472.

Duran, Patrice, 1999: Penser l'action publique. Paris.

Easton, David, 1971: The Political System. 2. Aufl., Chicago.

Eberlein, Burkard/Grande, Edgar, 2005: Beyond Delegation: Transnational Regulatory Regimes and the EU Regulatory Stage, in: Journal of European Public Policy, 12, 89-112.

Elgström, Ole/Jönsson, Christer, 2000: Negotiation In The European Union: Bargaining or Problem-Solving? in: Journal Of European Public Policy 7, 684-704.

Elster, Jon, 1998: Introduction, in: Jon Elster (Hrsg.), Deliberative Democracy. Cambridge, 1-18.

Etzioni, Amitai, 1993: The Spirit of Community: Rights, Responsibilities, and the Communitarian Agenda. New York.

Etzioni-Halevy, Eva, 2002: Linkage Deficits in Transnational Politics, in: International Political Science Review 23, 203-222.

Fishkin, James, 1991: Democracy and Deliberation. New Haven.

Fung, Archon/Wright, Erik Olin, 2001: Deepening democracy: innovations in empowered participatory governance, in: Politics and Society 29, 5-41.

Gaudin, Jean-Pierre, 1995: Politiques urbaines et négociations territoriales. Quelle légitimité pour les réseaux de politiques publiques?, in: Revue française de science politique 45, 31-55.

Gaudin, Jean-Pierre, 1999: Gouverner par contrat. Paris.

Gbikpi, Bernard/Grote, Jürgen R., 2002: From Democratic Government to Participatory Governance, in: Jürgen R. Grote/Bernard Gbikpi (Hrsg.), Participatory Governance. Political and Societal Implications. Opladen, 17-34.

Goodin, Robert E., 1996: Institutionalizing the public interest: The defence of deadlock, and beyond, in: American Political Science Review 90, 331-343.

Haas, Peter M., 1992: Introduction: epistemic communities and international policy coordination, in: International Organization 46, 1-35.

Hardin, Russell, 2000: Liberalism, Constitutionalism, and Democracy. Oxford.

Haskell, John, 2001: Direct Democracy or Representative Government? Dispelling the Populist Myth. Boulder/Oxford.

Héritier, Adrienne, 2001: Composite Democratic Legitimation in Europe: the Role of Transparency and Access to Information (Preprints of the Max Planck Project Group Common Goods: Law, Politics and Economics). Bonn 2001/6 (http//www.mpp-rdg.mpg.de).

Hermet, Guy, 2001: Les populismes dans le monde. Paris.

Hirst, Paul, 1994: Associative Democracy. Cambridge.

Hix, Simon/Noury Abdul G./Roland, Gérard, 2007: Democratic Politics in the European Parliament. Cambridge.

Holzinger, Katharina, 2001: Verhandeln statt Argumentieren oder Verhandeln durch Argumentieren? Eine empirische Analyse auf der Basis der Sprechakttheorie, in: Politische Vierteljahresschrift 42, 414-446.

Jenson, Jane/Phillips, Susan D., 2001: Redesigning the Canadian Citizenship Regime: Remaking the Institutions of Representation, in: Colin Crouch/Klaus Eder/Damian Tambini (Hrsg.), Citizenship, Markets, and the State. Oxford, 69-89.

Katzenstein, Peter J., 1987: Policy and Politics in West Germany. The Growth of a Semisovereign State. Philadelphia.

Kenis, Patrick/Raab, Jörg, 2008: Politiknetzwerke als Governanceform. Versuch einer Bestandsaufnahme und Neuausrichtung der Diskussion, in: Gunnar Folke Schuppert/Michael Zürn, Governance in einer sich wandelnden Welt (PVS-Sonderheft 41). Wiesbaden, 132-148.

Knill, Christoph/Lehmkuhl, Dirk, 2002: Private Actors and the State: Internationalization and Changing Patterns of Governance, in: Governance 15, 41-63.

Kohler-Koch, Beate/Eising, Rainer (Hrsg.), 1999: The Transformation of Governance in the European Union. London/New York.

Kooiman, Jan, 2002: Governance: A Social-Political Perspective, in: Jürgen R. Grote/Bernard Gbikpi (Hrsg.), Participatory Governance. Political and Societal Implications. Opladen, 71-96.

Kriesi, Hanspeter/Adam, Silke/Jochum, Margit, 2006: Comparative Analysis of Policy Networks in Western Europe, in: Journal of European Public Policy 13, 341-361.

Leca, Jean, 1996: La «gouvernance» de la France sous la Cinquième République. Une perspective de sociologie comparative, in: François D'Arcy/Luc Rouban (Hrsg.), De la Ve République à l'Europe. Paris, 329-365.

Le Galès, Patrick, 1995: Du gouvernement des villes à la gouvernance urbaine, in: Revue française de science politique 45, 57-95.

Lehmbruch, Gerhard, 1977: Liberal corporatism and party government, in: Comparative Political Studies 10, 91-126.

Lijphart, Arend, 1974: Democracy in Plural Societies. New Haven.

Lijphart, Arend, 1999: Patterns of Democracy: government forms and performance in thirty-six countries. New Haven/London.

Lodge, Juliet, 1994: Transparency and Democratic Legitimacy, in: Journal of Common Market Studies 32, 343-368.

Lord, Christopher, 2001: Assessing Democracy in a Contested Polity, in: Journal of Common Market Studies 39, 641-661.

Majone, Giandomenico, 1999: The Regulatory State and its Legitimacy Problems, in: West European Politics 22, 1-23.

Manin, Bernard, 1997: The Principles of Representative Government. Cambridge.

Mayntz, Renate, 1997: Politische Steuerung: Aufstieg, Niedergang und Transformation einer Theorie, in: Renate Mayntz, Soziale Dynamik und Politische Steuerung. Theoretische und methodologische Überlegungen. Frankfurt a.M./ New York, 263-292.

Mayntz, Renate, 1999: Organizations, Agents and Representatives, in: Morten Egeberg/Per Laegreid (Hrsg.), Organizing Political Institutions. Oslo, 81-91.

Mayntz, Renate, 2008: Von der Steuerungstheorie zu Global Governance, in: Gunnar Folke Schuppert/Michael Zürn, Governance in einer sich wandelnden Welt (PVS-Sonderheft 41). Wiesbaden, 43-60.

Mayntz, Renate/Scharpf, Fritz W. (Hrsg.), 1995: Steuerung und Selbstorganisation in staatsnahen Sektoren. Frankfurt a.M.

Mény, Yves/Surel, Yves, 2000: Par le peuple, pour le peuple. Paris.

Moravcsik, Andrew, 2002: In Defence of the „Democratic Deficit". Reassessing Legitimacy in the European Union, in: Journal of Common Market Studies 40, 603-624.

Offe, Claus, 1981: The Attribution of Public Status to Interest Groups, in: Suzanne Berger (Hrsg.), Organizing Interests in Western Europe. Cambridge, 123-158.

Offe, Claus, 2008: Governance – „Empty signifier" oder sozialwissenschaftliches Forschungsprogramm?, in: Gunnar Folke Schuppert/Michael Zürn, Governance in einer sich wandelnden Welt (PVS-Sonderheft 41). Wiesbaden, 61-76.

Offe, Claus/Preuss, Ulrich, 1991: Democratic Institutions and Moral Resources, in: David Held (Hrsg.), Political Theory Today. Cambridge, 143-171.

Olson, Mancur, 1965: The Logic of Collective Action. Cambridge.

Olson, Mancur, 1982: The Rise and Decline of Nations. New Haven.

Papadopoulos, Yannis, 1998: Démocratie directe. Paris.

Papadopoulos, Yannis, 2001: Gouvernance, démocratie et légitimité, in : Jean-Philippe Leresche (Hrsg.), Gouvernance locale, coopération et légitimité. Le cas suisse dans une perspective comparée. Paris, 309-342.

Papadopoulos, Yannis, 2002: Populism, the Democratic Question, and Contemporary Governance, in: Yves Mény/Yves Surel (Hrsg.), Democracies and the Populist Challenge. London, 45-61.

Papadopoulos, Yannis, 2003: Cooperative Forms of Governance: Problems of Democratic Accountability in Complex Environments, in: European Journal of Political Research 42, 473-501.

Papadopoulos, Yannis, 2005: Populism as the other side of Consociational Multi-Level Democracies, in: Daniele Caramani/Yves Mény (Hrsg.), Challenges to Consensual Politics. Brüssel, 71-81.

Peterson, John, 2001: The choice for EU theorists: Establishing a common framework for analysis, in: European Journal of Political Research 39, 289-318.

Pharr, Susan J./Putnam, Robert D. (Hrsg.), 1999: Disaffected Democracies. What's Troubling the Trilateral Democracies. Princeton.

Pierre, Jon, 1998: Public Consultation and Citizen Participation: Dilemmas of Policy Advice, in: B. Guy Peters/Donald J. Savoie (Hrsg.), Taking Stock. Montreal/Kingston, 137-163.

Pierre, Jon/Peters, B. Guy, 2000: Governance, Politics and the State. London.

Pitkin, Hanna, 1971: The Concept of Representation. Berkeley.

Rhinard, Mark, 2002: The Democratic Legitimacy of the European Union Committee System, in: Governance 15, 185-210.

Rhodes, Rod A., 1997: Understanding Governance. Buckingham.

Rhodes, Rod A., 2000: Governance and Public Administration. Authority, Steering, and Democracy, in: Jon Pierre (Hrsg.), Debating Governance. Oxford, 54-90.

Riker, William, 1982: Liberalism against Populism. San Francisco.

Risse, Thomas, 2008: Regieren in „Räumen begrenzter Staatlichkeit": Zur Reisefähigkeit des Governance-Konzeptes, in: Gunnar Folke Schuppert/ Michael Zürn, Governance in einer sich wandelnden Welt (PVS-Sonderheft 41). Wiesbaden, 149-170.

Ronit, Karsten/Schneider, Volker (Hrsg.), 2000: Private Organizations in Global Politics. London.

Sanders, Lynn, 1997: Against Deliberation, in: Political Theory 25, 347-376.

Scharpf, Fritz W., 1997: Games Real Actors Play. Boulder.

Scharpf, Fritz W., 1999: Regieren in Europa: effektiv und demokratisch? Frankfurt a.M.

Schauer, Fred, 1999: Talking as a Decision Procedure, in: Stephen Macedo (Hrsg.), Deliberative Politics. Oxford/New York, 17-27.

Schmitter, Philippe C./Streeck, Wolfgang, 1999: The Organization of Business Interests. Studying the Associative Action of Business in Advanced Industrial Societies. Discussion paper 99/1, Max-Planck-Institut für Gesellschaftsforschung, Köln.

Schneider, Volker, 2000: Organisationsstaat und Verhandlungsdemokratie, in: Raymund Werle/Uwe Schimank (Hrsg.), Gesellschaftliche Komplexität und kollektive Handlungsfähigkeit. Frankfurt a.M., 253-255.

Schumpeter, Joseph, 1946: Kapitalismus, Sozialismus und Demokratie. Bern.

Stiglitz, Joseph E., 2003: Democratizing the International Monetary Fund and the World Bank: Governance and Accountability, in: Governance 16, 111-139.

Streeck, Wolfgang (Hrsg.), 1998: Internationale Wirtschaft, Nationale Demokratie. Herausforderungen für die Demokratietheorie. Frankfurt a.M.

Streeck, Wolfgang/Schmitter, Philippe. C. (Hrsg.), 1985: Private Interest Government. London.

Tarrow, Sidney, 2001: Transnational Politics: Contention and Institutions in International Politics, in: Annual Review of Political Science 4, 1-20.

Voelzkow, Helmut, 2000: Von der funktionalen Differenzierung zur Globalisierung: Neue Herausforderungen für die Demokratietheorie, in: Raymund Werle/Uwe Schimank (Hrsg.), Gesellschaftliche Komplexität und kollektive Handlungsfähigkeit. Frankfurt a.M., 273-276.

Walzer, Michael, 1999: Deliberation, and What Else?, in: Stephen Macedo (Hrsg.), Deliberative Politics. Oxford/New York, 58-69.

Werle, Raymund/Schimank, Uwe (Hrsg.), 2000: Gesellschaftliche Komplexität und kollektive Handlungsfähigkeit. Frankfurt a.M.

Willke, Helmut, 1992: Ironie des Staates. Frankfurt a.M.

Willke, Helmut, 1997: Supervision des Staates. Frankfurt a.M.

Wolf, Klaus-Dieter, 2002: Contextualizing Normative Standards for Legitimate Governance beyond the State, in: Jürgen R. Grote/Bernard Gbikpi (Hrsg.), Participatory Governance. Political and Societal Implications. Opladen, 35-50.

World Bank, 1989: Framework for capacity building in policy analysis and économique management in Sub-Sahara Africa. Washington DC.

Young, Iris M., 2000: Inclusion and Democracy. Oxford.

Zolo, Danilo, 1992: Democracy and Complexity. Cambridge.

Kapitel 12:
Von der Governance-Analyse zur Policytheorie

Arthur Benz / Nicolai Dose

12.1 Einleitung

Governance als Konzept ist „notoriously slippery" wie Pierre und Peters (2000: 7) feststellen. Tatsächlich gibt es keine anerkannte Lehrbuchdefinition von Governance und es finden sich in der Literatur ganz unterschiedliche Begriffsverständnisse (vgl. Kooiman 2002; Pierre 2000; Rhodes 1997: 46-60; siehe dazu auch den Beitrag von Benz und Dose in diesem Band). Viele der gängigen Vorstellungen von Governance sind normativ geprägt (Good Governance) oder nähern sich ihrem Untersuchungsgegenstand mit einer Kombination von normativem und analytischem Zugriff (Governance in der Verwaltungswissenschaft). Unabhängig von den normativen Implikationen bietet das Governance-Konzept eine analytische Perspektive an. Damit liegt noch keine Theorie vor, aber ein Weg, um kollektives Handeln und Entscheiden in komplexen institutionellen Strukturen besser verstehen und erklären zu können. Diese analytische Perspektive wollen wir im Folgenden darlegen, wobei wir uns auf jene konzentrieren, die sich in den letzten Jahren im Anschluss an Arbeiten aus dem Kölner Max-Planck-Institut für Gesellschaftsforschung (Mayntz 2009; Mayntz/Scharpf 1995; Scharpf 1997; Schimank 2002) an der FernUniversität in Hagen (Benz u.a. 2007; Lange/Schimank 2004) herausgebildet hat. Wir wollen zeigen, wie man hiervon ausgehend zu theoretischen Aussagen über kollektives Handeln bzw. eine Theorie des Policy-making gelangen kann.

Governance als Analysekonzept

Kern dieser analytischen Perspektive ist erstens ein Verständnis von Governance, das auf die Bewältigung von Interdependenzen abstellt (Schimank 2007: 35; siehe auch den Einleitungsbeitrag von Benz und Dose in diesem Band). Dabei kann es sich beispielsweise um Interdependenzen des Handelns innerhalb von bzw. zwischen Organisationen oder auf verschiedenen territorialer Ebenen oder um Interdependenzen zwischen dem Handeln des dem Gemeinwohl verpflichteten Staates und meist an individuellen Handlungsorientierungen ausgerichteten privaten Akteuren handeln. Zweitens, und dieser Aspekt steht hier im Mittelpunkt, ist eine Differenzierung in drei verschiedene Analysedimensionen von besonderer Bedeutung. Wir unterscheiden zwischen Governance-Mechanismen, Governance-Formen und Governance-Regimen.

Mit Mechanismen erfassen wir die Art und Weise, wie Handlungen zusammenwirken und koordiniert werden. Das Konzept verweist auf kausale Verknüpfungen zwischen dem Handeln der einzelnen Akteure und erklärt, wie ein gemeinsames Ergebnis erzeugt wird, sei es gewollt oder nicht intendiert. Der Begriff Governance-Form bezeichnet die Strukturen, in die kollektives Handeln eingebettet ist. Diese Strukturen können als Institutionen festgelegt und aner-

Governance-Mechanismen, -formen und -regime

kannt sein oder sie können sich aus realen Machtverhältnissen ergeben. In modernen Gesellschaften und bei politischen Entscheidungen gibt es in der Regel ein Mindestmaß an Institutionalisierung. Deswegen wird Governance meistens verstanden als institutionalisierte Form kollektiven Handelns oder politischer Steuerung und Koordination. Mit Governance-Regime meinen wir komplexere Verbindungen von „basalen" Governance-Formen und -mechanismen, wie sie in der Realität vorkommen. Die Verbindungen können die Koordinationsleistungen verbessern, sie können aber auch Bedingungen erzeugen, die die Akteure mit widersprüchlichen Anforderungen konfrontieren. Durch eine präzise Analyse können diese Bedingungen erfasst werden mit dem Ziel zu erkennen, wie Akteure damit umgehen, oder herauszufinden, worin die Ursachen von Koordinationsdefiziten liegen.

Auf dieser analytischen Grundlage ist es möglich, verallgemeinerbare Aussagen über kollektive Entscheidungen in politischen Prozessen zu treffen. Allerdings werden wir nicht zu einer „Theorie von Governance" gelangen, sondern nur Theorien über die Funktionsbedingungen, Funktionsweisen und Ergebnisse konkreter Governance-Regime generieren können. Wir werden im letzten Teil dieses Artikels den Weg von der Governance-Analyse zu einer Policytheorie skizzieren.

12.2 Governance-Mechanismen

Individuelles und kollektives Handeln

Wenn wir unter Governance kollektives Handeln zwischen Akteuren mit dem Ziel der Interdependenzbewältigung verstehen, dann stellt sich zunächst die Frage, wie Akteure ihre Handlungen koordinieren, d.h. welche sozialen Mechanismen (Hedström/Swedberg 1998) Handlungen so kausal verknüpfen, dass gemeinsames Handeln erreicht wird. Dabei ist davon auszugehen, dass Akteure unterschiedliche Handlungsmodelle (rationales Handeln, kommunikatives Handeln, kreatives Handeln etc.) verwirklichen und dass dementsprechend die Koordination variieren kann. Zur Vereinfachung können wir aber annehmen, dass alle Akteure Interessen verfolgen und, hiervon ausgehend, kollektives Handeln danach bewerten, welche Folgen für ihre eigenen Interessen zu erwarten sind. Die Handlungskoordinierung zwischen solchen Akteuren kann grundsätzlich über Nachahmung auf der Grundlage von Beobachtung, Anpassung auf der Grundlage von Beeinflussung oder über Vereinbarungen auf Grundlage von Verhandeln

Mechanismen der Handlungskoordinierung

erfolgen (vgl. Lange/Schimank 2004: 20-21; Schimank 2007). Die drei grundlegenden Mechanismen erzeugen ein unterschiedliches Maß an Verbindlichkeit der Abstimmung, die bei Vereinbarungen am höchsten und bei Nachahmung am geringsten ist. Koordination muss nicht durch bewusste und explizite Vorgänge wie Verhandeln bestimmt sein, sondern kann schon dadurch erreicht werden, dass Akteure bei der Wahl des eigenen Handelns das wahrgenommene oder antizipierte Handeln anderer berücksichtigen (Schimank 2007: 30). Da Governance im Kern auf Interaktionen beruht (Kooiman 2003), wirken die Mechanismen im Prinzip stets wechselseitig. Im Grenzfall kann es jedoch vorkommen, dass die Wirkung von Beobachtung oder Beeinflussung einer Seite so gering ausfällt, dass Nachahmung oder Anpassung faktisch einseitig ist. Verhandeln induziert immer wechselseitige Interaktionen, die aber nicht immer alle Beteiligten zu Handlungsänderungen veranlassen, sondern je nach Verteilung der Verhandlungsmacht sehr unterschiedliche Reaktionen hervorrufen können.[1]

Im Folgenden werden die drei Governance-Mechanismen jeder für sich dargestellt, um das je Spezifische in analytischer Absicht herauszuarbeiten. Die Abfolge der Darstellung erfolgt dabei nach zunehmender Komplexität: Beobachtung ist die Grundform, Beeinflussung setzt Beobachtung voraus und Verhandeln setzt Beobachtung und Beeinflussung voraus. In der Realität kollektiven Handelns treten diese Mechanismen in strukturierten bzw. institutionellen Kontexten auf. Darauf wird im nachfolgenden Abschnitt eingegangen.

Grundlegend ist der Mechanismus der *Nachahmung* aufgrund von Beobachtung. Hier beruht die Bewältigung der Interdependenz zwischen dem eigenen und dem Handeln des oder der anderen allein auf dem Interesse, gleich oder besser zu sein als die Beobachteten. Neben der Information über das Handeln anderer müssen Akteure also auch motiviert sein, auf dieses zu reagieren und es nachzuahmen. Die dahinterstehenden Motive können auf Identifikation beruhen oder auf Konkurrenz. Im ersten Fall wollen Akteure gleich sein wie andere, im zweiten Fall, wenn Nachahmung in Nacheifern übergeht, wollen sie besser sein. In beiden Fällen streben sie aber in die gleiche Richtung, wobei sie Handlungskoordination als Nebenprodukt erzeugen. Der Funktionsmechanismus des ersten Falls erklärt in vielen Fällen die Durchsetzung sozialer Normen und ein daran orientiertes Verhalten von Personen einer Gemeinschaft oder Gesellschaft. Sitzt man beispielsweise in einem Restaurant der gehobenen Kategorie und weiß nicht, wie man sich verhalten soll, kann man den Tischnachbarn beobachten und sein eigenes Verhalten entsprechend anpassen (vgl. Schimank 2007: 38). Man wird das aber nur tun, wenn man sich mit dem Gegenüber identifiziert, also sein Verhalten sich zu eigen machen will.

(Randnotiz: Beobachtung und Nachahmung)

Der Funktionsmechanismus des zweiten Falls ist im politischen Prozess wichtiger. Er wird in der Literatur als Policytransfer bezeichnet bzw. als Prozess der Innovation und Diffusion erfasst. Damit wird allerdings bereits ein komplexer Vorgang beschrieben. Im basalen Mechanismus entsteht Koordinierung zunächst durch Nacheifern beobachteten Handelns. Dabei motiviert Akteure schlicht das Interesse, besser sein zu wollen als andere – aus welchen Gründen auch immer. Kollektives Handeln beruht also auf einer Art Konkurrenzverhältnis. Die Konkurrenz wird dabei durch individuelle Motive gesteuert, die Akteure zu Verhaltensänderungen veranlasst. Damit diese Motive handlungsleitend werden, müssen Akteure das Handeln und die Erfolge anderer Akteure beobachten und mit den eigenen Erfolgen vergleichen.

(Randnotiz: Konkurrenz)

In vielen Bereichen moderner Gesellschaften beruht Koordination auf Konkurrenz. Das gilt etwa für die Wissenschaft, in der neue Erkenntnisse nicht nur in den Köpfen einzelner Forscher erzeugt werden, sondern durch wechselseitige Beobachtung zwischen vielen Wissenschaftlern vorangetrieben werden. Diese

(Randnotiz: Beispiele)

---

[1] Die Governance-Analyse ist deshalb nicht blind für die Existenz von Macht. Aber sie betrachtet Macht als relational und relativ. In Interaktionsbeziehungen gibt es immer Macht und Gegenmacht, die sich allerdings nicht ausgleichen. Ferner wird Macht von den Akteuren strategisch eingesetzt. Die Verfügung über Macht bedeutet also nicht, dass sie auch genutzt wird, sondern dass ihr Einsatz davon abhängt, wie sich Interaktionspartner verhalten.

lernen durch die Kommunikation voneinander, werden aber auch durch Konkurrenz zu Leistungssteigerungen angetrieben. Der Wettbewerb im Markt (vgl. dazu unten) beruht im Kern darauf, dass sich Unternehmen wechselseitig beobachten und versuchen, ihre Gewinne zu steigern, indem sie hochwertigere oder preisgünstigere Produkte anbieten als andere Unternehmen. Auch Regierungen und Parteien agieren in Konkurrenzverhältnissen. Regierungen vergleichen die Situation in anderen Staaten, wenn sie sich um günstige Rahmenbedingungen für die Wirtschaft bemühen, um die Abwanderung von Betrieben zu verhindern. Parteien verfolgen zwar Ideologien, aber sie vergleichen den Erfolg ihrer Programme bei der Wählerschaft mit den Erfolgen anderer Parteien und passen sich entsprechend an. Diese Beispiele belegen, dass Beobachtung vor allem handlungsleitend wird, weil Sanktionen drohen, sofern nicht angemessen reagiert wird. Schafft eine Regierung nicht die gewünschten Rahmenbedingungen, droht Abwanderung oder eine schlechte wirtschaftliche Entwicklung mit Folgen für den Arbeitsmarkt und die Steuereinnahmen. Im Parteienwettbewerb wirkt sich eine solche Entwicklung negativ auf die Wiederwahlchancen der Regierung aus.

Beeinflussung   Häufig beruht Handlungskoordinierung nicht nur auf Beobachtung, sondern auf gegenseitiger Beeinflussung der Akteure. Dabei sind die Chancen der Einflussnahme meistens asymmetrisch verteilt, d.h. der Einfluss, den bestimmte Akteure ausüben, ist stärker als derjenige anderer. Beobachtung und Beeinflussung unterscheiden sich nicht so sehr durch das Ergebnis, sondern durch die Intentionalität. Beobachtung führt zu Handlungskoordinierung, ohne dass diese aktiv herbeigeführt wird. Oft sind die Grenzen zwischen beiden Mechanismen fließend. Drohen etwa in dem oben genannten Beispiel die Unternehmen aktiv und bewusst gegenüber einer Regierung mit Abwanderung, wäre die Grenze zwischen Beobachtung und Beeinflussung überschritten, und das gleiche trifft zu, wenn sich im Sport Konkurrenten absprechen, um bestimmte Ergebnisse zu erzielen. Die *wechselseitige Beeinflussung*, die wechselseitige Beobachtung einschließt, beruht nach soziologischen Analysen auf Macht, Geld, Wissen, Liebe usw. (Schimank 2007: 38). Diese Betrachtung schließt an Überlegungen Parsons zu Steuerungsmedien an (Parsons 1980). In politikwissenschaftlichen Untersuchungsbereichen ist es hingegen zweckmäßig, den Governance-Mechanismus Beeinflussung mit Instrumenten der staatlichen Steuerung zu erklären (Salamon 2002; Dose 2008: 241-399, 433-457). Dies hat den Vorteil, auf ein mittlerweile systematisiertes Wissen über die instrumentenspezifischen Kapazitäten zur Lösung gesellschaftlicher Probleme sowie über Schwierigkeiten und Erfolgsvoraussetzungen zurückgreifen zu können.[2] Unabhängig davon ob wir die Steuerungs- oder Interaktionsmedien nach Parsons oder die Instrumente staatlicher Steuerung betonen, ist festzustellen, dass Beeinflussung grundsätzlich eine leistungsfähigere, aber auch anspruchsvollere Form der Handlungskoordination verspricht, als sie die schlichte Beobachtung hervorbringen kann. Beteiligte reagieren nicht mehr nur reaktiv auf Beobachtungen, sondern versuchen, auf das

---

[2]   Umgekehrt würde mit dieser Verknüpfung auch die instrumentenbezogene Steuerungsforschung profitieren. Denn nun ließe sich untersuchen, welche Effekte die unterschiedlichen Governance-Formen auf die Wirkung der verschiedenen Instrumente haben. So dürfte der Einsatz des Instrumentes Information unter Wettbewerb anders wirken als unter Hierarchie (beides Governance-Formen). Eine Präzisierung der Steuerungsforschung in diese Richtung steht bislang aus.

Handeln anderer aktiv einzuwirken. Allerdings sollte man sich davor hüten, stets von einer einseitigen Einflusskonstellation auszugehen, vielmehr löst Einflussnahme einer Seite regelmäßig Abwehrreaktionen oder Einflussbemühungen der anderen Seite aus. Denn „die Interdependenzbewältigung vollzieht sich [..] als Abgleich von Einflusspotentialen" (Schimank 2007: 38). So können beispielsweise externe Normadressaten dem Einsatz regulativer Instrumente mit Rechtsmitteln entgegentreten. Selbst wenn sie im Endeffekt unterliegen sollten, können sie von der aufschiebenden Wirkung eines Rechtsmittels profitieren.

Beim dritten Governance-Mechanismus, dem *Verhandeln,* erfolgt die Koordination nicht nur über wechselseitiges Beobachten und wechselseitige Beeinflussung, sondern indem Akteure direkt über Ziele und Interessen kommunizieren in der Absicht, zu einer Vereinbarung zu gelangen. Dies ist etwa der Fall, wenn Verwaltung und externe Normadressaten wie beispielsweise der Betreiber einer immissionsschutzrechtlichen Anlage, sei es nach dem Androhen eines Rechtsmittels oder nachdem ein Widerspruch tatsächlich eingelegt wurde, über den Zeitpunkt und das Ausmaß des Vollzugs einer Vorschrift verhandeln (Benz 1994; Dose 1997). Akteure unterliegen dabei bestimmten Regeln und verhandeln in spezifischen Strukturen. Wenn wir diese erfassen, sprechen wir von einer Verhandlung (vgl. dazu unten), im Unterschied zum Koordinationsmechanismus des Verhandelns, der zunächst einfach auf die Handlungsabstimmung durch persönliche Kommunikation verweist.

Verhandeln

Im Verhandeln kommt Koordination nur zustande, wenn die beteiligten Akteure wissen, dass sie gemeinsame Interessen verwirklichen müssen, um ihre individuellen Interessen zu erreichen. Im Dialog über ihre Ausgangspositionen, Ziele und Interessen können sie gemeinsame Handelungen vereinbaren, sei es indem sie gegenseitig unbedingte oder bedingte Konzessionen machen oder indem sie sich auf verallgemeinerungsfähige Begründungen verständigen. Im ersten Fall interagieren Verhandlungspartner im Modus des „bargaining" und einigen sich entweder durch Annäherung von Positionen (Kompromiss) oder wechselseitige Konzessionen (Tauschgeschäfte in Paketlösungen). Wenn sie sich durch rationale Argumente zu überzeugen versuchen, verhandeln sie „verständigungsorientiert", also im Modus des „arguing" (Benz 1994: 118-134; Elster 1993). In realen Verhandlungssituationen beobachten wir in der Regel eine Kombination dieser Modi des Verhandelns, die je nach Konfliktgegenstand, je nach der institutionellen Einbindung der Akteure und je nach Phasen des Prozesses variiert (Benz 1994: 130-134; Holzinger 2001). Darüber hinaus kann im Verhandeln auch Einfluss ausgeübt werden, weil jeder der beteiligten Akteure drohen kann, den Prozess abzubrechen. Auf diese Weise kann zwar keiner der Beteiligten ein Verhalten anderer Akteure direkt erzwingen, aber jeder kann eine Einigung verhindern und durch die Drohung mit dem Verlassen des Dialogs seine Verhandlungspartner indirekt zur Verhaltensänderung veranlassen. Formal betrachtet ist der auf der Abbruchdrohung beruhende Einfluss, anders als Informationen und Ressourcen, gleich verteilt, die Konsequenzen können aber die Akteure in verschiedener Weise betreffen.

Modi des Verhandelns

Verhandeln ist stets auf wechselseitige Kommunikation und explizit abgestimmtes Handeln der Beteiligten angelegt. Liegt Einseitigkeit vor, sollte eher von einem Verhandlungsangebot oder Scheinverhandlungen gesprochen werden.

Die Wechselseitigkeit lässt sich leicht am Beispiel von Preisverhandlungen beim Kauf eines Gutes verdeutlichen. Die Preisfestsetzung erfolgt hier nicht, wie bei einer Nachahmung der beobachteten Preisentwicklung bei anderen Unternehmen, durch reaktives Verhalten, sondern durch Vereinbarung zwischen zwei oder mehreren direkt miteinander kommunizierenden Tauschpartnern, die das Ergebnis meistens in einem Vertrag festlegen, aber auch durch Handschlag vereinbaren können. Solche Verfahren bestimmen die Preisentwicklung, wenn wenige Unternehmer einen Marktsektor dominieren und sie nicht dem Wettbewerb ausgesetzt sind. Verhandeln ist auch ein zentraler Mechanismus in politischen Prozessen, etwa bei der Regierungsbildung durch Koalitionen, bei der Erarbeitung von Gesetzesentwürfen in der Ministerialverwaltung und Parlamentsausschüssen, oder in der öffentlichen Verwaltung beim Vollzug von Gesetzen. Viele Verteilungskonflikte werden in der Politik durch Verhandeln gelöst, weil vereinbarte Entscheidungen eher akzeptiert werden als Mehrheitsentscheidungen aufgrund von Parteienkonkurrenz oder als einseitige Entscheidungen einer Regierung bzw. Verwaltung. Allerdings können Verteilungskonflikte leicht dazu beitragen, dass Vereinbarungen nicht zustande kommen.

Entscheidungskosten   Anders als Beobachtung und Beeinflussung erzeugt ein Prozess des Verhandelns signifikante „Entscheidungskosten" (Buchanan/Tullock 1962). Sie resultieren aus dem Aufwand, eine von allen oder wenigstens von der Mehrheit der Verhandlungspartner akzeptierte gemeinsame Entscheidung zu finden. Die Kosten entstehen bei der Suche nach Entscheidungsalternativen und bei der Überwindung von Interessenkonflikten durch Kompromisse oder Paketlösungen. Die Entscheidungskosten differieren je nach Zahl der Beteiligten und der Entscheidungsregel. Bei bilateralen Verhandlungen zwischen zwei Partnern oder zwei Koalitionen von Akteuren sind diese Kosten noch relativ gering, weil die möglichen Interessenkonflikte relativ einfach ausfallen. Höher sind sie in multilateralen Verhandlungen, und sie steigen mit zunehmender Zahl der Beteiligten. Darüber hinaus variieren Entscheidungskosten je nach der Entscheidungsregel und sind höher, wenn Einstimmigkeit erforderlich ist als wenn nach der Mehrheitsregel verfahren wird. Im ersten Fall kann jeder der Beteiligten Vetomacht einsetzen, im zweiten Fall gilt dies nur für ausreichend große Koalitionen, wohingegen einzelne Akteure überstimmt werden können.

12.3 Governance-Formen

Definition   Als Governance-Formen werden hier die „Strukturen der Interaktion" zur Interdependenzbewältigung bezeichnet (Benz u.a. 2007: 14). Sie helfen, Handlungskoordination aus der Wechselwirkung von Strukturen und Interaktionen zu erklären. Diese läuft unter den Bedingungen des Marktes anders ab als unter den Bedingungen des Wettbewerbs zwischen Parteien oder Gebietskörperschaften und wiederum in Verhandlungssystemen anders als in Netzwerken, hierarchischen Ordnungen oder Gemeinschaften. Diese je spezifischen Bedingungen und ihre Auswirkungen gilt es in den Blick zu nehmen, wenn Mechanismen von Governance in der Realität untersucht werden. Kollektives Handeln wird dabei nicht als durch Strukturen und Regeln determiniert betrachtet, vielmehr wird die endogene

Dynamik in den Blick genommen (Benz u.a. 2007: 21), die aus der Wechselwirkung von Strukturen, Interaktionen und individuellen Handlungen resultiert. Im Folgenden sollen nun verschiedene Governance-Formen diskutiert werden.

Wir gehen davon aus, dass wir die für sozialwissenschaftliche oder jedenfalls politikwissenschaftliche Analysen wichtigsten Formen berücksichtigt haben, erheben aber keinen Anspruch auf Vollständigkeit. Zudem ist es möglich und je nach Untersuchungsgegenstand bzw. Problemstellung auch sinnvoll, die Typologie noch weiter zu differenzieren. Im Folgenden gliedern wir Governance-Formen danach, welche der oben dargestellten Mechanismen kollektiven Handelns primär wirken, und unterscheiden Gemeinschaft, Markt- sowie politischer Wettbewerb, Hierarchie, Netzwerke und Verhandlungen. Allerdings ist darauf hinzuweisen, dass es keinen direkten Zusammenhang zwischen Mechanismus und Form gibt, diese vielmehr nur lose verbunden sind. In Gemeinschaften wird selbstverständlich verhandelt und oft herrscht Konkurrenz zwischen Gruppen. Märkte variieren je nach dem, wie stark die Konkurrenz durch Verhandeln oder Einfluss überlagert wird, eine Tatsache, die für den politischen Wettbewerb ohnehin zutrifft. Hierarchien funktionieren durch wechselseitigen Einfluss zwischen Vorgesetzten und Untergebenen, die aber regelmäßig auch Ziele und Ressourcenverteilungen aushandeln, wobei dezentrale Einheiten mehr oder weniger stark konkurrieren. Netzwerke erzeugen kollektives Handeln durch wechselseitigen Einfluss, was aber Verhandeln zwischen Partnern nicht ausschließt. Verhandlungen zielen im Kern auf Vereinbarungen, aber zwischen den Verhandlungspartnern kann Konkurrenz herrschen oder sie können in Einflussbeziehungen stehen, die sich auf die Verläufe und Ergebnisse auswirken.

Viele der im Folgenden beschriebenen Governance-Formen sind auf bestimmte Aufgaben oder Leistungen spezialisiert. Das ist bei *Gemeinschaften* nicht ausgeschlossen, sie erfassen aber in der Regel Personen als Ganze und nicht nur als Träger von besonderen Funktionen oder Aufgaben. In modernen Gesellschaften kennen wir Familien als Gemeinschaften, aber auch Kirchen verstehen sich als „Gemeinschaft der Gläubigen" und können zumindest auf lokaler Ebene als solche verstanden werden. In der Sozialpolitik wird immer wieder argumentiert, man müsse die kleinen sozialen Gemeinschaften unterstützen, in denen freiwilliges Engagement für bedürftige Personen mobilisiert werden könne, während bürokratische Sozialleistungen sich mit „Fällen" befassen würden. Wo sie existieren, können solche Gemeinschaften in der Tat ein hohes Maß an kollektiver Problemlösung bewirken.

Gemeinschaften beruhen kaum auf formalen Regeln, Zwängen oder Anreizen, sondern auf Normen, die von den Beteiligten internalisiert sind. Handlungskoordinierung beruht auf diesen Normen, die als gültig anerkannt sind und deren Verletzung durch soziale Diskriminierung oder Ausschluss sanktioniert wird. Die Normen entstehen aus der Historie der Gemeinschaften, sind also Ergebnis eingeübter Interaktionspraxis und nicht expliziter Institutionalisierung.

Gemeinschaften koordinieren individuelle Handlungen durch Normen und Sanktionsdrohungen, wobei die Effektivität der Koordination in der Regel hoch ist. Das liegt aber nicht allein an der Sanktionsmöglichkeit bei abweichendem Verhalten, sondern an der freiwilligen Folgebereitschaft der Personen, die sich in Gemeinschaften befinden. Würde nur Zwang herrschen, wäre der Zusammenhalt

Typen

Gemeinschaft

instabil. Als Governance-Mechanismus wirkt also primär wechselseitige Nachahmung aufgrund von Beobachtung, wobei Anreize zur Handlungsangleichung
entstehen, weil Akteure sich mit herausragenden Persönlichkeiten identifizieren
bzw. die von diesen repräsentierten Normen wegen der Identifikation internali-
sieren. Die Entwicklung von Gemeinschaften wird daher immer durch Eliten
geprägt und die Existenz von Eliten ist ein wesentliches Strukturmerkmal. Dennoch haben Gemeinschaften den Nachteil, dass sie schwer zu gestalten und zu
verändern sind. Das ist besonders problematisch, wenn sie, was regelmäßig vorkommt, Personen aus nicht gerechtfertigten Gründen ausschließen, weil diese
nicht die von Eliten vorgegebenen Normen befolgen. Erstarrung wird auch dadurch verursacht, dass Macht extrem ungleich verteilt ist und Eliten auf Dauer
dominieren. Da Gemeinschaften für die Mitglieder wichtige Leistungen erbringen, ist der Austritt aus ihnen meistens mit hohen Kosten verbunden. Die dadurch erzeugte Stabilität hat Vorteile, weil sie für Personen Sicherheit bewirkt,
sie kann aber im Hinblick auf angestrebte Ziele von Governance oder notwendige Reformen problematisch werden.

Wettbewerb   Im Unterschied dazu gilt der *Wettbewerb* als Governance-Form, die Innovation und Dynamik erzeugt. Unter diesem Blickwinkel wird er vielfach mit dem
Markt gleichgesetzt. Tatsächlich beruht der Markt auf einem speziellen Wettbewerb um Käufer und Güter in einem komplexen institutionellen Kontext. Allgemein bezeichnet Wettbewerb ein *geregeltes* Verfahren der Konkurrenz, wobei
letztere, wie oben erläutert, den Mechanismus der Handlungskoordinierung bildet, durch den das Handeln von Akteuren in eine gleiche Richtung gelenkt wird.
Dass dies geschieht, liegt zum einen an der Abhängigkeit von oder dem gemeinsamen Interesse an einem grundsätzlich knappen Gut, das materieller oder imma-
terieller Art sein kann, zum anderen am individuellen Interesse der Akteure,
dieses Gut (oder, wenn es um teilbare Güter geht, einen möglichst großen Anteil)
zu erlangen. Indem die Konkurrenten nach diesem Gut streben, tragen sie zu
seiner Verwirklichung oder Verbesserung bei. Im wirtschaftlichen Wettbewerb
konkurrieren Produzenten darum, ein möglichst für viele Kunden attraktives
Produkt anbieten zu können, um individuelle Gewinne zu erzielen, und bewirken
damit eine Steigerung des kollektiven Wohlstands. Im Sportwettkampf oder bei
Schönheitswettbewerben will jeder oder jede gewinnen, gemeinsam tragen die
Akteure zum gemeinsamen Vergnügen am Spiel oder zum Vergnügen der Zu-
schauer bei. Im Parteien- oder Ämterwettbewerb geht es den beteiligten Akteuren um den Erwerb politischer Macht, wodurch sie im Ergebnis eine effektive
und legitimierte Regierung generieren.

Oft wird behauptet, im Wettbewerb werde kollektives Handeln automatisch
hergestellt, indem individuelle Akteure ihre Interessen verfolgen. Aber damit
Koordination im Wettbewerb gelingt, müssen alle Beteiligten die Grundregel
akzeptieren, dass der oder die „Leistungsfähigere" gewinnt. Diese Regel richtet
sich auf einen Vergleich von Leistungen nach anerkannten und eindeutigen Normen. Wettbewerb setzt also gemeinsame Vergleichsmaßstäbe und komparative
Handlungsorientierungen (Nullmeier 2000), d.h. wechselseitiges Beobachten im
Hinblick auf die erreichten Leistungen voraus. Darüber hinaus müssen Fairness-
regeln beachtet werden, um effektive Koordination zu erreichen. Die Beteiligung
am Wettbewerb ist grundsätzlich freiwillig, aber es gibt auch Situationen, in

denen Akteure einem Konkurrenzzwang unterliegen. Im ersten Fall kann sich jeder Beteiligte dem Druck, sein Handeln in eine bestimmte Richtung zu verändern, entziehen, was zum Beispiel beim Amateursport eher möglich ist als im Profisport. Der zweite Fall liegt vor, wenn Akteure auf Güter angewiesen sind, die sie nur in Konkurrenz zu anderen erwerben können. Staaten etwa können auf wirtschaftliche Leistungen und Steuerzahlungen von Unternehmen kaum verzichten, weshalb sie in der Globalisierung in einen Konkurrenzzwang um mobile Betriebe geraten sind.

Der *Markt* erweist sich als Governance-Form, die zwei Wettbewerbsmechanismen auf der Anbieter- und der Nachfragerseite kombiniert. Hier konkurrieren Produzenten und Konsumenten jeweils untereinander um die günstigsten Tauschgeschäfte. Alle Akteure streben dabei nach Befriedigung ihrer individuellen Bedürfnisse, die sie im kollektiven Akt des Tausches verwirklichen wollen. Die Tauschakte können theoretisch ausgehandelt werden, was bei sogenannten spezifischen Gütern, die selten vorkommen und relativ komplex sind (z.B. Forschungsleistungen oder komplexe Bauteile hochtechnologischer Güter), auch erforderlich ist. Hier müssen die Beteiligten Informationen über die Eigenschaften der Güter und über die konkreten Gehalte des Angebots und die Wünsche der Nachfrager ermitteln. Zudem erfolgt der Tausch oft in einem längeren Prozess und nicht in einem singulären Akt. Bei „unspezifischen", einfachen und vielfach gebrauchten Gütern erzeugt die Konkurrenz einen Preis des Gutes, der für die Akteure zum entscheidenden Vergleichsmaßstab wird. Die besondere Eigenschaft des idealen Marktes liegt also darin, dass er sowohl die individuellen Handlungen der Akteure lenkt als auch eine zentrale Bezugsgröße für die Koordination dieser Handlungen, nämlich den Preis, erzeugt, ohne dass es dazu einer übergeordneten Entscheidungsinstanz bedürfte. Vorgegeben werden müssen nur Regeln, wie etwa die Eigentumsrechte, Tauschregeln oder Wettbewerbsregeln, für die der Staat zuständig ist. Innerhalb dieses institutionellen Rahmens bewirkt der Konkurrenzmechanismus im Markt die Handlungskoordinierung einschließlich ihrer Richtung gleichsam automatisch.

Wettbewerb im Markt

Der *politische Wettbewerb* unterscheidet sich vom marktlichen Wettbewerb vor allem dadurch, dass hier Vergleichsmaßstäbe durch einen besonderen politischen Prozess zu definieren sind, während sie im Markt ausschließlich auf individuellen Präferenzen beruhen, somit jeder nach eigenen Maßstäben vergleicht. Dadurch wird die Richtung der Koordination inhaltlich bestimmt. Im Parteienwettbewerb sind es die öffentlichen Diskussionen in Medien oder anderen Foren, in denen Werte, Ziele oder Leitideen entstehen. Im Leistungswettbewerb zwischen Organisationen regeln Ziele oder Qualitätsstandards, worum konkurriert wird. Sie können durch eine übergeordnete Instanz festgesetzt oder zwischen Repräsentanten der konkurrierenden Organisationen ausgehandelt werden. Ein solcher Wettbewerb wird regelmäßig genutzt, um Qualitätsstandards gegenüber unabhängigen Akteuren oder Organisationen durchzusetzen oder um Innovationen im Hinblick auf bestimmte Ziele zu induzieren. In den ökonomischen Theorien der Institution und des Föderalismus gilt der Wettbewerb zwischen dezentralen Gebietskörperschaften als eine Governance-Form, die für eine effiziente Erfüllung öffentlicher Aufgaben sorgen soll (Breton 1996; Oates 1972; Salmon 1987; Vanberg/Kerber 1994). Dabei sind zwei unterschiedliche Anreizmecha-

Politischer Wettbewerb

nismen wirksam, die Regierungen oder Verwaltungen über die Beobachtung, den Leistungsvergleich und die Nachahmung von erfolgreichen Praktiken auf bestimmte Ziele hin lenken: zum einen die Aussicht auf Zugewinn an Ressourcen, zum anderen die Chance auf Zustimmung durch Mitglieder, Wähler, Kooperationspartner oder Klienten. Ressourcengewinne können vor allem im Wettbewerb um mobile Steuerzahler erreicht werden. Gebietskörperschaften oder Staaten agieren dann als Institutionen auf dem Markt, wobei sie die angebotenen Leistungen zwar im politischen Prozess durchsetzen, aber auch an den Wünschen der mobilen Steuerzahler ausrichten müssen. Man spricht in diesem Fall von einem Staaten- oder Institutionenwettbewerb. Zustimmung bei Mitgliedern, Wählern, Kooperationspartnern erreichen korporative Akteure wie Regierungen, Verwaltungen oder Verbände durch Leistungen in Politikfeldern. In diesem Fall spricht man vom Leistungswettbewerb.

Eine grundlegende Schwierigkeit des politischen Wettbewerbs liegt im Vergleich der Leistungen und in der Durchsetzung komparativer Handlungsorientierungen. Vergleiche scheitern oft an der Komplexität von Aufgaben, auf die sich die Leistungsmessung erstreckt, an Divergenzen über die Evaluierungsergebnisse oder an fehlendem Konsens über Maßstäbe, zum Teil aber auch schlicht an der Manipulation von Informationen durch die konkurrierenden Organisationen oder Akteure (Kuhlmann u.a. 2004). Wettbewerb setzt Transparenz voraus, die nicht ohne Weiteres und vor allem nicht ohne Kosten zu erreichen ist. Parteien, Verbände, Regierungen und Verwaltungen neigen eher dazu, ihre Aktivitäten hinter geschönten Erfolgsbilanzen zu verschleiern als sie offen zu legen. Selbst wenn Vergleichsmaßstäbe in Form von Standards oder Zielen vorhanden sind, bedeutet dies noch nicht, dass sich Konkurrenten untereinander vergleichen oder vergleichen lassen und sich damit wechselseitig zu einer Leistungssteigerung antreiben. Denn Wettbewerb bedeutet nicht die erzwungene Anpassung an Restriktionen, sondern erfordert von allen Beteiligten die wechselseitige Beobachtung und immer wieder neue Bemühungen, die leistungsstärksten Akteure nachzuahmen mit dem Ziel, deren Erfolge zu übertreffen oder ihnen möglichst nahe zu kommen. Die Bereitschaft dazu ist nicht selbstverständlich.

Anders als die im Weiteren genannten Governance-Formen richtet sich der politische Wettbewerb wie der Marktwettbewerb auf die ständige Überwindung vorhandener Leistungsniveaus und auf die Koordination in einem eigendynamischen Lernprozess. Dabei kann die Überwindung von Standards auch zu einer Verschlechterung, zu einem „race to the bottom" führen, wenn nicht beabsichtigte Anreize darauf hinwirken. In diesem Fall liegt ein Versagen des Wettbewerbs vor („governance failure"), das durch andere Governance-Formen zu bewältigen ist. Wettbewerbsdefizite können durch Hierarchie (staatliche Regulierung), Netzwerke oder Verhandlungen beseitigt werden, die Koordination durch Beeinflussung oder Verhandeln organisieren.

Hierarchie   Innerhalb von institutionalisierten Handlungskontexten ist zweifellos die *Hierarchie* besonders relevant. Das gilt einerseits im Staat und in der Verwaltung, und zwar sowohl für die internen Strukturen und Prozesse als auch für das Verhältnis zu Bürgerinnen und Bürgern oder kollektiven gesellschaftlichen Akteuren. Hierarchie ist aber auch das dominante Strukturmuster in Unternehmen oder in Organisationen anderer Gesellschaftsbereiche, in denen Politik im Sinne der Regelung von Konflikten durch verbindliche Entscheidungen stattfindet. Dafür gibt es gute Gründe: Eine hierarchische Organisation sichert – sofern sie einigermaßen zuverlässig funktioniert – Handlungsfähigkeit und Berechenbarkeit, die für einen demokratischen Rechtsstaat und eine Wirtschaftsorganisation essenziell, aber auch für einen Verband oder einen Verein wichtig sind. Sie ermöglicht die Bewältigung komplexer Aufgaben durch Arbeitsteilung (Simon 1978) sowie Machtbegrenzung durch immanente Kontrollen. Diese Anforderungen erfüllt eine hierarchische Organisation aber nur, sofern Handlungen der Akteure koordiniert werden, d.h. wenn die ausführenden Einheiten dem Willen der Organisationsleitung folgen. Vielfach wird angenommen, dass Koordination in der Hierarchie unproblematisch sei, weil Akteure sich in einem Über-Unterordnungsverhältnis befänden und formale Regeln durch Zwang durchgesetzt werden könnten. Tatsächlich ist neben der asymmetrischen Machtverteilung zwischen leitenden und ausführenden Organisationseinheiten bzw. Akteuren die Funktionsdifferenzierung zwischen den Ebenen der Hierarchie zu beachten. Akteure, die in leitender oder kontrollierender Funktion arbeiten, verfolgen dabei meistens andere Interessen als Akteure, die mit Vollzugsaufgaben betraut sind. Letztere verfügen wiederum über bessere Informationen, die sie gegen die formale Macht der Leitung ausspielen können (Miller/Moe 1986; Moe 1984). Hierarchische Koordination beruht daher auf Interaktion in einer gegenläufig asymmetrischen Machtverteilung, in der Koordination im Wege der wechselseitigen Beeinflussung stattfindet. Vorgesetzte beeinflussen das Handeln der Akteure auf den unteren Ebenen durch Anweisungen und Sanktionsdrohungen, die Untergebenen beeinflussen ihre Vorgesetzten durch Übermittlung oder durch Manipulation von Information. Nicht selten stimmen Akteure in der Hierarchie ihre Entscheidungen durch Verhandeln ab. Damit kollektives Handeln in der Hierarchie effektiv funktioniert, bedarf es der formalen Regeln, die neben der Aufteilung von Kompetenzen und Aufgaben auch Verhaltensweisen sowie Belohnungen oder Sanktionen definieren.

Hierarchien sind also keine einfachen Interaktionsstrukturen und man würde sie nicht angemessen verstehen, wenn man hierarchische Koordination auf einseitige Entscheidungen reduzieren würde. Als Governance-Form impliziert Hierarchie wechselseitige Interaktion. In praktischen Fällen kommt hinzu, dass formale Regeln der Machtverteilung und Funktionsdifferenzierung meistens durch informale Beziehungen zwischen Personen überlagert werden. Sie sind besonders relevant, weil sich Akteure den Zwängen der Machtstruktur in Hierarchien nicht leicht durch Austritt entziehen können. Asymmetrische Machtstrukturen können Konflikte verursachen, die die Funktionsfähigkeit der hierarchischen Organisation gefährden können und die nur unter Umgehung der formalen Entscheidungsstrukturen gelöst werden können. In der sozialwissenschaftlichen Organisationsforschung wurde das Phänomen der „informalen Organisation" ausgiebig beschrieben und analysiert. Diese Bezeichnung verweist auf eine über die bisher dargelegten Merkmale hinausgehende Komplexität realer hierarchischer Strukturen, die mit einer anderen Governance-Form verbunden sind. Um diese Komplexität zu verstehen, bietet die Governance-Forschung den aus der Soziologie stammenden Begriff der sozialen Netzwerke an.

Netzwerk Ein *Netzwerk* liegt vor, wenn formal autonome Akteure in relativ dauerhaften, aber selten formal geregelten Interaktionsbeziehungen gemeinsame Ziele oder Werte verwirklichen. Koordination erfolgt durch wechselseitige Beeinflussung, sei es auf der Basis von Informationsvermittlung oder Ressourcentausch. Netzwerke, in denen Ressourcen getauscht werden, widersprechen in vielen Bereichen von Staat und Gesellschaft formalen Regeln, weil sie entweder Korruption oder verbotene Kopplungen von Entscheidungen implizieren. Allerdings können sie auch die Effektivität der Koordination erheblich steigern. In Unternehmen oder in Organisationen des „Dritten Sektors" können sie beim Tausch spezifischer Güter oder Leistungen Transaktionskosten verringern. Akteure in Netzwerken stehen nicht in einem Verhältnis der Über- und Unterordnung und unterliegen keinen formal festgelegten Regeln. Gleichwohl sind Einflusspotenziale selten symmetrisch, sondern je nach Netzwerkstruktur mehr oder weniger ungleich verteilt. Sie variieren zum einen je nach Art der Beziehungen, also ob es sich um Informationsbeziehungen oder Ressourcenabhängigkeit handelt. Prinzipiell sind auch Akteure mit vielen Beziehungen zu anderen Akteuren einflussreicher als diejenigen, die nur über wenige Beziehungen verfügen. Netzwerke bilden (oft mehrere) Zentren verdichteter multilateraler Interaktionen zwischen wenigen Akteuren und Peripherien von bilateraler und eher schwacher Kommunikation aus. Natürlich verhandeln Akteure in Netzwerken oft auch. Allerdings sind Vereinbarungen nicht zwingend erforderlich, um kollektives Handeln zu bewirken.

Wechselseitige Beeinflussung durch Informations- und Ressourcenaustausch erklärt, wie Koordination in Netzwerken hergestellt wird, sie erklärt aber nicht, wie Beziehungen zwischen Akteuren stabilisiert werden können und wie Koordination in Netzwerken gesichert werden kann. Der wichtigste Grund hierfür liegt im wechselseitigen Vertrauen der Netzwerkpartner, das grundsätzlich der Dichte ihrer Beziehungen und ihrer Bereitschaft entspricht, gemeinsame Ziele bzw. Werte zu unterstützen. Vertrauen muss wachsen und es muss, wenn es besteht, gepflegt werden, was für die Akteure mit Aufwand verbunden ist. Es stellt also eine Art sozialen Kapitals (Coleman 1988), eine Investition (Scharpf 1993: 76) dar, dessen Nutzen Akteure beim Verlassen des Netzwerks verlieren. Akteure können sich in Netzwerken zwar leichter als in hierarchischen Strukturen durch Austritt dem Einfluss durch Netzwerkpartner entziehen, die Realisierung dieser Option verursacht aber für sie spürbare Kosten. Vertrauen führt daher zu einer relativ hohen Stabilität der Interaktionsbeziehungen und der Koordinationsleistungen von Netzwerken. Gleichzeitig trägt es zu einer Reduzierung der Transaktionskosten bei, weil sich die Akteure angesichts des gegenseitigen Vertrauens nicht gegen Opportunismus absichern müssen.

Verhandlung Verhandeln wurde oben als der komplexeste der drei Governance-Mechanismen dargestellt. Akteure müssen sich als formal gleichberechtigt behandeln, miteinander über ihre gemeinsamen Anliegen kommunizieren und grundsätzlich bereit sein, sich zu einigen. Mit *Verhandlung* bezeichnen wir eine Governance-Form, weil damit bestimmte Strukturen verbunden sind, die den Prozess des Verhandelns lenken. Dieser wird in den meisten praktischen Fällen durch institutionelle Regeln unterstützt, die eine gewisse Dauerhaftigkeit des ansonsten eher zufälligen Prozesses gewährleisten und zumindest grundlegende Verfahrensweisen festlegen. Grundsätzlich bestimmen Regeln, wer an Verhandlungen beteiligt wird und wer nicht. Verhandlungen unterscheiden sich danach, ob Akteure ihre individuellen Interessen auch außerhalb von Verhandlungen verfolgen können oder ob sie zu einer Einigung gezwungen sind, um Entscheidungen herbeizuführen und den Status quo zu ändern. Im ersten Fall sprechen wir von freiwilligen Verhandlungen, im letzten von Zwangsverhandlungen (Scharpf 1992: 65-68). Letztere beobachten wir etwa im Verhältnis von Bund und Ländern, die in vielen Politikbereichen ihre Kompetenzen nur durch Vereinbarungen ausüben können (siehe hierzu den Beitrag von Benz zur Mehrebenenverflechtung). Den Regierungen ist dann einseitiges Handeln verboten, mit der Folge, dass Gesetzgebung oder Programme nur durch eine Einigung unter allen oder wenigstens einer qualifizierten Mehrheit möglich sind. Wählt eine Seite beispielsweise im Fall eines Zustimmungsgesetzes die Exit-Option, kommt kein Gesetz zustande.

Verhandlungslösungen sind grundsätzlich nur möglich, wenn die Beteiligten von ihren ursprünglichen Forderungen abgehen. Akteure, die eigene Interessen verfolgen, sind dazu bereit, sofern sie dadurch nicht schlechter gestellt werden als im Falle, dass Verhandlungen scheitern. Insoweit macht es einen erheblichen Unterschied, ob freiwillige oder Zwangsverhandlungen vorliegen, weil nur erstere es Akteuren ermöglichen, ihre Interessen autonom weiter zu verfolgen. Dementsprechend variieren auch die Kosten des Verhandlungsabbruchs. Agieren die Beteiligten im reinen Modus des „bargaining", so kann man nach der Höhe dieser Kosten abschätzen, welche Seite eher zu Konzessionen bereit ist. Dies lässt sich sehr gut am Beispiel des Jahressteuergesetzes von 1997 verdeutlichen: Obwohl die Bundes-SPD die Losung ausgegeben hatte, das Gesetz im Bundesrat scheitern zu lassen, wenn die CDU/FDP-Regierung nicht mit der Novelle der Erbschaftsteuer auch die Erhebung einer Vermögensteuer möglich macht, stimmte die SPD-Mehrheit im Bundesrat dann doch für das Gesetz. Wenn sie ihre Zustimmung verweigert hätte, wäre die Erbschaftsteuer wegen eines Entscheids des Bundesverfassungsgerichts zum Jahresende ausgelaufen. Da der Ertrag der Erbschaftsteuer jedoch den Ländern zufließt, hätten diese durch ein Scheitern des Gesetzespakets erhebliche Nachteile zu verkraften gehabt (Dose 1998: 119-121). Im Unterschied zu diesen „Zwangsverhandlungen" erleichtern freiwillige Verhandlungen den Austritt, da jeder der Beteiligten autonome, wenngleich nicht durch Absprachen koordinierte Entscheidungen treffen kann. Wenn sich die Beteiligten nicht einigen, kann also der Status quo dennoch verändert werden, was oft eine „zweitbeste Lösung" ermöglicht und Blockaden oder schlechte Kompromisse vermeiden kann.

Die Struktur von Verhandlungen hat auch Konsequenzen für den Modus des Verhandelns. So ist bekannt, dass Vertreter von Gruppen, die effektiven Kontrollen der von ihnen repräsentierten Akteure unterliegen, zu bargaining neigen, vor allem dann, wenn Verhandlungsverfahren öffentlich sind. Arguing kann durch Öffentlichkeit gefördert werden, weil sich Verhandlungspartner dann verpflichtet fühlen, ihre Forderungen oder Vorschläge als „gemeinwohlverträglich" zu begründen oder mit verallgemeinerbaren Gründen zu rechtfertigen. Die Beteiligung unabhängiger Experten kann diesen Verhandlungsmodus unterstützen. Multilaterale Verhandlungen ohne vorgegebene Konfliktstrukturen sind ebenfalls eher günstig für arguing, während bilaterale Verhandlungen zwischen konkurrierenden Parteien oder Verbänden fast immer im Modus des bargaining verlaufen. Grundsätzlich ist aber festzustellen, dass die Beteiligten im Verlaufe von Verhandlungen zwischen beiden Interaktionsmodi wechseln (Benz 1994: 118-134; Holzinger 2001). Die Richtung des Wechsels hängt von Situationen, aber vor allem auch wieder von den strukturelle Bedingungen ab, die die Form der Verhandlung kennzeichnen.

12.4 Governance-Regime

Definition Wie wir gesehen haben, beschreiben wir mit Governance-Formen bereits komplexe Struktur-Prozess-Konfigurationen, die kollektives Handeln in ganz unterschiedlicher Weise bestimmen. In der Realität kommen die dargestellen Formen fast immer in Kombinationen vor. Während wir also einen Zusammenhang zwischen den Governance-Mechanismen und den Governance-Formen feststellen konnten, aber keine feste Verknüpfung, wird die dritte Ebene der Governance-Analyse dadurch relevant, dass Governance-Formen „als Strukturen der Interaktion" (Benz u.a. 2007: 14) nie in Reinform vorkommen, sondern vielmehr in Mischformen. Diese erfassen wir mit dem Begriff des Governance-Regimes (Schimank 2007: 42; Lange/Schimank 2004: 23). Damit können wir auch der Tatsache gerecht werden, dass kollektiv verbindliche Regeln und Entscheidungen in modernen Gesellschaften nicht mehr durch den Staat autoritativ beschlossen und durchgesetzt werden und dass gesellschaftlicher Wohlstand nicht allein durch den Markt erzeugt wird. Vielmehr werden Gesellschaften in komplexen Arrangements regiert, die viele Akteure aus unterschiedlichen institutionellen Kontexten (lokal/regional, national, supranational, Staat, d.h. Parlamente Regierungen und Verwaltungen, Markt, Unternehmen, Verbände, Wissenschaft etc.) in unterschiedlicher Weise zusammenbringen. Je nachdem, wie die verschiedenen GovernanceFormen zueinander in Beziehung stehen, ergeben sich auf dieser dritten Ebene weitere analytische Einblicke.

Eingebettete und verbundene Governance-Formen Zentral ist dabei die Unterscheidung zwischen eingebetteten Koordinationskonstellationen und verbundenen Koordinationskonstellationen (Benz 2006: 35). Im ersten Fall dominieren Strukturen und Mechanismen einer Governance-Form. Sie bestimmen im Konfliktfall die Interaktionen und Ergebnisse kollektiven Handelns. Bei verbundenen Koordinationsformen dominiert keine der beiden Governance-Formen die Interaktion, sondern es bestehen Wechselwirkungen, die anhaltende Spannungen zwischen konfligierenden Mechanismen verursachen können. Vor dem Hintergrund dieser Unterscheidung lassen sich vielfältige Kombinationen von Governance-Formen (also Governance-Regime) analysieren (Benz 2006: 38-39).

Verhandlungen im Schatten der Hierarchie Das inzwischen bekannteste Muster einer *eingebetteten* Konstellation beschrieb Fritz W. Scharpf mit Verhandlungen im Schatten der Hierarchie oder in Netzwerken (Scharpf 1993). Er zeigte, dass durch diese Kombination die Effektivität der Koordination in Verhandlungen gesteigert werden kann und zugleich die Nachteile von Hierarchie und Netzwerken vermieden werden können. Sind Verhandlungen in hierarchischen Organisationen eingebettet, kann eine übergeordnete Instanz die Entscheidung an sich ziehen, wenn sich die Verhandlungspartner nicht einigen. Diese Instanz wird aber gleichzeitig durch dezentrale Verhandlungen entlastet. In komplexen Entscheidungen, wie etwa bei der Aufstellung eines Budgets beobachten wir zum Teil differenzierte Strukturen hierarchisch angeordneter Verhandlungsarenen, wobei die jeweils höherrangige Ebene nur die Konflikte behandelt, die in Verhandlungen der unteren Ebene nicht gelöst werden konnten. In allen diesen Fällen werden Interdependenzen oder Verteilungskonflikte zwischen den dezentralen Einheiten bearbeitet, um die begrenzten Kapazitäten der Leitungsinstanzen zu schonen. Aber die Interventionsdrohung der übergeordneten Instanz motiviert die Verhandlungspartner, sich zu einigen. Für letztere ist hierarchische Koordination unattraktiv, weil sie dadurch ihren Einfluss verlieren und Reputation einbüßen. Dies erhöht ihre Bereitschaft, sich zu einigen, was allerdings nicht notwendigerweise zu einer verständigungsorientierten Verhandlungsweise führen muss.

Sind Verhandlungen in Netzwerke eingebettet, so fördern diese reziprokes Verhalten der Akteure, was deren Bereitschaft zu Konzessionen erhöht. Wenn Verhandlungspartner in stabilen Vertrauensbeziehungen agieren, können wir erwarten, dass Angebote an Argumenten, Kompromissen oder Tauschgeschäften mit entsprechenden Gegenleistungen erwidert werden. Sollten Vereinbarungen dennoch nicht zustande kommen, dann tragen Netzwerke dazu bei, dass Interaktionsbeziehungen nicht dauerhaft gestört, sondern aufrechterhalten und Verhandlungen leichter wieder aufgenommen werden. Gerade diese Leistung von Netzwerken macht allerdings Verhandlungen auch anfällig für Fehlentwicklungen. So können sie Vereinbarungen fördern, die zu Lasten „Dritter", nicht dem Netzwerk angehörender Akteure getroffen werden. Vertrauensverhältnisse in Netzwerken können auch für Korruption ausgenutzt werden (Benz/Seibel 1992). Partielle Einbettung in Netzwerke beeinflusst auch die Koalitionsbildung in Verhandlungen, wie etwa am Beispiel der Fachbruderschaften von Ministerialverwaltungen in Bund-Länder-Verhandlungen (Benz 1997) oder in Verhandlungen in der Europäischen Union (Thurner u.a. 2005) beobachtet werden kann.

Verhandlungen in Netzwerken

Ein weiteres Beispiel eingebetteter Governance-Regime finden wir in der Wirtschaft. Hier dominiert der Wettbewerb im Markt letztendlich die Hierarchie (Governance-Form) in Unternehmen und die dort geführten Verhandlungen. Er bestimmt die Richtung, in die sich Entscheidungen in einer Hierarchie zu bewegen haben, was so manche Manager schmerzhaft erfahren müssen, wenn ihre Unternehmenspolitik sich als erfolglos erweist. Versuche, den Markt durch Verhandeln außer Kraft zu setzen, kommen immer wieder vor, sei es in Form illegaler Absprachen oder in Form legaler Unternehmenskooperationen. Märkte sind inzwischen aber global geworden, während hierarchische Organisationen wie Verhandlungen umso schwerfälliger werden, je größer die Zahl der Akteure ist, je mehr deren Interessen oder Interaktionsorientierungen divergieren und je weiter die Reichweite der Entscheidungen ausfällt.

Wettbewerb zwischen hierarchischen Organisationen

In der Regionalpolitik wiederum finden wir eine andere Kombination. Hier wird versucht, regionale Netzwerke durch Leistungswettbewerb zu steuern. Dabei wird unterstellt, dass Wettbewerb unter den Regionen dazu führt, dass sich die entscheidenden Akteure einer Region finden und gemeinsam die Entwicklung der Region forcieren. Außerdem sollen die bestehenden Netzwerke durch den Wettbewerb kompatible Handlungsorientierungen ausbilden und dazu veran-

Regionenwettbewerb

lasst werden, sich so umzustrukturieren, dass sie erfolgreich im Wettbewerb bestehen können. Allerdings scheitern entsprechende Vorhaben, Netzwerke durch den Einsatz von Wettbewerb zu steuern, mitunter in der Praxis, weil sich die Governance-Form Netzwerk als zu dominierend erweist. Gewachsene sektorale Netzwerke zwischen Fachverwaltungen und Klienten oder zwischen Fachverwaltungen verschiedener Gebietskörperschaften erweisen sich häufig als so beständig, dass die zur Steuerung eingesetzten Governance-Formen keine Veränderungen herbeiführen. Sie werden schlicht in die bestehende, dominierende Governance-Form eingebettet. Dieses Beispiel verdeutlicht, dass sich die Governance-Analyse sehr gut dazu eignet, Steuerungsprobleme aufzudecken.

Verbundene Governance-Formen

In *verbundenen* Governance-Formen stehen die kombinierten Mechanismen kollektiven Handelns nicht in einer Rangordnung. Akteure müssen in diesem Fall ihre Handlungen koordinieren, obgleich sie unterschiedlichen und unmittelbar geltenden Regeln unterliegen. Das trifft regelmäßig auf Interorganisationsgefüge zu, in denen Entscheidungsprozesse mehrere „Arenen" durchlaufen. Der Begriff Arena steht für einen Bereich kollektiven Handelns, der durch spezifische institutionelle Regeln sowie durch territoriale, funktionale oder soziale Grenzen der Interaktion bestimmt ist. Governance in verbundenen Arenen (Héritier 2002) dient also der geregelten Koordination zwischen Akteuren, die jeweils in eigenen Regelsystemen tätig sind. Sie ist erheblich störungsanfälliger als vertikal eingebettete Strukturen, weil Konflikte zwischen Funktionsmechanismen nicht durch eine klare Rangordnung oder durch Entscheidungssequenzen gelöst werden können. Störungen müssen allerdings nicht zum Scheitern kollektiven Handelns („governance failure") führen, da gerade verbundene Formen endogene Flexibilitäten aufweisen, die von den Akteuren strategisch genutzt werden können. Wir wollen dies an zwei Beispielen illustrieren.

Politikverflechtung

Das erste Beispiel bezieht sich auf das Ineinandergreifen von Bundes- und Landespolitik im Bereich der Gemeinschaftsaufgaben nach Art. 91a und Art. 91b GG sowie im Bereich der Finanzhilfen nach Art. 104a Abs. 4 GG. Dieses Zusammenspiel von Bund und Ländern wird seit der grundlegenden Studie von Scharpf, Reissert und Schnabel (1976: 29) als Politikverflechtung bezeichnet. Entscheidungsprozesse in diesen Planungs- und Finanzierungsverbünden sind faktisch durch das Konsensprinzip geprägt, wenn nicht gar ein Zustimmungsgesetz zur Ausgestaltung erforderlich ist (Laufer/Münch 1997: 198). Da sich der Bund an den gemeinsamen Vorhaben maßgeblich finanziell beteiligt, haben auch die Länder ein starkes Interesse an einer gemeinsamen Lösung. Sie befinden sich damit in einer Situation, in der sie mit dem Bund verhandeln wollen. Gleichzeitig stehen die Länder zueinander in Konkurrenz um knappe Mittel (Scharpf u.a. 1976: 55). Darüber hinaus wird das Verhältnis von Bund und Ländern – in den verschiedenen Politikfeldern unterschiedlich ausgeprägt – vom Parteienwettbewerb bestimmt (Lehmbruch 2000). Da Verhandlungspartner in der Politikverflechtung Gebietskörperschaften oder Parteien vertreten, die miteinander konkurrieren, besteht die Gefahr, dass Verhandlungsprozesse blockiert werden.

Blockaden sind strukturell angelegt und bilden daher ein dauerndes Risiko, aber tatsächlich kommt es selten zum Stillstand der Entscheidungsprozesse. In der Regel vermeiden die Akteure Entscheidungen, die durch ihre Verteilungswirkungen den Wettbewerb zwischen den Ländern oder durch ihre Inhalte den Parteienwettbewerb tangieren (Scharpf u.a. 1976: 54-66). Zudem können endogene Flexibilitäten im Verbund der Governance-Formen genutzt werden, etwa indem Verhandlungen zu einer Angelegenheit von unabhängigen Experten oder Spezialisten in den Verwaltungen gemacht werden, die dem Einfluss der Parteien entzogen sind. Dass auf diese Weise Blockaden häufig verhindert werden konnten, kann jedoch nicht über eine vielfach wenig adäquate Aufgabenerfüllung hinwegtäuschen, da die Bandbreite der prinzipiell einsetzbaren Steuerungsinstrumente in der Politikverflechtung eingeschränkt ist. Man darf allerdings das Blockadepotential auch nicht überschätzen, denn wie neuere Forschungen zeigen, können sich selbst egoistische und miteinander konkurrierende Verhandlungspartner nicht über allgemein anerkannte Normen der Verteilungsgerechtigkeit hinwegsetzen (Scharpf 1992; Benz 2009: 143).

Als zweites Beispiel sei hier auf die Praxis der öffentlichen Verwaltung verwiesen, nicht hoheitlich-bürokratisch zu agieren, sondern die Privaten als gleichberechtigte Verhandlungspartner zu akzeptieren. Dabei geht es nicht um den schlichten Meinungs- und Informationsaustausch, sondern um eine von allen Beteiligten gemeinsam getragene Entscheidung (Benz 1994: 38-39). Während die öffentliche Verwaltung häufig im Schatten der Hierarchie verhandelt, ist sie bei komplexen Materien, etwa wenn sie besonders ehrgeizige Umweltziele gegen Unternehmen durchsetzen will, darauf angewiesen, mit den externen Normadressaten auf gleicher Ebene zu verhandeln (Dose 1997). Wenn sich die weitreichenden Umweltziele nicht unter Rückgriff auf die bestehenden Vorschriften durchsetzen lassen, tritt in einer solchen Verhandlungssituation die hierarchische Beziehung zwischen Verwaltung und Adressaten in ihrer Bedeutung zurück und wird auf einen schwachen „Schatten der Hierarchie" reduziert.

Kooperative Verwaltung

Die verhandelnden Akteure unterliegen im kooperativen Verwaltungshandeln den Bedingungen eines Governance-Verbunds, der verschiedene Koordinationsformen kombiniert. Beteiligt an diesen Verhandlungen sind Verwaltungsbeamte, die der Behördenhierarchie unterworfen sind, Vertreter von Verbänden, die entweder hierarchisch strukturiert sind oder in denen politischer Wettbewerb um Einfluss vorherrscht, sowie Interessenvertreter, die in Netzwerken (etwa zwischen Verwaltungen, Kommunen oder Unternehmen) eingebunden sind. Verhandlungen zwischen Vertretern hierarchisch organisierter Verwaltungsbehörden oder Unternehmen scheinen durch den Verbund an Governance-Formen nicht besonders störungsanfällig zu werden. Das gilt allerdings nur, wenn Vertreter der Leitungsebene verhandeln, die beteiligten Organisationen also wie unitarische Akteure handeln. Verhandeln ausführende Einheiten, dann nehmen die Schwierigkeiten zu, entweder weil die „Agenten" über keine hinreichenden Verhandlungsspielräume verfügen oder weil sie die formalen Zwänge der Hierarchie zu taktischer Selbstbindung ausnutzen können. Im ersten Fall sind verhandelnde Akteure an fixierte Positionen gebunden und können kaum Zugeständnisse oder Tauschangebote machen, im zweiten Fall werden Verhandlungen durch Unsicherheiten über mögliche Konzessionen und über den Einigungsspielraum belastet. In beiden Fällen steigt die Gefahr von Blockaden der Verhandlungsprozesse. Sie erfordert besondere Strategien der Akteure im Umgang mit den Schwierigkeiten.

12.5 Theorieentwicklung

Die Konzepte der Governance-Mechanismen, Governance-Formen und Governance-Regime liefern ein Kategoriengerüst, mit dem komplexe Struktur-Prozesskonstellationen beschrieben werden können, in denen kollektives Handeln stattfindet. Mechanismen sollen erklären, wie individuelle Handlungen von Personen oder korporativen Akteuren koordiniert und in welche Richtung sie gelenkt werden. Formen und Regime erfassen die Bedingungen, unter denen diese Prozesse stattfinden. Damit verfügen wir über Grundlagen für eine Erklärung, wie und warum in verschiedenen Kontexten Ergebnisse kollektiven Handelns zustande kommen. Entsprechende Erkenntnisse sind besonders für die Policyforschung relevant, also für Untersuchungen, in denen herausgefunden werden soll, wie Ergebnisse politischer Prozesse entstehen, wie über öffentliche Güter und Werte verbindlich entschieden wird und wie gesellschaftliche Bereiche in Richtung auf anerkannte Ziele gesteuert werden.

Theorieaussagen über Governance-Mechanismen

Von einer Theorie, die Aussagen über den Zusammenhang von Governance und Policies enthält, sind wir damit noch ein ganzes Stück entfernt. Vergleichsweise eindeutig scheinen die Wirkungen der „einfachen" Mechanismen auf kollektives Handeln zu sein. Wenn Akteure sich mit anderen identifizieren oder konkurrieren, dann werden sie sich im Hinblick auf die betreffenden Ziele oder Werte ähnlich verhalten und jedenfalls diese anstreben. In Interaktionsbeziehungen, in denen sich Akteure wechselseitig beeinflussen, können wir feststellen, dass die Ergebnisse, ausgehend von individuellen Handlungen einzelner Akteure, von der Verteilung von Kompetenzen und Ressourcen abhängen, mit denen Einfluss ausgeübt wird. Im Verhandeln variieren Politikergebnisse je nach dem, ob sich die Akteure auf Kompromisse oder Tauschgeschäfte einigen oder ob sie sich im arguing-Prozess auf einen Konsens verständigen. Ferner können die Inhalte von Vereinbarungen durch die Verteilung von Verhandlungsmacht erklärt werden, die sich sowohl auf die gemeinsame Agenda als auch auf die individuellen Konzessionen der Akteure auswirkt.

Theorieaussagen über Governance-Formen

Erweitert man die Analyse auf eine höhere Komplexitätsebene, indem man den Blick auf Governance-Formen lenkt, wird die Theoriebildung schwieriger, weil zusätzliche Bedingungen kollektiven Handelns zu beachten sind. Mit Governance-Regimen erfassen wir schließlich die reale Komplexität von Struktur-Prozess-Zusammenhängen. Damit berücksichtigen wir neben Handlungsrestriktionen auch Handlungsoptionen der Akteure in jeweiligen Situationen. Dies führt zu einer erheblichen Steigerung der Zahl der erklärenden Variablen. Darüber kann man auf dieser Analyseebene nicht mehr so einfach von den grundlegenden GovernanceMechanismen auf Politikergebnisse schließen, weil verschiedene Mechanismen zusammenwirken und weil dies in variablen Strukturkonfigurationen geschieht. Formen und Mechanismen sind, wie oben erwähnt, mehr oder weniger lose gekoppelt.

Theorieaussagen über Governance-Regime

Für Governance-Regime müssen wir zunächst beachten, dass diese Akteure oft mit divergierenden Anforderungen konfrontieren bzw. die in ihnen wirkenden Mechanismen nicht zwingend in die gleiche Richtung wirken. In diesen Fällen entstehen strukturell bedingte Dilemmasituationen. Diese sind für das Zusammenspiel von Parteienwettbewerb und intergouvernementalen Verhandlungen im Konzept der Politikverflechtung gut beschrieben worden. Ähnliche Probleme treten auf, wenn Unternehmen in der Forschung oder in der regionalen Entwicklungspolitik zusammenarbeiten, obgleich sie im Markt miteinander konkurrieren. Verwaltungen, die sich mit Adressaten um Vereinbarungen bemühen, bewegen sich in einer Konfliktlage zwischen den Anforderungen aus den Spielregeln des Verhandlungsprozesses und den Regeln der hierarchischen Organisation, die einheitlichen Rechtsvollzug gewährleisten soll. Solche Dilemmasituationen sind vermutlich in verbundenen Governance-Formen stärker ausgeprägt als in eingebetteten Formen, weil letztere eine Rangordnung bzw. Sequenz der Mechanismen vorsehen. Es ist aber im Einzelfall zu klären, ob eine solche Ordnung auch stabil ist und ob sie sich durchsetzen lässt. Ob sich der Markt im Schatten der Hierarchie des Staates entwickelt, wie dies von Ordnungspolitikern und Vertretern einer sozialen Marktwirtschaft gefordert wird, oder ob nicht vielmehr die Regierungen von Staaten dem Markt unterworfen sind, ist eine durchaus offene Frage, die nicht so einfach zu beantworten ist.

Dilemmasituationen aufgrund divergierender Mechanismen kollektiven Handelns stellen die handelnden Akteure zunächst vor besondere Schwierigkeiten, die Handlungsspielräume gleichzeitig beschränken und erweitern können. Spielräume werden beschränkt, weil die verschiedenen Anforderungen nicht zu vereinbaren sind und Akteure mehrfachen Restriktionen unterliegen. Sie werden aber auch erweitert, weil es in der Regel keine Vorgaben gibt, die bestimmen, welchen Anforderungen im konkreten Fall zu genügen ist. Damit hängt Vieles vom Umgang der Akteure mit den komplexen Entscheidungssituationen ab. Im Ergebnis kann es zum Stillstand kommen, aber Akteure können auch eine ungesteuerte Eigendynamik auslösen. Im günstigen Fall erreichen sie zufriedenstellende („zweitbeste") Politikentwicklungen. Alle diese Ergebnisse können mehr oder weniger ausgeprägte Legitimationsprobleme verursachen. Als Theorieaussage lässt sich festhalten, dass komplexe Governance-Regime für solche Dilemmas kollektiven Handelns anfällig sind. Daraus sollte aber weder die These einer Unregierbarkeit moderner Gesellschaften noch die des Niedergangs der Demokratie abgeleitet werden. Vielmehr ist es Aufgabe der politikwissenschaftlichen Forschung, in vergleichenden Untersuchungen herauszufinden, welche Konstellationen mehr und welche weniger Schwierigkeiten oder Defizite verursachen und welche Chancen sie bieten, dass Akteure aus den Schwierigkeiten herausfinden und effektive wie legitime Entscheidungen treffen können.

Eine solche vergleichende Forschung zielt keineswegs auf eine übergreifende Governance-Theorie. Diese ist nicht zu erreichen, wenn gleichzeitig angestrebt wird, etwas über Wirkungen von Governance auf Politikergebnisse aussagen zu können. Entsprechende Aussagen sind nur für spezifische Typen von Governance-Regimen zu treffen. Der Vergleich muss daher, soll er sinnvolle Resultate erzielen, von dichten Beschreibungen der Komplexität von Strukturen und Mechanismen ausgehen, viele Einflussfaktoren berücksichtigen und Muster von Variablen (Schmitter 2009: 53) identifizieren. Darüber hinaus muss die Dynamik von Governance ins Auge gefasst werden, die sich im Wechselspiel von Strukturen und Interaktionen ergibt. Nur auf diese Weise gelingt es zu verstehen und zu erklären, wie in relevanten Bereichen Akteure ihr Handeln koordinieren, wie gesellschaftliche Prozesse politisch gesteuert werden, wodurch Defizite der Koordination und Steuerung verursacht sind und wie diese Defizite beseitigt werden können.

In welche Richtung die Entwicklung „konkreter" Theorien gehen sollte, sei an zwei Beispielen illustriert. Im ersten Beispiel der Politikverflechtung besteht das Problem in einer drohenden Blockade des Regierens, im zweiten Fall der Finanzmarktregulierung liegt das Problem in einer unkontrollierten Eigendynamik.

Die Politikverflechtung haben wir oben in den Grundzügen beschrieben. Die Verbindung von intergouvernementalen Verhandlungen und Parteienwettbewerb führt nach den Untersuchungen zum deutschen Föderalismus (Scharpf u.a. 1976) leicht zur Blockade von Entscheidungen, wenn Verteilungskonflikte zu lösen sind. Ursächlich dafür sind die widersprüchlichen Anforderungen des Verhandelns und der Konkurrenz, denen Regierungen ausgesetzt sind: Sie müssen sich über die Verteilung von Finanzen oder Investitionen auf den Bund und die einzelnen Ländern einigen, aber als Vertreter von Parteien müssen sie gleichzeitig versuchen, ihre eigene Politik gegen Vertreter anderer Parteien durchzusetzen. Das Dilemma verschärft sich, weil ein Stillstand der Politik für alle Beteiligten nicht akzeptabel ist, da weder der Bund noch die Länder allein die betreffenden Aufgaben erfüllen können. Sie müssen zu Vereinbarungen kommen, obwohl sie miteinander konkurrieren.

Wie die Untersuchungen von Fritz W. Scharpf und seinen Mitarbeitern gezeigt haben, entwickeln die verhandelnden Regierungen bzw. ihre Vertreter Entscheidungsstrategien, mit denen sie trotz der drohenden Politikblockaden gemeinsam handeln können. Sie vermeiden Umverteilungen und weitreichende Reformen, von denen Bund oder Länder regelmäßig ungleich betroffen sind. Sie können auch Entscheidungen auf Experten externalisieren, um sie dem Parteienkonflikt zu entziehen. Beide Strategien haben ihre Nachteile: Die erste Variante erlaubt nur inkrementelle Veränderungen, womit reale Probleme nur begrenzt gelöst werden, die zweite Variante führt zu einem Verlust an Transparenz und Verantwortlichkeit der Regierungen gegenüber Parlamenten und Wählerschaften. Allerdings können so Entscheidungsblockaden vermieden werden, die nicht nur keine Probleme lösen, sondern auch die Legitimität von Politik in Frage stellen. Dies ist jedenfalls eine wichtige Erkenntnis, wenn man zudem berücksichtigt, dass eine institutionelle Reform der Politikverflechtung genau den gleichen Bedingungen unterliegt und daher schwerlich gelingt.

Abgesehen davon, dass diese Theorie eines spezifischen Governance-Regimes zum Verständnis des deutschen Regierungssystems beigetragen hat, ist es hiervon ausgehend gelungen, durch Vergleiche mit anderen Fällen von Multilevel Governance Bedingungen zu ermitteln, unter denen die Hindernisse der Politikverflechtung nicht drohen oder geringer sind. Intergouvernementale Verhandlungen sind weniger blockadeanfällig, wenn Regierungen keinem ausgeprägten Parteienwettbewerb ausgesetzt sind, was etwa in verhandlungsdemokratischen Regierungssystemen der Fall ist. Ferner können intergouvernementale Vereinbarungen leichter erreicht werden, wenn Verhandlungen freiwillig sind und einzelne Regierungen Ausstiegsklauseln nutzen können, wie dies in Deutschland etwa für die Beschlüsse der Ministerpräsidenten- und Fachministerkonferenzen zutrifft. Schließlich könnte der Übergang zu Leistungswettbewerben zu effektiveren und transparenten Problemlösungen führen.

Während wir damit beim gegenwärtigen Forschungsstand feststellen können, dass die viel kritisierte Politikverflechtung keineswegs einen Stillstand von Politik verursacht und durchaus Optionen für positive Veränderungen erkennen lässt, zeichnet sich das andere Beispiel durch eine Dynamik aus, die im Kontext des Governance-Regimes schwerlich zu steuern ist. Es handelt sich hier um die Regulierung der Kreditvergabe durch Banken, die dem Zugriff des Staates immer mehr entzogen und auf ein Regime der Selbstregulierung verlagert wurde. Zwar werden die Finanzmärkte durch die Zinssätze beeinflusst, die Zentralbanken der führenden Wirtschaftsnationen bzw. die Europäische Zentralbank autonom definieren. Darüber hinaus ergeben sich die Spielräume und Modalitäten der Kreditvergabe aber durch Bestimmungen über die Eigenkapitalquote sowie durch Bewertung der Risiken von Krediten. Die Regeln über Mindestausstattung mit Eigenkapital gehen auf internationale Vereinbarungen zwischen Vertretern der Zentralbanken und der nationalen Bankenaufsichtsbehörden zurück, die in Basel ausgehandelt wurden (siehe den Beitrag von Maria Behrens). Die Risikobewertungen wurden und werden von privaten Rating-Agenturen vorgenommen. *(Randnotiz: Regulierung von Finanzmärkten)*

Während hierarchische Regulierung und Verhandlungen im Finanzmarkt nur einen Rahmen vorgaben, dabei insgesamt betrachtet nur geringe Steuerungsleistungen bewirkten, dominierten miteinander verbunden Konkurrenzmechanismen. Im Kern bestimmt der internationale Marktwettbewerb zwischen den Banken, die eine möglichst hohe Eigenkapitalrendite erwirtschaften wollen, die Entwicklung des Kreditgeschäfts. Verstärkend wirken dabei Formen der Corporate Governance in den Unternehmen, die einen Leistungswettbewerb zwischen den Mitarbeitern von Banken fördern. Dieser wurde durch ein ausgeprägtes Bonussystem angeheizt und durch Officers- and Directors-Versicherungen abgesichert. Die dadurch bereits angelegte Tendenz zur Ausweitung von Krediten wurde noch gefördert durch den Wettbewerb zwischen den weitgehend unkontrollierten Rating-Agenturen um Aufträge (Kerwer 2008). Diese sollten eigentlich dazu dienen, durch Bewertungen von Risiken die erforderlichen Informationen für die Marktteilnehmer zu liefern. Statt Leistungen von Finanzierungsprodukten der Banken wie von Kreditfähigkeiten der Nachfrager nach anerkannten Maßstäben zu vergleichen, entwickelten die Agenturen ihre Bewertungen in Konkurrenz zu anderen Agenturen. Dadurch verstärkten sie nur die fatale Eigendynamik der Kreditentwicklung, statt diese zu kontrollieren. *(Randnotiz: Verbundene Konkurrenzmechanismen)*

Die negativen Effekte dieses Regimes verbundener Wettbewerbsformen zeigten sich, als der Immobilienmarkt in den USA einbrach. Eine wesentliche Ursache lag in der Geldpolitik der Zentralbank der USA. In den Jahren 2003 und 2004 verleiteten sehr niedrige Leitzinsen die Privatbanken dazu, ihre Eigenkapitalrendite nach oben zu treiben (Sachverständigenrat zur Begutachtung der gesamtwirtschaftlichen Entwicklung 2008: 119). Um mit dem billigen Geld der Zentralbank auch tatsächlich Gewinne zu realisieren, wurde dieses Geld zu variablen Zinssätzen in den Immobilien-Markt gedrückt. Dabei gingen Banken – beflügelt durch die niedrigen Leitzinsen und angespornt durch den Wettbewerb untereinander – überproportionale Risiken ein und vergaben Kredite auch an Kunden, die sich eigentlich keine eigene Immobilie leisten konnten. Die Banken *(Randnotiz: Störungen und Finanzmarktkrise)*

verbrieften die Risiken in Mortage-backed Securities (MBS) für den anschlie-
ßenden Verkauf. Die miteinander im Wettbewerb stehenden Rating-Agenturen,
welche die MBS zu bewerten hatten, waren zu weit weg von den Hausbesitzern
und konnten und wollten deshalb nur „harte" Zahlen wie das Verhältnis vom
Wert der Immobilie zu der Höhe des Kredites in ihre Analyse aufnehmen. Andere, eher weiche Informationen, die etwas über die langfristige Kreditwürdigkeit
der Kreditnehmer hätten aussagen können, wurden ignoriert und in der Folge
auch nicht mehr von den ursprünglichen Kreditgebern erhoben. Dass die Rating-
Agenturen dies mitmachten, ist durch den Konkurrenzdruck um Aufträge zu
erklären, der sie in enge Abhängigkeit von den Banken brachte: Zum einen berie-
ten sie in der Regel die Finanzinstitute bei der Entwicklung von Produkten, die
sie später bewerteten; zum anderen standen sie unter Druck, eine gute Bewertung
abzugeben, um auch zukünftig Aufträge von dem jeweiligen Finanzinstitut zu
erhalten. Insgesamt bestanden also massive Anreize für die Rating-Agenturen,
sich nach den Wünschen der die Finanzprodukte herausgebenden Finanzinstitute
zu richten (Hurst 2009: 61-62).

Auf diese Weise wurde ein Immobilienboom ausgelöst, der sich selbst beschleunigte, als wegen der künstlich nach oben getriebenen Nachfrage die Im-
mobilienpreise substantiell stiegen. Es entstand eine Aufwärtsspirale von schein-
baren Werten, Preisen und Krediten, die für alle Wohlstand verhieß. Während das
Governance-Regime der Kreditmarktregulierung, wie jede durch Wettbewerb
dominierte Governance, diesen Prozess eigendynamisch beschleunigte, ergab
sich das Problem, dass der Wohlstand sich nicht für alle Marktteilnehmer endlos
ausdehnen ließ. Wie bekannt, schlug die Entwicklung an einem bestimmten
Punkt um und der Mechanismus wandte sich gegen die Banken und die Hausbe-
sitzer. Erstere gerieten wegen der zu dünnen Eigenkapitaldecke in die Krise, den
Hausbesitzern kamen bei fallenden Immobilienpreisen die Sicherheiten abhan-
den. Gegensteuern konnte schließlich nur der massiv intervenierende Staat. Lösungen, die über ein Krisenmanagement hinausreichen, erfordern aber Verhandlungen zwischen Regierungen, in denen Ergebnissen bisher nicht in Sicht sind.
Das ist wiederum nicht erstaunlich, da Verhandlungen zwischen den Nationalstaaten im Schatten des Wettbewerbs stattfinden, weshalb Regierungen immer
wieder mit Austritt drohen und weshalb es so schwer ist, zu Vereinbarungen zu
gelangen.

Mögliche Anwen-
dungsfelder   Diese Beispiele zeigen, dass Politikergebnisse und Eigendynamiken kollektiven Handelns von je spezifischen Kombinationen von Governance-Mechanismen und -formen bestimmt werden. Sie zeigen auch, dass sich Wettbewerb und
Verhandlungen wechselseitig stören können mit der Folge, dass nur inkrementelle Veränderungen zustande kommen, dass verbundene Wettbewerbe dagegen
Veränderungsprozesse auslösen können, die schwerlich zu kontrollieren sind.
Weitere Untersuchungen müssten zeigen, ob wir damit Muster von Governance
erfasst haben, aus denen Erkenntnisse für andere Bereiche gewonnen werden
können. Der Politikverflechtung ähnliche Muster der Verhandlungen zwischen
konkurrierenden Akteuren finden wir im Bereich von Hochschulen und Forschung, in Unternehmenskooperationen und in der internationalen Politik (vgl.
Scharpf 1985: 351). Das Muster verbundener Wettbewerbe im Schatten schwacher Hierarchien und Verhandlungen, das hier am Beispiel der Finanzmarktregu-

lierung dargestellt wurde, finden wir auch in der Unternehmensberatung, die zur
Ausbreitung von Standardmodellen des Managements führt, ohne dass deren
Erfolg bewiesen wäre. Auch der Sport scheint durch die sich wechselseitig ver-
stärkende Konkurrenz zwischen Vereinen bzw. Teams und Medien zu einem
schwer steuerbaren Bereich geworden zu sein.

Vergleiche dürfen im Bereich der Governance-Forschung jedoch nicht mit   *Vergleichende*
Gleichsetzung von Governance-Regimen verwechselt werden. Einzelne Bedin-   *Forschung*
gungsfaktoren können im Zusammenwirken der interdependenten Variablen
erhebliche Unterschiede in der Funktionsweise bewirken. Wie am Beispiel der
Fortentwicklung der Politikverflechtungstheorie gezeigt wurde, können Vergleiche zur Theoriebildung gerade dadurch dienen, dass sie diese Unterschiede erkennbar machen. Wissenschaftler wie Praktiker sollten aber davon ausgehen,
dass die Governance-Analyse immer nur Aussagen für besondere Bereiche kollektiven Handelns liefert.

12.6 Fazit

Die Komplexität, die mit der Governance-Analyse in den Blick kommt, scheint   *Differenzierte*
Theoriebildung unmöglich zu machen. Generelle Aussagen über den Zusammen-   *Theorien*
hang von Strukturen, Prozessen und Politikergebnissen, wie sie die Policyforschung anstrebt, scheinen ausgeschlossen zu sein. In der Tat ist damit einer allgemeinen Theorie der politischen Steuerung und Koordination die Grundlage
entzogen. Theoriebildung ist gleichwohl möglich, sie setzt jedoch ein höheres
Maß an Differenzierung nach Konstellationen kollektiven Handelns voraus, als
dies in der politikwissenschaftlichen Policyforschung bisher erkennbar ist, wobei
nicht nur in traditioneller Manier nach Politikfeldern oder Policytypen, sondern
auch nach Strukturtypen und -kombinationen zu unterscheiden wäre. Selbst normative Theorieaussagen sind nicht ausgeschlossen. Die Feststellung, dass Konflikte und Spannungen zwischen Koordinations-Formen in Governance-Regimen
eigendynamische Anpassungen auslösen, steht einer Bewertung der Leistungsfähigkeit nicht entgegen, denn Anpassungen können auch unerwünschte Effekte
auslösen.

Die Governance-Perspektive verändert allerdings die Grundlage der Theo-   *Inhalte von Gover-*
riebildung. Die Beachtung der Komplexität von Governance impliziert, dass   *nance-Theorien*
kollektives Handeln von Akteuren aus einem Zusammenwirken von Strukturen
bzw. Institutionen und Interaktionen resultiert, wobei Akteure in der Praxis nicht
nur mit Interessenkonflikten, sondern auch mit divergierenden Anforderungen
verschiedener Regeln konfrontiert sind. Diese können sie oft nur durch geeignete
Interaktionsweisen oder Handlungsstrategien bewältigen. Sozialwissenschaftliche Analyse sollte die Merkmale der Strukturen und Interaktionsmechanismen
explizit machen, in denen Akteure handeln, ohne dass sie die Mechanismen kennen. Sie sollte ferner die Dynamiken erklären, die sich ergeben, wenn Akteure
mit schwierigen Interaktionssituationen oder Dilemmas umgehen, ohne bestimmte „Auswege" zu intendieren. Sie kann im Vergleich unterschiedlicher
Governance-Regime darüber hinaus aufdecken, unter welchen Bedingungen die
Bewältigung von komplexen Problemen kollektiven Handelns gelingt oder

scheitert. Schließlich kann sie Strategien identifizieren, mit denen Akteure Konflikte zwischen Koordinationsmechanismen bewältigen können, und zwar nicht nur, um Probleme zu lösen, sondern auch mit der Absicht, ihre Macht zu steigern (vgl. Tils 2005).

Empirisch gestützte Theorieentwicklung Gerade weil der Governance-Ansatz keine Theorie vorgibt, sondern einen Rahmen für die Entwicklung konkreter, bereichsspezifischer Theorien, stellt er eine geeignete Grundlage für die politikwissenschaftliche Forschung dar. Er bietet zudem einen übergreifenden Rahmen, in dessen Kontext vergleichende Analysen politischer Steuerung und Koordination in Politikfeldern und in unterschiedlichen Kontexten möglich sind. Theorieentwicklung wird dabei aber zu einer Aufgabe, die angesichts der vielfältigen Formen und Mechanismen und ihren Kombinationsmöglichkeiten kaum abschließend erfüllt werden kann. Vielmehr müssen bereichspezifische Theorieaussagen immer wieder in empirischen Untersuchungen von Fällen geprüft und fortentwickelt werden.

12.7 Literatur

Benz, Arthur, 1994: Kooperative Verwaltung. Funktionen, Voraussetzungen und Folgen. Baden-Baden.

Benz, Arthur, 1997: Verflechtung der Verwaltungsebenen, in: Klaus König/Heinrich Siedentopf (Hrsg.), Öffentliche Verwaltung in Deutschland. Baden-Baden, 165-184.

Benz, Arthur, 2006: Eigendynamik von Governance in der Verwaltung, in: Jörg Bogumil/Werner Jann/Frank Nullmeier (Hrsg.), Politik und Verwaltung (PVS-Sonderheft 37). Wiesbaden, 29-49.

Benz , Arthur, 2009: Politik in Mehrebenensystemen. Wiesbaden.

Benz, Arthur/Seibel, Wolfgang (Hrsg.), 1992: Zwischen Kooperation und Korruption. Abweichendes Verhalten in der Verwaltung. Baden-Baden.

Benz, Arthur/Lütz, Susanne/Schimank, Uwe/Simonis, Georg, 2007: Einleitung, in: Arthur Benz/Susanne Lütz/Uwe Schimank/Georg Simonis (Hrsg.), Handbuch Governance. Theoretische Grundlagen und empirische Anwendungen. Wiesbaden, 9-25.

Breton, Albert, 1996: Competitive Governments: An Economic Theory of Politics and Finance. Cambridge.

Buchanan, James M./Tullock, Gordon, 1962: The Calculus of Consent. Logical Foundations of Constitutional Democracy. Ann Arbor.

Coleman, James S., 1988: Social Capital in the Creation of Human Capital, in: American Journal of Sociology 94 (Supplement), 95-120.

Dose, Nicolai, 1997: Die verhandelnde Verwaltung. Eine empirische Untersuchung über den Vollzug des Immissionsschutzrechts. Baden-Baden.

Dose, Nicolai, 1998: Zur Instrumentalisierung von prozeduralem Recht oder: Was haben der BSE-Skandal und das Jahressteuergesetz 1997 gemeinsam?, in: Axel Görlitz/Hans-Peter Burth (Hrsg.), Informale Verfassung. Baden-Baden, 111-124.

Dose, Nicolai, 2008: Problemorientierte staatliche Steuerung. Ansatz für ein reflektiertes Policy-Design. Baden-Baden.

Elster, Jon, 1993: Constitutional Bootstrapping in Philadelphia and Paris, in: Cardozo Law Review 14, 549-575.

Hedström, Peter/Swedberg, Richard (Hrsg.), 1998: Social Mechanisms. An Analytical Approach to Social Theory. New York.

Héritier, Adrienne, 2002: Introduction, in: Adrienne Héritier, Common Goods. Reinventing European and International Governance. Lanham, 1-12.

Holzinger, Katharina, 2001: Verhandeln statt Argumentieren oder Verhandeln durch Argumentieren? Eine empirische Analyse auf der Basis der Sprechakttheorie, in: Politische Vierteljahresschrift 42, 414-446.

Hurst, Tom, 2009: The Role of Credit Rating Agencies in the current worldwide financial Crisis, in: The Company Lawyer 30, 61-64.

Kerwer, Dieter, 2008: Watchdogs beyond control? The accountability of accounting standards organizations, in: Magnus Boström/Christina Garsten (Hrsg.), Organizing Transnational Accountability. Cheltenham/Northampton, 98-113.

Kooiman, Jan, 2003: Governing as Governance. London.

Kuhlmann, Sabine/Bogumil, Jörg/Wollmann, Hellmut (Hrsg.), 2004: Leistungsmessung und Vergleich in Politik und Verwaltung. Konzepte und Praxis. Wiesbaden.

Lange, Stefan/Schimank, Uwe, 2004: Governance und gesellschaftliche Integration, in: Stefan Lange/Uwe Schimank (Hrsg.), Governance und gesellschaftliche Integration. Wiesbaden, 9-44.

Laufer, Heinz/Münch, Ursula, 1997: Das föderative System der Bundesrepublik Deutschland. 7. Aufl., München.

Lehmbruch, Gerhard, 2000: Parteienwettbewerb im Bundesstaat. Regelsysteme und Spannungslagen im politischen System der Bundesrepublik Deutschland. 3. Aufl., Wiesbaden.

Mayntz, Renate, 2009: Über Governance. Institutionen und Prozesse politischer Regulierung. Frankfurt a.M./New York.

Mayntz, Renate/Scharpf, Fritz W. (Hrsg.), 1995: Gesellschaftliche Selbstregelung und politische Steuerung. Frankfurt a.M./New York.

Miller, Gary J./Moe, Terry M., 1986: The Positive Theory of Hierarchies, in: Herbert Weisberg (Hrsg.), Political Science: The Science of Politics. New York, 167-198.

Moe, Terry M., 1984: The New Economics of Organization, in: American Journal of Political Science 28, 739-777.

Nullmeier, Frank, 2000: Politische Theorie des Sozialstaats. Frankfurt a.M./New York.

Oates, Wallace E., 1972: Fiscal Federalism. New York.

Parsons, Talcott, 1980: Zur Theorie der sozialen Interaktionsmedien. Opladen.

Pierre, Jon (Hrsg.), 2000: Debating Governance. Authority, Steering, and Democracy. Oxford.

Pierre, Jon/Peters, B. Guy, 2000: Governance, Politics and the State. New York.

Rhodes, Roderick A.W., 1997: Understanding Governance. Policy Networks, Governance, Reflexivity and Accountability. Buckingham u.a.

Sachverständigenrat zur Begutachtung der gesamtwirtschaftlichen Entwicklung, 2008: Die Finanzkrise meistern – Wachstumskräfte stärken. Jahresgutachten 2008/09. Wiesbaden.

Salamon, Lester M. (Hrsg.), 2002: The Tools of Government. A Guide to the New Governance. Oxford u.a.

Salmon, Pierre, 1987: Decentralisation as an Incentive Scheme, in: Oxford Review of Economic Policy 3, 24-43.

Scharpf, Fritz W., 1985: Die Politikverflechtungs-Falle: Europäische Integration und deutscher Föderalismus im Vergleich, in: Politische Vierteljahresschrift 26, 323-356.

Scharpf, Fritz W., 1992: Koordination durch Verhandlungssysteme: Analytische Konzepte und institutionelle Lösungen, in: Arthur Benz/Fritz W. Scharpf/ Reinhard Zintl (Hrsg.), Horizontale Politikverflechtung. Zur Theorie von Verhandlungssystemen. Frankfurt a.M./New York, 51-96.

Scharpf, Fritz W., 1993: Positive und negative Koordination in Verhandlungssystemen, in: Adrienne Héritier (Hrsg.), Policy-Analyse (PVS-Sonderheft 24). Opladen, 57-83.

Scharpf, Fritz W., 1997: Games Real Actors Play. Actor-Centered Institutionalism in Policy Research. Boulder, Col.

Scharpf, Fritz W./Reissert, Bernd/Schnabel, Fritz, 1976: Politikverflechtung: Theorie und Empirie des kooperativen Föderalismus in der Bundesrepublik. Kronberg/Ts.

Schimank, Uwe, 2002: Theoretische Modelle sozialer Strukturdynamiken. Ein Gefüge von Generalisierungsniveaus, in: Renate Mayntz (Hrsg.), Akteure – Mechanismen – Modelle. Frankfurt a.M./New York, 151-178.

Schimank, Uwe, 2007: Elementare Mechanismen, in: Arthur Benz/Susanne Lütz/Uwe Schimank/Georg Simonis (Hrsg.), Handbuch Governance. Theoretische Grundlagen und empirische Anwendungen. Wiesbaden, 29-45.

Schmitter, Philippe C., 2009: The nature and future of comparative politics, in: European Political Science Review 1, 33-61.

Simon, Herbert A., 1978: Die Architektur der Komplexität, in: Klaus Türk (Hrsg.), Handlungssysteme. Opladen, 94-120.

Thurner, Paul W./Stoiber, Michael/Weinmann, Cornelia, 2005: Informelle transgouvernementale Koordinationsnetzwerke der Ministerialbürokratie der EU-Mitgliedstaaten bei einer Regierungskonferenz, in: Politische Vierteljahresschrift 46, 525-574.

Tils, Ralf, 2005: Politische Strategieanalyse. Konzeptionelle Grundlagen und Anwendung in der Umwelt- und Nachhaltigkeitspolitik. Wiesbaden.

Vanberg, Viktor/Kerber, Wolfgang, 1994: Institutional Competition Among Jurisdictions. An Evolutionary Approach, in: Constitutional Political Economy 5, 193-219.

Verzeichnis der Autorinnen und Autoren

Prof. Dr. Maria Behrens, Professorin für Politikwissenschaft an der Bergischen Universität Wuppertal

Prof. Dr. Arthur Benz, Professor für Politikwissenschaft an der FernUniversität in Hagen

Prof. Dr. Roland Czada, Professor für Staat und Innenpolitik an der Universität Osnabrück

Prof. Dr. Nicolai Dose, Professor für Politik- und Verwaltungswissenschaft an der Universität Siegen

Dr. Dagmar Eberle, wissenschaftliche Referentin für Sozialwissenschaften am Center for Advanced Studies der Ludwig-Maximilians-Universität München

Prof. Dr. Dietrich Fürst, Emeritus, Institut für Umweltplanung an der Leibniz Universität Hannover

Prof. Dr. Markus Jachtenfuchs, Professor für European and Global Governance an der Hertie School of Governance in Berlin

Prof. Dr. Werner Jann, Professor für Politikwissenschaft, Verwaltung und Organisation an der Universität Potsdam

Prof. Dr. Dr. h.c. Beate Kohler-Koch, Emerita, Professorin für Politische Wissenschaft an der Universität Mannheim

Prof. Dr. Susanne Lütz, Professorin für Internationale Politische Ökonomie am Otto-Suhr-Institut der Freien Universität Berlin

Prof. Dr. Dr. h.c. mult. Renate Mayntz, Emerita, Gründungsdirektorin des Kölner Max-Planck-Instituts für Gesellschaftsforschung

Prof. Dr. Yannis Papadopoulos, Professor für Schweizerische Politik und Policy-Analyse an der Universität Lausanne

Prof. Dr. Kai Wegrich, Professor für Public Management an der Hertie School of Governance in Berlin

Neu im Programm Politikwissenschaft

Wolfgang Merkel

Systemtransformation

Eine Einführung in die Theorie und
Empirie der Transformationsforschung
2., überarb. u. erw. Aufl. 2010. 561 S.
mit 26 Abb. u. 51 Tab. Br. EUR 24,90
ISBN 978-3-531-14559-4

Das Buch ist die erste systematische Einführung in die politikwissenschaftliche
Transformationsforschung und bietet
zweitens umfassende empirische Analysen der Demokratisierung nach 1945 und
der Systemwechsel in Südeuropa, Latein-
amerika, Ostasien und Osteuropa. Für die
2. Auflage wurde das Buch umfassend
aktualisiert und erweitert.

Klaus von Beyme

Geschichte der politischen Theorien in Deutschland 1300-2000

2009. 609 S. Geb. EUR 49,90
ISBN 978-3-531-16806-7

Mit diesem Band wird erstmals eine
umfassende Geschichte und Analyse der
politischen Theorie in Deutschland vorge-
legt, die den Zeitraum vom Mittelalter bis
zur Gegenwart behandelt.

Arthur Benz

Politik in Mehrebenensystemen

2009. 257 S. mit 19 Abb. (Governance
Bd. 5) Br. EUR 24,90
ISBN 978-3-531-14530-3

Ausgehend von der Tatsache, dass Politik
in zunehmendem Maße die Grenzen von
lokalen, regionalen oder nationalen
Gebietskörperschaften überschreitet und
zwischen Ebenen koordiniert werden
muss, behandelt das Buch Möglichkeiten
und Grenzen einer demokratischen Politik
in Mehrebenensystemen. Vorgestellt werden relevante Theorien und Begriffe der
Politikwissenschaft, aus denen ein differenzierter Analyseansatz abgeleitet wird.
Grundlegend ist dabei die Überlegung,
dass die komplexen Strukturen der Mehrebenenpolitik die Akteure häufig vor
widersprüchliche Anforderungen zwischen
unterschiedlichen Regelsystemen stellen,
die Entscheidungen erschweren oder
Demokratiedefizite verursachen.
Die Akteure entwickeln aber Strategien,
um diese Schwierigkeiten zu bewältigen.
Erst bei Berücksichtigung strategischer
Interaktionen lässt sich bewerten, ob die
Praxis des Regierens im Mehrebenensystem Anforderungen an eine demokratische Politik genügt. Am Beispiel der Mehrebenenpolitik im deutschen Bundesstaat
sowie in der Europäischen Union werden
diese theoretischen Überlegungen und
die Anwendung der Analysekategorien
für unterschiedliche Formen von Mehrebenensystemen illustriert.

Erhältlich im Buchhandel oder beim Verlag.
Änderungen vorbehalten. Stand: Januar 2010.

www.vs-verlag.de

VS VERLAG FÜR SOZIALWISSENSCHAFTEN

Abraham-Lincoln-Straße 46
65189 Wiesbaden
Tel. 0611.7878 - 722
Fax 0611.7878 - 400

Neu im Programm Politikwissenschaft

Printed by Books on Demand, Germany